GRUNDRISSE DES RECHTS

Dicken/Henssler · Bilanzrecht

Bilanzrecht

von

Prof. Dr. André Jacques Dicken
Wirtschaftsprüfer und Steuerberater
Honorarprofessor an der Universität zu Köln

und

Prof. Dr. Martin Henssler
o. Professor an der Universität zu Köln

2015

www.beck.de

ISBN 978 3 406 55934 1

© 2015 Verlag C. H. Beck oHG
Wilhelmstraße 9, 80801 München
Druck und Bindung: Nomos Verlagsgesellschaft
In den Lissen 12, 76547 Sinzheim

Satz: Thomas Schäfer, www.schaefer-buchsatz.de

Gedruckt auf säurefreiem, alterungsbeständigem Papier
(hergestellt aus chlorfrei gebleichtem Zellstoff)

Vorwort

Das Bilanzrecht weist als Rechtsgebiet viele Besonderheiten auf. Nur mutige und aufgeschlossene Juristinnen und Juristen wagen sich daher an diese Rechtsmaterie heran. So ist es in besonderem Maße der wirtschaftlichen Betrachtung verpflichtet, soll doch der Jahresabschluss ein den tatsächlichen Verhältnissen entsprechendes Bild der Lage des Unternehmens vermitteln (§ 264 II HGB). Was hierunter zu verstehen ist, ist eher eine betriebswirtschaftliche Frage, weshalb sich neben der Rechtswissenschaft auch die Betriebswirtschaftslehre mit dem Bilanzrecht auseinandersetzt. Andererseits beschäftigen sich Wissenschaft und Praxis gleichermaßen mit der Auslegung des Bilanzrechts. Rechtsprechung der Zivilgerichte existiert kaum, wo sie vorliegt, weicht sie zudem nicht selten von der finanzgerichtlichen Judikatur ab. Die Frage, ob die Bilanzrechtsnormen eingehalten werden, wird zumindest bei prüfungspflichtigen Kapitalgesellschaften ohne Beteiligung von Juristen durch die Wirtschaftsprüfer mittels Erteilung oder Versagung des Testats entschieden. BWL und Jura, Theorie und Praxis bestimmen daher die Rahmenbedingungen dieses Gebietes und sie bilden auch den fachlichen und beruflichen Hintergrund beider Autoren.

Das Werk wendet sich sowohl an Studierende der Rechtswissenschaft als auch an diejenigen der wirtschaftswissenschaftlichen Fächer und setzt bewusst keine Vorkenntnisse voraus. Insbesondere für Juristen bleibt das Bilanzrecht eine kaum zugängliche Materie, viele werden mit dem als schwierig geltenden Fach während ihres Studiums gar nicht konfrontiert. Misslich ist für sie, dass die Literatur über das Bilanzrecht zwar umfangreich, allerdings kaum auf Juristen und schon gar nicht auf die Studierenden der Rechtswissenschaft zugeschnitten ist. Vielfach handelt es sich um umfangsreiche, eher als Nachschlagewerk konzipierte Abhandlungen, die sich an den Praktiker wenden. Der vorliegende Grundriss des Bilanzrechts geht hier einen neuen Weg: Er versucht den Spagat zwischen einerseits einer überblicksartigen, aber doch gleichsam umfassenden Darstellung von Einzel- und Konzernabschluss nach deutschem und internationalem Bilanzrecht. Andererseits erfolgt an den kritischen oder praktisch relevanten Punkten eine vertiefte Darlegung. Viele Beispiele sollen den Zugang zum Basiswissen, aber auch zu anspruchsvolleren Themen erleichtern. Den Studierenden der Rechtswissenschaft soll aufgezeigt werden, dass gesellschaftsrechtliche Kernprobleme ohne Kenntnis des Bilanzrechts gar nicht verständlich sind; umgekehrt sollen auch den Studierenden der Wirtschaftswissenschaften die gesellschaftsrechtlichen Bezüge verdeutlicht werden, die bei einer rein ökonomischen Betrachtung häufig vernachlässigt werden.

Mit Blick auf die Zielgruppe der absoluten Anfänger auf dem Gebiet des Bilanzrechts ist den eigentlichen Bilanzierungsregelungen ein Grundlagenteil vorweggestellt, der es gestatten soll, sich bei Bedarf tiefer mit den Grundlagen zu beschäftigen. Die Überlegung ist, dass sich beispielsweise Studierende der Rechtswissenschaft über die Technik der doppelten Buchführung weiter informieren oder Studierende der Wirtschaftsfakultät einen vertieften Überblick über die Rechtsstrukturen verschaffen können.

Die Autoren wurden unterstützt durch die Mitarbeiter des Instituts für Arbeits- und Wirtschaftsrecht an der Universität zu Köln, Svenja Ersfeld, Kamilla Lupczyk, David Markworth, Dr. Sebastian Stindt, Nathalie Wolf und außerdem von Herrn stud. jur. Joan Breuer. Hierfür sei allen herzlich gedankt.

Köln, im März 2015 *André Jacques Dicken*
Martin Henssler

Inhaltsverzeichnis

Vorwort V
Abkürzungsverzeichnis XV

Teil 1. Grundlagen

A. Grundlagen der Rechnungslegung

I. Jahresabschluss 1
II. Konzernabschluss 4

B. Grundlagen der Bilanzierung

I. Historische Grundlagen 6
   1. Normierung der Bilanz 6
   2. Auffassungen der Bilanz 11
      a) Statische Bilanzauffassung 12
         aa) Einzelbewertungsgrundsatz 14
         bb) Aktivierungsverbot für immaterielle Vermögensgegenstände 14
         cc) Bewertung mit modifizierten Zerschlagungswerten 15
      b) Dynamische Bilanzauffassung 16
      c) Auffassung der aktuellen Bilanz 18

II. Rechtliche Grundlagen 19
   1. Überblick 19
      a) Gesetze 19
         aa) Handels- und Gesellschaftsrecht 19
         bb) Steuerrecht 21
      b) Verordnungen 23
      c) Grundsätze ordnungsmäßiger Buchführung (GoB) 24
         aa) GoB im Allgemeinen 24
         bb) GoB im Besonderen – Standards (DRS) des DRSC 24
      d) Stellungnahmen zur Rechnungslegung (RS) des IDW 25
      e) IAS/IFRS 26
   2. Entwicklung und Struktur des HGB 29
      a) Entstehung der sechs Abschnitte 29
      b) Novellierungen der sechs Abschnitte 33
   3. Bestandteile der Rechnungslegung nach HGB 36
      a) Bilanz und GuV 36
      b) Anhang 40
      c) Lagebericht 41

III. Organisatorische Grundlagen 43
  1. Überblick 43
  2. Buchführung 51
     a) Verpflichtung zur Buchführung 51
     b) Anforderungen an die Buchführung 52
        aa) Generalnorm 52
        bb) Detaillierte Anforderungen 55
     c) Technik der Buchführung 59
        aa) Bestandskonten 59
        bb) Erfolgskonten 64
        cc) Gemischte Konten 67
  3. Inventur und Inventar 70
     a) Inventurzeitpunkt 71
        aa) Stichtagsinventur 71
        bb) Vor-/nachverlegte Inventur 71
        cc) Permanente Inventur 71
     b) Inventurverfahren 72
        aa) Einzelbewertung 72
        bb) Festbewertung 72
        cc) Gruppenbewertung 73

Teil 2. Einzelabschluss

A. Bilanzierung dem Grunde nach: Ansatz

I. Ansatz der Vermögensgegenstände 76
  1. Abstrakte Aktivierungsfähigkeit 77
     a) Überblick 77
     b) Der Begriff des Vermögensgegenstands 78
        aa) Steuerrechtlicher Aktivierungsgrundsatz 79
        bb) Handelsrechtlicher Aktivierungsgrundsatz 80
        cc) Stellungnahme 81
     c) Arten von Vermögensgegenständen 84
        aa) Körperliche Vermögensgegenstände 84
        bb) Forderungen 84
           (1) Forderungen im Allgemeinen 84
           (2) Gewinnansprüche im Besonderen (Tomberger-urteil) 85
        cc) Immaterielle Vermögensgegenstände 89
           (1) Überblick 89
           (2) Forschungskosten 93
           (3) Verlorene Zuschüsse 95
           (4) Werbekampagnen 96
           (5) Kosten Internetauftritt 96
           (6) Transferzahlungen 98
           (7) Geschäfts- oder Firmenwert 100

2.	Konkrete Bilanzierungsfähigkeit	101
	a) Subjektive Zurechnung (zum Kaufmann)	101
	aa) Wirtschaftliches Eigentum im Allgemeinen	101
	bb) Wirtschaftliches Eigentum in Einzelfällen	104
	(1) Veräußerungsgeschäfte	104
	(2) Pfändung, Eigentumsvorbehalt, Sicherungsübereignung	105
	(3) Leasing	106
	(4) Factoring	110
	(5) Kommissionsgeschäft	111
	b) Objektive Zurechnung (zum Betrieb)	112
	c) Ansatzwahlrechte und -verbote	114
	aa) Ansatzwahlrechte	114
	bb) Ansatzverbote	116

II. Ansatz der Schulden 117
  1. Grundfragen zu den Konzepten für Schulden 117
  2. Verbindlichkeiten 120
     a) Unbedingte Verbindlichkeiten 120
     b) Bedingte Verbindlichkeiten 123
  3. Verbindlichkeitsrückstellungen 125
     a) Kriterien für Verbindlichkeitsrückstellungen 125
        aa) Bestehen von Ungewissheit 125
        bb) Vorliegen einer Verpflichtung 127
           (1) Faktische Verpflichtung 127
           (2) Öffentlich-rechtliche Verpflichtung 129
           (3) Verpflichtungen aus Dauerschuldverhältnissen 130
        cc) Wirtschaftliche Belastung 130
        dd) Wirtschaftliche Verursachung 131
     b) Prüfungsschema Verbindlichkeit/Rückstellung/keine Rückstellung 133
     c) Fallbeispiel: Prozessrückstellung 134
  4. Verlustrückstellungen 137
     a) Kriterien für Verlustrückstellungen 137
        aa) Vorliegen eines schwebenden Geschäfts 137
        bb) Drohen eines Verlustes 138
     b) Fälle von Verlustrückstellungen 139
  5. Aufwandsrückstellungen 140
     a) Aufwandsrückstellungen im Allgemeinen 140
     b) Rückstellungen für unterlassene Instandhaltungen 141
     c) Rückstellungen für Abraumbeseitigung 142

III. Ansatz des Eigenkapitals 142
  1. Einführung 142
     a) Begriff und juristische Bedeutung 142
     b) Funktion und Bedeutung 145

	c) Abgrenzung zwischen Eigen- und Fremdkapital	146
	aa) Grundsätze	146
	bb) Hybride Finanzierungsinstrumente	147
2.	Bilanzierung bei Kapitalgesellschaften	148
	a) Gezeichnetes Kapital	148
	aa) Begriff	148
	bb) Kapitalerhöhung und -herabsetzung	150
	cc) Ausstehende Einlagen	151
	dd) Eigene Anteile	152
	b) Rücklagen	152
	aa) Begriff	152
	bb) Kapitalrücklagen	155
	cc) Gewinnrücklagen	157
	(1) Gesetzliche Rücklage	157
	(2) Satzungsmäßige Rücklagen	160
	(3) Andere Gewinnrücklagen	161
	c) Jahresergebnis	163
	aa) Keine Berücksichtigung der Ergebnisverwendung	163
	bb) Teilweise Berücksichtigung der Ergebnisverwendung	164
	cc) Vollständige Berücksichtigung der Ergebnisverwendung	165
	d) Nicht durch Eigenkapital gedeckter Fehlbetrag	166
3.	Bilanzierung bei Personenhandelsgesellschaften	167
4.	Bilanzierung bei Einzelkaufleuten	169
IV.	Ansatz von Rechnungsabgrenzungsposten	169
V.	Ansatz von latenten Steuern	172
VI.	Aktiver Unterschiedsbetrag aus der Vermögensverrechnung	175

B. Bilanzierung der Höhe nach – Bewertung

I.	Grundlagen der Bewertung	177
1.	Grundfragen zur Bewertung	177
2.	Gesetzliche Vorgaben für die Bewertung	180
3.	Prinzipien der Bewertung	183
	a) Jahresabschlussfunktionen und Bewertungsprinzipien	183
	b) Vorsichtsprinzip = Zentralprinzip	186
	aa) Realisationsprinzip	186
	bb) Imparitätsprinzip	188
	c) Übrige Bewertungsprinzipien § 252 Abs. 1 HGB	190
	aa) Bilanzidentitätsprinzip	190
	bb) Going-Concern-Prinzip	191
	cc) Einzelbewertungsprinzip	191
	dd) Periodisierungsprinzip	194
	ee) Stetigkeitsprinzip	195
	ff) Stichtagsprinzip	196

Inhaltsverzeichnis

d) Weitere Bilanzierungsprinzipien	196
aa) Verursachungsprinzip	196
bb) Wertaufhellungsprinzip	197
II. Durchführung der Bewertung	197
1. Bewertungsmaßstäbe	198
a) Anschaffungskosten	198
aa) Bestandteile der Anschaffungskosten	198
bb) Finanzierung/Währung der Anschaffungskosten	199
cc) Sondervorgänge der Anschaffungskosten	201
dd) Ermittlung der Anschaffungskosten	206
b) Herstellungskosten	207
aa) Bewertung mit Herstellungskosten	207
bb) Bestandteile der Herstellungskosten	208
cc) Berechnung der Herstellungskosten	212
dd) Finanzierung/Währung der Herstellungskosten	215
ee) Herstellungskosten immaterieller Vermögensgegenstände	216
c) Beizulegender Wert/Zeitwert	217
d) Erfüllungsbetrag	218
2. Bewertungsanweisungen	220
a) Grundzüge der Bewertung	220
b) Bewertung der Aktivposten	221
aa) Abgrenzung vom Anlage- und Umlaufvermögen	221
bb) Immaterielle Vermögensgegenstände	222
cc) Vermögensgegenstände des Sachanlagevermögens	224
(1) Planmäßige Abschreibungen	224
(2) Außerplanmäßige Abschreibungen	227
dd) Vermögensgegenstände des Finanzanlagevermögens	228
ee) Vorräte	230
ff) Forderungen	233
c) Bewertung der Passivposten	233
aa) Rückstellungen	234
(1) Grundlagen	234
(2) Rückstellungen für unsichere Verbindlichkeiten	235
(3) Drohverlustrückstellungen	237
bb) Verbindlichkeiten	241

Teil 3. Konzernabschluss

A. Konzernabschluss nach HGB

I. Grundlagen	243
1. Betriebswirtschaftliche Grundlagen	243
2. Rechtliche Grundlagen	248
a) Handelsrechtliche Vorschriften	248
b) Deutsche Rechnungslegungs Standards (DRS)	249

		3. Organisatorische Grundlagen	250
		4. Begriffliche Grundlagen	252
II.	Bestandteile des Konzernabschlusses		254
	1.	Überblick	254
	2.	Konzernbilanz und Konzern-GuV	254
	3.	Konzernanhang	254
	4.	Kapitalflussrechnung, Eigenkapitalspiegel, Segmentbericht	255
	5.	Konzernlagebericht	256
III.	Aufstellungs- und Einbeziehungspflicht		257
	1.	Aufstellungspflicht	257
		a) Aufstellungspflicht nach dem HGB	257
		b) Aufstellungspflicht nach dem PublG	260
		c) Befreiungen von der Aufstellungspflicht	260
	2.	Konsolidierungskreis	263
IV.	Durchführung der Vollkonsolidierung		264
	1.	Festlegung des Konsolidierungskreises	264
	2.	Aufstellung der Handelsbilanz II	265
		a) Einheitlichkeit der Abschlussstichtage	265
		b) Einheitlichkeit der Bilanzierung und Bewertung	265
		c) Einheitlichkeit der Währungseinheit	266
	3.	Die Kapitalkonsolidierung	266
		a) Erstkonsolidierung	266
		aa) Beteiligungsanteil des Mutterunternehmens	268
		bb) Bewertung des Eigenkapitals des Tochterunternehmens	268
		(1) Zeitpunkt der Bewertung	268
		(2) Stille Reserven/Lasten	269
		b) Folgekonsolidierung	274
	4.	Schuldenkonsolidierung	276
		a) Deckungsgleiche Forderungen und Verbindlichkeiten	277
		b) Nicht deckungsgleiche Forderungen und Verbindlichkeiten	277
		c) Deckungsgleiche Drittschuldverhältnisse	279
	5.	Zwischenergebniseliminierung	280
		a) Überblick	280
		b) Ermittlung des Konzernbilanzwertes	281
		c) Ermittlung des Zwischenergebnisses	282
		d) Eliminierung des Zwischenergebnisses	283
	6.	Aufwands- und Ertragskonsolidierung	285
		a) Überblick	285
		b) Gesamtkostenverfahren	286
		c) Umsatzkostenverfahren	289
	7.	Ermittlung der latenten Steuern	290

V.	Quotenkonsolidierung	292
	1. Überblick	292
	2. Voraussetzungen für die Quotenkonsolidierung	292
	3. Wahlrecht zur Quotenkonsolidierung	294
	4. Durchführung der Quotenkonsolidierung	295
VI.	Equitybewertung	298
	1. Anwendungsvoraussetzungen	299
	2. Erstkonsolidierung nach der Equity-Methode	300
	3. Folgekonsolidierung nach der Equity-Methode	301
	4. Zwischenergebniseliminierung	303

B. Konzernabschluss nach IAS/IFRS

I.	Notwendigkeit einer internationalen Rechnungslegung	305
II.	Einführung und Grundlagen der IAS/IFRS	308
	1. Entstehungsgeschichte	309
	2. Systematik und Anwendungsfragen	310
	a) Bestandteile und Normenhierarchie	310
	b) Praktische Anwendung der Standards	312
	3. Die IAS/IFRS als verbindliche Rechtsnormen in der EU	315
	a) Die Anerkennung der IAS/IFRS durch die EU	315
	b) Die Reichweite der IAS-VO	316
	c) Das Anerkennungsverfahren der EU	317
	d) Die Anwendung der IAS/IFRS als Teil des EU-Rechts ...	319
	e) IAS/IFRS als Gegenstand von Rechtsstreitigkeiten	319
III.	Die Bilanzierungsprinzipien der IAS/IFRS	320
	1. Die Zielsetzung von IAS/IFRS-Abschlüssen	320
	a) Die Informationsvermittlung als oberstes Ziel	320
	b) Kein Gläubigerschutz und keine Ausschüttungsbemessungsfunktion	321
	2. Die wesentlichen Bilanzierungsgrundsätze der IAS/IFRS	321
	a) Die zugrunde liegenden Annahmen	322
	b) Die qualitativen Anforderungen an den Abschluss	323
IV.	Die Ansatzkonzeption der IAS/IFRS	326
	1. Die Aktivierungskonzeption	326
	2. Die Passivierungskonzeption	328
	3. Überblick über die Bewertungskonzeption der IAS/IFRS	330
	4. Überblick über die Regelungen der Erfolgsberücksichtigung	331
	5. Beispiele zu den Unterschieden zwischen HGB und IAS/IFRS	331

Sachverzeichnis 335

Abkürzungsverzeichnis

aA	andere(r) Ansicht
AB	Anfangsbestand
abl.	ablehnend
ABl.	Amtsblatt
Abs.	Absatz
ADS HGB	*Adler/Düring/Schmaltz*, Rechnungslegung und Prüfung der Unternehmen, 6. Aufl., ab 1995
aE	am Ende
aF	alte Fassung
AfA	Absetzung für Abnutzung
AG	Amtsgericht; Aktiengesellschaft
AK	Anschaffungskosten
AktG	Aktiengesetz
Alt.	Alternative(n)
aM	andere Meinung
Anm.	Anmerkung
AnwBl.	Anwaltsblatt
AO	Abgabenordnung
ARC	Accounting Regulatory Committee
Art.	Artikel
AU	assoziiertes Unternehmen
Aufl.	Auflage
BAB	Betriebsabrechnungsbogen
Baetge/Kirsch/Thiele Bilanzen	*Baetge/Kirsch/Thiele*, Bilanzen, 13. Aufl. 2014
Baetge/Kirsch/Thiele Konzernbilanzen	*Baetge/Kirsch/Thiele,* Konzernbilanzen, 10. Aufl. 2013
BaFin	Bundesanstalt für Finanzdienstleistungsaufsicht
Baumbach/Hopt/*Bearbeiter*	*Baumbach/Hopt*, Handelsgesetzbuch, 36. Aufl., 2014
Baumbach/Hueck/ *Bearbeiter*	Baumbach/Hueck, GmbHG, 17. Aufl., 2000
BB	Betriebsberater
BBodSchG	Bundes-Bodenschutzgesetz
BeBiKo/*Bearbeiter*	Beck'scher Bilanz-Kommentar, 9. Aufl., 2014
BeckIFRSHdB/*Bearbeiter*	*Bohl/Riese/Schlüter*, Beck'sches IFRS-Handbuch, 4. Aufl. 2013

… Abkürzungsverzeichnis

BFH	Bundesfinanzhof
BGB	Bürgerliches Gesetzbuch
BGBl.	Bundesgesetzblatt
BGH	Bundesgerichtshof
BGHZ	Entscheidungen des Bundesgerichtshofs in Zivilsachen
BilMoG	Bilanzrechtsmodernisierungsgesetz
BiRiLiG	Bilanzrichtlinien-Gesetz
BMF	Bundesfinanzministerium
BMJ	Bundesministerium der Justiz
Brox/Henssler HandelsR	*Brox/Henssler*, Handelsrecht, 21. Aufl., 2011
bspw.	beispielsweise
BStBl.	Bundessteuerblatt
BT-Drs.	Bundestagsdrucksache
BU	beteiligte Unternehmen
Buchholz Jahresabschluss	*Buchholz*, Grundzüge des Jahresabschlusses nach HGB und IFRS, 8. Aufl., 2013
Buchst.	Buchstabe
bzgl.	bezüglich
bzw.	beziehungsweise
DAX	Deutscher Aktienindex
DB	Der Betrieb
ders.	derselbe
DFL	Deutsche Fußball Liga
dh	das heißt
Dicken Gewinnermittlungsrecht	*Dicken*, Gewinnermittlungsrecht, 2003
Dicken Kreditwürdigkeitsprüfung	*Dicken*, Kreditwürdigkeitsprüfung, 3. Aufl., 2003
Dicken Spanisches Bilanzrecht	*Dicken*, Spanisches Bilanzrecht, 2000
DM	Deutsche Mark
DPR	Deutsche Prüfstelle für Rechnungslegung
DRS	Deutsche Rechnungslegungsstandards
DRSC	Deutsche Rechnungslegung Standards Committee
DStR	Deutsches Steuerrecht
EB	Endbestand
EFRAG	European Financial Reporting Advisory Group
EG	Europäische Gemeinschaft
EGHGB	Einführungsgesetz zum Handelsgesetzbuch
EGR	EU-Richtlinie

Abkürzungsverzeichnis

EGV	Vertrag zur Gründung der Europäischen Gemeinschaft
EGVO	Verordnung der Europäischen Gemeinschaft
EP	Einstandspreis
EStÄR	Einkommensteuer-Änderungsrichtlinie
EStDV	Einkommensteuer-Durchführungsverordnung
EStG	Einkommenssteuergesetz
EStH	Einkommensteuer-Hinweise
EStR	Einkommensteuer-Richtlinien
etc	et cetera
EU	Europäische Union
EuGH	Europäischer Gerichtshof
EUR	Euro
EUV	Vertrag über die Europäische Union
EWR	Europäischer Wirtschaftsraum
EZB	Europäische Zentralbank
f.	folgend
FEK	Fertigungseinzelkosten
ff.	fortfolgende
FIFO	First In First Out
GbR	Gesellschaft bürgerlichen Rechts
Gelhausen/Fey/ Kämpfer BilMoG	*Gelhausen/Fey/Kämpfer*, Rechnungslegung und Prüfung nach dem Bilanzrechtsmodernisierungsgesetz, 2009
gem.	gemäß
GewStG	Gewerbesteuergesetz
GenG	Genossenschaftsgesetz
GG	Grundgesetz für die Bundesrepublik Deutschland
ggf.	gegebenenfalls
GKV	Gesamtkostenverfahren
GmbH	Gesellschaft mit beschränkter Haftung
GmbHG	Gesetz betreffend die Gesellschaften mit beschränkter Haftung
GmbHR	GmbH-Rundschau
GoB	Grundsätze ordnungsmäßiger Buchführung
GoF	Geschäfts- oder Firmenwert
Grds.	grundsätzlich
Großfeld/Luttermann BilanzR	*Großfeld/Luttermann*, Bilanzrecht, 2005
GroßkommBilanzR/ *Bearbeiter*	*Ulmer* (Hrsg.), HGB-Bilanzrecht, 4. Aufl. 2002
GroMiKV	Großkredit- und Millionenkreditverordnung

GrS	Großer Senat
GuV	Gewinn- und Verlustrechnung
HB	Handelsbilanz
HdJ/*Bearbeiter*	Schulze-Osterloh/Hennrichs/Wüstemann (Hrsg.), Handbuch des Jahresabschlusses, 2014
HdR/*Bearbeiter*	Küting/Pfitzer/Weber, Handbuch der Rechnungslegung – Einzelabschluss, 5. Aufl., 2013
Heymann/*Bearbeiter*	*Heymann/Horn*, Heymann-Handelsgesetzbuch, 2005
HFA	Hauptfachausschuss
HGB	Handelsgesetzbuch
hL	herrschende Lehre
hM	herrschende Meinung
Hrsg.	Herausgeber
HS	Halbsatz
IAS	International Accounting Standards
IASB	International Accounting Standards Board
IAS-VO	IAS-Verordnung
idR	in der Regel
IDW	Institut der Wirtschaftsprüfer e. V.
ieS	im engeren Sinne
IFRIC	International Financial Reporting Interpretations Committee
IFRS	International Financial Reporting Standards
iHv	in Höhe von
iHd	in Höhe der
iRd	im Rahmen des
iSd	im Sinne des
iSe	im Sinne eines
iSv	im Sinne von
iÜ	im Übrigen
iVm	in Verbindung mit
iwS	im weiteren Sinne
insb.	insbesondere
InsO	Insolvenzordnung
JCC	Jewish Claims Conference
jew.	jeweils
Jg.	Jahrgang
JR	Juristische Rundschau
JuS	Juristische Schulung
JZ	Juristenzeitung
Kap.	Kapitel

KapCoRiLiG	Kapitalgesellschaften und Co-Richtlinien-Gesetz
KapGes.	Kapitalgesellschaft
Kfm.	Kaufmann
KG	Kommanditgesellschaft
KGaA	Kommanditgesellschaft auf Aktien
Kloos Transformation	*Kloos*, Die Transformation der 4. EG-Richtlinie (Bilanzrichtlinie) in den Mitgliedstaaten der Europäischen Gemeinschaft, 1993
KonTraG	Gesetz zur Kontrolle und Transparenz im Unternehmensbereich
krit.	kritisch
KStG	Körperschaftssteuergesetz
Küting/Weber Konzernabschluss	*Küting/Weber*, Der Konzernabschluss, 13. Aufl., 2012
KWG	Gesetz über das Kreditwesen
Leffson GoB	*Leffson*, Die Grundsätze ordnungsmäßiger Buchführung, 7. Aufl., 1987
LIFO	Last In First Out
lit.	litera (Buchstabe)
LuftGerPO	Betriebsordnung für Luftfahrgerät
MEK	Materialeinzelkosten
MGK	Materialgemeinkosten
Mind.	mindestens
Mio.	Million(en)
MoMiG	Gesetz zur Modernisierung des GmbH-Rechts und zur Bekämpfung von Missbräuchen
Moxter Bilanzlehre I	*Moxter*, Bilanzlehre, 3. Aufl., 1984
Moxter Bilanzrechtsprechung	*Moxter*, Bilanzrechtsprechung, 2007
Mrd.	Milliarde(n)
MU	Mutterunternehmen
MüKoBilanzR/*Bearbeiter*	Münchner Kommentar zum Bilanzrecht, 2013
MüKo-HGB/*Bearbeiter*	Münchener Kommentar zum Handelsgesetzbuch, Band 4, 3. Aufl., 2013
mwN	mit weiteren Nachweisen
nF	neue Fassung
NJW	Neue Juristische Wochenschrift
nnv	noch nicht verrechenbar
Nr.	Nummer

NZG	Neue Zeitschrift für Gesellschaftsrecht
oa	oben angeführt
OHG	offene Handelsgesellschaft
OLG	Oberlandesgericht
pa	per anno
PHG	Personenhandelsgesellschaft
PublG	Gesetz über die Rechnungslegung von bestimmten Unternehmen und Konzernen (Publizitätsgesetz)
RAP	Rechnungsabgrenzungsposten
RechKredV	Kreditinstituts-Rechnungslegungsverordnung
RechPensV	Pensionsfonds-Rechnungslegungsverordnung
RechVersV	Versicherungsunternehmens-Rechnungslegungsverordnung
RFH	Reichsfinanzhof
RGBl.	Reichsgesetzblatt
RH	Rechnungslegungshinweise
RHB-Stoffe	Roh-, Hilfs-, Betriebsstoffe
Rn.	Randnummer
RS	Stellungnahmen zur Rechnungslegung
Rspr.	Rechtsprechung
RsprEinhG	Gesetz zur Wahrung der Einheitlichkeit der Rechtsprechung der obersten Gerichtshöfe des Bundes
RStBl.	Reichssteuerblatt
RückAbzinsV	Rückstellungsabzinsungsverordnung
S.	Seite, Satz
Schmalenbach Dynamische Bilanz	*Schmalenbach*, Dynamische Bilanz, 1995
SFEK	Sondereinzelkosten der Fertigung
SIC	Standards Interpretations Committee
Simon Bilanzen	*Simon*, Die Bilanzen, 1899
sog.	sogenannt
StuB	Steuern und Bilanzen
StB	Steuerbilanz
str.	strittig
Stüdemann Konkursverwalter	*Stüdemann*, Der Konkursverwalter als Unternehmer, 1977
teilw.	teilweise
Thiel/Lüdtke-Handjery BilanzR	*Thiel/Lüdtke-Handjery*, Bilanzrecht, 6. Aufl., 2010

Tipke Steuerrechtsordnung	*Tipke*, Die Steuerrechtsordnung
Tonner Leasing im SteuerR	*Tonner*, Leasing im Steuerrecht, 6. Aufl., 2014
TRY	Türkische Lira
TU	Tochterunternehmen
UKV	Umsatzkostenverfahren
umstr.	umstritten
UmwG	Umwandlungsgesetz
UrhG	Urhebergesetz
USt.	Umsatzsteuer
UStG	Umsatzsteuergesetz
ua	unter anderem
uÄ	und ähnlich
USD	U.S. Dollar
US-GAAP	US Generally Accepted Accounting Principles
usw	und so weiter
uU	unter Umständen
v.	von
va	vor allem
VersRiLiG	Versicherungsbilanzrichtlinie-Gesetz
VG	Vermögensgegenstand
vgl.	vergleiche
VO	Verordnung
VP	Verkaufspreis
WPG	Die Wirtschaftsprüfung
WpHG	Gesetz über den Wertpapierhandel
WpÜG	Wertpapiererwerbs- und Übernahmegesetz
zB	zum Beispiel
ZPO	Zivilprozessordnung
zT	zum Teil
zust.	zustimmend
zutr.	zutreffend

Teil 1. Grundlagen

A. Grundlagen der Rechnungslegung

I. Jahresabschluss

Bilanzen werden von Kaufleuten zur Rechnungslegung erstellt, um sich selbst und Dritte über die **Lage des Unternehmens** und den **Erfolg** des abgelaufenen **Geschäftsjahrs** zu **informieren**. Zusammen mit der **Gewinn- und Verlustrechnung** bildet die Bilanz den **Jahresabschluss**. Dabei sind Bilanz und Gewinn- und Verlustrechnung untrennbar miteinander verbunden und bilden sozusagen den **Nukleus** der Rechnungslegung.

Die **Bilanz** stellt in einem **Konto** auf der linken Seite die Aktivposten (oder Aktiva) und auf der rechten Seite die Passivposten (oder Passiva) zum Bilanzstichtag (zumeist 31.12.) dar. Die Bilanzsummen beider Seiten sind identisch, woraus sich der Begriff der Bilanz erklärt (lat. bilanx = zwei Waagschalen habend). Bei den **Aktiva** handelt es sich im Wesentlichen um die **Vermögensgegenstände**, mit denen das Unternehmen betrieben wird. Die **Passiva** umfassen zum einen vor allem die hierfür aufgenommenen **Schulden** und zum anderen das **Eigenkapital**, das sich aus der Differenz von Vermögen und Schulden ergibt.

Aktiva	Bilanz zum 31.12. ...		Passiva
Vermögensgegenstände		Schulden	
Grundstücke, Maschinen	... EUR	Bankdarlehen	... EUR
Material	... EUR	Lieferverbindlichkeiten	... EUR
Lieferforderungen	... EUR	...	...
...		Eigenkapital	... EUR
Summe	... EUR	Summe	... EUR

Die **Erhöhung** oder **Verminderung** des **Eigenkapitals** zwischen zwei Bilanzstichtagen ist der **Gewinn** bzw. **Verlust** (Oberbegriff: Erfolg) des **Geschäftsjahrs** (insoweit die Eigenkapitaländerung nicht auf Kapital zu- oder -abführungen seitens der bzw. an die Eigentümer des Unternehmens beruht). In der **Gewinn- und Verlustrechnung** wird der Erfolg weiter in die einzelnen Komponenten aufgegliedert, die als **Aufwendungen** und **Erträge** bezeichnet werden. Die Gewinn- und Verlustrechnung stellt damit zum einen ein **Unterkonto des Eigenkapitalkontos** dar, und, ist zum anderen ein **eigenständiges Instrument der Rechnungslegung.**

4   Die im Rahmen der Bilanzerstellung anzuwendenden **Ansatz- und Bewertungsvorschriften** gelten seit der Umsetzung des Bilanzrechtsmodernisierungsgesetzes (BilMoG) 2009 grundsätzlich **unabhängig von der Rechtsform** der Unternehmen. Unterschiedlich ist allerdings der **Umfang** der zu erstellenden **zusätzlichen Informationen** der Rechnungslegung.

5   So ist der zunächst aus der Bilanz und Gewinn- und Verlustrechnung (kurz GuV) bestehende Jahresabschluss von **Kapitalgesellschaften** um einen **Anhang** zu erweitern, der weitere Erläuterungen zur Bilanz und GuV enthält. Außerdem ist ein **Lagebericht zu erstellen**, mit dem die Unternehmensleitung einen geschäftlichen Blick in die Vergangenheit und Zukunft wirft.

Der **Umfang** der zusätzlichen Informationen hängt von der **Größe der Kapitalgesellschaft** ab. Den Kapitalgesellschaften gleichgestellt sind **Personenhandelsgesellschaften ohne vollhaftenden Gesellschafter** (§ 264a Abs. 1 HGB). **Kapitalgesellschaften**, deren **Aktien oder Anleihen** an (bestimmten) **Kapitalmärkten** notiert sind, haben in den Jahresabschluss zusätzlich eine die Zahlungsmittelbestände und -entwicklung darstellende **Kapitalflussrechnung**, eine vertiefte Darlegung der **Eigenkapitalentwicklung**, sowie (optional) eine **Segmentberichterstattung** zu integrieren, die Erfolg und Vermögen in einzelne Geschäftsfelder zerlegt.

6   Die folgende Aufstellung stellt noch einmal den **nach Rechtsform unterschiedlichen Umfang des Einzelabschlusses** dar. Im Weiteren wird auf die zusätzlichen Informationsinstrumente der Rechnungslegung nicht weiter eingegangen.

A. Grundlagen der Rechnungslegung

Unternehmen	Vorschriften Einzelabschluss	Umfang Einzelabschluss
Einzelkaufleute/ Personenhandels-gesellschaften	Vorschriften für alle Kaufleute §§ 238–263 HGB	Bilanz + GuV = Jahresabschluss § 242 Abs. 3 HGB
Kapitalgesellschaften/ beschränkt haftende Personenhandels-gesellschaften § 264a Abs. 1 HGB	Vorschriften für alle Kaufleute §§ 238–263 HGB + Ergänzende Vorschriften für kleine/mittlere/ große KapGes §§ 264–335 HGB	Bilanz + GuV + Anhang = Jahresabschluss + Lagebericht § 264 Abs. 1 S. 1 HGB
kapitalmarktorientierte Kapitalgesellschaften § 264d HGB	Vorschriften für alle Kaufleute §§ 238–263 HGB + Ergänzende Vor-schriften für große KapGes §§ 264–335 HGB + Diverse Einzelnor-men	Bilanz + GuV + Anhang + Kapitalflussrechnung + Eigenkapitalspiegel + Segmentberichterstattung (optional) = Jahresabschluss + Lagebericht § 264 Abs. 1 S. 2 HGB

Der Einzelabschluss erfüllt nicht nur einen **Informationszweck**, sondern dient bei **Kapitalgesellschaften** auch der **Bemessung** möglicher **Ausschüttungen** an die Anteilseigner, indem als Gewinn der Betrag ermittelt werden soll, der dem Unternehmen ohne Substanzverlust entziehbar ist. Zudem stellt der Gewinn bei **Personengesellschaften** die Grundlage für die Gewinnverteilung an die Gesellschafter dar. Des Weiteren ist er nach § 5 Abs. 1 EStG maßgeblich für die steuerliche Gewinnermittlung. Diese **Maßgeblichkeit der Handelsbilanz für die Steuerbilanz** führt dazu, dass eine Vielzahl von Urteilen zu handelsbilanzrechtlichen Fragen nicht durch den Bundesgerichtshof (BGH), sondern durch den Bundesfinanzhof (BFH) ergehen.

II. Konzernabschluss

8 Verfügt ein Unternehmen über ein oder mehrere **Tochterunternehmen**, dann reicht der Einzelabschluss zur Information über die wirtschaftliche Entwicklung und Lage nicht mehr aus. Jenseits der rechtlichen Strukturen werden in einem **Konzernabschluss** alle **Posten** der Bilanzen sowie Gewinn- und Verlustrechnungen von Mutter- und Tochterunternehmen **zusammengefasst**, und, falls notwendig, gegenseitig **verrechnet** (konsolidiert). Mithin unterliegt der Konzernabschluss der **Fiktion**, dass die in die Konsolidierung **einbezogenen Unternehmen** wirtschaftlich **ein Unternehmen** sind (Einheitstheorie).

Die Ansprüche, die an den Konzernabschluss gestellt werden, sind abhängig von **Rechtsform** und **Größe** des Mutterunternehmens (oder Konzerns). Kapitalmarktorientierte **Kapitalgesellschaften** fallen unter die 4. EG-Verordnung, die vorsieht, dass diese Unternehmen einen **Abschluss nach internationalem Recht** (IAS/IFRS) erstellen. Zusätzlich müssen sie nach § 315a HGB **deutsche Zusatznormen** beachten (ua zum Konzernlagebericht).

A. Grundlagen der Rechnungslegung

Mutterunternehmen	Vorschriften Einzelabschluss	Umfang Konzernabschluss
Einzelkaufleute/ Personenhandelsgesellschaften	Konzernabschluss nach PublG § 11 PublG	Konzernbilanz + Konzern-GuV (deutlich reduzierter Umfang) <hr> = Konzernjahresabschluss § 13 Abs. 1 PublG
Kapitalgesellschaften/ beschränkt haftende Personenhandelsgesellschaften § 264a Abs. 1 HGB (GmbH & Co KG)	Konzernabschluss nach HGB § 290 HGB	Konzernbilanz + Konzern-GuV + Konzernanhang + Kapitalflussrechnung + Eigenkapitalspiegel + Segmentberichterstattung (optional) <hr> = Konzernjahresabschluss + Konzernlagebericht § 297 Abs. 1 S. 1 HGB
kapitalmarktorientierte Kapitalgesellschaften § 264d HGB	Konzernabschluss nach IAS/IFRS 4. EG Verordnung + Deutsche Zusatzanforderungen § 315a HGB	Bilanz + Gesamtergebnisrechnung + Anhang mit Segmentberichterstattung + Kapitalflussrechnung + Eigenkapitalveränderungsrechnung <hr> = IAS/IFRS-Abschluss + Konzernanhangszusatzangaben (HGB)/Konzernlagebericht

B. Grundlagen der Bilanzierung

I. Historische Grundlagen

1. Normierung der Bilanz

9   Der **Gewinn oder Verlust** eines Unternehmens insgesamt ergibt sich aus der **Differenz von Einnahmen und Ausgaben** (verstanden als positive und negative Änderungen des Zahlungsmittelbestands) über die Unternehmensgesamtdauer. Die Erfassung eines solchen **Totalgewinns über die Totalperiode** ist allerdings aus unterschiedlichen Gründen nicht zweckmäßig. So wollen die am Unternehmen interessierten Gruppen, wie Anteilseigner, Banken, Gläubiger oder Arbeitnehmer regelmäßig wissen, wie sich das Unternehmen entwickelt, und auch Steuerzahlungen und Ausschüttungen müssen regelmäßig erfolgen. All dies macht es notwendig, dass in festen Abständen Zwischenabrechnungen erstellt werden.

10   Diese Zwischenabrechnungen könnten nun dadurch erfolgen, dass die **Einnahmen und Ausgaben** einer bestimmten Abrechnungsperiode, bspw. eines **Geschäftsjahres**, gegenübergestellt werden. Ein sich auf der Basis einer **Einnahmen-Ausgaben-Rechnung** ergebender **Gewinn oder Verlust** erhöht bzw. vermindert auch immer den Zahlungsmittelbestand und wäre damit die ideale Bemessungsgrundlage für Gewinnausschüttungen oder Steuern, die zu Lasten dem Zahlungsmittelbestands geleistet werden (vgl. *Weber-Grellet* DStR 1998, 1343).

11   Vor diesem Hintergrund verwundert es nicht, dass die Einnahmen-Ausgaben-Rechnung in mehr oder weniger modifizierter Form **bis etwa Mitte des 19. Jahrhunderts** die Grundlage sowohl für die **handelsrechtliche**, als auch die **steuerrechtliche Gewinnermittlung** bildete. Zusätzlich wurden von der Einnahmen-Ausgaben-Rechnung getrennte **Bilanzen zur Vermögensermittlung** erstellt, die bereits im 14. Jahrhundert von italienischen Kaufleuten angefertigt wurden. Im Übrigen ist es auch gegenwärtig handels- wie steuerrechtlich möglich, dass Kaufleute mit einem geringen Geschäftsumfang eine zumeist als Einnahmen-Überschuss-Rechnung bezeichnete Gewinn-

B. Grundlagen der Bilanzierung

ermittlung durchführen (vgl. §§ 241a, 242 Abs. 4 HGB sowie § 4 Abs. 3 EStG).

Anmerkung: Die im Handelsbilanzrecht wie auch im Steuerbilanzrecht verwendeten Begriffe sind vielfach historisch entstanden und teilweise vor mehr als einhundert Jahren in die Gesetzestexte aufgenommen worden. Die Begriffe sind deshalb häufig nicht eindeutig oder klar und teilweise sogar irreführend. Bspw. ist der handelsrechtliche Begriff der Anschaffungskosten mitnichten durch den betriebswirtschaftlichen Kostenbegriff abgedeckt und die steuerrechtlichen Betriebsausgaben umfassen keineswegs nur Ausgaben. Unter die handelsrechtlichen Vermögensgegenstände werden auch Rechte subsumiert und zu den steuerrechtlichen Wirtschaftsgütern werden auch „bloße Vorteile" gezählt.

Einer von der Bilanz getrennten Gewinnermittlung mittels Einnahmen-Ausgaben-Rechnung liegt eine **einfache Buchführung** zugrunde. Werden Bilanzierung und Gewinnermittlung verbunden, kann dies mittels einer **doppelten Buchführung** erfolgen. Der Gewinn oder Verlust ergibt sich dabei einerseits aus der Gewinn- und Verlustrechnung, welche die Einnahmen-Ausgaben-Rechnung ersetzt, und andererseits auf Basis des Vergleichs der aktuellen Bilanz mit der Vorjahresbilanz. Der Umstand, dass Gewinn oder Verlust quasi doppelt (und zwangsläufig in derselben Höhe) berechnet werden, führte zu der Bezeichnung „doppelte Buchführung". 12

Das System der doppelten Buchführung wurde bereits 1494 durch Luca Pacioli, einem italienischen Franziskaner-Mönch, Mathematiker, Universitätsprofessor und Freund Leonardo da Vincis in seinem Werk „Summa *de* arithmetica, geometria, proportioni et proportionalita" erstmals zusammenhängend veröffentlicht und uU auch von ihm erfunden (vgl. *Hoffmann,* Algebra des Kapitals, Die Zeit Nr. 22 v. 28.5.1993).

Das Verständnis dieser Verbindung von der Gewinn- und Verlustrechnung (besser: Erfolgsrechnung) und Bilanzierung ist **elementar** für das Verständnis der Wirkung der handels- und steuerrechtlichen Bilanzierungs- und Bewertungsregeln und damit für das Verständnis des im Wesentlichen aus diesen Regeln bestehenden Bilanzrechts insgesamt. Im Einzelnen: 13
Bei einer (reinen) **Einnahmen-Ausgaben-Rechnung** fallen Einnahmen und Ausgaben zu den **Zahlungszeitpunkten** an. Der Gewinn oder Verlust dieser **Kassenrechnung** ergibt sich als Überschuss der Einnahmen über die Ausgaben bzw. umgekehrt. Für diese Form der Gewinnermittlung ist die Aufstellung einer **Bilanz** mithin **nicht**

notwendig, sondern bildet, sofern sie denn überhaupt erstellt wird, eine Zusatzrechnung für andere Zwecke.

Eine Gewinnermittlung, die Einnahmen und Ausgaben **nicht zum Zeitpunkt der Zahlung**, sondern bspw. zum **Zeitpunkt der (betriebswirtschaftlichen) Verursachung** erfasst, erfordert eine Art **Zwischenspeicher für die nicht erfassten Einnahmen und Ausgaben**. Diesen Zwischenspeicher bildet bei der doppelten Buchführung die **Bilanz**. Dabei gilt:
- An die Stelle von Ausgaben und Einnahmen treten die Begriffe **Aufwendungen** und **Erträge** (die zumeist in dieser umgekehrten Reihenfolge genannt werden). Bei **Aufwendungen** handelt es sich um die – oder um den Teil der – **Ausgaben,** bei **Erträgen** um die – oder den Teil der – **Einnahmen, die dem Geschäftsjahr zuzurechnen** sind.
- Die – oder der Teil der – **Ausgaben** oder **Einnahmen**, die dem **Geschäftsjahr nicht** als Aufwendungen bzw. Erträge **zuzurechnen** sind und die entweder **bereits angefallen** sind oder **noch anfallen** werden, werden in die **Bilanz** als **Posten** aufgenommen.

14   Durch die **Verbindung** von **Erfolgsrechnung** und **Bilanz**, also einer Rechnungslegung mittels Jahresabschluss (der nach § 242 Abs. 3 HGB aus Gewinn- und Verlustrechnung und Bilanz besteht), wird aus der Einnahmen-Ausgaben-Rechnung quasi eine „Erträge-Aufwendungen-Rechnung", die handelsrechtlich als Gewinn- und Verlustrechnung bezeichnet wird.

Erträge können mithin als **periodisierte Einnahmen** und **Aufwendungen** als **periodisierte Ausgaben** bezeichnet werden, die den verschiedenen **Geschäftsjahren zuzurechnen** sind. Die folgende Abbildung stellt diesen Zusammenhang noch einmal dar.

B. Grundlagen der Bilanzierung

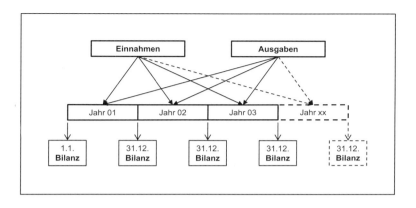

Beispiel 1: Die Anschaffung einer Maschine würde in einer Einnahmen-Ausgaben-Rechnung als Ausgabe und damit gewinnmindernd erfasst. Im Rahmen der Bilanzierung wird die Maschine als Vermögensgegenstand auf der Aktivseite der Bilanz aufgenommen (aktiviert) und zunächst nicht in der Gewinnrechnung erfasst (die Ausgaben werden in der Bilanz „gespeichert"). Allerdings sind jährliche Abschreibungen vorzunehmen, die über die Nutzungsdauer als Aufwendungen in die Gewinn- und Verlustrechnung Eingang finden und damit die über die Perioden verteilten oder periodisierten Ausgaben darstellen.

Beispiel 2: Im laufenden Geschäftsjahr wird durch ein Handelsunternehmen Ware erworben und zugleich mit Gewinn veräußert, wobei der Kaufpreis erst im Folgejahr eingeht. In einer Einnahmen-Ausgaben-Rechnung würde die Ausgabe für die Ware im laufenden Geschäftsjahr und Einnahme bei Zahlung, also erst im Folgejahr erfasst. Im Rahmen der Bilanzierung würde Aufwand (Wareneinkauf) und Ertrag (Warenverkauf) dem laufenden Geschäftsjahr zugerechnet und gleichsam der sich ergebende Gewinn erfasst. Dabei wird die Einnahme des Kaufpreises im Folgejahr durch die Bildung einer Forderung auf der Aktivseite der Bilanz vorweggenommen und führt zu einem Ertrag in der Gewinn- und Verlustrechnung im laufenden Geschäftsjahr, dem die Anschaffungsaufwendungen gegenüberstehen.

Begriffe und Sprache des Bilanzrechts erleichtern dessen Verständnis nicht. So sieht § 252 Abs. 1 Nr. 5 HGB vor: „Aufwendungen und Erträge sind unabhängig von den Zeitpunkten der entsprechenden Zahlungen zu berücksichtigen". Da aber gerade der Unterschied zwischen der Einnahmen-Ausgaben-Rechnung und der Rechnungslegung mittels Jahresabschluss in der Periodisierung von Ausgaben und Einnahmen zu Aufwendungen bzw. Erträgen unabhängig vom

Zahlungszeitpunkt liegt, ist diese zumal unter „Allgemeine Bewertungsgrundsätze" aufgeführte Vorschrift irreführend, zumindest aber überflüssig.

16 **Nicht jede Veränderung der Bilanz** führt zu entsprechenden Aufwendungen oder Erträgen in der Erfolgsrechnung, so dass weiter zu präzisieren und zu definieren ist:
- Eine **Bilanz** ist **die stichtagsbezogene Gegenüberstellung** des **Vermögens** einerseits sowie der **Schulden** und des **Eigenkapitals** andererseits, wobei sich das **Eigenkapital** als **Differenz von Vermögen und Schulden** errechnet.
- Ein **Gewinn oder Verlust** liegt bei einer **Eigenkapitalerhöhung bzw. -verminderung** vor, die sich aus dem Vergleich der Bilanz mit der Vorjahresbilanz ergibt, soweit es sich **nicht um Kapitalzuführungen bzw. -ausschüttungen** seitens des Einzelkaufmanns oder der Gesellschafter (Personenhandelsgesellschaften/Kapitalgesellschaften) handelt.
- Derselbe **Gewinn oder Verlust** ergibt sich aus der **Gewinn- und Verlustrechnung**, über die die Aufwands- und Ertragskonten abgerechnet werden, und die mit der Bilanz über die **doppelte Buchführung** verbunden ist. Die Bilanzierungs- und Bewertungsnormen bestimmen Ansatz und Bewertung in der Bilanz und können gleichzeitig zu entsprechenden Aufwendungen oder Erträgen in der Gewinn- und Verlustrechnung führen.

Beispiel: Das geltende Anschaffungskostenprinzip führt dazu, dass Vermögensgegenstände, wie bspw. erworbene Waren, in Höhe der tatsächlichen Ausgaben in die Bilanz aufgenommen („gespeichert") werden, woraus sich keine Gewinnauswirkung in der Gewinn- und Verlustrechnung ergibt. Wird nun stattdessen der höhere oder niedrigere Marktpreis in der Bilanz angesetzt, entsteht in Höhe der Differenz ein Ertrag bzw. Aufwand in der Gewinn- und Verlustrechnung mit der entsprechenden Gewinnauswirkung.

17 In **Nr. 44 des Aktienregulativs vom 29.3.1856**, das zum preußischen Aktiengesetz vom 9.11.1843 erging, wurde erstmals angeordnet, dass „... nicht der Überschuss der jährlichen Einnahmen über die jährlichen Ausgaben, sondern der Überschuss der Aktiva über die Passiva überhaupt den Reingewinn ..." bilde. Die preußischen Vorschriften fanden später Eingang in das **Allgemeine Deutsche Handelsgesetzbuch von 1861** und in das heute gültige **Handelsgesetzbuch von 1897**, das im Übrigen auch die Bilanzierungs- und Bewertungsvorschriften der Aktienrechtsnovelle von 1884 übernahm.

18 Da die steuerrechtliche Gewinnermittlung nach dem preußischen Einkommensteuergesetz vom 1.5.1851 im Rahmen einer Einnahmen-Ausgaben-Rechnung erfolgte, hatten die Kaufleute **zwei Rechnungen** zu erstellen, was zur entsprechenden Gegenwehr ihrerseits führte. Aus **Vereinfachungsgründen** wurde deshalb erstmals in **§ 5 Anlage B Ziffer 7 des bremischen Einkommensteuergesetzes vom 17.12.1874** die steuerliche Bemessungsgrundlage definiert als „Der Gewinn aus Handelsgeschäften, so wie sich derselbe aus dem nach den Bestimmungen des Handelsgesetzbuchs aufgestellten Jahresabschluss ergibt."

Das damit geschaffene **Maßgeblichkeitsprinzip der Handelsbilanz für die Steuerbilanz** wurde später in § 14 des preußischen Einkommensteuergesetzes vom 26.4.1891 und schließlich in § 33 Abs. 2 des Einkommensteuergesetzes von 29.3.1920 übernommen. Es hat bis heute Gültigkeit und findet sich nunmehr in § 5 Abs. 1 S. 1 des EStG.

Literatur: *Dicken* Gewinnermittlungsrecht S. 22–25

2. Auffassungen der Bilanz

19 Die Verbindung von Bilanzerstellung und Gewinnermittlung durch das System der doppelten Buchführung schafft einerseits erhebliche praktische Vorteile, führt aber andererseits zu einem **Dilemma**, in dessen Mittelpunkt die folgenden Fragen stehen:
- Soll das „richtige" **Vermögen** (und Schulden) festgestellt werden, bspw. um feststellen zu können, ob durch die Verwertung des Unternehmensvermögens im Fall einer Insolvenz die Gläubiger vollständig oder teilweise ausgezahlt werden können?

oder

- Soll der „richtige" **Gewinn** (oder Verlust) festgestellt werden, der die betriebswirtschaftliche Leistung des Unternehmens über die Periode widerspiegelt?

Beispiel: Ein Unternehmen erwirbt zu Beginn des Geschäftsjahrs eine speziell für das Unternehmen entwickelte und gefertigte Maschine. Die Bilanzierung zum Jahresende erfolgt zu Anschaffungskosten abzüglich von Abschreibungen, die die Abnutzung im abgelaufenen Geschäftsjahr ausdrücken und als gewinnmindernde Aufwendungen in die Gewinn- und Verlustrechnung einfließen. Nun stellt sich die Frage nach der Höhe der „richtigen" Abschreibungen:

- Soll die Maschine auf einen möglicherweise erzielbaren Veräußerungspreis als Ausdruck eines Marktwertes abgeschrieben werden? Dabei ist zu beachten, dass ein möglicher Veräußerungspreis – insbesondere einer speziell konfigurierten Maschine – bereits bei Erwerb deutlich unter den Anschaffungskosten liegen dürfte.

oder

- Sollen die Anschaffungskosten über die Nutzungsdauer der Maschine gleichmäßig (entsprechend der Nutzung) verteilt werden?

20 Ende des 19./Anfang des 20. Jahrhunderts spiegelte sich die Frage, ob das „richtige" Vermögen oder der „richtige" Erfolg die Zielsetzung der Bilanzierung sein soll, in der Diskussion um eine **„statische" oder „dynamische" Bilanzauffassung** wider. Dabei wurde die Bezeichnung „statische" Bilanzauffassung nicht von deren Vertretern geprägt, sondern vielmehr von *Eugen Schmalenbach*[1] zur Abgrenzung seiner **Dynamischen Bilanzauffassung** verwendet:

„Wenn eine Bilanz die Aufgabe hat, einen Zustand des Betriebes zu schildern, sei es einen dauernden oder einen vorübergehenden Zustand, so nennen wir eine solche Bilanz eine statische." (*Schmalenbach* Dynamische Bilanz S. 44).

a) Statische Bilanzauffassung

21 Die **Statische Bilanzauffassung**, nach der die Bilanz der **Feststellung des betrieblichen Vermögens** im Hinblick auf dessen notwendig werdende Verteilung im Falle einer **Insolvenz** dient, ist vor dem Hintergrund der ersten großen Wirtschaftskrise Deutschlands entstanden, die als Gründungskrise oder Gründerkrach bezeichnet wird.

22 Die Aufbruchsstimmung in Deutschland nach dem Sieg über Frankreich und der anschließenden Reichsgründung führte zu einem **Gründer-Boom**. So entstanden zwischen 1871 und 1873 nach der Liberalisierung des Aktienrechts in Deutschland 938 Aktiengesellschaften mit einem Nominalkapital von 2,75 Mrd. Mark. Die Börsengänge wurden begleitet durch vielfach ebenfalls neu gegründete Investmentbanken (1871 und 1872 wurden 58 bzw. 49 Aktienbanken gegründet). Des Weiteren kam es neben den bereits bestehenden Spekulationen im Eisenbahngeschäft zu erheblichen Bau- und Bodenspekulationen und

---

1 *Eugen Schmalenbach* ist einer der Wegbereiter der modernen Betriebswirtschaftslehre und der Profession der Wirtschaftsprüfer und hat zu Beginn des 20. Jahrhunderts zunächst an der Handelshochschule Köln (dem heutigen Hansagymnasium) und anschließend an der wiedergeöffneten Universität zu Köln als Dozent und Professor gelehrt.

einem Boom der Kohle- und Stahlindustrie. 1873 kam es zum Börsen-Crash zunächst in Wien und New York. In Deutschland folgten nach dem Zusammenbruch der Quistorpschen Vereinsbank in Berlin im Oktober 1873 ein **Massenbankrott neugegründeter Aktiengesellschaften** und eine mehrjährige Depression. Dem Gründer-Boom folgte der **Gründerkrach** (vgl. *Plumpe*, Lehren aus dem Gründerkrach, Spiegel Geschichte, 4/2009, S. 86–90).

Vor diesem Hintergrund formuliert eine **Entscheidung des Reichsoberhandelsgerichts** 1873 den Bilanzzweck wie folgt (ROHGE, Band XII, 19):

„... Der Bilanz liegt hiernach in der That die Idee einer fingirten augenblicklichen allgemeinen Realisirung sämmtlicher Activa und Passiva zum Grunde...."

Grundlegend für die Entwicklung dieses statischen Bilanzdenkens waren vor allem die **Bilanzierungspraxis der Eisenbahngesellschaften** und die damit verbundenen Prozesse:

„Die damalige Bilanzierungspraxis vermag heute nur noch Kopfschütteln zu wecken: Die Königliche Direktion der Niederschlesisch-Märkischen Eisenbahn erklärte, daß für eine Eisenbahnstrecke 'die Unterbilanz durch die Aufnahme einer Anleihe consolidirt wird' es wurde also das Kassenminus durch die Aufnahme einer Anleihe ausgeglichen und der verbleibende Einnahmenüberschuß als 'Gewinn' an die Aktionäre ausgeschüttet!" (*Schneider*, Entwicklungsstufen der Bilanztheorie, Wirtschaftswissenschaftliches Studium, Jg. 3 (1974), S. 158 (160)).

Nach dem **1877** die **erste Konkursordnung** in Kraft trat, veröffentlichte 1886 *Hermann Veit Simon*, ein Berliner Anwalt, „Die Bilanzen der Aktiengesellschaften und der Kommanditgesellschaften auf Aktien" und beschrieb erstmals umfassend und detailliert das System der Bilanznormen.

Simon übernahm die Statische Bilanzauffassung und entwickelte sie weiter. Er gilt deshalb als der Hauptvertreter (oder auch Begründer) der Statischen Bilanzauffassung.

Rückt mit der Statischen Bilanzauffassung die Feststellung des Vermögens in den Mittelpunkt der Bilanzerstellung, fällt der Gewinn lediglich als Nebenprodukt ab. Für die **Vermögensermittlung aus statischer Sicht** sind weiterhin **drei Aspekte** maßgebend:
Die **Einzelbewertung** der einbezogenen Vermögensgegenstände und Schulden, das **Aktivierungsverbot selbsterstellter immaterieller Vermögensgegenstände** und die **Bewertung zu modifizierten**

Zerschlagungswerten (vgl. *Stüdemann* Konkursverwalter S. 421–427).

27 **aa) Einzelbewertungsgrundsatz.** Soll das Vermögen als Schuldendeckungspotential ermittelt werden, ist eine gedankliche Totalliquidation vorzunehmen, die auf die **Veräußerungsmöglichkeit der einzelnen Vermögensgegenstände** abstellt, die dementsprechend einzeln in die Bilanz aufzunehmen sind.

Durch die Einzelbewertung erfolgt im Übrigen auch eine gewisse **Objektivierung** und damit bessere **Nachvollziehbarkeit** der Wertansätze, bspw. durch einen Wirtschaftsprüfer. **Kompensationen** von **Wertsteigerungen** eines Vermögensgegenstandes mit **Wertminderungen** eines anderen sind dadurch grundsätzlich **ausgeschlossen**.

28 **bb) Aktivierungsverbot für immaterielle Vermögensgegenstände.** Aus dem (Einzel-) Bewertungskonzept folgt für den **Bewertungsumfang**, dass diejenigen Vermögensgegenstände, die erst durch das Zusammenwirken einzelner Güter entstehen und die von *Hermann Veit Simon* als „rein wirtschaftliche Güter" bezeichnet werden, nicht in die Bilanz aufzunehmen sind. Allerdings fordert er ein **Aktivierungsverbot nur für selbsterstellte immaterielle Werte**, nicht für entgeltlich erworbene immaterielle Werte,

> „… denn gerade durch diesen Erwerb hat das Gut seine Eigenschaft als verkehrsfähiges Rechtsobjekt bewährt und dadurch einen Titel zur Einstellung in die Bilanz erlangt…" (*Simon* Bilanzen S. 169).

29 Die **Bilanzierungsvorschriften** der, hinsichtlich der Bilanzierungspraxis in der Gründerkrise **problematischen, immateriellen Vermögensgegenstände** zeigen eine **wechselvolle und unklare Geschichte** auf.
- Das **Allgemeine Deutsche Handelsgesetzbuch 1861** enthält **keine Vorschrift** über die Bilanzierung immaterieller Vermögensgegenstände, in Art. 29 Abs. 1 heißt es lediglich: „Jeder Kaufmann hat bei dem Beginne seines Gewerbes seine Grundstücke, seine Forderungen und Schulden, den Betrag seines baaren Geldes und seine anderen Vermögensstücke genau zu verzeichnen…". Ob allerdings zu den 'Vermögensstücken' auch immaterielle Vermögensgegenstände zu zählen sind, bleibt unklar.
- Eine **eindeutige Regelung der immateriellen Vermögensgegenstände** wurde erst mit § 153 Abs. 3 des **Aktiengesetzes von 1965** vorgenommen. Hiernach durfte für „immaterielle Anlagewerte"…

ein Aktivposten nur angesetzt werden, wenn sie entgeltlich erworben wurden." Diese Formulierung wurde im Übrigen als Ansatzwahlrecht interpretiert.
- Das durch das **Bilanzrichtliniengesetz vom 19.12.1985** modifizierte HGB schuf mit § 248 Abs. 2 ebenfalls ein **Aktivierungsverbot für nicht entgeltlich erworbene immaterielle Vermögensgegenstände des Anlagevermögens**. Gemäß argumentum e contrario bestand für entgeltlich erworbene immaterielle Vermögensgegenstände eine Bilanzierungspflicht und kein Bilanzierungswahlrecht, wie noch nach dem AktG von 1965.
- Durch das **Bilanzrechtsmodernisierungsgesetz vom 25.5.2009** wurde für **selbst geschaffene immaterielle Vermögensgegenstände des Anlagevermögens** aus dem Aktivierungsverbot ein **Aktivierungswahlrecht** (§ 248 Abs. 2 S. 1 HGB) (→ Rn. 41, Rn. 221 ff.). Allerdings enthält S. 2 der Vorschrift Einschränkungen für bestimmte Aufwendungen.

cc) **Bewertung mit modifizierten Zerschlagungswerten.** Die hM zur Entstehungszeit der älteren Statischen Bilanzauffassung sah als Bewertungsmaßstab der einzelnen Vermögensgegenstände den **Einzelveräußerungspreis** vor, entsprechend der Fiktion, das Vermögen als Schuldendeckungspotential für den Insolvenzfall festzustellen. Im Gegensatz hierzu wollte bereits *Simon* den einzelnen Vermögensgegenständen einen Wert zumessen, der weniger für die Gläubiger als für den Kaufmann selbst interessant ist; aus Objektivierungsgründen war aber auch er der Auffassung, dass der **allgemeine Marktpreis als Höchstwert** für die Bewertung maßgeblich sei. Da *Simon* statt des Gläubigerzugriffsvermögens das Kaufmannsvermögen in den Mittelpunkt stellte, kann er bereits als „Fortführungsstatiker" bezeichnet werden (Vgl. *Moxter* Bilanzlehre I S. 6).

Vom damals geltenden Aktienrecht bis hin zum derzeit gültigen Handelsgesetzbuch weichen die Bewertungsnormen mit der Auswahl der **Anschaffungs- oder Herstellungskosten** als **grundlegendem Bewertungsmaßstab** erheblich von der Bewertung zu Zerschlagungspreisen ab. Allerdings können auch der Anschaffungspreis oder die Herstellungskosten als Zerschlagungswert interpretiert werden, soweit damit die Erwartung ausgedrückt wird, bei einer Einzelveräußerung zumindest den eingesetzten (oder durch Abschreibung fortgeschriebenen) Betrag zu erzielen (*Stüdemann* Konkursverwalter S. 424).

b) Dynamische Bilanzauffassung

32 Im Mittelpunkt der von *Eugen Schmalenbach* entwickelten **Dynamischen Bilanzauffassung** steht nicht das Vermögen, sondern vielmehr der **Erfolg**. Diese Sichtweise ergibt sich aus dem **Ziel**, das der Unternehmer aus seiner Sicht anstreben soll:

„Des Kaufmanns gesamtwirtschaftliche Funktion ist es nicht, reich zu sein oder zu werden; und wer sein Vermögen zu oft zählt, tut unproduktive Arbeit. Aber den Erfolg soll er messen, fort und fort messen; denn die gesamtwirtschaftliche Aufgabe des Kaufmanns ist, Güter zu erzeugen, Güter zu transportieren, Güter zu verwahren und an den Mann zu bringen; und zwar dieses alles zu tun mit einem ökonomischen Effekt, damit nicht bei seiner Arbeit der Stoff sich selber verbrauche." (*Schmalenbach* Dynamische Bilanz S. 49).

33 Diesen Stellenwert des Erfolgs, übertrug *Schmalenbach* auch auf die Dynamische Bilanz: das **Vermögen**, das sie abbilden soll, wird nicht wie nach Statischer Bilanzauffassung additiv als Schuldendeckungspotential, sondern vielmehr als **Einheit** interpretiert.

Ein in diesem Sinn gebildetes Vermögen ist als **Potential** zu begreifen, **künftige Erfolge erwirtschaften zu können**, die ihrerseits nur aus dem Zusammenwirken aller Vermögensgegenstände entstehen (vgl. *Stüdemann* Konkursverwalter S. 420). Damit aber konzentriert sich das Interesse nicht mehr auf die Festlegung der Zerschlagungswerte einzelner Vermögensgegenstände, sondern auf deren **Verbund**:

„Der Wert der Unternehmung schreibt sich her von ihrer Geeignetheit, nützliche Dinge herzustellen oder nützliche Dinge zu verrichten. Gehört zu dieser Verrichtung eine Verbindung von Gebäuden, Maschinen und Vorräten, so ist ihr Wert ein verbundener. Sie besitzen, solange ihre Verbundenheit dauert, für sich allein keinen Wert." (*Schmalenbach* Dynamische Bilanz S. 45).

34 Von diesem Standpunkt aus interpretiert die Dynamische Bilanzauffassung bspw. das bilanzielle **Vermögen** als **Kräftespeicher** und die einzelnen **Vermögensgegenstände** als (schwebende) **Vorleistungen** zur späteren Erfolgserzielung. Auch *Schmalenbach* war bewusst, dass die **Bilanz**, solange sie in praxi die Vermögensgegenstände additiv erfasst, **nicht den Gesamtwert der Unternehmung** abbildet:

„Auch wenn man zum Zwecke der Bewertung einer Unternehmung statt der Anschaffungswerte andere Werte benutzt, kann man mit der bilanzmäßigen, synthetischen Methode, die durch Addition von gebundenen Einzelwerten den Wert eines wirtschaftlichen Ganzen ermitteln will, den Wert einer Unternehmung nicht finden." (*Schmalenbach* Dynamische Bilanz S. 47).

B. Grundlagen der Bilanzierung

Ungeachtet dessen definiert das **Bilanzsteuerrecht** mit dem **Teilwert** als grundlegendem Bewertungsmaßstab einen Wert, der vor dem Hintergrund, dass er praktisch nicht ermittelbar ist, mehr als grundlegende Wertauffassung (und nicht Wertermittlungsvorschrift) zu verstehen ist: 35

„Teilwert ist der Betrag, den ein Erwerber des ganzen Betriebs im Rahmen des Gesamtkaufpreises für das einzelne Wirtschaftsgut ansetzen würde; dabei ist davon auszugehen, dass der Erwerber den Betrieb fortführt." (§ 6 Abs. 1 Nr. 1 S. 3 EStG).

Ebenso ist auch die **Dynamische Bilanz** *Schmalenbachs* letztlich als eine **Auffassung** oder **Interpretation der Bilanz** zu verstehen, und nicht als eine Bilanztheorie: 36

„Dynamisch indessen ist diese Bilanz ebensowenig, wie ein Stück Papier dynamisch sein kann. Die Dynamik vollzieht sich vielmehr allein im Betrachter, in dessen Vorstellung die Bilanz als eine Abbildung von Bewegungsabläufen Leben gewinnt und Zustände in gleichsam eingefrorene Bewegungen umgewandelt werden. Erst die Auffassung des Bilanzlesers also, der die Gedankengänge von *Schmalenbach* nachempfindet, gibt der Metapher von der dynamischen Bilanz ihren Sinn." (*Stüdemann* Dynamische Bilanz S. 4).

Das **Verständnis der Dynamischen Bilanzauffassung,** vor allem in Abgrenzung zur Statischen Bilanzauffassung, ist für das Verständnis der handelsrechtlichen (aber auch der steuerrechtlichen) Bilanzierungsvorschriften insgesamt von herausragender Bedeutung, nämlich für: 37
- das Verständnis, dass eine Erfolgsrechnung auf der Basis von **Aufwendungen und Erträgen**, definiert als periodisierte, den Geschäftsjahren zuzuordnende Ausgaben und Einnahmen, eine **Bilanz** bereits als **„Speichermedium"** notwendig macht,
- das Verständnis für den **Ansatz von Bilanzposten**, die, auch wenn sie **keine im Insolvenzfall veräußerbaren Vermögensgegenstände** sind, die Verteilungsfunktion erfüllen, wie bspw. Rechnungsabgrenzungsposten oder latente Steuern,
- das Verständnis der **Bewertung von Bilanzposten**, wie bspw. die Anwendung des gemilderten Niederstwertprinzips, nach welchem Vermögensgegenstände des Anlagevermögens (= Vermögensgegenstände, die dauerhaft dem Geschäftsbetrieb dienen) nur dann außerplanmäßig abzuschreiben sind, wenn von einer voraussichtlich dauerhaften Wertminderung auszugehen ist. Diesem Prinzip liegt eine grundsätzlich dynamische Betrachtung zugrunde, die bei Dauerhaftigkeit statischen Überlegungen weicht.

c) Auffassung der aktuellen Bilanz

38 Historisch bedingt unterlag das **deutsche Bilanzrecht** dem Primat des **Gläubigerschutzgedankens** und dem damit verbundenen **Vorsichtsprinzips** (§ 252 Abs. 1 Nr. 3 HGB). Dies soll die Kapitalerhaltung vor allem durch zwei wesentliche Ausprägungen gewährleisten:
- Nach dem **Realisationsprinzip** sind Gewinne *erst* bei Realisation zu berücksichtigen und Vermögensgegenstände bis zu diesem Zeitpunkt zu Anschaffungs-/Herstellungskosten zu bilanzieren (→ Rn. 537 ff.).
- Nach dem **Imparitätsprinzip** sind im Gegensatz (oder ungleich) dazu Verluste/Risiken *bereits* zu berücksichtigen, sofern sie bis zum Stichtag entstanden sind (→ Rn. 544 ff.).

39 Das Vermögen, das in einer nach dem dritten Buch des HGB aufzustellenden Bilanz ausgewiesen wird, ist damit **unverändert (fortführungs-) statisch geprägt**, wenngleich grundsätzlich keine Zerschlagung unterstellt wird: „Bei der Bewertung ist von der Fortführung der Unternehmenstätigkeit auszugehen, sofern dem nicht tatsächliche oder rechtliche Gegebenheiten gegenüberstehen" (§ 252 Abs. 1 Nr. 2 HGB).

40 Im Gegensatz hierzu ist bei Jahresabschlüssen, die nach internationalen Normen (bspw. auf Basis der IAS/IFRS) aufgestellt werden, die **Informationsfunktion** vorrangig. Dies gilt interessanterweise teilweise auch für das Bilanzrecht anderer EU Staaten, wie zB Spanien, obschon es auf der Umsetzung derselben EG-Richtlinien beruht.

41 Im Rahmen des Bilanzrechtsmodernisierungsgesetzes (BilMoG) 2009 sollte das **deutsche Handelsbilanzrecht nun stärker am internationalen Bilanzrecht** ausgerichtet werden:
- So ist der **Grundsatz der Einzelbewertung** auch im geltenden Bilanzrecht normiert (§ 252 Abs. 1 Nr. 3 HGB). Er wurde aber mit Umsetzung des BilMoG dahingehend gelockert, dass nach § 254 HGB **Bewertungseinheiten** (auch mit Derivaten) gebildet werden können, wenn sich gegenläufige Wertveränderungen ausgleichen. Für die Steuerbilanz sieht im Übrigen § 6 Abs. 1 Nr. 3a Buchst. c EStG vor, dass bei der Bewertung von Rückstellungen künftige Vorteile zu berücksichtigen sind, die mit der Erfüllung der Verpflichtung voraussichtlich verbunden sind, soweit sie nicht als Forderung zu aktivieren sind.
- Das lange bestehende **Bilanzierungsverbot für selbsterstellte immaterielle Vermögensgegenstände des Anlagevermögens** wurde

zwar grundsätzlich aufgegeben, gleichzeitig wurde aber die Aktivierungspflicht wieder erheblich eingeschränkt. So sind die aktivierungsfähigen Aufwendungen auf Entwicklungskosten (in Abgrenzung zu Forschungskosten) beschränkt (§ 255 Abs. 2a HGB), außerdem sind Marken, Drucktitel, Verlagsrechte, Kundenlisten oder vergleichbare immaterielle Vermögensgegenstände weiterhin nicht aktivierungsfähig (§ 248 Abs. 2 S. 2 HGB).
- Die Bewertung der Vermögensgegenstände erfolgt unverändert zu **Anschaffungs-/Herstellungskosten** (§ 255 Abs. 1 und 2 HGB). Diese können als modifizierte Zerschlagungswerte interpretiert werden, oder, soweit Abschreibungen auf den niedrigeren beizulegenden Wert notwendig sind (§ 253 Abs. 2 S. 3 und Abs. 3 HGB), auch unmittelbar den Wert der Vermögensgegenstände widerspiegeln, der sich im Insolvenzfall erzielen lässt.

Eine **Bewertung zu Marktpreisen (auch über den Anschaffungskosten)** mit dem beizulegenden Zeitwert hat das BilMoG indes in Spezialfällen erstmals zugelassen, wie bspw. für die Bewertung von Finanzinstrumenten im Handelsbestand von Kreditinstituten, allerdings mit einem Risikoabschlag (§ 340e Abs. 3 HGB).

Literatur: *Dicken* Kreditwürdigkeitsprüfung S. 26–32

II. Rechtliche Grundlagen

1. Überblick

a) Gesetze

aa) Handels- und Gesellschaftsrecht. Grundlegend für das Bilanzrecht ist das **3. Buch des HGB**, in dem seit rund 30 Jahren die wesentlichen Vorschriften für alle bilanzierungspflichtigen Kaufleute konzentriert sind. Die Entwicklung und Struktur des HGB werden in den →Rn. 68 bis → Rn. 85 dargestellt.

Ebenfalls zu beachten ist das **Einführungsgesetz** zum Handelsgesetzbuch (EGHGB), das beginnend mit dem Bilanzrichtliniengesetz 1985 die Übergangsvorschriften für die jeweiligen Novellierungen des HGB enthält.

43 Ergänzung finden die handelsrechtlichen Vorschriften in **gesellschaftsrechtlichen Spezialnormen** vor allem hinsichtlich der **Besonderheiten des Eigenkapitals**, wie bspw.
- für die **Gesellschaft mit beschränkter Haftung** in §§ 41, 42 und 42a GmbHG,
- für die **Aktiengesellschaft** in §§ 150, 152, 158 und 160 AktG sowie
- für die **Genossenschaft** in §§ 19–23 GenG.

Das Genossenschaftsgesetz enthält im Übrigen in §§ 53–64c GenG auch Vorschriften über die **Abschlussprüfung**, da Genossenschaften grundsätzlich nicht unter die Prüfungsvorschriften des HGB fallen, die nur für Kapitalgesellschaften gelten.

44 Das **Publizitätsgesetz** (PublG) vom 15.8.1969 verpflichtet **(Groß-)Unternehmen unabhängig von ihrer Rechtsform,** vor dem Hintergrund des öffentlichen Interesses, **zur Rechnungslegung oder Konzernrechnungslegung, Prüfung durch einen Abschlussprüfer** und **Offenlegung.** Betroffen sind vor allem Einzelkaufleute und Personenhandelsgesellschaften (§ 3 PublG), wenn an drei Abschlussstichtagen zwei der folgenden Merkmale zutreffen (§ 1 Abs. 1 PublG):

Bilanzsumme	>	65	EUR Mio.
Umsatzerlöse	>	130	EUR Mio.
Arbeitnehmer	>	5.000	

45 Damit findet das Publizitätsgesetz, das ursprünglich auch Kreditinstitute, Versicherungen und Großunternehmen in der Rechtsform der GmbH erfasste, nur noch auf einen sehr kleinen Kreis von Unternehmen Anwendung. Allerdings sehen die Vorschriften eine **eingeschränkte Publizität** vor; so müssen bspw. Einzelkaufleute und Personenhandelsgesellschaften (und dies sind eben die aktuell **Verpflichteten**) nach § 9 Abs. 2 PublG **keine Gewinn- und Verlustrechnung veröffentlichen** (bis auf wenige Angaben in § 5 Abs. 5 S. 3 PublG, wie ua Umsatzerlöse, Beteiligungserträge, Personalaufwand und Anzahl der Beschäftigten).

Beispiel: Die **Dr. August Oetker KG** unterliegt den Regelungen des PublG. Nach dem Konzern-Geschäftsbericht 2013 umfasst der Konsolidierungskreis **392 Unternehmen,** unterteilt in den Geschäftsbereich Nahrungsmittel, den Geschäftsbereich Bier und alkoholische Getränke, den Geschäftsbereich Sekt, Wein und Spirituosen, den Geschäftsbereich Schifffahrt und den Geschäftsbereich Weitere Interessen. Nicht konsolidierte Beteiligungen umfasst der Geschäftsbereich Bank. Der Umsatz beträgt **10,8 Mrd. EUR,** das Eigenkapital 3,1 Mrd. EUR (40% der Konzernbilanzsumme) und die Anzahl der **Beschäftigten** rund **26.900**. Eine Gewinn- und Verlustrechnung wird nicht veröffentlicht. (http://oetkerblob.blob.core.windows.net/oetkergruppe-de/1076671/Konzern-GeschftsberichtOetker-Gruppe2013.pdf).

bb) Steuerrecht. Die (Einkommen-) **Steuerpflicht von natürlichen Personen** (§ 1 Abs. 1 S. 1 EStG) und damit auch von **Gesellschaftern von Personenhandelsgesellschaften** wird durch das **Einkommensteuergesetz (EStG)** geregelt. Einkünfte aus Gewerbebetrieb (§ 15 EStG) sind nach § 2 Abs. 1 S. 1 Nr. 1 EStG der Gewinn, der nach §§ 4–7k EStG zu ermitteln ist. 46

Die wichtigsten **Vorschriften für die Steuerbilanz (§§ 4–7k EStG)** enthalten

- neben den allgemeinen Gewinnermittlungsvorschriften (§ 4 EStG) und den (besonderen) **Gewinnermittlungsvorschriften für Gewerbetriebe** in § 5 EStG,
- die **Bewertungsvorschriften** in § 6 EStG, sowie
- die Regelungen über die **Absetzung für Abnutzung** oder Substanzverringerung in **§ 7 EStG**.

Der Begriff Absetzung für Abnutzung (AfA) ist im Übrigen das steuerrechtliche Pendant zum handelsrechtlichen Begriff der (planmäßigen) Abschreibung.

Zwar legt § 5 Abs. 1 S. 1 EStG die **Maßgeblichkeit der Handelsbilanz für die Steuerbilanz** fest, allerdings nur soweit keine steuerrechtlich abweichenden Ansatz- und Bewertungsregeln gelten (Bewertungsvorbehalt § 5 Abs. 6 EStG). 47

Beispiel: Eine nach § 249 Abs. 1 S. 1 HGB in der Handelsbilanz zu bildende **Rückstellung für drohende Verluste aus schwebenden Geschäften** (Ansatzpflicht) darf nach § 5 Abs. 4a S. 1 EStG nicht im Rahmen der steuerlichen Gewinnermittlung (und damit in der Steuerbilanz) angesetzt werden (Ansatzverbot).

Steuerrechtlich zu beachten sind außerdem **Vorschriften über Einlagen und Entnahmen** nach § 6 Abs. 1 Nr. 4, 5 und 5a EStG (bei Einzelkaufleuten und Personenhandelsgesellschaften) sowie über Betriebsausgaben nach § 4 Abs. 4, 4a und 5 EStG (bei allen Kaufleuten). 48

Sind betriebliche Aufwendungen (handelsrechtlicher Begriff) **nicht** als **Betriebsausgaben** nach **§ 4 Abs. 5 EStG** vom steuerlichen Gewinn **abziehbar**, dann führt dies zu entsprechenden ertragssteuerlichen, aber auch (teilweise) umsatzsteuerlichen Veränderungen, die ebenfalls in der Handelsbilanz abzubilden sind.

49 **Körperschaften** unterliegen nicht dem Einkommen- sondern dem **Körperschaftsteuergesetz (KStG)**. Vgl. bspw. zu Kapitalgesellschaften und Genossenschaften § 1 Abs. 1 Nr. 1 und 2 KStG. Die **Definition** und Ermittlung des Einkommens bestimmen sich gem. § 8 Abs. 1 S. 1 KStG allerdings nach den **Vorschriften des Einkommensteuergesetzes** (und etwaigen abweichenden Vorschriften des KStG), weshalb die **Normen des EStG unabhängig von der Rechtsform** für die **Steuerbilanz** anzuwenden sind.

50 Zwar konzentriert sich das vorliegende Buch auf das Handelsbilanzrecht, gleichwohl können die steuerrechtlichen Vorschriften nicht ganz außer Acht gelassen werden. Dies gilt vor allem für die **Rechtsprechung des Bundesfinanzhofs (BFH)**, der nicht zuletzt vor dem Hintergrund des Maßgeblichkeitsgrundsatzes **handelsrechtliche Normen interpretiert** und auslegt. So finden dann auch die Urteile und Beschlüsse des BFH Eingang in die Kommentarliteratur zum Handelsbilanzrecht. Entscheidungen des BGH sind demgegenüber vergleichsweise selten. Es gibt auch Fälle, in denen die Rechtsprechung von BFH und BGH divergiert (zB den Fall Tomberger, → Rn. 206 ff.) und daher grundsätzlich der Gemeinsame Senat der obersten Gerichtshöfe des Bundes angerufen werden müsste (vgl. RsprEinhG vom 19.6.1968, BGBl. I S. 661), sofern die Divergenz nicht lediglich in einem obiter dictum enthalten ist.

51 Ergänzend zu den Gewinnermittlungsvorschriften des EStG ist zunächst die **Einkommensteuer-Durchführungsverordnung** (EStDV) zu beachten, wenngleich es sich nur um wenige Vorschriften handelt. So ist bspw. in **§ 60 Abs. 1 EStDV** geregelt, dass der **Steuererklärung** die (handelsrechtliche) **Bilanz** und **Gewinn- und Verlustrechnung** beizufügen sind. **§ 60 Abs. 2 EStDV** sieht vor, dass Ansätze oder Beträge, die den steuerlichen Vorschriften nicht entsprechen, durch **Zusätze oder Anmerkungen** den steuerlichen Vorschriften anzupassen sind, oder, dass der Steuerpflichtige **wahlweise** eine den **steuerlichen Vorschriften entsprechende Bilanz** (Steuerbilanz) beifügen kann.

52 Bei den **Einkommensteuer-Richtlinien** (EStR, zuletzt geändert durch die Einkommensteuer-Änderungsrichtlinie 2012 – EStÄR 2012) handelt es sich um **Weisungen an die Finanzbehörden** zur einheitlichen Anwendung des Einkommensteuerrechts, zur Vermeidung unbilliger Härten und zur Verwaltungsvereinfachung. Grundlage für die Richtlinien ist auch die Rechtsprechung des BFH. Insgesamt stellen die EStR zumindest eine Auslegung der Steuernormen und zum Teil der handelsrechtlichen Bilanznormen dar.

b) Verordnungen

Nach dem Grundsatz der Gewaltenteilung können Gesetze nur durch die Legislative, Bundesgesetze also nur durch den Bundestag beschlossen werden. Allerdings können nach Art. 80 Abs. 1 GG die Bundesregierung, ein Bundesminister oder die Landesregierungen durch Gesetz ermächtigt werden, **Rechtsverordnungen** zu erlassen. Dabei müssen **Inhalt, Zweck und Ausmaß** der erteilten Ermächtigung im **Gesetz** bestimmt und die Rechtsgrundlage in der Verordnung angegeben werden.

Zunächst existiert eine Reihe von **sehr speziellen Rechtsverordnungen** für Unternehmen und Einrichtungen wie bspw. Verkehrsunternehmen, Wohnungsunternehmen, Krankenhäuser, Pflegeeinrichtungen, die teilweise auch Formblätter für Bilanz und Gewinn- und Verlustrechnung beinhalten. Rechtsgrundlage der Verordnungen bildet § 330 Abs. 1 HGB.

Verpflichtend für alle Kaufleute ist die Verordnung über die Ermittlung und Bekanntgabe der Sätze zur Abzinsung von Rückstellungen (**Rückstellungsabzinsungsverordnung – RückAbzinsV**) vom 18.11.2009 zu beachten. Zum Hintergrund:
- Nach **§ 253 Abs. 2 S. 1 HGB** sind **Rückstellungen mit einer Restlaufzeit von mehr als einem Jahr** mit dem ihrer Restlaufzeit entsprechendem durchschnittlichen Marktzins der vergangenen 7 Jahre **abzuzinsen.**
- Hierzu sieht **§ 253 Abs. 2 S. 4 und 5 HGB** vor, dass in einer **Verordnung,** (eben der RückAbzinsV) die „im Benehmen" der Deutschen Bundesbank erlassen wird, die Berechnungsmethodik und deren Grundlagen, sowie die Form der Bekanntgabe der monatlich von der Deutschen Bundesbank ermittelten Zinssätze geregelt wird.

Der 4. Abschnitt des 3. Buchs des HGB enthält **Sondervorschriften für Kreditinstitute** und Finanzdienstleistungsinstitute (1. Unterabschnitt) sowie für **Versicherungsunternehmen** und Pensionsfonds (2. Unterabschnitt). Ergänzend zu diesen Vorschriften sind umfangreiche **Rechnungslegungsverordnungen** erlassen worden, die auch zwingend anzuwendende Formblätter ua für Bilanz und Gewinn- und Verlustrechnung enthalten.
- Verordnung über die **Rechnungslegung der Kreditinstitute und Finanzdienstleistungsinstitute** (Kreditinstituts-Rechnungslegungsverordnung – RechKredV) vom 11.12.1998,

- Verordnung über die **Rechnungslegung von Versicherungsunternehmen** (Versicherungsunternehmens-Rechnungslegungsverordnung – RechVersV) vom 8.11.1994,
- Verordnung über die **Rechnungslegung von Pensionsfonds** (Pensionsfonds-Rechnungslegungsverordnung – RechPensV) vom 25.2.2003.

c) Grundsätze ordnungsmäßiger Buchführung (GoB)

57 aa) **GoB im Allgemeinen.** Nach § 243 Abs. 1 HGB, der Eingangsnorm zur Bilanzierung, ist der Jahresabschluss nach den **Grundsätzen ordnungsmäßiger Buchführung** (GoB) aufzustellen. Mangels Legaldefinition handelt es sich bei den Grundsätzen ordnungsmäßiger Buchführung um einen unbestimmten Rechtsbegriff, auf den im HGB (aber auch im Steuerrecht) vielfach verwiesen wird.

58 Erfasst von diesem Begriff sind keineswegs nur Grundsätze, die die Buchführung (und Inventur) betreffen, sondern vor allem Prinzipien für den Ansatz und die Bewertung von Bilanz- und GuV-Posten sowie für die Erstellung von Anhang und Lagebericht. Die **Grundsätze ordnungsmäßiger Buchführung** können mithin als die Gesamtheit aller formalen und materiellen Regeln der Rechnungslegung verstanden werden, die nur teilweise kodifiziert sind.

59 Nach herrschender Auffassung wird die **induktive Methode** zur Herleitung der nicht kodifizierten GoB auf Grundlage der Gebräuche und Anschauungen ehrbarer Kaufleute (Bilanzierungspraxis) zunehmend durch die **deduktive Methode** ersetzt, die den Inhalt der GoB aus den mit Buchführung und Jahresabschluss verfolgten Zielen ableitet. Ein geschlossenes System deduktiv ermittelter GoB legte *Ulrich Leffson* (1911–1989) 1963 mit seiner gleichnamigen Habilitationsschrift (Universität Mainz) vor, die zuletzt 1987 in 7. Auflage erschien und als klassische Bilanzlektüre zu empfehlen ist.

Literatur: *ADS* HGB § 243 Rn. 1–23a

60 bb) **GoB im Besonderen – Standards (DRS) des DRSC.** Das Deutsche Rechnungslegung Standards Committee e. V. oder DRSC ist ein privatwirtschaftlich organisiertes Rechnungslegungsgremium nach § 342 Abs. 1 HGB, das vom Bundesjustizministerium anerkannt ist. Nach § 342 Abs. 2 HGB wird vermutet, dass die Grundsätze ordnungsmäßiger Buchführung hinsichtlich der **Konzernrechnungslegung** dann eingehalten sind, wenn das Bundesjustizministerium die

Empfehlungen einer Einrichtung nach § 342 Abs. 1 HGB – also des DRSC – bekanntmacht.

Die einzelnen DRS können als Auslegungshilfe **auch für den Einzelabschluss** herangezogen werden. Das gilt bspw. für DRS 2, da sowohl in den Vorschriften über den Konzernabschluss als auch über den Einzelabschluss **keine Angaben zur Ausgestaltung der Kapitalflussrechnung** enthalten sind. 61

d) Stellungnahmen zur Rechnungslegung (RS) des IDW

Das **Institut der Wirtschaftsprüfer e. V.** oder IDW kann als die Interessenvertretung der Wirtschaftsprüfer (und Wirtschaftsprüfungsgesellschaften) in Deutschland bezeichnet werden. Die verschiedenen Ausschüsse des IDW geben **Verlautbarungen zur Prüfung und zur Rechnungslegung** heraus, die (nach dem Selbstverständnis des IDW) die **Auffassung des Berufsstands der Wirtschaftsprüfer** wiedergeben, wenngleich eine Pflichtmitgliedschaft seitens der Berufsangehörigen anders als bei der Wirtschaftsprüferkammer nicht existiert. 62

Für die Bilanzierung bedeutsam sind vor allem die **Stellungnahmen zur Rechnungslegung (RS)** des IDW, die den Bilanzierungspflichtigen prima facie jedoch zunächst nicht binden.

Im Folgenden sind die **derzeit gültigen IDW RS** des Hauptfachausschusses (HFA) aufgeführt, die die **Rechnungslegung nach HGB** (ohne Sonderformen, wie Vereine oder Stiftungen, und ohne spezielle Branchen, wie Banken oder Versicherungen, etc) betreffen. 63

Nr.	Gegenstand der IDW RS des HFA
3	Bilanzierung von Verpflichtungen aus Altersteilzeitregelungen
4	Ansatz und Bewertung von Drohverlustrückstellungen (Zweifelsfragen)
6	Änderung von Jahres- und Konzernabschlüssen
7	Rechnungslegung bei Personenhandelsgesellschaften
8	Bilanzierung von asset backed securities-Gestaltungen (Zweifelsfragen)
10	Anwendung der Grundsätze des IDW S 1 bei der Bewertung von Beteiligungen und sonstigen Unternehmensanteilen
11	Bilanzierung entgeltlich erworbener Software beim Anwender
15	Bilanzierung von Emissionsberechtigungen
17	Auswirkungen einer Abkehr von der Going Concern-Prämisse

Nr.	Gegenstand der IDW RS des HFA
18	Bilanzierung von Anteilen an Personenhandelsgesellschaften
22	Bilanzierung strukturierter Finanzinstrumente
30	Bilanzierung von Altersversorgungsverpflichtungen
31	Aktivierung von Herstellungskosten
32	Anhangangaben nach §§ 285 Nr. 3, 314 Abs. 1 Nr. 2 HGB zu nicht in der Bilanz enthaltenen Geschäften
33	Anhangangaben nach §§ 285 Nr. 21, 314 Abs. 1 Nr. 13 HGB zu Geschäften mit nahe stehenden Unternehmen und Personen
34	Bilanzierung von Verbindlichkeitsrückstellungen (Einzelfragen)
35	Bilanzierung von Bewertungseinheiten
36	Anhangangaben nach §§ 285 Nr. 17, 314 Abs. 1 Nr. 9 HGB über das Abschlussprüferhonorar
38	Ansatz- und Bewertungsstetigkeit
39	Vorjahreszahlen
41	Auswirkungen eines Formwechsels
42	Auswirkungen einer Verschmelzung
43	Auswirkungen einer Spaltung
44	Vorjahreszahlen im handelsrechtlichen Konzernabschluss und Konzernrechnungslegung bei Änderungen des Konsolidierungskreises

(Quelle: www.idw.de/idw/portal/d302224)

Daneben werden auch RS des HFA zu **Einzelfragen der IAS/IFRS** herausgegeben und außerdem **Rechnungslegungshinweise** (RH) mit Empfehlungscharakter veröffentlicht.

e) IAS/IFRS

64 Diejenigen (börsennotierten) Kapitalgesellschaften, die nach der **Verordnung (EG) Nr. 1606/2002** vom 19.7.2002 einen **Konzernabschluss nach Internationalen Rechnungslegungsstandards** aufzustellen haben, sind zur Beachtung von IAS/IFRS verpflichtet (zu Einzelheiten → Rn. 879 ff.).

65 Die Standards, bestehend aus IAS, IFRS, IFRIC und SIC durchlaufen vor der Umsetzung in EU-Recht einen als Komitologieverfahren bezeichneten **Übernahmeprozess**.

- Die **International Financial Reporting Standards (IFRS)** werden vom International Accounting Standards Board (IASB) veröffentlicht. Bis zum Jahr 2000 wurden die **International Accountings**

B. Grundlagen der Bilanzierung

Standards (IAS) vom International Accounting Standards Committee (IASC) veröffentlicht, dem Vorläufer des IASB.
- Bei den **IFRIC** handelt es sich um **Auslegungen** von Standards, die vom International Financial Reporting Interpretations Committee veröffentlicht werden. Bei den **SIC** handelte es sich um **Auslegungen** von Standards, die bis 2002 vom Standards Interpretations Committee veröffentlicht wurden, dem Vorläufer des IFRIC.

In der **Verordnung (EG) Nr. 1126/2008** vom 3.11.2008 zur Übernahme bestimmter internationaler Rechnungslegungsstandards gemäß der Verordnung (EG) Nr. 1606/2002 sind die **anerkannten** und damit zu beachtenden **Standards in der Anlage** aufgeführt. 66

Nach Durchlaufen des Übernahmeprozesses, der in Teil 3 B. (→ Rn. 879 ff.) im Einzelnen dargestellt ist, werden **neue Standards oder Änderungen bestehender Standards** in der Weise anerkannt, dass durch eine **Verordnung (EG)** die bestehende **Verordnung (EG) Nr. 1126/2008 geändert wird**.

Danach handelt es sich bei den Standards um **europäisches Recht**. Auf der Internetseite der Europäischen Kommission ist eine **konsolidierte Fassung der Verordnung** veröffentlicht (Kurzfassung):

Standard	Gegenstand des Standards
IAS 1	Darstellung des Abschlusses
IAS 2	Vorräte
IAS 7	Kapitalflussrechnungen
IAS 8	Rechnungslegungsmethoden, Änderungen von rechnungslegungsbezogenen Schätzungen und Fehler
IAS 10	Ereignisse nach dem Bilanzstichtag
IAS 11	Fertigungsaufträge
IAS 12	Ertragsteuern
IAS 16	Sachanlagen
IAS 17	Leasingverhältnisse
IAS 18	Umsatzerlöse
IAS 19	Leistungen an Arbeitnehmer
IAS 20	Zuwendungen der öffentlichen Hand
IAS 21	Auswirkungen von Wechselkursänderungen
IAS 23	Fremdkapitalkosten
IAS 24	Beziehungen zu nahe stehenden Unternehmen und Personen
IAS 26	Altersversorgungspläne

Standard	Gegenstand des Standards
IAS 27	Konzern- und Einzelabschlüsse
IAS 28	Anteile an assoziierten Unternehmen
IAS 29	Rechnungslegung in Hochinflationsländern
IAS 31	Anteile an Gemeinschaftsunternehmen
IAS 32	Finanzinstrumente: Darstellung
IAS 33	Ergebnis je Aktie
IAS 34	Zwischenberichterstattung
IAS 36	Wertminderung von Vermögenswerten
IAS 37	Rückstellungen, Eventualverbindlichkeiten und -forderungen
IAS 38	Immaterielle Vermögenswerte
IAS 39	Finanzinstrumente: Ansatz und Bewertung
IAS 40	Als Finanzinvestition gehaltene Immobilien
IAS 41	Landwirtschaft
IFRS 1	Erstmalige Anwendung der IFRS
IFRS 2	Anteilsbasierte Vergütung
IFRS 3	Unternehmenszusammenschlüsse
IFRS 4	Versicherungsverträge
IFRS 5	Zur Veräußerung gehaltene langfristige Vermögenswerte und aufgegebene Geschäftsbereiche
IFRS 6	Exploration und Evaluierung von Bodenschätzen
IFRS 7	Finanzinstrumente: Angaben
IFRS 8	Geschäftssegmente
IFRIC 1	Änderungen bestehender Rückstellungen für Entsorgungs-, Wiederherstellungs- und ähnliche Verpflichtungen
IFRIC 2	Geschäftsanteile an Genossenschaften und ähnliche Instrumente
IFRIC 4	Feststellung, ob eine Vereinbarung ein Leasingverhältnis enthält
IFRIC 5	Rechte auf Anteile an Fonds für Entsorgung, Rekultivierung und Umweltsanierung
IFRIC 6	Verbindlichkeiten, die sich aus einer Teilnahme an einem spezifischen Markt ergeben — Elektro- und Elektronik-Altgeräte
IFRIC 7	Anwendung des Anpassungsansatzes unter IAS 29 „Rechnungslegung in Hochinflationsländern"
IFRIC 8	Anwendungsbereich von IFRS 2
IFRIC 9	Neubeurteilung eingebetteter Derivate
IFRIC 10	Zwischenberichterstattung und Wertminderung
IFRIC 11	IFRS 2 — Geschäfte mit eigenen Aktien und Aktien von Konzernunternehmen

B. Grundlagen der Bilanzierung

Standard	Gegenstand des Standards
SIC-7	Einführung des Euro
SIC-10	Beihilfen der öffentlichen Hand — Kein spezifischer Zusammenhang mit betrieblichen Tätigkeiten
SIC-12	Konsolidierung — Zweckgesellschaften
SIC-13	Gemeinschaftlich geführte Unternehmen — Nicht monetäre Einlagen durch Partnerunternehmen
SIC-15	Operating-Leasingverhältnisse — Anreize
SIC-21	Ertragsteuern — Realisierung von neubewerteten, nicht planmäßig abzuschreibenden Vermögenswerten
SIC-25	Ertragsteuern — Änderungen im Steuerstatus eines Unternehmens oder seiner Anteilseigner
SIC-27	Beurteilung des wirtschaftlichen Gehalts von Transaktionen in der rechtlichen Form von Leasingverhältnissen
SIC-29	Vereinbarungen über Dienstleistungskonzessionen
SIC-31	Umsatzerlöse — Tausch von Werbedienstleistungen
SIC-32	Immaterielle Vermögenswerte — Kosten von Internetseiten

(Vgl. http://ec.europa.eu/internal_market/accounting/ias/index_de.htm)

Bei den von **deutschen Kapitalgesellschaften** aufgestellten IFRS-Konzernabschlüssen handelt es sich im Übrigen um Konzernabschlüsse auf Basis der von der EU anerkannten IFRS mit **deutschen Zusatzangaben** (aufgrund der Beachtung des § 315a HGB). 67

Das DRSC veröffentlicht eine Aufstellung darüber, welche Rechnungslegungsvorschriften von börsennotierten Unternehmen angewendet werden. **Alle 30 DAX Unternehmen** (von Adidas bis Volkswagen) wenden demnach **IAS/IFRS** an (vgl. www.drsc.de/service/ifrs/applied_frs).

2. Entwicklung und Struktur des HGB

a) Entstehung der sechs Abschnitte

Grundlegendes und wichtigstes Gesetz für die Bilanzierung ist das Handelsgesetzbuch (HGB), ursprünglich von 1897, in das 1985 durch das **Bilanzrichtlinien-Gesetz** (BiRiLiG) ein **3. Buch** zur **Neufassung und Zusammenfassung der bilanzrechtlichen Vorschriften** eingefügt wurde. Zuvor waren vor allem die Regelungen für Kapital- 68 gesellschaften, speziell für Aktiengesellschaften, im AktG von 1965 enthalten.

69 Durch das BiRiLiG wurden 1985 die **4., 7. und 8. EG Richtlinie in deutsches Recht** umgesetzt, deren Ziele die Harmonisierung der Vorschriften zur **Bilanzierung von Kapitalgesellschaften** (4. EGR), zur **Konzernrechnungslegung** (7. EGR) und zur **Abschlussprüfung** (8. EGR) waren.

Im **3. Buch** des HGB sind die **Vorschriften über die Handelsbücher (§§ 238–342a HGB)** in sechs Abschnitte unterteilt, von denen die Abschnitte 1–3 unmittelbar und die Abschnitte 4–6 erst später eingefügt wurden.

70 Der **erste Abschnitt (§§ 238–263 HGB)** umfasst **grundlegende Vorschriften** (Vorschriften für alle Kaufleute), die die **Bilanzierung für Einzelkaufleute** sowie für **Personenhandelsgesellschaften** (PHG) abschließend regeln, es sei denn, es handelt sich um eine PHG ohne eine natürliche Person als persönlich haftenden Gesellschafter. Vorweggestellt sind Normen zu **Buchführung, Inventur und Inventar,** die die organisatorische Grundlage für die Erstellung des Jahresabschlusses (Bilanz und Gewinn- und Verlustrechnung) bilden.

71 Im **zweiten Abschnitt (§§ 264–335 HGB)** sind ergänzend die **weitergehenden Anforderungen an Kapitalgesellschaften** (und den nach § 264a HGB gleichgestellten PHG ohne eine natürliche Person als haftender Gesellschafter, namentlich also die GmbH & Co KG) festgelegt.
- Nach den Regelungen des **1. Unterabschnitts** (§§ 264–289 HGB) sind die Bilanz und die Gewinn- und Verlustrechnung von Kapitalgesellschaften um einen erläuternden **Anhang** zu erweitern, außerdem ist ein **Lagebericht** aufzustellen.
- Der **2. Unterabschnitt** (§§ 290–315 HGB) bestimmt, dass Kapitalgesellschaften mit Tochtergesellschaften einen **Konzernabschluss und -lagebericht** aufzustellen haben.
- Nach dem **3. Unterabschnitt** (§§ 316–324 HGB) unterliegt der Jahresabschluss (und Lagebericht) sowie der Konzernabschluss (und Konzernlagebericht) von Kapitalgesellschaften grundsätzlich einer **Pflichtprüfung** durch einen Wirtschaftsprüfer.
- Die übrigen Vorschriften der **Unterabschnitte 4–6** (§§ 325–335 HGB) regeln die **Offenlegung,** sehen Verordnungsermächtigungen ua für Formblätter vor und enthalten Straf- und Bußgeldvorschriften.

Die Anforderungen dieses 2. Abschnitts an den Jahresabschluss 72
sind im Einzelnen nach der **Größe der Kapitalgesellschaften** unterschiedlich streng. Hierzu sieht § 267 HGB **Größenklassen** nach Bilanzsumme, Umsatz und Anzahl der Arbeitnehmer vor, die der Bestimmung von kleinen, mittelgroßen und großen Kapitalgesellschaften dienen.

Unterschiede bestehen vor allem bei **Ausweis-, Prüfungs- und Offenlegungsvorschriften**. Als Pendant zu den Größenklassen enthält § 293 HGB eine größenabhängige Befreiung von der Konzernrechnungslegungspflicht.

Der **Dritte Abschnitt** (§§ 336–339 HGB) enthält **ergänzende Vor-** 73 **schriften** für eingetragene **Genossenschaften**. Geregelt sind die **Aufstellung des Jahresabschlusses (mit Anhang) und des Lageberichts sowie deren Offenlegung**, teilweise mit Verweisen auf Vorschriften des zweiten Abschnitts, den Genossenschaften ansonsten nicht zu beachten haben, da sie keine Kapitalgesellschaften sind. Vorschriften zur Prüfung wurden nicht in diesen Abschnitt aufgenommen, sondern befinden sich im GenG.

Der **vierte Abschnitt** (§§ 340–341p) wurde zunächst durch das 74 **Bankbilanzrichtlinie-Gesetz 1990** in Umsetzung der EG-Bankbilanzrichtlinie in das 3. Buch eingefügt. Die normierten **speziellen Vorschriften für Kreditinstitute** und Finanzdienstleistungsinstitute (§§ 340–340o HGB) wurden später mittels Einfügung eines weiteren Unterabschnitts durch spezielle Regelungen für **Versicherungsunternehmen** und Pensionsfonds (§§ 341–341p HGB) ergänzt. Diese Reform erfolgte durch das **Versicherungsbilanzrichtlinie-Gesetz (VersRiLiG) 1994**, ebenfalls zur Umsetzung der EG Versicherungsbilanzrichtlinie. Ergänzt werden die Vorschriften durch spezielle Rechnungslegungsverordnungen (→ Rn. 53 ff.).

Der **fünfte Abschnitt** (§§ 342 und 342a HGB), der **1998** durch das 75 **Gesetz zur Kontrolle und Transparenz im Unternehmensbereich** (KonTraG) in das HGB aufgenommen wurde, sieht die Möglichkeit vor, dass eine **privatrechtlich organisierte Einrichtung** Empfehlungen zur Anwendung der **Grundsätze zur Konzernrechnungslegung** entwickelt (§ 342 Abs. 1 S. 1 Nr. 1 HGB) und Interpretationen der Internationalen Rechnungslegungsstandards iSd § 315a Abs. 1 HGB erarbeitet (§ 342 Abs. 1 S. 1 Nr. 1 HGB). Diese Aufgabe nimmt das **DRSC** wahr:

"Die zunehmende Bedeutung der internationalen Kapitalmärkte für deutsche Unternehmen und Konzerne veranlasste bereits 1998 den deutschen Gesetzgeber, Möglichkeiten für eine stärkere Annäherung der deutschen Rechnungslegungsvorschriften an die internationalen Grundsätze zu eröffnen. Um eine größere Flexibilität für die Weiterentwicklung der Rechnungslegung und ihre schnellere Anpassung an neue Erfordernisse zu gewährleisten, sollte auf Wunsch des Gesetzgebers ein privates, mit unabhängigen Fachleuten besetztes Gremium tätig werden. Damit sollte die Entwicklung der Rechnungslegungsgrundsätze als Selbstverwaltungsaufgabe durch einen unabhängigen Standardsetzer vorangetrieben werden. § 342 HGB stellt die gesetzliche Grundlage für eine solche Einrichtung dar. Als nationale Standardisierungsorganisation wurde das Deutsche Rechnungslegungs Standards Committee (DRSC) geschaffen, das mit Vertrag vom 3. September 1998 durch das Bundesministerium der Justiz (BMJ) als privates Rechnungslegungsgremium im Sinne von § 342 HGB anerkannt wurde. Mit dem Standardisierungsvertrag vom 2. Dezember 2011 wurde der Deutsche Rechnungslegungs Standards Committee e. V. (DRSC) durch das Bundesministerium der Justiz (BMJ) erneut als zuständige Standardisierungsorganisation für Deutschland anerkannt. Im Standardisierungsvertrag verpflichtet sich das DRSC, ein unabhängiges Rechnungslegungsgremium (die Fachausschüsse) vorzuhalten, auf das die Aufgaben nach § 342 Abs. 1 HGB zu übertragen und es zu finanzieren." (www.drsc.de/service/ueber_uns/ziele/index.php)

Beispiel: Nach § 297 Abs. 1 S. 1 HGB enthält der Konzernabschluss auch eine Kapitalflussrechnung und einen Eigenkapitalspiegel und kann nach § 297 Abs. 1 S. 2 HGB um eine Segmentberichterstattung erweitert werden. Allerdings enthält das HGB weder Legaldefinitionen noch weitere Hinweise zum Inhalt und Aufbau dieser Rechnungslegungsinstrumente. Das DRSC hat deshalb entsprechende Standards geschaffen: DRS 2 Kapitalflussrechnung, DRS 3 Segmentberichterstattung und DRS 7 Eigenkapitalspiegel.

76 Der **sechste Abschnitt** (§§ 342b–342e HGB) wurde ebenfalls durch das **Bilanzkontrollgesetz von 2004** eingefügt und sieht vor, dass eine **privatrechtlich organisierte Einrichtung zur Prüfung von Verstößen gegen Rechnungslegungsvorschriften** (Prüfstelle) anerkannt wird. Geprüft werden nach § 342b Abs. 2 S. 2 HGB die Abschlüsse und Berichte von Unternehmen, deren Wertpapiere iSd § 2 Abs. 1 S. 1 WpHG an einer inländischen Börse zum Handel im regulierten Markt zugelassen sind. Das können sowohl Aktien als auch Schuldverschreibungen sein. Die **DPR** nimmt diese Aufgabe wahr:

"Die Deutsche Prüfstelle für Rechnungslegung (DPR) prüft seit dem 1.7.2005 die Rechnungslegung von Unternehmen, die am regulierten Markt in Deutschland vertreten sind (Enforcement). In Deutschland ist das Enforcement-Verfahren zweistufig ausgestaltet, sodass neben der privatrechtlich organisierten DPR noch die mit hoheitlichen Mitteln ausgestattete Bundesanstalt für Finanzdienstleistungsaufsicht (BaFin) beteiligt ist." (www.frep.info)

b) Novellierungen der sechs Abschnitte

Durch das **Gesetz zur Kontrolle und Transparenz im Unternehmensbereich – KonTraG von 1998** wurde dem Vorstand einer Aktiengesellschaft auferlegt „… geeignete Maßnahmen zu treffen, insbesondere ein Überwachungssystem einzurichten, damit den Fortbestand der Gesellschaft gefährdende Entwicklungen früh erkannt werden" (§ 91 Abs. 2 AktG). Für amtlich notierte AG wurde festgelegt, dass der Jahresabschlussprüfer nach § 317 Abs. 4 HGB zu beurteilen hat, ob ein solches System eingerichtet ist und seine Aufgaben erfüllen kann. Außerdem hat der den Jahresabschluss ergänzende Lagebericht nach § 289 Abs. 1 HGB nunmehr Aussagen darüber zu enthalten, mit welchen Risiken die künftige Entwicklung der Gesellschaft belastet ist. Der Abschlussprüfer hat zu prüfen, ob die Darstellung der Unternehmensleitung zutreffend ist.

Den Kapitalgesellschaften werden im 2. Abschnitt teilweise **Personenhandelsgesellschaften gleichgestellt, die keine natürliche Person als persönlich haftenden Gesellschafter** haben (§§ 264a–264c HGB). Diese Vorschriften wurden 2000 durch das **Kapitalgesellschaften und Co-Richtlinien-Gesetz** (KapCoRiLiG) einfügt, das die GmbH & Co-Richtlinie (90/605/EWG) in deutsches Recht transformierte, und zwar mit zehnjähriger Verspätung und erst nach einer entsprechenden Verurteilung durch den EuGH (EuGH Slg. I 1999, 2175).

Die **Verordnung** (EG) Nr. 1606/2002 des Europäischen Parlaments und des Rats vom 19.7.2002, betreffend die **Anwendung internationaler Rechnungslegungsstandards, verpflichtet börsennotierte Unternehmen unmittelbar, Konzernabschlüsse nach IAS/IFRS aufzustellen**. „Im Jahr 2002 hat die EU beschlossen, dass der konsolidierte Abschluss von in der EU börsennotierten Unternehmen mit Wirkung ab dem 1. Januar 2005 gemäß IAS/IFRS zu erstellen ist. Zu diesem Zweck wurden ein spezieller Übernahmeprozess entwickelt und neue Beratungsgremien (ARC und EFRAG) gegründet. Die Standards werden in Form von Verordnungen übernommen und im Amtsblatt der Europäischen Union veröffentlicht. Die Verordnungen sind direkt in allen Mitgliedstaaten anwendbar." (ec.europa.eu/internal_market/accounting/legal_framework/ias_regulation/index_de.htm)

80 Durch das **Gesetz zur Einführung internationaler Rechnungslegungsstandards und zur Sicherung der Qualität der Abschlussprüfung** (Bilanzrechtsreformgesetz) wurde 2004 ua § 315a HGB eingefügt, der für die Unternehmen, die unter die Bestimmungen der IAS Verordnung fallen, fordert, dass über die Anwendung der von der EU übernommenen IAS/IFRS-Standards hinaus **bestimmte Angaben im Konzernanhang** zu machen sind und ein **Konzernlagebericht** zu erstellen ist.

81 Eine umfassendere „Renovierung" des deutschen Bilanzrechts erfolgte schließlich 2009 durch das **Bilanzrechtsmodernisierungsgesetz** (BilMoG). Durch **Annäherung der Bilanzregeln an die IAS/IFRS Standards** soll die Aussagefähigkeit des Jahres- und Konzernabschlusses verbessert werden. Die Neuerungen sind sehr umfangreich und füllen bspw. in einem Kommentar zum BilMoG rund 1.000 Seiten (*Gelhausen/Fey/Kämpfer* BilMoG).

82 Die Grundkonzeption der größenklassenorientierten Anforderungen an die Rechnungslegung von Kapitalgesellschaften wird ergänzt um die **weitergehenden Anforderungen an kapitalmarktorientierte Kapitalgesellschaften** (§ 264d HGB), die zum einen stets als große Kapitalgesellschaften gelten (§ 267 Abs. 3 S. 2 HGB) und zum anderen eine Fülle zusätzlicher Pflichten zu beachten haben, wie bspw. die Verpflichtung nach § 264 Abs. 1 S. 2 HGB, für den Einzelabschluss eine Kapitalflussrechnung und einen Eigenkapitalspiegel zu erstellen (wenn keine Konzernrechnungslegungspflicht vorliegt).

83 Wesentliche Änderungen hinsichtlich **Bilanzierung und Bewertung** sind:
- **Aufgabe der sog. umgekehrten Maßgeblichkeit** der Steuerbilanz für die Handelsbilanz. Darunter wurde die Besonderheit verstanden, dass das Steuerrecht bestimmte steuerrechtlich vorteilhafte Formen der Bilanzierung nur dann erlaubte, wenn der Bilanzierungspflichtige dieselben Grundsätze auch in der Handelsbilanz angewandt hatte. Mithin entstand ein faktischer Zwang, sich im Handelsbilanzrecht – ganz entgegen der Zielsetzung des Maßgeblichkeitsprinzips – gerade umgekehrt an steuerbilanzrechtlichen Besonderheiten zu orientieren.
- Einführung eines **Ansatzwahlrechts für selbst geschaffene immaterielle Vermögensgegenstände** des Anlagevermögens, sofern die Herstellungskosten die Entwicklungsphase betreffen (§§ 248 Abs. 2 S. 1 und § 255 Abs. 2a HGB).

B. Grundlagen der Bilanzierung 35

- Aufgabe des Passivierungswahlrechts (nunmehr Verbot) für **Aufwandsrückstellungen** und Einschränkung zur Aktivierung von Instandhaltungsrückstellungen (§ 249 Abs. 1 S. 2 Nr. 1 HGB).
- **Generelle Abzinsungspflicht** von langfristigen Rückstellungen (§ 253 Abs. 2 S. 1 HGB)
- Konkretisierung der **Bewertung von Pensionsverpflichtungen** (§ 253 Abs. 2 S. 1 HGB) durch Einbeziehung der künftigen Entwicklung von Bewertungsparametern in den Erfüllungsbetrag.
- Möglichkeit zur Bildung von **Bewertungseinheiten** (§ 254 HGB), um gegenläufige Wertänderungen von Grund- und Sicherungsgeschäften wegen des Einzelbewertungsprinzips nicht gewinnmindernd erfassen zu müssen.
- **Neukonzeption** der Vorschriften über **latente Steuern** (§ 274 HGB) von der GuV-basierten Methode zum bilanzorientierten Konzept.
- Neufassung des **Herstellungskostenbegriffs** (§ 255 Abs. 2 HGB).

Abgesehen vom Anhang, den Vorschriften zu latenten Steuern und zum Eigenkapital bestehen nach Umsetzung des BilMoG **keine wesentlichen Bilanzierungs- und Bewertungsunterschiede mehr zwischen EU/PHG und Kapitalgesellschaften.**

Abschließend wird der **Aufbau des 3. Buches des HGB** nochmals skizziert:

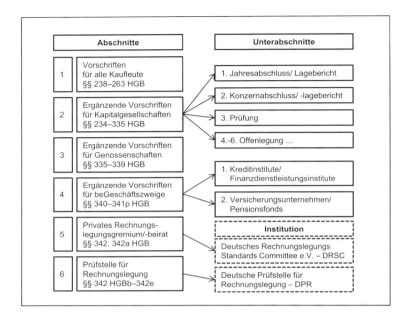

3. Bestandteile der Rechnungslegung nach HGB

a) Bilanz und GuV

84 Nach § 242 Abs. 3 HGB besteht der **Jahresabschluss** aus der **Bilanz** (vgl. die Darstellungen unter → Rn. 2, → Rn. 163 ff.) und der **Gewinn und Verlustrechnung** (GuV).

Die **Gewinn- und Verlustrechnung** ist nach § 242 Abs. 2 HGB die **Gegenüberstellung der Aufwendungen und Erträge des Geschäftsjahrs**. Systematisch stellt die GuV ein Unterkonto des Eigenkapitalkontos dar und nimmt diejenigen Eigenkapitalveränderungen auf, die nicht auf eine Kapitalzuführung oder -auskehrung seitens der bzw. an die Anteilseigner beruhen, sondern durch das Unternehmen erwirtschaftet worden sind (→ Rn. 95 ff.). Das **Ergebnis** der GuV, das sich aus dem Saldo der Aufwands- und Ertragskonten ergibt, ist der **Gewinn** (Aufwendungen < Erträge) oder **Verlust** (Aufwendungen > Erträge), weshalb die GuV eigentlich Gewinn- **oder** Verlustrechnung heißen müsste.

B. Grundlagen der Bilanzierung

Für **Kapitalgesellschaften** (und haftungsbeschränkte Personenhandelsgesellschaften) beinhaltet der 2. Abschnitt des 3. Buchs des HGB **detaillierte Aufstellungs- und Gliederungsvorschriften für Bilanz und GuV**. Von Einzelunternehmen und (nicht haftungsbeschränkten) Personenhandelsgesellschaften sind die in dem Abschnitt enthaltenen Vorschriften hingegen nur insoweit anzuwenden, als auch sie dem allgemeinen GoB-Verweis von § 243 Abs. 1 HGB und dem Gebot der Klarheit und Übersichtlichkeit (§ 243 Abs. 2) entsprechen müssen. Außerdem ist von ihnen der für die Bilanz in § 247 HGB festgelegte Mindestinhalt einzuhalten (vgl. *ADS* HGB § 247 Rn. 11 und 78).

- Nach § 266 Abs. 1 S. 1 HGB ist die **Bilanz in Kontenform** aufzustellen. Weiterhin ist nach § 266 Abs. 2 und 3 HGB ein **feststehendes Gliederungsschema** einzuhalten, das folgende Hauptposten (sowie die hier nicht dargestellten Unterposten mit arabischen Zahlen) umfasst:

Aktivseite	Passivseite
A. Anlagevermögen	A. Eigenkapital
I. Immaterielle Vermögensgegenstände	I. Gezeichnetes Kapital
II. Sachanlagen	II. Kapitalrücklage
III. Finanzanlagen	III. Gewinnrücklagen
B. Umlaufvermögen	IV. Gewinnvortrag/Verlustvortrag
I. Vorräte	V. Jahresüberschuss/Jahresfehlbetrag
II. Forderungen und sonstige Vermögensgegenstände	B. Rückstellungen
III. Wertpapiere	C. Verbindlichkeiten
IV. Kassenbestand, Bundesbankguthaben, Guthaben bei Kreditinstituten und Schecks	D. Rechnungsabgrenzungsposten
C. Rechnungsabgrenzungsposten	E. Passive latente Steuern
D. Aktive latente Steuern	
E. Aktiver Unterschiedsbetrag aus Vermögensverrechnung	

Die **Gewinn- und Verlustrechnung** ist von Kapitalgesellschaften nach § 275 Abs. 1 S. 1 HGB in **Staffelform** aufzustellen. Während das GuV-Konto auf der linken (Soll-)Seite die Aufwendungen und auf der rechten (Haben-)Seite die Erträge erfasst, werden bei der Staffelform die einzelnen **Aufwands- und Ertragsposten sachlich zu-**

sammengestellt. Außerdem werden **Zwischenergebnisse**, wie das „Ergebnis der gewöhnlichen Geschäftstätigkeit" und das „außerordentliche Ergebnis" gebildet. Nach § 275 Abs. 2 HGB (Gesamtkostenverfahren) ist die GuV wie folgt aufgebaut:

+	Umsatzerlöse
+/−	Bestandsveränderungen (fertige/unfertige Erzeugnisse)
+	andere aktivierte Eigenleistungen
+	sonstige betriebliche Erträge
−	Materialaufwand
−	Personalaufwand
−	Abschreibungen
−	Sonstige betriebliche Aufwendungen
+	Erträge aus Beteiligungen
+	Erträge aus anderen Wertpapieren und Ausleihungen des Finanzanlagevermögens
+	Zinsen und ähnliche Erträge
−	Abschreibungen auf Finanzanlagen und Wertpapiere des Umlaufvermögens
−	Zinsen und ähnliche Aufwendungen
=	**Ergebnis der gewöhnlichen Geschäftstätigkeit**
	außerordentliche Erträge
−	**außerordentliche Aufwendungen**
=	außerordentliches Ergebnis
−	Steuern vom Einkommen und Ertrag
−	sonstige Steuern
=	**Jahresüberschuss/Jahresfehlbetrag**

Neben dem **Gesamtkostenverfahren** (§ 275 Abs. 2 HGB) ist das **Umsatzkostenverfahren** (§ 275 Abs. 3 HGB) zulässig. Die Verfahren lassen sich wie folgt skizzieren:
(1) Nach § 275 Abs. 1 HGB besteht ein **Wahlrecht** zur Verwendung des **Gesamtkostenverfahrens** (§ 275 Abs. 2 HGB) **oder** des **Umsatzkostenverfahrens** (§ 275 Abs. 3 HGB), die beide als **gleichwertig** angesehen werden und – das ist zum Verständnis wichtig! – zum identischen Jahresergebnis führen.
(2) Das **Gesamtkostenverfahren** stellt den Umsatzerlösen **sämtliche Aufwendungen** gegenüber, und zwar **gegliedert nach Kostenarten** (Materialaufwand, Personalaufwand, Abschreibungen). Da die Aufwendungen aber teilweise auch für **Produkte** entstehen,

die **noch nicht veräußert** wurden oder für **eigene betriebliche Zwecke genutzt** werden, werden in die GuV Ausgleichsposten für **Bestandsveränderungen** (fertige/unfertige Erzeugnisse) bzw. für **aktivierte Eigenleistungen** eingefügt, die die betreffenden Aufwendungen neutralisieren.

(3) Das Umsatzkostenverfahren stellt den Umsatzerlösen nur die **Herstellungskosten der umgesetzten Lieferungen und Leistungen** (en bloc) gegenüber und weist darüber hinaus Vertriebskosten und allgemeine Verwaltungskosten gesondert aus. Diese Kostengliederung erfolgt mithin nach **Kostenstellen.**

Beispiel: Ein Unternehmen produziert in Jahr 01 eine Maschine auf Lager und veräußert sie im Jahr 02. Die (aktivierbaren) Herstellungskosten betragen 100, die Umsatzerlöse 150.

Auch wenn keine Umsatzerlöse im Jahr 01 erzielt wurden weist das **Gesamtkostenverfahren** sämtliche Kosten aus und korrigiert diese um die **Bestandserhöhungen** von 100. Im Folgejahr sind bei Veräußerung die Bestandsveränderungen entsprechend negativ. Das **Umsatzkostenverfahren** weist die **Herstellungskosten** für die Maschine in 01 nicht aus, sondern erst im Jahr 02, wenn auch die Umsatzerlöse (wie beim Gesamtkostenverfahren) erfasst werden:

Gesamtkostenverfahren	Jahr 01	Jahr 02
Umsatzerlöse		+ 150
Bestandsveränderungen	+ 100	– 100
Materialaufwand	– 40	
Personalaufwand	– 50	– 15
Abschreibungen	– 20	– 5
Jahresergebnis	– 10	+ 30

Umsatzkostenverfahren	Jahr 01	Jahr 02
Umsatzerlöse		+ 150
Herstellungskosten der Maschine		– 100
Vertriebskosten		–10
Allgemeine Verwaltungskosten	– 10	– 10
Jahresergebnis	– 10	+ 30

(Vgl. zu den Ausführungen und zum Beispiel *ADS* HGB § 275 Rn. 27-31).

Das Gesellschaftsrecht sieht zT rechtsformspezifische Ergänzungen für die GuV von Kapitalgesellschaften vor. So ist nach § 158 Abs. 1 AktG die Gewinn- und Verlustrechnung nach dem Posten

Jahresüberschuss/Jahresfehlbetrag um weitere Posten zu ergänzen (Alternativ: Angabe im Anhang, dazu → Rn. 85), bis sich als Saldo der Bilanzgewinn/Bilanzverlust ergibt (→ Rn. 463). Zur Aufstellung auch der Bilanz unter (teilweiser) Verwendung des Jahresergebnisses vgl. § 268 Abs. 1 HGB (dazu → Rn. 459).

b) Anhang

85   Nach § 264 Abs. 1 S. 1 HGB ist der Jahresabschluss von **Kapitalgesellschaften** (sowie nach § 264a Abs. 1 HGB derjenige von haftungsbeschränkten Personengesellschaften) um einen **Anhang** zu erweitern. Die **Recheninstrumente** Bilanz und Gewinn- und Verlustrechnung werden um ein **Informationsinstrument** ergänzt. Bilanz, GuV und Anhang bilden eine Einheit.

Zunächst sind im Anhang nach § 284 Abs. 1 HGB die **Angaben** aufzunehmen, die zu den **einzelnen Posten der Bilanz und GuV** vorgeschrieben sind. Außerdem bestehen **Wahlrechte**, bestimmte **Angaben** in die Bilanz oder GuV oder in den **Anhang** aufzunehmen (vgl. dazu → Rn. 459; → Rn. 463).

Beispiel 1: Nach § 265 Abs. 2 S. 1 HGB sind für jeden Posten der Bilanz und GuV die Vorjahresbeträge anzugeben. Für den Fall, dass bei einem Posten der **Vorjahresbetrag nicht vergleichbar** ist, ist dies nach § 265 Abs. 2 S. 2 HGB im Anhang anzugeben und zu erläutern.
Beispiel 2: § 268 Abs. 2 HGB sieht vor, dass die **Entwicklung der einzelnen Posten des Anlagevermögens** (Zugangswerte, Zu- und Abgänge oder Umbuchungen, Abschreibungen und Zuschreibungen) darzustellen ist. Ein solcher **Anlagespiegel** kann **wahlweise** in die Bilanz oder in den **Anhang** aufgenommen werden.

Zusätzlich zu diesen Angaben führt § 284 Abs. 2 Nr. 1–5 HGB folgende **grundsätzliche Erläuterungspflichten** auf:
- Zu den **einzelnen Bilanz/GuV-Posten** sind die **angewandten Bilanzierungs- und Bewertungsmethoden** anzugeben (Nr. 1). **Abweichungen** von diesen Methoden (zum Vorjahr) sind **anzugeben** und zu **begründen** (vgl. die Ausführungen zum Stetigkeitsprinzip in → Rn. 565 ff.). Außerdem sind die **Auswirkungen** dieser Abweichungen auf die **Vermögens-, Finanz- und Ertragslage** darzustellen (Nr. 3).
- Die Grundlagen der **Währungsumrechnung** sind anzugeben (Nr. 2). Die Umrechnung von Fremdwährung in EURO (§ 244 HGB) kann Aktiv- und Passivposten betreffen (vgl. → Rn. 584 ff. mit Beispielen).

B. Grundlagen der Bilanzierung 41

- Bestimmte Vermögensgegenstände können in Abweichung vom Einzelbewertungsprinzip im Rahmen der **Gruppenbewertung** (§ 256 S. 2 iVm § 240 Abs. 3 HGB) oder mittels **Verbrauchfolgeverfahren** (§ 256 S. 1 HGB) bewertet werden (vgl. → Rn. 557 ff. mit Beispielen). Weicht diese Bewertung erheblich von der Bewertung mittels **Börsen-/Marktpreis** ab, sind diese **Unterschiede** anzugeben (Nr. 4).
- Bei der Ermittlung von **Herstellungskosten** für die Zugangsbewertung von Vermögensgegenständen können uU auch **Fremdkapitalzinsen** einbezogen werden (vgl. → Rn. 662 ff.). In diesen Fällen sind entsprechende Angaben zu machen (Nr. 5).

Neben diesen nach § 284 HGB aufzunehmenden grundlegenden Angaben über die Bilanzierungs- und Bewertungsmethoden enthält § 285 Nr. 1-29 HGB einen **umfassenden Katalog** an **Pflichtangaben**, der neben weiteren Informationen zur Rechnungslegung beispielsweise auch Angaben zur Anzahl der Beschäftigten (Nr. 7), über die Mitglieder des Geschäftsführungsorgans und eines Aufsichtsrats (Nr. 10) sowie deren Vergütung (Nr. 9) oder zu den Honoraren des Abschlussprüfers (Nr. 17) umfasst.

Schließlich existieren **gesellschaftsrechtliche Vorschriften** zum Anhang, wie **beispielsweise § 160 AktG** für den **Anhang von Aktiengesellschaften**, der zusätzliche Angaben zum Eigenkapital (und bestehenden Genussrechten oder Besserungsscheinen) sowie zu bestehenden wechselseitigen oder nach AktG oder WpHG meldepflichtigen Beteiligungen enthalten muss.

c) Lagebericht

Nach § 264 Abs. 1 S. 1 HGB haben die gesetzlichen Vertreter von **Kapitalgesellschaften** (und nach § 264a Abs. 1 HGB von haftungsbeschränkten Personengesellschaften) einen **Lagebericht** zu erstellen. Der Inhalt des Lageberichts ist in **§ 289 HGB** festgelegt.

Der Lagebericht stellt einen **Bericht des Managements** dar, der zeitlich gesehen sowohl eine **Vergangenheits-** als auch eine **Zukunftsbetrachtung** umfasst. Zu erläutern sind:
1. der **Geschäftsverlauf** (des abgelaufenen Geschäftsjahrs) einschließlich des **Geschäftsergebnisses** und die sich daraus ergebende (Vermögens-, Finanz- und Ertrags-) **Lage** der Gesellschaft (vgl. § 289 Abs. 1 S. 1 HGB),

86

2. **Vorgänge** von besonderer Bedeutung, die **nach Schluss des Geschäftsjahrs** eingetreten sind (§ 289 Abs. 2 Nr. 1 HGB) und die aufgrund des **Stichtagsprinzips** keinen Eingang in die Bilanz gefunden haben (Rn. 571),
die **voraussichtliche Entwicklung** des Unternehmens mit den **wesentlichen Chancen und Risiken** unter Angabe der dieser Prognose zugrunde liegenden Annahmen (§ 289 Abs. 1 S. 4 HGB).

Der Lagebericht muss mit dem **Jahresabschluss** im Einklang stehen und insgesamt eine **zutreffende Vorstellung** von der **Lage** der Gesellschaft vermitteln (vgl. zum Gegenstand der Prüfung des Abschlussprüfers § 317 Abs. 2 S. 1 HGB). Hierzu sind in die **Analyse der geschäftlichen Entwicklung** „... die für die Geschäftstätigkeit bedeutsamsten finanziellen Leistungsindikatoren einzubeziehen und unter Bezugnahme auf die im Jahresabschluss ausgewiesenen Beträge und Angaben zu erläutern." (§ 289 Abs. 1 S. 3 HGB).
Besondere Berichtsinhalte sind nach § 289 Abs. 2 HGB der Bereich **Forschung und Entwicklung** (Nr. 3), bestehende **Zweigniederlassungen** (Nr. 4) sowie bei börsennotierten Aktiengesellschaften die Grundzüge des **Vergütungssystems für Vorstand und Aufsichtsrat** (Nr. 5).
Einen weiteren Berichtsschwerpunkt stellt das **Risikomanagement der Gesellschaft** dar:
- Grundsätzlich ist auf die **Risikomanagementziele und -methoden** (einschließlich Sicherungstransaktionen) sowie auf die **konkreten Risiken** (Preisänderungs-, Ausfall-, Liquiditäts-, Zahlungsstromrisiken) einzugehen, denen die Gesellschaft ausgesetzt ist (vgl. § 289 Abs. 2 Nr. 2 HGB).
- Darüber hinaus haben nach § 289 Abs. 5 HGB **kapitalmarktorientierte Kapitalgesellschaften** (§ 264d HGB) das **rechnungslegungsbezogene interne Kontroll- und Risikomanagementsystem** zu beschreiben.

Nach **§ 289 Abs. 4 HGB** haben **bestimmte Aktiengesellschaften** weitere in Nr. 1–9 aufgeführte **Zusatzangaben** zu machen, die die Aktien (und Stimmrechte) der Gesellschaft, Normen über die Ernennung/Abberufung von Vorstandsmitgliedern und über Satzungsänderungen, Befugnisse des Vorstands zur Ausgabe und zum Rückerwerb von Aktien sowie Vereinbarungen im Zusammenhang mit einem Übernahmeangebot betreffen.

Nach **§ 289a Abs. 1 HGB** haben **börsennotierte** (und andere bestimmte) **Aktiengesellschaften** schließlich in einen gesonderten Abschnitt eine **Erklärung der Unternehmensführung** aufzunehmen, die nach § 289a Abs. 2 HGB ua die Erklärung nach § 161 AktG umfasst. Dabei handelt es sich um eine Erklärung (von Vorstand und Aufsichtsrat) zum **Corporate Governance Kodex,** in der angegeben werden muss, inwieweit den Empfehlungen der „Regierungskommission Deutscher Corporate Governance Kodex" entsprochen wird („comply or explain"). Bei den Empfehlungen, denen nicht gefolgt wird, ist der Grund für die Abweichung anzugeben.

III. Organisatorische Grundlagen

1. Überblick

Zu **Beginn der Geschäftstätigkeit** sind alle Vermögensgegenstände und Schulden des Gewerbebetriebs des (Einzel-)Kaufmanns respektive der Handelsgesellschaft nach Menge und Wert aufzunehmen. Dieser Aufnahmeprozess wird als **Inventur** bezeichnet. Das Ergebnis der Inventur ist das **Inventar,** ein zumeist in Listenform geführtes Verzeichnis der einzelnen erfassten Vermögensgegenstände und Schulden (siehe zu Inventur und Inventar auch → Rn. 155 ff.).

Auf der Grundlage des Inventars wird eine (**Eröffnungs-)Bilanz** erstellt, in die (zumeist) in Kontoform die Vermögensgegenstände und Schulden und die handelsrechtlich vorgesehenen **Bilanzposten** verdichtet aufgenommen werden. Auf der linken Seite der Bilanz, die als **Aktivseite** bezeichnet wird, werden die Vermögensgegenstände als Aktivposten (Aktiva) erfasst. Auf der rechten Seite der Bilanz, die als **Passivseite** bezeichnet wird, werden die Schulden als Passivposten (Passiva) aufgeführt. Ein Bilanzgliederungsschema enthält § 266 Abs. 2 und 3 HGB, das für Kapitalgesellschaften verpflichtend ist.

Beispiel: Werden im Rahmen der Inventur eines Büroausstattungsunternehmens Schreibtische aufgenommen, ist zu unterscheiden, ob sie zur eigenen Nutzung angeschafft wurden (Bilanzposten: 3. Betriebs- und Geschäftsausstattung im A. Anlagevermögen unter II. Sachanlagen) oder zum Verkauf bestimmt sind (Bilanzposten: 3. Waren im B. Umlaufvermögen unter I. Vorräte).

Inventar und Bilanz unterscheiden sich neben der Verdichtung in vorgeschriebene Bilanzposten auch dadurch, dass die handelsrechtlichen **Bilanzierungs- und Bewertungsvorschriften** einzuhalten sind.

87

88

Beispiel: Werden im Rahmen der Inventur von Handelswaren die Verkaufspreise als Werte aufgenommen, dann sind für die Bilanzierung hieraus die Anschaffungskosten retrograd zu ermitteln, indem neben der Umsatzsteuer auch der Gewinnaufschlag herauszurechnen ist.

89 Die sich danach ergebende **Differenz aus Aktiva und Passiva** stellt das **Eigenkapital** dar. Die Aufführung des Eigenkapitals unter die bilanziellen Passivposten führt (zwangsläufig) dazu, dass die **Bilanzsummen** von Aktiv- und Passivseite **identisch** sind. Die Bilanz bildet damit den Gewerbebetrieb in einem geschlossenen System doppelt ab: auf der **Passivseite die Mittelherkunft** (Fremd- und Eigenkapital) und auf der **Aktivseite die Mittelverwendung** des Gewerbebetriebs (Vermögensgegenstände).

Die folgende Abbildung stellt den **Zusammenhang von Inventar und Bilanz** nochmals dar. Die zu beachtenden Bilanzierungs- und Bewertungsnormen des HGB können als **Filter** verstanden werden, den Vermögen und Schulden zu durchlaufen haben.

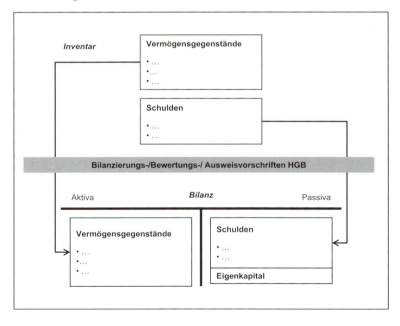

Im Rahmen der **laufenden Buchführung** werden die im Verlauf des Geschäftsjahrs **eingetretenen Veränderungen der Aktiv- und Passivposten** erfasst. Aufgrund der Fülle von Geschäftsvorgängen ist eine unmittelbare Abbildung in der Bilanz weder übersichtlich noch praktikabel. Deshalb werden für die einzelnen Bilanzposten (Hauptbuch-) **Konten** gebildet, um eine separate Abrechnung der Bestände und deren Änderungen zu ermöglichen.

Alle Konten haben wie die Bilanz **zwei Seiten**. Die **linke Seite** wird historisch bedingt als Soll-Seite oder **Soll** (S) bezeichnet, die **rechte Seite** wird als Haben-Seite oder **Haben** (H) bezeichnet. Möglicherweise stammt diese für den Laien irreführende Bezeichnung aus den früheren Kontokorrentbüchern (Geschäftsfreundebüchern), da bei Forderungen der andere Kaufmann zahlen „soll" und bei Verbindlichkeiten die bilanzierenden Kaufleute zu zahlen „haben".

Die **Aktivposten der Bilanz** werden in **Aktivkonten** überführt, die auf der Soll-Seite den **Anfangsbestand** und die **Zugänge** und auf der **Haben-Seite** die **Abgänge** und den **Endbestand** zeigen. Bei den **Passivkonten**, in die die **bilanziellen Passivposten** überführt werden, verhält es sich genau umgekehrt. Der **Anfangsbestand** und die **Zugänge** werden im **Haben** gezeigt, während die **Abgänge** und der **Endbestand** im **Soll** stehen (mehr dazu unter → Rn. 134 ff.).

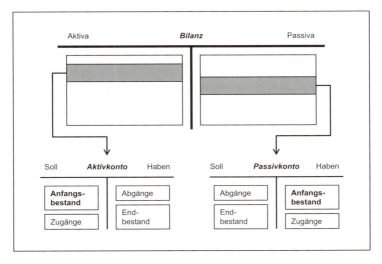

93 Den Bilanzposten **Eigenkapital** zeichnet die Besonderheit aus, dass er durch **zwei grundlegend zu unterscheidende Vorgänge** verändert werden kann:
- Zum einen kann ein Einzelkaufmann oder ein Gesellschafter einer Personenhandelsgesellschaft dem Gewerbetrieb **erfolgsneutral** Eigenmittel mittels **Einlagen** zuführen, die aus Bargeld/Guthaben (Bareinlagen) oder aus Forderungen/Gegenständen (Sacheinlagen) bestehen können. Im umgekehrten Fall, in dem er dem Gewerbebetrieb Barmittel oder Sachen für betriebsfremde Zwecke entzieht, liegen **Entnahmen** vor. Bei Kapitalgesellschaften können **Kapitalerhöhungen oder -herabsetzungen** (sowie Gewinnausschüttungen) erfolgen, formlose Einlagen/Entnahmen sind nicht möglich.
- Zum anderen kann ein im Geschäftsjahr erwirtschafteter **Gewinn oder Verlust** vorliegen, der ebenfalls das Eigenkapital erhöht oder vermindert. Gewinn oder Verlust werden als **erfolgswirksame** Veränderung des Eigenkapitals bezeichnet.

Beispiel 1: Verwendet ein Einzelkaufmann einen zuvor privat erworben PC fortan für seinen Gewerbebetrieb, liegt eine erfolgsneutrale (Sach-) **Einlage** vor.

Beispiel 2: Erwirbt der Einzelkaufmann Waren gegen Barzahlung zu 100 und veräußert sie zu 120, dann hat er einen **Gewinn** von 20 erzielt (Kassenbestand ebenfalls + 20).

94 Das Eigenkapital kann durch erwirtschaftete Verluste oder entsprechend hohe Entnahmen (bei Einzelkaufmann/Personenhandelsgesellschaft) negativ werden, weshalb sich das **Eigenkapitalkonto** von den übrigen Passivkonten dadurch unterscheidet, dass es zu einem **Aktivkonto (Endbestand auf der Haben-Seite) wird**. In diesem Fall liegt eine bilanzielle Überschuldung vor.

95 Um die **zwei Sphären der Eigenkapitalveränderungen** zu separieren, werden im Eigenkapitalkonto die Ergebnisse von zumindest zwei zusätzlichen Konten erfasst:
- einem Konto zur Aufzeichnung der **erfolgsneutralen Eigenkapitalveränderungen**, das bei Einzelkaufmann/Personenhandelsgesellschaft auch als **Privatkonto** bezeichnet wird, sowie
- einem Konto, das den **Gewinn oder Verlust** abbildet und als Gewinn- und Verlustrechnung oder **GuV-Konto** bezeichnet wird.

96 Einzelkaufmann/Personenhandelsgesellschaft unterscheiden sich von **Kapitalgesellschaften** dadurch, dass bei letzteren das Eigenkapital (wegen seiner Bedeutung für die Kapitalgesellschaften) nach § 266

Abs. 3 HGB ohnehin bereits aus mehreren Bilanzposten besteht. Einer davon ist der Posten A.V. Jahresüberschuss/-fehlbetrag, der das Resultat der Gewinn- und Verlustrechnung übernimmt.

Sowohl das Privatkonto als auch das GuV-Konto sind (mangels Anfangsbestand) **keine Bestandskonten**, sondern Konten, deren Ergebnisse im laufenden Geschäftsjahr anfallen, und zwar mit für das Eigenkapital **positiver** (Gewinn oder Einlagen>Entnahmen) oder **negativer Wirkung** (Verlust oder Entnahmen > Einlagen).

Die **Gewinn- und Verlustrechnung** ist ein **Unterkonto des Eigenkapitalkontos**. Jede Erfassung von **Aufwand oder Ertrag** auf dem GuV-Konto führt zur **Erhöhung oder Verminderung des Eigenkapitals**. Der **Gewinn oder Verlust** ist deshalb sowohl durch einen **Vergleich des bilanziellen Eigenkapitals** (unter Eliminierung der erfolgsneutralen Eigenkapitalveränderungen) als auch durch die **Gewinn- und Verlustrechnung zu ermitteln**. Vor diesem Hintergrund wird die Buchführung **als doppelte Buchführung** bezeichnet.

Nach § 242 Abs. 1 S. 1 HGB haben Kaufleute eine Bilanz aufzustellen. Die Formulierung in § 242 Abs. 2 HGB, nach der eine Gewinn- und Verlustrechnung aufzustellen ist, betrifft vor dem Hintergrund, dass die GuV ohnehin bereits Bestandteil der doppelten Buchführung ist, deshalb eher die Frage der Offenlegung als die Frage der eigentlichen Erstellung.

Die **Gewinn- und Verlustrechnung (GuV-Konto)** erfasst die Aufwendungen und Erträge eines Geschäftsjahrs. Hierzu werden für die einzelnen Aufwandsarten (zB Materialaufwand, Personalaufwand, Abschreibungen, usw) und Ertragsarten (zB Umsatzerlöse, Zinserträge, usw) entsprechende Unterkonten gebildet, die als **Erfolgskonten** bezeichnet werden. Die Ergebnisse der Erfolgskonten werden in das GuV-Konto übertragen, dessen Saldo den (vorläufigen) **Gewinn- oder Verlust** des Geschäftsjahrs ergibt.

Das **Privatkonto** (bei Einzelkaufmann/Personenhandelsgesellschaft) erfasst im Soll alle Entnahmen und im Haben alle Einlagen. Abschließend wird **entweder der Saldo aus Entnahmen und Einlagen** in das Eigenkapitalkonto übertragen **oder die Summen von Entnahmen und Einlagen**.

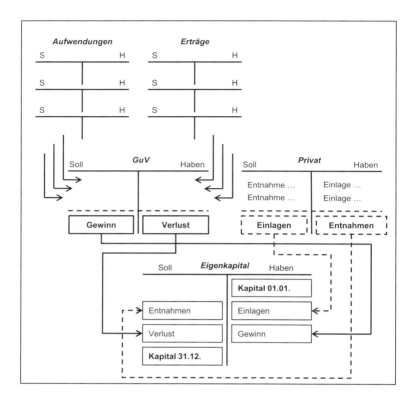

100 Sind alle Geschäftsvorfälle des Geschäftsjahrs in der Buchführung erfasst, dann führt der **Abschluss der laufenden Buchführung** zu einer **vorläufigen Schlussbilanz**. Die **Bestandskonten** werden im Gegensatz zu den Erfolgskonten (nach etwaiger Zusammenfassung) **direkt in diese Schlussbilanz** übertragen.

101 Am Ende des Geschäftsjahrs (und am Ende aller folgenden Geschäftsjahre) sind wiederum eine **Inventur** und die Aufstellung eines **Inventars** vorgeschrieben und notwendig:
- Zum einen dient die Inventur der **Überprüfung der zuvor in der Buchführung erfassten Vorgänge und der sich ergebenden Bestände**. Damit wird einem buchführungsmäßigen Soll-Zustand der tatsächliche Ist-Zustand gegenübergestellt.

B. Grundlagen der Bilanzierung 49

- Zum anderen kann es der Fall sein, dass Bestandsveränderungen bereits aus **Praktikabilitätsgründen** unterjährig nicht (oder nicht genau) erfasst werden.
- Schließlich umfasst eine Inventur **nicht nur die Aufnahme körperlicher Gegenstände** durch Zählen, Messen und Wiegen, sondern auch die Erfassung von zB immateriellen Vermögensgegenständen, Rechten, Forderungen, Verbindlichkeiten sowie von anhängigen/möglichen Klagen, die zu entsprechenden Rückstellungen führen können.

Beispiel 1: Die in der Buchführung erfassten Warenzu- und -abgänge eines Handelsunternehmens führen zu einem Soll-Bestand, der aber mengen- oder wertmäßig durch Diebstahl, Beschädigung, Aussortierung wegen Veralterung und andere Vorgänge vermindert sein kann.

Beispiel 2: In der Werkstatt eines Kfz-Handelsbetriebes werden die eingesetzten Werkzeuge ersetzt, wenn ein Verlust oder eine Beschädigung auffällt. Eine Aufnahme aller Werkzeuge wird ausschließlich im Rahmen der Inventur durchgeführt.

Die **vorläufige Schlussbilanz** (und Gewinn- und Verlustrechnung) wird im Rahmen der **abschließenden Buchführung** in die **endgültige Schlussbilanz** (und Gewinn- und Verlustrechnung) überführt. Die **Abschlussbuchführung** verarbeitet dabei die mengen- und wertmäßigen **Inventurergebnisse**. Des Weiteren können **Rechtsentwicklungen** dazu führen, dass sich der Ansatz und die Bewertung von Bilanzposten verändern.

Hierzu gehören unmittelbar die **Änderungen des Bilanzrechts**, wie bspw. zuletzt durch die umfassende Revision des HGB durch das BilMoG 2009. Allerdings können sich **Entwicklungen auf allen Rechtsgebieten** auf die Bilanzierung auswirken.

Beispiel 1: Nach § 248 Abs. 2 HGB bestand nach Umsetzung des BilMoG 2009 erstmals ein Bilanzierungswahlrecht für selbstschaffene immaterielle Vermögensgegenstände des Anlagevermögens (zB Software). Dies bedeutete auch, dass die erforderlichen Grundlagen aus der Kostenrechnung erstmals zu ermitteln waren.

Beispiel 2: Bei Kreditinstituten führen die Entwicklung des nationalen und internationalen Verbraucherschutzrechts sowie die kontinuierlichen Änderungen der Rechtsprechung dazu, dass sich die Klagerisiken aus dem Vertrieb von Finanzmarktprodukten ständig verändern dürften. Diesen Risiken wird bilanziell durch die Bildung von Rückstellungen Rechnung getragen. Bspw. hat die Deutsche Bank im Konzernabschluss 2013 allein für Rechtsstreitigkeiten

2,5 Mrd. EUR aufgewendet und weitere 2,3 Mrd. EUR zurückgestellt (Pressemitteilung vom 19.1.2014, vgl. www.deutsche-bank.de/medien).

103 Schließlich können die bestehenden **Bilanzierungs- und Bewertungswahlrechte** unter bestimmten Umständen in Abweichung zum Vorjahresabschluss neu ausgeübt werden.

104 Diese sowie mögliche weitere Umstände und Änderungen sind in der abschließenden Buchführung zu verarbeiten, bis die **endgültige Schlussbilanz** (und Gewinn- und Verlustrechnung) aufgestellt werden kann. Diese Schlussbilanz ist mit der Eröffnungsbilanz des folgenden Geschäftsjahrs identisch (Bilanzidentität nach § 252 Abs. 1 Nr. 1 HGB).

105 Die folgende Abbildung stellt die **Zusammenhänge zwischen Inventur/Inventar, Buchführung und Bilanzerstellung** nochmals schematisch dar:

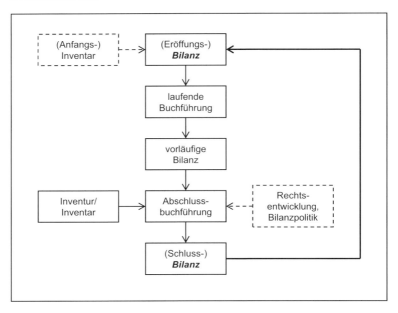

2. Buchführung

a) Verpflichtung zur Buchführung

§ 238 Abs. 1 S. 1 HGB verpflichtet jeden **Kaufmann** „... Bücher zu führen und in diesen seine Handelsgeschäfte und die Lage seines Vermögens nach den Grundsätzen ordnungsmäßiger Buchführung ersichtlich zu machen." Die **Buchführungspflicht** wird in § 240 Abs. 1 und 2 HGB um die Verpflichtung zur **Erstellung von Inventaren** und in § 242 Abs. 1 und 2 um die Verpflichtung zur **Bilanzerstellung** (und GuV) erweitert.

Kaufmann ist nach § 1 Abs. 1 HGB, wer ein **Handelsgewerbe** betreibt, worunter nach § 1 Abs. 2 HGB grundsätzlich jeder **Gewerbebetrieb** zu verstehen ist. Damit hat der Gesetzgeber einen steuerrechtlichen Begriff in das HGB übernommen, das selbst keine Legaldefinition des Gewerbetriebs aufweist. Dieser findet sich im § 15 Abs. 2 S. 1 EStG (Einkünfte aus Gewerbebetrieb), wonach eine **selbstständige nachhaltige Betätigung unter Beteiligung am allgemeinen wirtschaftlichen Verkehr** Gewerbebetrieb ist, wenn **keine Land- und Forstwirtschaft** und **kein Freier Beruf oder keine andere selbstständige Tätigkeit** ausgeübt wird. Im Übrigen verweist auch § 2 Abs. 1 S. 2 GewStG auf diese Definition. Zu einer freiberuflichen Tätigkeit gehören nach § 18 Abs. 1 S. 2 EStG, der im Besonderen einschlägige Katalogberufe (vom Architekten bis zum Wirtschaftsprüfer) aufführt, im Allgemeinen die selbstständig ausgeübte wissenschaftliche, künstlerische, schriftstellerische, unterrichtende oder erziehende Tätigkeit.

Beispiel: Für die (steuerliche) Anerkennung seiner Tätigkeit als Freier Beruf wird ein selbstständiger Fotograf belegen müssen, dass es sich bei seinen Fotografien um künstlerische Werke handelt. Ansonsten betreibt er ein Gewerbe (und ist damit gewerbesteuerpflichtig) und wäre mithin Kaufmann iSd § 1 HGB.

Allerdings nimmt § 1 Abs. 2 2. Hs. HGB solche Gewerbebetriebe von dem Begriff des Handelsgewerbes aus, die **keinen nach kaufmännischer Art oder Umfang eingerichteten Geschäftsbetrieb** erfordern (Kleinstgewerbetreibende) (zu Einzelheiten *Brox/Henssler* HandelsR Rn. 42 ff.).

Unbeschadet davon brauchen nach § 241a HGB **Einzelkaufleute** die Vorschriften der §§ 238–241 HGB **nicht zu beachten**, die neben der **Buchführungspflicht** auch die Pflicht zur Erstellung von Inventaren regeln, wenn ihre **Umsatzerlöse 500.000 EUR** und ihre **Jahresüberschüsse 50.000 EUR** an den Abschlussstichtagen von zwei aufeinanderfolgenden Geschäftsjahren **nicht übersteigen**. Da ohne Buchführung und Inventur/Inventar auch keine Bilanz (und GuV) erstellt werden kann, werden nach § 242 Abs. 4 HGB folgerichtig die betroffenen Einzelkaufleute auch von der **Bilanzierungspflicht** befreit.

110 § 241a HGB korrespondiert mit **§ 141 Abs. 1 S. 1 Abgabenordnung** (AO), der eine **originäre steuerrechtliche Buchführungspflicht**, also unabhängig vom Handelsrecht, bei **Überschreiten derselben Grenzwerte** festlegt. § 140 AO formuliert eine derivative Buchführungspflicht, wenn eine entsprechende Verpflichtung bereits nach anderen Gesetzen besteht.

111 Liegt **keine handels- oder steuerrechtliche Buchführungspflicht** vor, kann der steuerpflichtige Gewinn nach § 4 Abs. 3 S. 1 EStG mit dem **Überschuss der Betriebseinnahmen über die Betriebsausgaben** angesetzt werden.

Allerdings ist anzumerken, dass bei einer derartigen Gewinnermittlung die Feststellung der Vermögenswerte zum Jahresende ohne Inventur und Inventar, also ohne die körperliche Bestandsaufnahme, kaum möglich erscheint. Anders kann bspw. ein Einzelhändler den tatsächlichen Verbrauch von Handelswaren nicht feststellen.

112 Die Vorschriften über die Kaufleute (§§ 1–7 HGB) finden nach § 6 Abs. 1 HGB auch auf die Handelsgesellschaften Anwendung, also auf die **offene Handelsgesellschaft** – OHG (§ 105–160 HGB) und die **Kommanditgesellschaft** – KG (§§ 161–177a HGB). Weiterhin gelten nach § 13 Abs. 3 GmbHG die **Gesellschaft mit beschränkter Haftung** und nach § 3 Abs. 1 AktG jede **Aktiengesellschaft** als Handelsgesellschaft, selbst wenn sie kein Handelsgewerbe betreiben. Ebenso gelten nach § 17 Abs. 2 GenG **Genossenschaften** als Kaufleute iSd HGB.

113 **Nicht Kaufleute** iSd HGB, und damit auch nicht buchführungspflichtig, sind im Umkehrschluss nichtrechtsfähige Vereine, Gesellschaften bürgerlichen Rechts (BGB-Gesellschaften, GbR), Erbengemeinschaften sowie stille Gesellschaften.

b) Anforderungen an die Buchführung

114 aa) **Generalnorm.** Handels- oder steuerrechtlichen Regelungen, **welche Bücher** zu führen sind oder ob ein **bestimmtes Buchfüh-**

rungssystem zu verwenden ist, kennt das geltende Recht **nicht**. Die **Generalnorm** der Buchführung in § 238 Abs. 1 S. 2–3 HGB (und identisch in § 145 Abs. 1 AO) bestimmt:

> „Die Buchführung muss so beschaffen sein, dass sie einem sachverständigen Dritten innerhalb angemessener Zeit einen Überblick über die Geschäftsvorfälle und über die Lage des Unternehmens vermitteln kann. Die Geschäftsvorfälle müssen sich in ihrer Entstehung und Abwicklung verfolgen lassen."

Die **Spannbreite der buchführungspflichtigen Unternehmen** reicht von einer konzerninternen Zwischenholding, die möglicherweise nur einige wenige Geschäftsvorfälle im Jahr zu verbuchen hat, bis zum DAX-notierten weltweit tätigen Großunternehmen. Während es ausreichen kann, dass die Zwischenholding ihre Buchführung und Bilanzierung einmal jährlich mittels eines Tabellenkalkulationsprogramms am PC (oder handschriftlich auf Papier) durchführt, kann es andererseits notwendig sein, dass Großunternehmen ihre Geschäftsvorfälle täglich oder sogar in Echtzeit verarbeiten (vor allem Kreditinstitute) und mittels entsprechend aufwändiger Software ihre Abschlüsse bis hin zu Tagesbilanzen erstellen. 115

Bei prüfungspflichtigen Kapitalgesellschaften hat der Abschlussprüfer nach § 317 Abs. 1 S. 1 HGB die **Buchführung in die Prüfung des Jahresabschlusses einzubeziehen** und nach § 321 Abs. 2 S. 1 HGB festzustellen, ob sie den gesetzlichen Vorschriften entspricht (und damit hinsichtlich der Zielsetzung angemessen ist).

Als **sachverständige Dritte** gelten auch vor diesem Hintergrund Buchhalter, Steuerberater, Wirtschaftsprüfer und deren fachliche Mitarbeiter sowie für die Prüfungstätigkeit ausgebildete Mitarbeiter der Finanzverwaltung. 116

Ein Überblick über die **Lage des Unternehmens** wird nur vermittelt werden können, sofern auf Basis der Buchführung ein (Zwischen-) **Abschluss erstellt werden kann**, unbeschadet der Frage, in welcher Form und wie vollständig dieser sein muss. 117

Welcher Zeitraum hierfür unter dem Begriff der **angemessenen Zeit** zu verstehen ist, wird von den Umständen des Einzelfalls abhängig sein und bei zweckgerechter Organisation und sachgerechtem Einsatz der Organisationsmittel von den **systembedingten Arbeits- und Wartezeiten** abhängen, wobei der laufende Geschäftsbetrieb gewährleistet bleibt (*ADS* HGB § 238 Rn. 42). 118

Der Begriff des **Geschäftsvorfalls** wird **weder handels- noch steuerrechtlich definiert**. Letztlich sind hierunter **alle Veränderun-** 119 gen zwischen **Eröffnungsbilanz und Schlussbilanz** zu verstehen, die in der laufenden Buchführung oder in der Abschlussbuchführung zu erfassen sind. In der Buchführung sind nach *Leffson*

> „… alle externen Geschäftsvorfälle wie alle internen Vorgänge aufzuzeichnen, die zu Änderungen im Vermögensstand führen… sowie alle sonstigen Posten, die in den Jahresabschluß einzustellen sind, damit er richtig und vollständig wird, dh: Alle Vermögensänderungen und -umschichtungen, gleichviel, ob sie Aufwendungen und Erträge auslösen oder nicht, alle Aufwendungen und Erträge als solche, alle Posten, die nach anderen Grundsätzen ordnungsgemäßer Buchführung in den Jahresabschluß einzustellen sind, um zu erwartende Vermögensveränderungen zu antizipieren oder für sie Vorsorgeposten zu bilden, alle notwendigen, rein bilanztechnischen Aktiva und Passiva, wie Wertberichtigungen und andere Korrekturposten." (*Leffson* GoB S. 159–160).

120 Vor diesem Hintergrund umfasst die „… Einrichtung einer Buchführung… unabdingbar die **Festlegung organisatorischer Regelungen für ein schlüssig nachvollziehbares und beweiskräftiges System**, welches sicherstellt, daß alle Geschäftsvorfälle (einschließlich der Wertänderungen der einzelnen Vermögensgegenstände und Schulden) belegmäßig erfaßt und die so erfaßten Vorgänge in Büchern aufgezeichnet werden." (*ADS* HGB § 238 Rn. 33a).

121 Nur wenn für jeden Geschäftsvorfall ein **Beleg** existiert, ist die **vollständige Erfassung der Geschäftsvorfälle** sichergestellt und ein **Überblick** über die (und damit alle) Geschäftsvorfälle möglich („Keine Buchung ohne Beleg"). Die **Belegfunktion** bedingt folgende **Mindestangaben**:
- **Belegtext**, aus dem der Inhalt des Geschäftsvorfalls hervorgeht, und der uU einen eindeutigen Verweis auf weitere Unterlagen enthält.
- **Belegdatum** zur Erfassung des Zeitpunkts des Geschäftsvorfalls.
- **Belegnummer** als Ordnungskriterium für das jederzeitige Wiederauffinden des Belegs und uU als Verknüpfungselement zu den geführten Büchern.
- Zu buchender **Betrag**, uU mit Währungsangabe und Umrechnungskurs.
- Zu buchende **Konten** (Kontierung = Angabe des Soll- und Habenkontos).
- Autorisation durch einen Berechtigten (*ADS* HGB § 238 Rn. 37).

122 Vor dem Hintergrund der Forderung des § 238 Abs. 1 S. 2–3 HGB, dass die Buchführung einen (vollständigen) **Überblick über die Ge-**

schäftsvorfälle vermitteln können muss, die sich zudem in **Entstehung und Abwicklung verfolgen** lassen müssen, ergibt sich die **Erfassung der Geschäftsvorfälle in zwei Büchern**:
- In einem **Grundbuch** (Journal) werden die Geschäftsvorfälle **der Zeit nach** (chronologisch) erfasst, wodurch ein Überblick über die Geschäftsvorfälle eines bestimmten Zeitraums (Tag, Woche, Monat) vermittelt werden kann, aber auch die (zeitliche) Entstehung der Geschäftsvorfälle nachzuverfolgen ist.
- In einem **Hauptbuch** werden die Geschäftsvorfälle **der Sache nach** (sachlogisch) auf den einzelnen Konten erfasst, um Entstehung und Abwicklung der Geschäftsvorfälle nachzuweisen.

Beispiel: Am 10.4. werden Waren von einem Lieferanten für 100 erworben, die am 18.4. mittels Banküberweisung (Kontostand positiv) bezahlt werden. In diesem Fall erhöht sich am 10.4. das Aktivkonto Waren und das Passivkonto Verbindlichkeiten aus Lieferungen und Leistungen um 100. Am 18.4. vermindert sich das Aktivkonto Guthaben bei Kreditinstituten und das Passivkonto Verbindlichkeiten aus Lieferungen und Leistungen um 100. Im Hauptbuchkonto Verbindlichkeiten aus Lieferungen und Leistungen wird die Entstehung (Einbuchung) und die Abwicklung (Ausbuchung) des Geschäftsvorfalls (Verbindlichkeit) nachvollziehbar.

Die folgende Abbildung stellt die Zusammenhänge zwischen den **Forderungen der Generalnorm** und dem **System der Buchführung** nochmals schematisch dar:

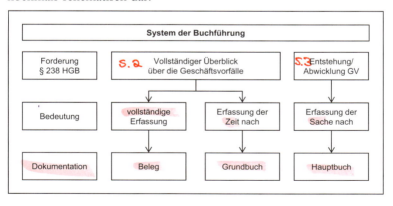

bb) Detaillierte Anforderungen. Detaillierte Anforderungen an die Führung der Handelsbücher und sonstige erforderliche Aufzeichnungen formuliert § 239 HGB. Die steuerrechtlichen Erfordernisse sind in vielen Fällen inhaltsgleich in § 146 AO niedergelegt (**Ordnungsvorschriften für die Buchführung** und sonstigen Aufzeichnungen). Die **sonstigen Aufzeichnungen** umfassen vor allem das **Inventar**, aber auch **Nebenbücher**, wie bspw. Kassenbücher. Im Folgenden werden die Begriffe Handelsbücher/Bücher/Buchungen und sonst erforderliche Aufzeichnungen unter dem Begriff **Aufzeichnungen** zusammengefasst.

125 Nach § 239 Abs. 2 HGB (§ 146 Abs. 1 AO) sind die Aufzeichnungen **vollständig, richtig, zeitgerecht und geordnet** vorzunehmen. Darüber hinaus fordert § 146 Abs. 1 S. 2 AO, dass **Kasseneinnahmen und -ausgaben täglich** festgehalten werden sollen.

126 Zur Sicherstellung dieser Anforderungen bedarf es eines geeigneten **Anweisungs- und Kontrollsystems**, dessen **Ausgestaltung** und **Umfang** wiederum abhängig von der **Größe des Unternehmens** und der **Anzahl** der aufzuzeichnenden **Vorgänge ist**.

Beispiel: Bei einem Kreditinstitut werden angesichts der hohen Anzahl von Kundenkonten detaillierte Kontenpläne, Buchungs- und Arbeitsanweisungen sowie maschinelle und personelle Kontrollen verbunden mit einer grundsätzlichen Funktionstrennung zwischen Eingabe und Kontrolle (4-Augenprinzip) erforderlich sein, zumal neben den handels- und steuerrechtlichen Anforderungen ua auch aufsichtsrechtliche Anforderungen (KWG, WpHG) und das Geldwäschegesetz zu beachten sind. Ergänzt wird das Interne Kontrollsystem durch die regelmäßigen Prüfungen der Internen Revision.

127 Die **Vollständigkeit** erfordert die **einzelne** Aufzeichnung der Geschäftsvorfälle, die allerdings zuvor in **Nebenbüchern** verdichtet werden können, bevor sie gebucht werden.

Beispiel 1: Ein Kreditinstitut hat jede Ein- oder Auszahlung, unabhängig von der Höhe auf dem entsprechenden Kundenkonto zu buchen, und zwar regelmäßig in Echtzeit (real time).

Beispiel 2: Ein Einzelhandelsunternehmen für Zeitschriften kann nicht jeden Einzelverkauf einer Tageszeitung als eigenen Geschäftsvorfall buchen. Vielmehr werden einerseits die Kasseneinnahmen aufzuzeichnen sein. Andererseits werden die (regelmäßig wöchentlichen) Rechnungen über bezogene Zeitschriften, die auch Gutschriften für die nicht verkauften und zurückgegebenen Zeitschriften enthalten, in der laufenden Buchführung zu erfassen sein. Die Kassenstreifen und Lieferscheine mit den Einzelaufstellungen der bezogenen und der zurückgegebenen Zeitschriften gehören zu den (aufbewahrungspflichtigen) Aufzeichnungen.

Die Beispiele hinsichtlich Vollständigkeit und Einzelerfassung der Geschäftsvorfälle zeigen, dass die **Angemessenheit der Aufzeich-**

B. Grundlagen der Bilanzierung

nungsverfahren letztlich **nur im Einzelfall** beurteilt werden kann. Auslegungsbreite und Entwicklungsfähigkeit der Grundsätze ordnungmäßer Buchführung gewähren den notwendigen Spielraum hierfür.

Die **Richtigkeit** der Aufzeichnungen ist über die **Belegfunktion** 128 gewährleistet, wenn die **Informationen** des Belegs **ohne Verlust oder Veränderung** in die Aufzeichnungen **übertragen** werden. Wenn erkannt wird, dass Aufzeichnungen nicht richtig sind, dürfen die **Aufzeichnungen nicht** dahingehend **verändert** werden, dass der **ursprüngliche Inhalt nicht mehr feststellbar** ist. Dieses Verbot ist in § 239 Abs. 2 HGB und § 146 Abs. 4 AO niedergelegt und wird auch als „Radierverbot" bezeichnet.

Beispiel: Wird bei einer Buchung versehentlich ein falsches Konto oder ein falscher Betrag in das Buchführungssystem eingegeben, dann ist diese Buchung durch eine **Gegenbuchung** (auch Stornobuchung genannt) rückgängig zu machen und im Anschluss die korrekte Buchung einzugeben. Eine bloße Umbuchung vom falschen auf das richtige Konto bzw. des Differenzbetrags lässt den ursprünglichen Inhalt des Geschäftsvorfalls nicht mehr erkennen.

Die Aufzeichnungen müssen **zeitgerecht** erfolgen, mithin muss ein 129 **zeitlicher Zusammenhang** zwischen den **Geschäftsvorfällen** und ihrer **buchmäßigen Erfassung** bestehen. Die Zeitgerechtigkeit der Aufzeichnung umfasst mehrere Aspekte:

- Zunächst sollen nach § 146 Abs. 1 S. 1 AO **Bareinnahmen und -ausgaben** täglich festgehalten werden, was vor allem im Einzelhandel durch Kassenbücher und dem Ausdruck des Abrechnungsstreifens (von Registrierkassen) erfolgen kann.
- Weiterhin müssen die **Geschäftsvorfälle einem Buchungstag zugeordnet** werden, der als Zuordnungsmerkmal zum Grundbuch dient. Der Buchungstag muss sich nicht mit einem Kalendertag decken, sondern kann auch einen Zeitraum erfassen. Bspw. können die Bareinnahmen eines Monats (Eintragungen im Kassenbuch) zusammengefasst werden und mit Buchungstag letzter Geschäftstag (Ultimo) gebucht werden.
- Die **Offene-Posten-Buchführung** (§ 239 Abs. 4 S. 1 HGB, § 146 Abs. 5 S. 1 HGB) gestattet, dass **Aufzeichnungen auch in der geordneten Ablage von Belegen** bestehen können, so dass es zeitgerecht ist, wenn zunächst gar keine Buchung durchgeführt wird. So können zB Rechnungen für Wareneingänge, deren Rechnungsbeträge regelmäßig erst später beglichen werden, zunächst nach Lieferanten abgelegt werden und erst bei Bezahlung als Geschäfts-

vorfall erfasst werden. Werden die Beträge vom Bankkonto eingezogen, kann im Übrigen gleichzeitig die Korrektheit geprüft werden.

- **Die Durchführung der Buchführung** ist **zeitgerecht**, wenn **keine Buchungsrückstände entstehen**, bei deren **Umfang eine vollständige Erfassung nicht mehr gewährleistet** ist. Gleichwohl ist zu beachten, dass der (nach Handelsrecht) mögliche Zeitraum durch andere, vor allem steuerrechtliche, Vorschriften beschränkt sein kann.

Beispiel: Das Einzelhandelsunternehmen für Zeitschriften im Beispiel 2 (→ Rn. 127) wird schon deshalb die Buchführung monatlich durchführen müssen, weil der Voranmeldungszeitraum der Umsatzsteuer nach § 18 Abs. 2 S. 2 UStG der Kalendermonat ist (wenn die Umsatzsteuer im letzten Jahr mehr als 7.500 EUR betragen hat). Bis zum 10. Tag des Folgemonats hat dann die Umsatzsteuervoranmeldung für den abgelaufenen Monat zu erfolgen.

130 Schließlich müssen die **Aufzeichnungen geordnet** vorgenommen **werden**. Wird das System der doppelten Buchführung angewendet und erfolgt die Führung eines **Grundbuchs** (Liste der Buchungen in zeitlicher Ordnung) und eines **Hauptbuchs** (Liste der Buchungen nach Konten geordnet), wird diese **Ordnung gewährleistet** sein. Indes schließt die Forderung nach einer geordneten Aufzeichnung nicht nur die eigentliche Buchführung, sondern **alle anderen Aufzeichnungen**, wie Nebenbücher, Inventur und Inventar mit ein.

131 Voraussetzung für die kontenmäßige Ordnung ist ein **Kontenplan**, der zu einer sachlichen Ordnung des Buchungsstoffs führt, die einem sachverständigen Dritten den Überblick in angemessener Zeit über die Geschäftsvorfälle und Lage des Unternehmens verschafft.

132 Während der **Jahresabschluss** nach § 244 HGB in **deutscher Sprache** aufzustellen ist, fordert § 239 Abs. 1 S. 1 HGB lediglich, dass die **Aufzeichnungen in einer lebenden Sprache** zu erfolgen haben. Nach § 146 Abs. 3 AO kann die Finanzbehörde allerdings **Übersetzungen** verlangen, **wenn eine andere Sprache verwendet** wird. Problematisch kann das Verständnis nicht gängiger Sprachen bei prüfungspflichtigen Kapitalgesellschaften für den Abschlussprüfer werden, der die Buchführung in die Abschlussprüfung einzubeziehen hat.

133 § 239 Abs. 1 S. 2 HGB (§ 246 Abs. 3 S. 3 AO) verlangt, dass die **Bedeutung** verwendeter **Abkürzungen, Ziffern, Symbole oder Buchstaben** eindeutig **festzulegen** ist.

Literatur: *ADS* HGB § 239 Rn. 1–49

c) Technik der Buchführung

aa) Bestandskonten. Auf der Grundlage des Inventars (§ 240 HGB) wird die **Bilanz** (§ 242 Abs. 1 HGB) erstellt. § 266 Abs. 1 S. 1 HGB schreibt für sie die **Kontenform** vor. Auf der **linken Seite** der Bilanz wird das **Vermögen** (Aktiva), auf der **rechten Seite** werden die **Schulden und das Eigenkapital** (Passiva) dargestellt. Da das Eigenkapital die Differenz zwischen Vermögen und Schulden ist, weil es sich um den nicht fremdfinanzierten Anteil am Vermögen handelt, ist die Summe der Aktiva und die Summe der Passiva per Definition immer identisch.

134

§ 247 Abs. 1 HGB definiert den **Mindestinhalt der Bilanz: Anlagevermögen** (Vermögensgegenstände, die dauerhaft dem Unternehmen dienen), **Umlaufvermögen, Schulden, Eigenkapital** sowie (soweit vorhanden) **Rechnungsabgrenzungsposten.** § 266 Abs. 2 HGB sieht darüber hinaus für Kapitalgesellschaften ein festes Bilanzgliederungsschema vor, das die Vergleichbarkeit von Bilanzen ermöglicht.

135

Beispiel: Der Jurastudent Joan aus Barcelona eröffnet am 1.1. in Köln eine Tapasbar. Er mietet ein Geschäftslokal und richtet es für 150.000 EUR ein (Mobiliar, Küche, Geschirr, Gläser etc). Die Finanzierung erfolgt durch einen Bankkredit von 100.000 EUR, einem Darlehen seiner Eltern von 40.000 EUR sowie seinen Ersparnissen von 35.000 EUR. Für die gelieferten Waren (Getränke, Grundprodukte, etc) von 50.000 EUR wurde ihm ein Zahlungsziel von 4 Wochen eingeräumt. Die Bank gewährt Joan auf einem neuen Kontokorrentkonto einen Kreditrahmen von 100.000 EUR.

Die **Eröffnungsbilanz** könnte wie folgt aussehen:

Aktiva	Eröffnungsbilanz		Passiva
	EUR		EUR
Anlagevermögen		Bankkredit	100.000
Geschäftseinrichtung	150.000	Verbindlichkeiten aus eingekauften Waren	50.000
Umlaufvermögen			
Warenbestand	50.000	Privates Darlehen	40.000
Kassenbestand	25.000	Eigenkapital	35.000
Bilanzsumme	225.000	Bilanzsumme	225.000

Der eingeräumte, aber noch nicht in Anspruch genommene Kreditrahmen des Kontokorrentkontos führt noch zu keinem Bilanzposten (Kontostand = 0). Zahlt Joan auf das Kontokorrentkonto ein (zB Kasseneinnahmen), entsteht eine Forderung an die Bank (Aktivposten). Nutzt er seinen Kreditrahmen, entsteht eine Verbindlichkeit gegenüber der Bank (Passivposten). Aus Sicht der Bankbuchführung ist es genau umgekehrt, im ersten Fall entsteht eine Verbindlichkeit der Bank gegenüber Joan, im zweiten Fall eine Forderung an ihn.

Die **Kontoauszüge der Bank basieren auf der Bankbuchführung**. Daraus erklärt sich, dass ein ausgewiesener Soll Betrag, der aus Sicht der Bank eben eine Forderung ausdrückt, in der Buchführung des Kontoinhabers zu einem Haben Betrag führt (Verbindlichkeit).

136 Die **Veränderungen** der Bilanz zwischen zwei Bilanzstichtagen werden in der Buchführung als **Geschäftsvorfälle** erfasst. Würden diese Geschäftsvorfälle unmittelbar in die Bilanz aufgenommen, würde diese unübersichtlich. Deshalb werden die einzelnen Geschäftsvorfälle in einer **separaten Nebenrechnung** erfasst, die als **Konto** bezeichnet wird.

Ein **Konto** (il conto = ital. oder la cuenta = span. für Rechnung) ist mithin **die separate Abrechnung** der **Veränderungen eines Bilanzpostens** zwischen zwei Bilanzstichtagen.

137 Wie unter → Rn. 91 dargestellt, wird die **linke Seite** eines Kontos traditionell als „**Soll**"-Seite, die **rechte Seite** als „**Haben**"-Seite bezeichnet. Werden Konten nicht in T-Kontenform, sondern in **Listenform** geführt, werden die **Beträge der Soll-Seite negativ**, die der **Haben-Seite positiv** erfasst.

138 Zunächst werden die **Anfangsbestände** von der (Eröffnungs- oder Vorjahres-) Bilanz in die Konten übertragen, anschließend die Zu- und Abgänge des Geschäftsjahrs auf den Konten erfasst, und schließlich der Endbestand ermittelt und wieder in die Bilanz übertragen:

- Handelt es sich bei dem Bilanzposten um einen **Aktivposten**, werden die zugehörigen Konten als **Aktivkonten** bezeichnet, bei denen der **Anfangsbestand** (wie in der Bilanz) und die **Zugänge** auf der (linken) **Soll-Seite** sowie die **Abgänge** und der **Endbestand** auf der (rechten) **Haben-Seite** erfasst werden.
- Handelt es sich bei dem Bilanzposten um einen **Passivposten**, werden die zugehörigen Konten als **Passivkonten** bezeichnet, bei denen der **Anfangsbestand** und **Zugänge** auf der **Haben-Seite**, die **Abgänge** und der **Endbestand** auf der **Soll-Seite** verbucht werden.

Beispiel: Im laufenden Geschäftsjahr hat Joan insgesamt für 400.000 EUR Waren eingekauft. Im Rahmen der Inventur zum Jahresende ergibt sich ein Warenbestand von 60.000 EUR.

B. Grundlagen der Bilanzierung

Das Aktivkonto Waren zeigt in **Kontenform** folgende Entwicklung:

Soll		Waren		Haben
		EUR		EUR
1.1.	Anfangsbestand (AB)	50.000	Warenverbrauch	390.000
	Einkäufe	400.000	31.12. Endbestand (EB)	60.000
		450.000		450.000

Bei Führung des Waren-Kontos in **Listenform** ergibt sich folgende Darstellung:

	Waren	EUR
1.1.	Anfangsbestand	– 50.000
	Einkäufe	– 400.000
	Warenverbrauch	+ 390.000
31.12.	Endbestand	+ 60.000

Hinweis: Die Wareneinkäufe, die hier der Einfachheit halber in einer Summe angegeben sind, werden innerhalb des laufenden Geschäftsjahrs regelmäßig einzeln erfasst.

Daraus ergibt sich die Frage, warum der **Anfangsbestand eines Aktivkontos im Soll** steht (oder negativ ist) und sich der **Endbestand auf der Haben-Seite** (oder positiv) findet. 139

Zum Verständnis dieser Struktur ist zunächst die mit dem Kontensystem verbundene **Buchungssystematik** zu beachten. Jede Buchung erfolgt auf **zwei Konten**, es wird immer **Soll an Haben** gebucht. Dies erklärt sich daraus, dass jeder Mittelverwendung (Soll) eine Mittelherkunft (Haben) gegenübersteht.

Beispiel: Alle im Soll gebuchten **Wareneinkäufe** Joans lösen eine **Haben Buchung** aus:
- entweder durch Verminderung des Aktivkontos **Kasse** bei Barzahlung oder
- durch Erhöhung des Passivkontos **Verbindlichkeiten aus Warenlieferung**, wenn Zahlungsziele seitens des Lieferanten eingeräumt werden oder
- durch Verminderung eines (Aktivkontos) **Bankkontokorrent**, wenn und solange dieses Guthaben aufweist oder durch Erhöhung des (Passivkontos) Bankkontokorrent, wenn der Kontokorrentkredit in Anspruch genommen wird, ... usw.

Ein **Buchungssatz** besteht vor diesem Hintergrund *immer* aus der Angabe des **im Soll zu buchenden Kontos**, der Angabe des **im Haben zu buchenden Kontos** und des **Betrags**. 140

Beispiel: Joan hatte Getränke für 15.000 EUR gegen Barzahlung erworben.
Buchungssatz:

| Ware | 15.000 EUR | an | Kasse | 15.000 EUR |

141　Zum Verständnis ist weiter wichtig, dass auch die **Bestandskonten** eingebucht und ausgebucht werden, dh, dass der **Anfangsbestand und der Endbestand von der Eröffnungsbilanz ein- bzw. an die Schlussbilanz ausgebucht** wird.

Beispiel: Der Anfangsbestand von 50.000 EUR und der Endbestand von 60.000 EUR des Aktivkontos Ware würde mit folgenden Buchungssätzen durchgeführt:

| Waren | 50.000 EUR | an | Eröffnungs-bilanz (-konto) | 50.000 EUR |
| Schlussbilanz (-konto) | 60.000 EUR | an | Waren | 60.000 EUR |

Die Buchungssätze können folgendermaßen verstanden (oder interpretiert) werden:
- der Anfangsbestand wird in das Warenkonto übertragen, und zwar von der Eröffnungsbilanz, in der die Ware im Soll stand und nun durch die Haben Buchung praktisch „verschwindet"
- der Endbestand wird in die Schlussbilanz richtig im Soll eingebucht und wieder aus dem Warenkonto herausgelöst, in dem die Haben Buchung das Konto auf „0" bringt.

142　Die einzelnen Aktiv- und Passivkonten, die die Bilanzposten wiedergeben, sind in vielen Fällen weiter in **Unterkonten** aufzugliedern, soweit dies notwendig ist, um einen Überblick über die **Entstehung und Abwicklung der Geschäftsvorfälle** zu gewährleisten (Generalnorm § 238 Abs. 1 S. 2–3 HGB). Weitere Gründe hierfür sind neben den Vorschriften aus verschiedenen Rechtsbereichen vor allem unternehmensinterne Steuerungszwecke (Controlling).

Beispiel 1: Eine Bank kann nicht sämtliche von ihr vergebenen Kredite an Unternehmen und Privatpersonen in einem Aktivkonto „Forderungen an Kunden" führen, ohne den Überblick über die Geschäftsvorfälle mit ihren vielen Kunden vollkommen zu verlieren. Sie führt vielmehr (schon aus aufsichtsrechtlichen Gründen) für jeden Kunden ein eigenes Konto und „verdichtet" die Kundenkonten stufenweise (zB Baukredite/Festzins/Privatkunden/Inland), bevor sie den Aktivposten Kundenforderungen bilden. Die Informationen über die aggregierten Kreditbestände sind sowohl für das Bankcontrolling als auch das Risikomanagement (zB für die Steuerung offener Zinspositionen) notwendig.

Beispiel 2: Auch Joan wird das Aktivkonto Waren für seine betriebliche Steuerung weiter in Unterkonten aufgliedern, soweit er nicht nur wissen will, ob er insgesamt mit Gewinn oder Verlust wirtschaftet, sondern inwieweit die von ihm kalkulierten Aufschläge für Getränke und Tapas im Einzelnen dazu beitragen und tatsächlich erzielt werden.

Als Alternative oder zusätzlich zur Untergliederung der Konten werden regelmäßig sogenannte **Nebenbücher** geführt. Dabei handelt es sich um die **gesonderte Erfassung bestimmter Buchführungsteilbereiche**, bei denen **zusätzliche Informationen** zur Aufbereitung der zu erfassenden Geschäftsvorfälle benötigt werden. Die Nebenbücher sind als sonstige (erforderliche) Aufzeichnungen Bestandteil der Buchführungsunterlagen. 143

Beispiele für Nebenbücher: sind Warenwirtschaftssysteme, Material- und Lagerbuchhaltung, Anlagenbuchführung, Kontokorrentbuchführung, Lohnbuchhaltung sowie Wertpapierbücher.

Werden Immobilien im Rahmen einer **Anlagenbuchhaltung** geführt, enthält diese weiterführende Angaben bspw. zu Erwerbs-/Baujahr, Anschaffungs-/Herstellungskosten, Abschreibungsmethoden und -sätzen, Marktwerten usw.

In einer **Lohnbuchhaltung** werden die persönlichen Daten der Mitarbeiter geführt, wie Familienstand, Steuerklasse, Krankenkasse, Zugehörigkeit zu einer Religionsgemeinschaft usw.

Die Geschäftsvorfälle, die **ausschließlich Bestandskonten** (ohne Berührung der Erfolgskonten in der Gewinn- und Verlustrechnung) verändern, können in **vier Grundtypen** unterschieden werden: Aktivtausch, Passivtausch, Aktiv-Passiv-Mehrung und Aktiv-Passiv-Minderung. 144

- **Aktivtausch** liegt vor, wenn einer Erhöhung eines Aktivkontos eine Verminderung eines anderen Aktivkontos entspricht. Die Bilanzsumme wird nicht verändert.
- **Passivtausch** liegt vor, wenn einer Erhöhung eines Passivkontos eine Verminderung eines anderen Passivkontos entspricht. Die Bilanzsumme wird nicht verändert.
- **Aktiv-Passiv-Mehrung** liegt vor, wenn einer Erhöhung eines Aktivkontos eine Erhöhung eines Passivkontos entspricht. Die Bilanzsumme wird erhöht.
- **Aktiv-Passiv-Minderung** liegt vor, wenn einer Verminderung eines Aktivkontos eine Verminderung eines Passivkontos entspricht. Die Bilanzsumme wird verringert.

Beispiel 1: (Aktivtausch)
Joan erwirbt eine neue **Espressomaschine** zu einem Preis von 11.900 EUR gegen **Barzahlung**. Im Kaufpreis sind **19%** **Umsatzsteuer** enthalten und in der Rechnung gesondert ausgewiesen:

Geschäftsausstattung	10.000 EUR	an	Kasse	11.900 EUR
Vorsteuer	1.900 EUR			

Joan kann die bezahlte Umsatzsteuer als **Vorsteuer** von seiner Umsatzsteuerschuld in Abzug bringen, so dass auf der Aktivseite in Höhe von 19 % eine **Forderung** entsteht. Ebenfalls auf der Aktivseite ist die Espressomaschine zu erfassen und gleichzeitig das (aktive) Kassenkonto zu reduzieren.

Hinweis: Dieser Buchungssatz wird als **zusammengesetzter Buchungssatz** bezeichnet, weil mehrere Konten angesprochen werden.

Beispiel 2: (Passivtausch)
Joan hat in der spanischen Lotterie ONCE in der **Weihnachtsauslosung 25.000 EUR gewonnen**. Nach längeren Verhandlungen mit seiner Bank erreicht er, seinen **Bankkredit** ohne Zahlung von Vorfälligkeitsentschädigung entsprechend zu **reduzieren**. Er zahlt bar bei der Bank ein.

Bankkredit	25.000 EUR	an	Privatkonto	25.000 EUR

Da Joan bei der Bank bar zugunsten seines Kreditkontos einzahlt, liegt eine **Einlage** vor, die das Unterkonto **Privat** des Eigenkapitalkontos erhöht und gleichzeitig das ebenfalls passive Bestandskonto **Bankkredit** reduziert.

Beispiel 3: (Aktiv-Passiv-Mehrung/-Minderung)
Hätte Joan (abweichend zum Beispiel 2) den Betrag zunächst in seine (betriebliche) **Kasse** (ein-) gelegt und dann den **Kredit** entsprechend **reduziert**, wäre wie folgt zu buchen:

Kasse	25.000 EUR	an	Privatkonto	25.000 EUR
Bankkredit	25.000 EUR	an	Kasse	25.000 EUR

Bei der **ersten Buchung** handelt es um eine **Aktiv-Passiv-Mehrung** mit der Folge, dass sich die Bilanzsumme entsprechend erhöht, bei der **zweiten Buchung** ist es umgekehrt, da sich **Aktiva** und **Passiva** und damit die Bilanzsumme wieder gleichermaßen **vermindern**.

145 **bb) Erfolgskonten.** Die **Gewinn- und Verlustrechnung** ist eine Gegenüberstellung von Aufwendungen und Erträgen (§ 242 Abs. 2 HGB) und stellt ein Unterkonto des Eigenkapitalkontos dar. Die einzelnen **Aufwands- und Ertragskonten**, die keinen Anfangsbestand haben und als Erfolgskonten bezeichnet werden, werden über das **GuV-Konto abgeschlossen**.

B. Grundlagen der Bilanzierung

Beispiel 1: Im Geschäftsjahr erfasst Joan täglich seine **Kasseneinnahmen** und verbucht sie monatlich. Im Januar hat er 47.600 EUR und im gesamten Jahr 595.000 EUR eingenommen.

Im Januar sind die Einnahmen auf dem Bestandskonto **Kasse** im Soll sowie dem Erfolgskonto **Umsatzerlöse** und dem Bestandskonto **Umsatzsteuer** im Haben zu buchen.

Die Umsatzsteuer von 19% ist aus den Einnahmen (Einnahmen/119*19) herauszurechnen und monatlich (abzgl. geleisteter Vorsteuern) voranzumelden (§ 18 Abs. 1 S. 1 UStG), so dass es sich dabei um eine Verbindlichkeit handelt.

Kasse	47.600 EUR	an	Umsatzerlöse	40.000 EUR
			Umsatzsteuer	7.600 EUR

Auf dem Erfolgskonto **Umsatzerlöse** werden im Geschäftsjahr durch die monatlichen Buchungen insgesamt 500.000 EUR im Haben gebucht, die am Jahresende durch den Abschluss des Kontos an das **GuV-Konto** gebucht werden.

Soll		Umsatzerlöse			Haben
		EUR			EUR
			31.01.	Umsätze Januar	40.000
31.12.	GuV	500.000	...	Februar – Dezember	...
		500.000			500.000

Beispiel 2: Im abgelaufenen Geschäftsjahr wurden Joan jeden Monat 500 EUR **Zinsen** (6%) für seinen **Bankkredit** von 100.000 EUR auf dem Kontokorrentkonto belastet.

Die Zinszahlungen sind monatlich als **Zinsaufwand** im Soll und parallel dazu das Bestandskonto **Bank** (Kontokorrentkonto oder laufendes Bankkonto) im Haben zu buchen:

Zinsaufwand	500 EUR	an	Bank	500 EUR

Auf dem Erfolgskonto **Zinsaufwand** werden im Geschäftsjahr somit insgesamt 6.000 EUR gebucht und am Jahresende das Konto über das **GuV-Konto** abgeschlossen.

Soll		Zinsaufwand			Haben
		EUR			EUR
31.1.	Zinsen Januar	500			
...	Februar – Dezember	...	31.12.	GuV	6.000
		6.000			6.000

Der Saldo wird dabei immer als Differenz der Summen beider Kontenseiten ermittelt.

Die **Buchungssätze** für den **Abschluss** der beiden **Erfolgskonten** lauten wie folgt:

Umsatzerlöse	500.000 EUR	an	GuV	500.000 EUR
GuV	6.000 EUR	an	Zinsaufwand	6.000 EUR

Das GuV-Konto stellt sich **nach Abschluss der beiden Erfolgskonten** aus Beispiel 1 und 2 folgendermaßen dar, wobei sich nach Abschluss aller Erfolgskonten ein (hier fiktiv vorgegebener) Saldo (Differenz der Summen beider Kontoseiten) von 80.000 EUR ergeben soll:

Aufwendungen		GuV			Erträge
		EUR			EUR
...	...	...	31.12.	Umsatzerlöse	500.000
31.12.	Zinsaufwand	6.000	...	...	...
31.12.	Jahresüberschuss	80.000			
		xxx.xxx			xxx.xxx

Der sich ergebende Saldo bildet den **Jahresüberschuss** für das Geschäftsjahr und ist entsprechend der Kontensystematik ebenfalls zu buchen, und zwar an das passivische **Bestandskonto Eigenkapital**, das sich dementsprechend erhöht:

GuV	80.000 EUR	an	Eigenkapital	80.000 EUR

146 Aus dem Beispiel wird noch einmal die **Verbindung** von **Gewinn- und Verlustrechnung** und **Bilanz** deutlich, die über den **Jahresüberschuss (oder -fehlbetrag)** gebildet wird.

147 § 275 Abs. 1 HGB schreibt (für Kapitalgesellschaften) vor, dass die **Gewinn- und Verlustrechnung** in **Staffelform** aufzustellen ist. Die einzelnen Abschlusssalden der Erfolgskonten werden hierzu in eine Listenform übernommen, deren **einzelne Posten** nach § 275 Abs. 2 (Gesamtkostenverfahren) oder Abs. 3 HGB (Umsatzkostenverfahren) **vorgeschrieben** sind. Ungeachtet der Unterschiede zwischen den Verfahren wird nach beiden Methoden ein identischer Gewinn oder Verlust ermittelt.

Dem **Gesamtkostenverfahren** liegt eine **Kostenartenbetrachtung** (Personalaufwand, Materialaufwand, ...) und dem **Umsatzkostenverfahren** eine **Kostenstellenbetrachtung** (Herstellungskosten, Vertriebskosten, Verwaltungskosten, ...) zugrunde.

Welche **Erfolgskonten** zu führen sind, ergibt sich deshalb aus den **betrieblichen Notwendigkeiten** und für Kapitalgesellschaften zusätzlich aus der **Beachtung** von § 275 HGB.

cc) **Gemischte Konten.** Als **gemischte Konten** werden Konten 148 bezeichnet, die sowohl **Bestände** aufweisen wie auch **Erfolgskomponenten**. Dies soll am Beispiel des Kontos **Wertpapiere** gezeigt werden.

Es handelt sich um ein aktives Bestandskonto, das **Anfangsbestand** und **Zugänge** mit **Einstandspreisen** (EP) sowie **Abgänge** mit **Verkaufspreisen** (VP) erfasst. Da der **Endbestand** nach dem Anschaffungskostenprinzip zu **Einstandspreisen** ausgewiesen wird, kann sich ein

- **Ertrag** ergeben, wenn die **Verkaufspreise über** den **Einstandspreisen** lagen, oder ein
- **Aufwand** ergeben, wenn die **Verkaufspreise unter** den **Einstandspreisen** lagen.

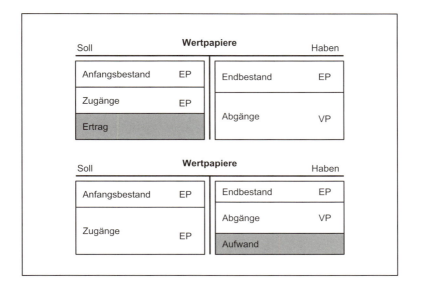

Es handelt sich hierbei um **sonstige betriebliche Erträge und Aufwendungen** (§ 275 Abs. 2 Nr. 4 und Nr. 8 HGB). Sollten daneben Abschreibungen auf einen niedrigeren Börsen-/Marktpreis nach § 253 Abs. 3 S. 3 und 4 oder Abs. 4 HGB notwendig werden und erfolgen, dann sind diese Aufwendungen gesondert zu erfassen und zu 149 buchen. Im GuV-Gliederungsschema ist nämlich nach § 275 Abs. 2 Nr. 12 HGB der Posten **Abschreibungen auf Finanzanlagen und auf Wertpapiere des Umlaufvermögens** auszuweisen.

150 Je nach Höhe der Bestände, der Anzahl der Käufe und Verkäufe, der Zwecksetzung (Anlage- oder Umlaufvermögen) und der Häufigkeit von Abschreibungen kann es vor diesem Hintergrund sinnvoll oder notwendig werden, das **Wertpapierkonto** weiter zu trennen, bspw. in ein **Wertpapierbestands- und ein Wertpapierhandelskonto**. Die Grundsätze ordnungsmäßiger Buchführung stellen den notwendigen Beurteilungsspielraum hierzu bereit.

151 Erfolgen sämtliche Buchungen von Handelsunternehmen über *ein* **Warenkonto**, dann vermischen sich auf diesem Konto die Buchungen von Geschäftsvorfällen:
- zu **Einstandspreisen**, wie Anfangsbestand, Wareneinkauf, Rücksendungen oder Preisnachlässe auf eingekaufte Waren, Entnahmen und der Endbestand, und
- zu **Verkaufspreisen**, wie Warenverkauf, Rücksendungen von verkauften Waren und Preisnachlässe auf verkaufte Waren.

Die Komponenten Umsatzerlöse (zu VP) und Wareneinsatz (zu EP) wären in diesem Fall nicht trennbar und lediglich der **Rohgewinn** ausweisbar. Dies ist für EU/PHG und nach § 276 S. 1 HGB für kleine und mittelgroße Kapitalgesellschaften möglich. Soll oder muss ein getrennter Ausweis erfolgen, dann kann das Warenkonto, wie in der folgenden Abbildung dargestellt, weiter in ein **Wareneinkaufs- und ein Warenverkaufskonto** unterteilt werden:

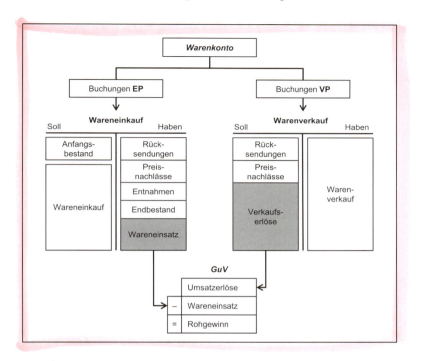

Auf dem **Wareneinkaufskonto** werden sämtliche Buchungen zu **Einstandspreisen**, auf dem **Warenverkaufskonto** sämtliche Buchungen zu **Verkaufspreisen** abgebildet

Entnahmen werden steuerrechtlich iÜ nach § 6 Abs. 1 Nr. 4 EStG grds. zum Teilwert bewertet. Da dieser praktisch nicht ermittelt werden kann, treten an seine Stelle Teilwertvermutungen, nach denen der Teilwert zum Zeitpunkt der Anschaffung/Herstellung eben den Anschaffungs- oder Herstellungskosten entspricht (H 6.7 Nr. 1 EStH 2010).

Allerdings fasst der **Wareneinsatz** dabei die veräußerten Waren, die im Geschäftsjahr erworben wurden und etwaige Bestandsänderungen (Lageraufbau oder -abbau) zusammen. Sollen auch sie gesondert ausgewiesen werden, müsste das Wareneinkaufskonto weiter in ein **Warenbestandskonto** und ein **Wareneingangskonto** untergliedert werden:

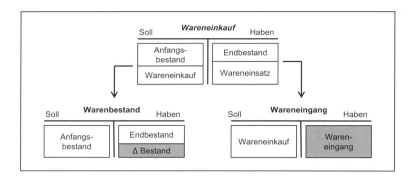

154 **Zusammenfassende Kontenübersicht** (ohne gemischte Konten):

Kontenart	Erfassung Geschäftsvorfälle	
Bestandskonten	**Soll**	**Haben**
1. Aktivkonten	Anfangsbestand Zugänge	Abgänge Endbestand
2. Passivkonten (allgemein)	Abgänge Endbestand	Anfangsbestand Zugänge
Passivkonto Eigenkapital	Entnahmen > Einlagen (Saldo) Jahresfehlbetrag	Einlagen > Entnahmen (Saldo) Jahresüberschuss
a) Privatkonto	Entnahmen Einlagen > Entnahmen (Saldo)	Einlagen Entnahmen > Einlagen (Saldo)
b) GuV-Konto	Aufwendungen Jahresüberschuss	Erträge Jahresfehlbetrag
Erfolgskonten		
1. Aufwandskonten	Aufwendungen	Saldo
2. Ertragskonten	Saldo	Erträge

3. Inventur und Inventar

155 **Inventar** und **Inventurvereinfachungsverfahren** sind in den §§ 240 und 241 HGB geregelt. Der Begriff der **Inventur** wird nicht definiert, es handelt sich um den **Prozess der Bestandsaufnahme**. Das **Inventar** ist das **Verzeichnis** der aufgenommenen Vermögensgegenstände und Schulden nach Art, Menge und Wert.

a) Inventurzeitpunkt

Zunächst verpflichtet § 240 Abs. 1 HGB jeden Kaufmann, zu **Beginn des Handelsgewerbes** ein (Anfangs-) Inventar aufzustellen. Nach § 240 Abs. 2 HGB weiterhin ist zum **Schluss jeden Geschäftsjahrs** eine Inventur durchzuführen und ein Inventar aufzustellen. Der Begriff **Geschäftsjahr** ist gesetzlich nicht definiert und stellt die Rechnungsperiode auch für Buchführung und Jahresabschluss dar. Nach hM umfasst das Geschäftsjahr **12 Monate** (vgl. *ADS* HGB § 240 Rn. 68–69) und **kann vom Kalenderjahr abweichen**. Allerdings legt § 4a S. 2 Nr. 2 EStG für diesen Fall fest, dass die Umstellung auf ein abweichendes Wirtschaftsjahr (steuerlicher Begriff) steuerlich nur wirksam ist, wenn sie im Einvernehmen mit dem Finanzamt vorgenommen wird.

156

Bei **besonderen Umständen** kann ein Geschäftsjahr, bspw. bei Neugründung, auch **weniger als 12 Monate** betragen. Es wird als **Rumpf-Geschäftsjahr** bezeichnet.

aa) Stichtagsinventur. Grundsätzlich besteht nach § 240 Abs. 2 HGB die Verpflichtung, die **Inventur zum Stichtag**, also regelmäßig zum 31.12. durchzuführen. Nach § 240 Abs. 2 S. 3 HGB hat die Aufstellung des Inventars „innerhalb der einem ordnungsmäßigen Geschäftsgang entsprechenden Zeit" zu erfolgen. Dabei ist das **Inventar zeitnah zu erstellen**, vor allem um die für die anschließende Bilanzaufstellung geltenden Fristen einzuhalten, die für Kapitalgesellschaften grds. drei Monate betragen (§ 264 Abs. 1 S. 3 HGB).

157

bb) Vor-/nachverlegte Inventur. § 241 Abs. 3 HGB sieht die Möglichkeit einer **bis drei Monate vor- oder bis zwei Monate nachverlegten** (Stichtags-) **Inventur** vor. Voraussetzungen hierfür sind nach § 241 Abs. 3 HGB die Aufstellung eines **besonderen Inventars** sowie ein den GoB entsprechendes **Wertfortschreibungs- oder -rückrechnungsverfahren**, das eben **sicherstellt**, dass die **Vermögensgegenstände zum Stichtag ordnungsgemäß bewertet** werden.

158

cc) Permanente Inventur. Bei der so genannten **permanenten Inventur** ist eine Inventur nach § 240 Abs. 2 HGB zum Stichtag nicht notwendig, wenn durch die Anwendung eines Verfahrens, das den GoB zu entsprechen hat, gesichert ist, dass der **Bestand der Vermögensgegenstände zum Stichtag nach Art, Menge und Wert** auch ohne Bestandsaufnahme festgestellt werden kann.

159

Voraussetzung für die permanente Inventur ist nicht ein Verfahren, wie bei der vor-/nachverlegten Inventur, das nur die Werte korrigiert, sondern ein Verfahren, das eine **Bestandsrechnung nach Art, Menge und Wert** ermöglicht, wie bspw. eine vollständige Lagerbuchführung. Die Bestandsaufnahme kann dann zu einem beliebigen Zeitpunkt zwischen den Stichtagen erfolgen (vgl. *ADS* HGB § 241 Rn. 19–28).

b) Inventurverfahren

160 **aa) Einzelbewertung.** Grds. sind nach § 240 Abs. 1 HGB die Vermögensgegenstände und Schulden **einzeln zu erfassen**. Anders könnte auch die in § 252 Abs. 1 Nr. 3 HGB geforderte Einzelbewertung grundsätzlich nicht durchgeführt werden. Dem steht nach § 241 Abs. 1 HGB allerdings nicht entgegen, dass der Bestand mittels **Stichproben** unter Anwendung **anerkannter mathematisch-statistischer Methoden** ermittelt wird. Dabei muss das Verfahren den GoB entsprechen und der Aussagewert des in dieser Weise „hochgerechneten" Inventars muss dem Wert entsprechen, der sich bei körperlicher Aufnahme ergeben würde.

161 **bb) Festbewertung.** Nach § 240 Abs. 3 HGB können Vermögensgegenstände des **Sachanlagevermögens** sowie **Roh-, Hilfs- und Betriebsstoffe** mit gleichbleibender Menge und gleichbleibendem Wert, dem so genannten **Festwert**, angesetzt werden. Eine körperliche Bestandsaufnahme ist dann regelmäßig nur alle drei Jahre durchzuführen. Voraussetzungen sind, dass
- die Vermögensgegenstände **regelmäßig ersetzt** werden,
- der **Gesamtwert von nachrangiger Bedeutung** ist und
- der **Bestand** (Größe, Wert, Zusammensetzung) nur **geringen Veränderungen** unterliegt.

Beispiele 1: (Sachanlagen)
Werkzeuge, Stanzen, Modelle, Formen bei Fertigungsbetrieben, oder Geschirr, Tischwäsche, Handtücher bei Restaurants und Hotels.

Beispiele 2: (Roh-, Hilfs-, Betriebsstoffe)
Brennstoffe (Kohle, Gas, Öl), Reparaturmaterialien, Ersatzteile, Kleinteile (Schrauben, Muttern, Nägel), Farben und Lacke, Büromaterial, Kantinenbestände (vgl. *ADS* HGB § 240 Rn. 93).

Dem Festwert liegt die **Fiktion** zugrunde, dass sich Neuzugänge (und bei Sachanlagen Abschreibungen) und Abgänge oder Verbrauch (bei RHB-Stoffen) in etwa entsprechen. Wird das Verfahren der Festbewertung angewendet, sind **Zugänge und Ersatzbeschaffungen** sofort als **Aufwand** zu erfassen, **planmäßige Abschreibungen** auf den Festwert werden **nicht** vorgenommen (vgl. *ADS* HGB § 240 Rn. 73).

cc) Gruppenbewertung. Nach § 240 Abs. 3 HGB können gleichartige Vermögensgegenstände des **Vorratsvermögens** sowie andere **gleichartige oder annähernd gleichwertige Vermögensgegenstände und Schulden** zu Gruppen zusammengefasst werden und mit dem **gewogenen Durchschnittswert** bewertet werden.

Das **Vorratsvermögen** umfasst die RHB-Stoffe, Waren sowie fertige und unfertige Erzeugnisse. In Betracht kommen neben den Vermögensgegenständen, die auch zu Festwerten bewertet werden könnten, **Wertpapierbestände** sowie unter Schulden **versicherungstechnische Urlaubs- und Garantierückstellungen** (*ADS* HGB § 240 Rn. 117).

Teil 2. Einzelabschluss

A. Bilanzierung dem Grunde nach: Ansatz

163 Bei der Aufstellung einer Bilanz ist **auf der ersten Stufe** die Frage zu klären, welche Posten in die Bilanz aufzunehmen sind (**Ansatz** oder Bilanzierung dem Grunde nach), bevor sodann in einem **zweiten Schritt** der Wert des Bilanzpostens festzulegen ist (**Bewertung** oder Bilanzierung der Höhe nach; dazu → Rn. 502 ff.). Im Kontext des ersten Schrittes spricht man auch davon, inwiefern ein Posten „**bilanzierungsfähig**" ist (vgl. § 300 Abs. 1 S. 2 HGB). Als Ausgangspunkt verpflichtet § 242 Abs. 1 HGB den Kaufmann, in der Bilanz das Verhältnis seines **Vermögens** (Aktivseite) und seiner **Schulden** (Passivseite neben dem variablen (vgl. → Rn 166) Eigenkapital) darzustellen.

164 Im Rahmen des ersten Schrittes der Bilanzierung stellt sich damit die Frage, welche Posten als Vermögen bzw. als Schulden des Kaufmanns zu verstehen sind. Das Gesetz gibt hierauf nur eine unvollständige Antwort. So enthalten die §§ 246–251 HGB, sowie ergänzend für Kapitalgesellschaften die §§ 266–274a HGB, spezielle Ansatzvorschriften für die Posten der Aktiv- und Passivseite der Bilanz. Es handelt sich aber nicht um eine abschließende Aufzählung der in der Bilanz anzusetzenden Positionen.

165 Neben dem Ausweis der Vermögensgegenstände und Schulden des Kaufmanns verlangen die §§ 246 Abs. 1 S. 1, 247 Abs. 1 HGB den gesonderten Ausweis des **Eigenkapitals** sowie der **Rechnungsabgrenzungsposten**. Damit sind im Wesentlichen die bereits im Grundlagenteil dieses Lehrbuchs geschilderten vier Obergruppen von Bilanzposten genannt. Die nachfolgende Darstellung widmet sich zunächst den Regelungen für den Ansatz der Vermögenswerte (I.) und der Schulden (II.). Auf die Bilanzierung des aus gesellschaftsrechtlicher Sicht besonders interessanten Eigenkapitals als Residualposten wird unter III. eingegangen, bevor sodann die Sonderfälle der Rechnungsabgrenzungsposten (IV.) und der latenten Steuern (V.) angesprochen werden.

A. Bilanzierung dem Grunde nach: Ansatz

Um die Vermögenslage des Kaufmanns in zutreffender Weise ersichtlich zu machen, ist von entscheidender Bedeutung, was wir bei der Bilanz in die Waagschale werfen. Je nachdem, welche Posten wir auf der Aktiv- oder Passivseite aufnehmen, verändert sich unsere „Bilanz-Waage" und entsprechend der Residualposten des Eigenkapitals. Aus diesem Grunde statuiert § 246 Abs. 1 S. 1 HGB ein **Vollständigkeitsgebot**, wonach in der Bilanz sämtliche Vermögensgegenstände, Schulden und Rechnungsabgrenzungsposten auszuweisen sind. Denn nur durch den vollständigen Ausweis aller bilanzierungspflichtigen und -fähigen Positionen kann das Verhältnis des Vermögens und der Schulden des Kaufmanns in zutreffender Weise dargestellt und den verschiedenen Jahresabschlusszwecken – insbesondere der Informations- und Rechenschaftsfunktion – entsprochen werden.

166

Insoweit ist der grundsätzliche Zusammenhang zwischen den Ansatz- und Bewertungsregeln und dem Gewinnausweis zu beachten. So bedeutet die Aktivierung eines Vermögenswertes auf der Aktivseite (und die gleichzeitige Eliminierung von Aufwendungen in der GuV) eine Bilanzverlängerung und führt zu einer Erhöhung des Eigenkapitals. In gleicher Weise (allerdings als Passivtausch) bewirkt der (aufwandswirksame) Ansatz von Schuldposten (bspw. von Rückstellungen) auf der Passivseite eine Verringerung des Eigenkapitals. Im Hinblick auf den tatsächlichen Einfluss auf das Eigenkapital und damit auf den Gewinnausweis kommt es in entscheidender Weise darauf an, inwiefern sich die Ansätze der verschiedenen Bilanzposten auf Aktiv- und Passivseite ausgleichen.

167

Beispiel 1: Kauft Kfm. A eine neue Maschine für 5.000 EUR auf Kredit, erhöhen sich sowohl die Aktiv- als auch die Passivseite seiner Bilanz um 5.000 EUR (Bilanzverlängerung). Da sich die Bilanzansätze auf Aktiv- und Passivseite ausgleichen, ist der Geschäftsvorfall ergebnisneutral und hat keine Auswirkungen auf das Eigenkapital.

Beispiel 2: Hat A ein neues Produktionsverfahren entwickelt und patentieren lassen, stellt sich die Frage, ob und in welcher Höhe dafür ein Vermögenswert angesetzt werden darf. Angenommen der Wert des Patents wird auf 15.000 EUR geschätzt, so wäre auf der Aktivseite ein Vermögenswert in entsprechender Höhe zu aktivieren, dem auf der Passivseite keine entsprechende Schuldposition zuzuordnen ist. Das führt zur Erfolgswirksamkeit des Geschäftsvorfalls, so dass sich das Eigenkapital um 15.000 EUR erhöht.

Auf diese Weise bestimmen die Ansatz- und Bewertungsvorschriften unmittelbar darüber, inwiefern sich das Eigenkapital verändert und mithin ein Gewinn oder Verlust auszuweisen ist. In diesem Sinne

168

bedingen die **Ansatz- und Bewertungsvorschriften** zugleich die **Gewinnrealisierung** (dazu MüKoBilanzR/*Hennrichs* HGB § 246 Rn. 18, 101; *Wassermeyer* DB 2001, 1053 (1054)).

169 Ausnahmen vom **Vollständigkeitsgebot** sind nur in gesetzlich genau bestimmten Fällen zulässig (vgl. § 246 Abs. 1 S. 1 aE HGB). Solche gesetzlichen Ausnahmefälle stellen die Bilanzierungswahlrechte sowie die Bilanzansatzverbote dar. Ferner können sich Restriktionen des Vollständigkeitsgebots auch aus ungeschriebenen Grundsätzen ordnungsgemäßer Buchführung (GoB) ergeben (so etwa aus den GoB über die Nichtbilanzierung geringwertiger Vermögensgegenstände oder schwebender Geschäfte).

I. Ansatz der Vermögensgegenstände

170 Die Voraussetzungen, unter denen ein Vermögensgegenstand in der Bilanz anzusetzen ist, lassen sich in einem vierstufigen Prüfungsschema zusammenfassen:

> Ablaufschema der Prüfung einer Aktivierungspflicht:
> (1) Liegt im Sinne des gesetzlichen Grundprinzips ein Vermögensgegenstand vor (abstrakte Aktivierungsfähigkeit)?
> (2) Steht das wirtschaftliche Eigentum dem Bilanzierenden zu?
> (3) Gehört der Vermögensgegenstand zum Betriebsvermögen oder zum Privatvermögen des Inhabers?
> (4) Sieht das HGB eine Einschränkung bzw. Erweiterung gegenüber diesem Grundprinzip der ausschließlichen Aktivierungsfähigkeit und Aktivierungspflicht von Vermögensgegenständen vor (konkrete Aktivierungsfähigkeit)?

171 Auf der ersten Stufe ist anhand bestimmter Kriterien des Aktivierungsgrundsatzes zu prüfen, ob generell ein aktivierungsfähiger Vermögensgegenstand iSd handelsrechtlichen GoB vorliegt (**abstrakte Aktivierungsfähigkeit**).

Aufgrund gesetzlicher Sonderregelungen kann die tatsächliche Aktivierungsfähigkeit allerdings im Einzelfall abweichend von dieser abstrakten Aktivierungsfähigkeit (= Vermögensgegenstand) zu bejahen oder zu verneinen sein. Solche Ansatzverbote und Ansatzwahlrechte infolge konkreter handelsrechtlicher Vorschriften können auf einer zweiten Prüfungsstufe im Rahmen der Untersuchung der **konkreten Aktivierungsfähigkeit** behandelt werden (vgl. *Baetge/Kirsch/Thiele* Bilanzen Kap. III. 211)

In den Begriff der konkreten Aktivierungsfähigkeit eines Vermögensgegenstandes wird im bilanzrechtlichen Sprachgebrauch teilweise auch die Prüfung einbezogen, inwiefern der Vermögensgegenstand dem Bilanzierenden auch in subjektiver Hinsicht zugerechnet werden kann. Ausgehend von einer wirtschaftlichen Betrachtungsweise sind Vermögensgegenstände grds. von demjenigen zu bilanzieren, dem das **„wirtschaftliche Eigentum" an dem Vermögensgegenstand** zusteht. Die subjektive Zurechnung von Vermögensgegenständen erlangt dann besondere Bedeutung, wenn das zivilrechtliche und das „wirtschaftliche" Eigentum auseinander fallen, so zB bei der Sicherungsübereignung. 172

Schließlich ist zu überprüfen, ob der Vermögensgegenstand auch tatsächlich dem **Betriebsvermögen des Kaufmanns** zuzurechnen ist. Bei Einzelkaufleuten und Personenhandelsgesellschaften ist zwischen dem Privatvermögen einerseits und dem Betriebsvermögen andererseits zu differenzieren. Allein das letztere ist in der Bilanz auszuweisen. 173

Literatur: *Baetge/Kirsch/Thiele* Bilanzen Kap. III.
MüKoBilanzR/*Hennrichs* HGB § 246 Rn. 16 ff.
Moxter Bilanzrechtsprechung

1. Abstrakte Aktivierungsfähigkeit

a) Überblick

Was ist also unter einem bilanzierungsfähigen Vermögensgegenstand zu verstehen? Während die Frage, ob der Kaufmann seinen Firmenwagen zu bilanzieren hat, relativ einfach beantwortet werden kann, ist die Antwort deutlich komplizierter, wenn es darum geht, bspw. selbst erstellte Software zu bilanzieren. Sind hier die CDs, auf denen die Programme gespeichert sind, als Gegenstände zu bilanzieren oder stellt das selbst entwickelte Programm schon für sich genommen einen aktivierungsfähigen Vermögensgegenstand dar? Muss etwa – um ein anderes Beispiel zu benennen – die Ablösezahlung eines Fußballclubs für einen Fußballspieler als Vermögensgegenstand aktiviert werden (→ Rn. 248 ff.)? 174

175 Das HGB bleibt die präzise Antwort schuldig, wie Vermögensgegenstände im bilanzrechtlichen Sinne zu definieren sind. Die allgemeinen Ansatzvorschriften der §§ 246–251 HGB geben lediglich grobe Anhaltspunkte und selbst die Liste der anzusetzenden Bilanzposten in den §§ 266–274a HGB enthält keine abschließende Aufzählung, zudem gilt sie streng genommen nur für Kapitalgesellschaften. Rechtsprechung und Literatur waren daher gezwungen, im Rahmen der GoB verschiedene Kriterien zu entwickeln, um den Begriff des Vermögensgegenstands zu konkretisieren und damit praktikabel zu machen. Diese Kriterien zur Bestimmung der abstrakten Aktivierungsfähigkeit bezeichnen wir als **Aktivierungsgrundsatz**, bei dem es sich um einen ungeschriebenen GoB handelt (vgl. *Baetge/Kirsch/Thiele* Bilanzen Kap. III. 1).

176 Während das HGB zur Beschreibung des Vermögens des Kaufmanns durchgängig auf den Begriff des „Vermögensgegenstands" abstellt, verwendet das Steuerrecht die Begrifflichkeit „Wirtschaftsgut" (vgl. § 5 Abs. 2 EStG). Aufgrund des Grundsatzes der Maßgeblichkeit der handelsrechtlichen GoB für die Steuerbilanz (§ 5 Abs. 1 S. 1 EStG) geht die ganz hM in Rechtsprechung und Schrifttum trotz der unterschiedlichen Terminologie allerdings zutreffend von einer Übereinstimmung der beiden Begriffsinhalte aus (BFH (GrS) NJW 2000, 3804 (3806); *Moxter* Bilanzrechtsprechung S. 12 f.).

> **Literatur:** *ADS* HGB § 246 Rn. 15 ff.
> HdJ/*Kuhner* II/1 Rn. 125 ff.
> *Baetge/Kirsch/Thiele* Bilanzen Kap. III. 21
> BeBiKo/*Schubert/F. Huber* HGB § 247 Rn. 389 ff.
> MüKoBilanzR/*Hennrichs* HGB § 246 Rn. 20 ff.

b) Der Begriff des Vermögensgegenstands

177 Ungeachtet dieses Bekenntnisses zur grundsätzlichen Identität der Begriffe „Vermögensgegenstand" und „Wirtschaftsgut" haben sich in der finanzgerichtlichen Rechtsprechung einerseits und der handelsrechtlichen Literatur andererseits zwei unterschiedliche Ansätze zur Konkretisierung des Aktivierungsgrundsatzes herausgebildet, die von ihren Vertretern jeweils auch für das andere Rechtsgebiet als maßgeblich angesehen werden. Beide Ansätze überschneiden sich zwar größtenteils, weichen jedoch in einem entscheidenden Punkt voneinander ab. Beide Konkretisierungskonzepte stützen sich auf die GoB als Herleitungsbasis zur Bestimmung des Begriffs des Ver-

mögensgegenstands (Wirtschaftsguts), namentlich auf den Grundsatz der Einzelbewertung, das Realisationsprinzip, das Stichtagsprinzip sowie das Vorsichtsprinzip (BFH (GrS) NJW 2000, 3804 (3806)).

aa) Steuerrechtlicher Aktivierungsgrundsatz. (1) Unproblematisch vom Aktivierungsgrundsatz des BFH erfasst werden zunächst sämtliche **Sachen und Rechte im Sinne des BGB.** 178

(2) Darüber hinaus können auch **tatsächliche Zustände** und **konkrete Möglichkeiten** einen aktivierungsfähigen Vermögensgegenstand darstellen, also solche Werte, die noch nicht zu einer zivilrechtlichen Position erstarkt sind. Maßgeblich ist insoweit eine über die rein rechtliche Betrachtung hinausgehende **wirtschaftliche Betrachtungsweise.** Für die Bejahung der abstrakten Aktivierungsfähigkeit müssen allerdings die folgenden Voraussetzungen erfüllt sein (lesenswert BFH (GrS) NJW 2000, 3804 (3806)): 179

(a) Entscheidend ist, dass die „tatsächlichen Zustände" oder „konkreten Möglichkeiten" **Vermögensvorteile für den Betrieb** darstellen, deren **Erlangung sich der Kaufmann etwas kosten** lässt. 180

(b) Weiter ist Voraussetzung, dass der Vermögensvorteil in irgendeiner Art und Weise **greifbar,** dh **hinreichend konkretisierbar** ist. Das Kriterium der **Greifbarkeit** bejaht der BFH dann, wenn der Vermögensgegenstand **als Einzelheit ins Gewicht fällt.** Der Vermögensvorteil muss **individualisierbar** sein und darf sich **nicht im Geschäfts- oder Firmenwert (Goodwill) verflüchtigen** (BFH BB 1998, 1991 (1992)). Besondere Relevanz erlangt das Greifbarkeitskriterium bei immateriellen Vermögensgegenständen. 181

(c) Zusätzlich fordert der BFH die **Übertragbarkeit** des **Vermögensvorteils,** wobei **keine Einzelveräußerbarkeit** erforderlich, sondern ausreichend ist, dass der Vermögensvorteil **im Zusammenhang mit dem Betrieb** übertragen werden kann (BFH BB 1988, 2225 (2226)). 182

(d) Schließlich ist entsprechend dem Grundsatz der Einzelbewertung (§ 252 Abs. 1 Nr. 3 HGB) notwendig, dass der Vermögensvorteil **selbstständig bewertbar** ist. Dabei nimmt der BFH die selbstständige Bewertbarkeit dann an, wenn ein **Erwerber** des gesamten Unternehmens in dem Vermögensvorteil einen **greifbaren Wert** sehen würde, für den er im Rahmen des Gesamtkaufpreises **ein ins Gewicht fallendes besonderes Entgelt** ansetzen würde (BFH BB 1989, 2224). 183

Ein durch Abspaltung entstehender Vermögensgegenstand ist erst dann anzuerkennen, wenn er sich zumindest **wirtschaftlich bereits** 184

verselbstständigt (realisiert) hat, wohingegen die bloße Abspaltbarkeit nicht ausreicht.

185 (e) Endlich fordert die Anwendung des Vorsichtsprinzips, dass es sich auch um eine **objektiv werthaltige Position** handeln muss. Konkret sind sämtliche Risiken zu berücksichtigen, die der künftigen Erstarkung zu einer Zivilrechtsposition noch entgegenstehen.

> Überblick über die Aktivierungskriterien des BFH:
> (1) Bestehen eines **Vermögensvorteils für den Betrieb**, dessen Erlangung sich der Kaufmann etwas kosten lässt bzw. kosten lassen würde,
> (2) Vermögensvorteil ist **greifbar iSv hinreichend konkretisierbar**,
> (3) Vermögensvorteil ist **einzeln oder im Zusammenhang mit dem Betrieb übertragbar**,
> (4) Vermögensvorteil ist **selbstständig bewertbar**,
> (5) Vermögensvorteil ist **objektiv werthaltig**.

186 **bb) Handelsrechtlicher Aktivierungsgrundsatz.** Rechtsprechung des für die handelsrechtliche Interpretation zuständigen BGH existiert nur in Ansätzen. Ein in sich geschlossenes Konzept hat der BGH bislang nicht entwickelt. Dagegen kritisiert die handelsrechtliche Literatur die Aktivierungskriterien des BFH als zu weitreichend. Sie hat zum Teil deutlich restriktivere Kriterien zur Bestimmung der abstrakten Aktivierungsfähigkeit entwickelt. Die hM (siehe etwa GroßkommBilanzR/*Kleindiek* HGB § 246 Rn. 5f.; *ADS* HGB § 246 Rn. 26ff.; *Baetge/Kirsch/Thiele* Bilanzen Kap. III. 214; HdJ/*Lutz/Schlag* I/4 Rn. 3ff.) stellt maßgeblich auf die Schuldendeckungsfähigkeit eines Vermögensgegenstands ab und verlangt daher die **selbstständige Verwertbarkeit** bzw. die **selbstständige Verkehrsfähigkeit** des **Vermögensvorteils**. Der besondere Gläubigerschutzzweck der Handelsbilanz gebiete, allein das tatsächlich zu realisierende Schuldendeckungspotenzial in der Bilanz auszuweisen. Entscheidend ist danach, inwiefern der Vermögensgegenstand bzw. der in ihm verkörperte Wert in tatsächlicher Hinsicht verwertet, sprich versilbert werden kann. Dem Gedanken des Gläubigerschutzes könne nur dann sinnvoll Rechnung getragen werden, wenn man auf den Zerschlagungsfall abstelle. Die Konzeption der steuerrechtlichen Rechtsprechung gehe zu weit, wenn sie auch die Aktivierung solcher Vermögensgegenstände zulasse, die sich im Zerschlagungsfall nicht verwerten lassen und mithin keinen Beitrag zur Schuldendeckung leisten können. Nach welchen konkreten Kriterien sich diese Verwertbarkeit allerdings bemisst, ist wiederum streitig. Im Wesentlichen existieren vier verschiedene Ansätze zur Bestimmung des Merkmals

A. Bilanzierung dem Grunde nach: Ansatz

der selbstständigen Verkehrsfähigkeit respektive der selbstständigen Verwertbarkeit (vgl. HdJ/*Lutz/Schlag* I/4 Rn. 24 ff.; *Baetge/Kirsch/Thiele* Bilanzen Kap. III. 212):

Teilweise wird auf die **konkrete Einzelveräußerbarkeit** des Vermögenswerts abgestellt. Entscheidend ist, dass der Vermögenswert als Einzelheit im Rechtsverkehr veräußert werden kann, was nicht der Fall ist, wenn gesetzliche oder vertragliche Veräußerungsverbote bestehen (vgl. bspw. § 399 BGB). 187

Beispiel: Der Museums-GmbH wird „Der Schrei" von Munch von einem großzügigen Spender vermacht, wobei ein vertragliches Veräußerungsverbot vereinbart wird. Das Bild wäre nach dieser engen Auffassung nicht in der Bilanz der Museums-GmbH anzusetzen.

Nach aM reicht bereits die **abstrakte Einzelveräußerbarkeit** aus. Maßgeblich ist, dass die abstrakte Möglichkeit der Veräußerung besteht, der Vermögenswert also an sich grundsätzlich veräußert werden kann. In der Konsequenz stehen vertragliche oder gesetzliche Verfügungsbeschränkungen der abstrakten Aktivierungsfähigkeit nicht entgegen, solange der Vermögenswert seiner Natur nach veräußerbar ist. 188

Beispiel: Nach dieser Ansicht kann das Bild in der Bilanz der Museums-GmbH trotz des Veräußerungsverbotes angesetzt werden.

Eine dritte Ansicht stellt maßgeblich auf das Kriterium der **selbstständigen Verwertbarkeit** ab. Danach kommt es für die abstrakte Aktivierungsfähigkeit darauf an, dass sich der Vermögenswert einzeln gegenüber Dritten in der Weise verwerten lässt, dass er durch Veräußerung, durch Verarbeitung oder Verbrauch, durch die Erteilung von Nutzungsrechten oder durch einen bedingten Verzicht in Geld umgewandelt werden kann. 189

Beispiel: An dem von der Düsentrieb-AG angemeldeten Patent auf Triebwerke können Dritten Nutzungsrechte eingeräumt werden, so dass eine selbstständige Verwertbarkeit gegeben ist.

Schließlich bejaht eine vierte Meinung die abstrakte Aktivierungsfähigkeit nur dann, sofern der einzelne Vermögenswert **Gegenstand der Zwangsvollstreckung** sein kann (**Merkmal der Einzelvollstreckbarkeit**). 190

cc) Stellungnahme. Gegen die sehr restriktive Auffassung, welche die Einzelvollstreckbarkeit fordert, lässt sich anführen, dass sie nur 191 zu einem unvollständigen Vermögensausweis führt, da gewisse Rechtspositionen, wie etwa das Urheberrecht, das nach § 113 UrhG ohne Einwilligung des Urhebers nicht der Zwangsvollstreckung unterliegt, nicht in der Bilanz erfasst werden. Insoweit ist das Kriterium der **Einzelvollstreckbarkeit** als **zu eng** abzulehnen.

192 Der gleiche Vorwurf der unvollständigen Erfassung der Vermögenswerte des Kaufmanns trifft auch das Kriterium der **konkreten Einzelveräußerbarkeit**. Nach diesem Kriterium werden wirtschaftlich bedeutsame immaterielle Vermögenswerte, die explizit im Bilanzgliederungsschema nach § 266 Abs. 2 A. I. 1. HGB genannt werden, ausgeklammert. Zu den nicht einzelveräußerbaren Rechten zählen bspw. bestimmte gewerbliche Konzessionen, Nießbrauchsrechte, die gemäß § 1059 S. 1 BGB nicht übertragbar sind oder Urheberrechte, die gemäß § 29 UrhG nicht veräußert werden dürfen (vgl. *Baetge/Kirsch/Thiele* Bilanzen Kap. III. 212). Das Kriterium der **konkreten Einzelveräußerbarkeit** ist damit gleichfalls zu eng gefasst.

193 Vorzugswürdig erscheint innerhalb der Literaturmeinung die Auffassung, die auf das Kriterium der Einzelverwertbarkeit abstellt. Das Kriterium der abstrakten Einzelveräußerbarkeit führt häufig zu vergleichbaren Ergebnissen, wirft jedoch in Einzelfällen Abgrenzungsprobleme auf (*Baetge/Kirsch/Thiele* Bilanzen Kap. III. 212). Das Kriterium der Einzelverwertbarkeit erfasst nicht allein solche Vermögensgegenstände, die durch einen Veräußerungsvorgang verwertet werden können, sondern berücksichtigt sämtliche Verwertungsformen. Entscheidend ist, inwiefern der anzusetzende Bilanzposten einen wirtschaftlich verwertbaren Wert verkörpert. Geht man davon aus, dass eine zentrale Aufgabe der Bilanz darin besteht, das tatsächliche Schuldendeckungspotenzial aufzuzeigen, ist darauf abzustellen, ob der Vermögensgegenstand ein verwertbares Potenzial aufweist, das zur Deckung der Schulden herangezogen werden kann.

194 Der Streit um den „richtigen" Aktivierungsgrundsatz erlangt lediglich bei immateriellen Vermögensgegenständen und selbst dort nur in wenigen Fällen wirkliche praktische Relevanz. Bei materiellen Vermögensgegenständen und Rechten im Sinne des BGB sind grds. sowohl die bilanzielle Greifbarkeit und die selbstständige Bewertbarkeit als auch die selbstständige Verwertbarkeit zu bejahen. Problematisch sind hingegen die immateriellen Vermögensgegenstände, die sich noch nicht zu Rechten im Sinne des BGB konkretisiert haben, wie bspw. Know-how, ungeschützte Erfindungen, Rezepte oder Film- und Tonaufzeichnungen.

A. Bilanzierung dem Grunde nach: Ansatz

In diesen Grenzfällen muss sich das Aktivierungskonzept bewähren. 195

Die Back-GmbH kauft die Bäckerei des B in Bergheim auf. Im Rahmen des Kaufvertrages verpflichtet sich B, bis an sein Lebensende jeden Wettbewerb in Bergheim zu unterlassen. Im Gegenzug erhält B neben dem Kaufpreis eine Zahlung iHv 50.000 EUR. Die Back-GmbH stellt sich die Frage, wie sie die 50.000 EUR in ihrer Bilanz anzusetzen hat.

Das vereinbarte **Wettbewerbsverbot** stellt einen wirtschaftlichen Vermögensvorteil für die Back-GmbH dar. Nach dem hier vertretenen Aktivierungskonzept ist entscheidend, ob das Wettbewerbsverbot **selbstständig verwertbar** ist. Dies ist zu verneinen, da das vertraglich vereinbarte Wettbewerbsverbot weder durch Veräußerung, durch Verarbeitung, durch Verbrauch, durch die Erteilung von Nutzungsrechten noch durch einen bedingten Verzicht in Geld umgewandelt werden kann. Die Einzelverwertbarkeit ist nicht gegeben, so dass eine gesonderte Aktivierung ausscheidet. Der Betrag ist dann als Aufwendung erfolgswirksam im Jahr des Vertragsschlusses zu berücksichtigen. Zu überlegen wäre allenfalls, ob der Betrag als derivativer Geschäfts- oder Firmenwert iSd § 246 Abs. 1 S. 4 HGB aktiviert werden kann, da das Wettbewerbsverbot im Rahmen des Kaufvertrages gezahlt wurde. 196

Nach dem steuerrechtlichen Konzept des BFH ist hingegen auf die Kriterien der selbstständigen Bewertbarkeit und der bilanziellen Greifbarkeit abzustellen. Der Vermögensvorteil lässt sich individualisieren und fällt als Einzelheit ins Gewicht, so dass die bilanzielle Greifbarkeit zu bejahen ist. Die selbstständige Bewertbarkeit ist gleichfalls gegeben, da ein gesondertes Entgelt vereinbart wurde. Nach der steuerrechtlichen Konzeption ist das Wettbewerbsverbot als Vermögensgegenstand zu aktivieren und über die mutmaßliche Lebenszeit des Verpflichteten abzuschreiben (siehe BFH BB 1979, 715). 197

Für die Konzeption des BFH spricht, dass das HGB ausdrücklich von der Unternehmensfortführungsprämisse ausgeht (vgl. § 252 Abs. 1 Nr. 2 HGB, „going concern"), die mit dem Abstellen auf eine „Zerschlagungsperspektive" nur schwer vereinbar ist. Die reinen Zerschlagungswerte werden vielmehr im Rahmen einer gesonderten Überschuldungsbilanz (sog. Überschuldungsstatus) angesetzt. In den (seltenen) Fällen, in denen es tatsächlich auf eine Unterscheidung zwischen der handelsrechtlichen und der steuerrechtlichen Aktivierungskonzeption ankommt, sollte daher der letztgenannten Ansicht der Vorzug gegeben werden. 198

199 Im Übrigen hat das BilMoG den Konflikt zwischen einem möglichst umfassenden Vermögensausweis einerseits und einem restriktiveren Vermögensausweis als Schuldendeckungspotenzial andererseits bei den nunmehr bilanzierungsfähigen selbsterstellten immateriellen Vermögensgegenständen des Anlagevermögens (sowie bei den aktiven latenten Steuern) dadurch gelöst, dass die Aktivierung zwar zugelasssen wird, aber in gleicher Höhe eine Ausschüttungssperre für Gewinne greift (§ 268 Abs. 8 HGB → Rn. 229).

c) Arten von Vermögensgegenständen

200 **aa) Körperliche Vermögensgegenstände.** Unproblematisch erfüllen körperliche Gegenstände die Aktivierungsvoraussetzungen für Vermögensgegenstände.

201 Nach § 266 Abs. 2 HGB zählen dazu insbes. die **Sachanlagen** (Aktivseite, A. Anlagevermögen, II. Sachanlagen), worunter Grundstücke, grundstücksgleiche Rechte und Bauten einschließlich der Bauten auf fremden Grundstücken, technische Anlagen und Maschinen, andere Anlagen, Betriebs- und Geschäftsausstattung, geleistete Anzahlungen und Anlagen im Bau fallen, wobei es sich bei den grundstücksgleichen Rechten streng genommen um immaterielle Vermögensgegenstände und bei den Anzahlungen um Forderungen handelt.

202 Zu beachten ist, dass entgegen der zivilrechtlichen Wertung der §§ 93, 94 BGB im Hinblick auf die Aktivierung eine Trennung zwischen Grundstücken und den auf ihnen errichteten Gebäuden erfolgt.

203 Darüber hinaus können auch innerhalb eines Gebäudes einzelne Gebäudeteile, die in verschiedenen Nutzungs- und Funktionszusammenhängen stehen, selbstständige aktivierungsfähige Vermögensgegenstände darstellen (bspw. Wohnräume und Arztpraxis, BFH (GrS) BStBl. II 1995, 281 (284); siehe auch § 7 Abs. 5a EStG).

204 Weiter sind sämtliche **Vorräte** (§ 266 Abs. 2 HGB, Aktivseite B. Umlaufvermögen, I. Vorräte), worunter Roh-, Hilfs- und Betriebsstoffe, unfertige Erzeugnisse, unfertige Leistungen, fertige Erzeugnisse und Waren sowie geleistete Anzahlungen fallen, als aktivierungsfähige Vermögensgegenstände zu erfassen.

205 **bb) Forderungen. (1) Forderungen im Allgemeinen.** Grundsätzlich sind sämtliche Forderungen zu aktivieren, die am Bilanzstichtag bereits zivilrechtlich entstanden sind. Ein sowohl vor die ordentlichen Gerichte als auch vor die Finanzgerichte gebrachter Streitpunkt

betrifft die Gewinnansprüche eines herrschenden Unternehmens, das mehrheitlich an einer Kapitalgesellschaft beteiligt ist. Hier stellt sich die Frage, zu welchem Zeitpunkt die gegen die Tochtergesellschaft bestehenden Ansprüche bei dem Mutterunternehmen zu aktivieren sind.

(2) Gewinnansprüche im Besonderen (Tombergerurteil). Zivilrechtlich entstehen die Gewinnansprüche der Mutter erst durch den Gewinnverwendungsbeschluss bei der beherrschten Tochtergesellschaft. Da dieser erst in dem auf die Bilanzerstellung folgendem Jahr gefasst wird, wären die Gewinnansprüche auch erst in der Bilanz des Folgejahres des Mutterunternehmens zu aktivieren („**phasenverschobene Aktivierung**"). Vor dem Hintergrund, dass die Muttergesellschaft aufgrund ihrer beherrschenden Stellung über die Gewinnverwendung (frei) beschließen kann, ist zu überlegen, inwiefern die (zukünftigen) Gewinnansprüche bereits vor ihrer zivilrechtlichen Entstehung in der Bilanz zum Bilanzstichtag „**phasengleich**" aktiviert werden dürfen. Entscheidend ist, ob die künftige Dividendenforderung bereits mit Ablauf des Bilanzstichtags als Wirtschaftsgut entstanden ist bzw. als realisiert iSd § 252 Abs. 1 Nr. 4 HGB gilt.

206

Beispiel: Angelehnt an den Fall „Tomberger" (BGH NJW 1998, 1559; EuGH Slg. I 1996, 3137):
An der W-GmbH sind zu 51 % die Brüder W beteiligt, die restlichen 49 % verteilen sich auf verschiedene Minderheitsgesellschafter (darunter Waltraud Tomberger). Die W-GmbH ist zu 100 % an verschiedenen Tochtergesellschaften, ua der X-GmbH, beteiligt. Im Jahre 2014 wurde in der X-GmbH ein Gewinn von 200.000 EUR erwirtschaftet. Gemäß dem auf der Gesellschafterversammlung der X-GmbH vom 30.6.2015 gefassten Gewinnverwendungsbeschluss sollen 50 % dieses Gewinns an die Muttergesellschaft „W-GmbH" ausgeschüttet werden. Gleichwohl weist die Bilanz 2014 der Muttergesellschaft diese Forderung nicht auf. Der Gewinn der Muttergesellschaft beträgt deshalb lediglich 50.000 EUR. Aus Sicht der Minderheitsgesellschafter der W-GmbH stellt sich die Frage, welche Gewinnauszahlungsansprüche ihnen für das Jahr 2014 zustehen – konkret 49 % von 50.000 EUR oder von 150.000 EUR?

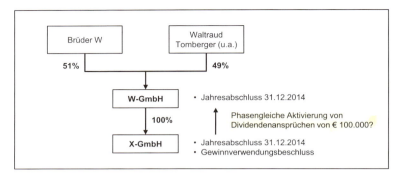

207 Nach § 29 Abs. 1 S. 1 GmbHG bezieht sich ein Gewinnanspruch der Gesellschafter nur auf den Jahresüberschuss, der im Jahresabschluss entsprechend § 46 Nr. 1 GmbHG durch die Gesellschafterversammlung festgestellt wird und anschließend Gegenstand des entsprechenden Gewinnverwendungsbeschlusses ist. Grundlage des Ausschüttungsanspruchs ist allein der festgestellte Jahresabschluss. Der dort ausgewiesene Jahresüberschuss der W-GmbH beläuft sich auf 50.000 EUR.

208 Voraussetzung für einen höheren Gewinnanspruch wäre also, dass der Jahresabschluss der W-GmbH berichtigt wird und eine Forderung in Höhe von 100.000 EUR gegen die X-GmbH in der Bilanz der W-GmbH aktiviert wird. Die Minderheitsgesellschafter müssen folglich den Beschluss über die Feststellung des Jahresabschlusses sowie über die Gewinnverwendung entweder für nichtig erklären lassen (§§ 256, 253 AktG analog) oder anfechten (§§ 254, 257, 243 AktG analog) und darauf hinwirken, dass eine neue Bilanz, in der die Forderung in Höhe von 100.000 EUR berücksichtigt ist, erstellt und festgestellt wird.

209 Ausschlaggebend ist damit, ob die Nichtberücksichtigung der Forderung von 100.000 EUR im Jahresabschluss 2014 einen Nichtigkeits- bzw. Anfechtungsgrund darstellt. Das GmbH-Recht enthält kein eigenes Beschlussmängelrecht, jedoch ist anerkanntermaßen im Wege der Analogie auf §§ 243 ff. AktG zurückzugreifen. Ein Nichtigkeitsgrund analog § 256 Abs. 5 S. 1 Nr. 2 AktG würde voraussetzen, dass durch die Nichtaktivierung der Forderung über 100.000 EUR die Vermögens- und Ertragslage der Gesellschaft **vorsätzlich** unrichtig wiedergegeben oder verschleiert wurde, wofür der Sachverhalt

keine Anhaltspunkte bietet. Für einen Anfechtungsgrund analog
§ 243 Abs. 1 AktG genügt es hingegen, dass durch die Nichtbilanzierung der Forderung gegen geltendes Bilanzrecht oder eine Satzungsbestimmung der GmbH verstoßen wurde.

Klärungsbedürftig ist damit, ob eine gesetzliche Pflicht bestand, die 210
Forderung über 100.000 EUR im Jahresabschluss 2014 der W-GmbH zu aktivieren. Nach dem Vollständigkeitsgebot des § 246
Abs. 1 HGB sind im Jahresabschluss sämtliche Vermögensgegenstände, darunter auch sämtliche Forderungen zu erfassen. § 266
Abs. 2 B. II. 2. HGB benennt explizit „Forderungen gegen verbundene Unternehmen". Der Aktivierungs**fähigkeit** entspricht damit grds. eine Aktivierungs**pflicht.**

Generell ist eine Forderung zu aktivieren, sobald sie rechtlich ent- 211
standen ist. Zivilrechtlich entsteht die Dividendenforderung des Mutterunternehmens gegenüber der Tochtergesellschaft aber erst mit dem
Gewinnverwendungsbeschluss der Tochtergesellschaft. Da dieser regelmäßig erst im Folgejahr gefasst wird, sind die Dividendenansprüche auch erst im Folgejahr im Jahresabschluss des Mutterunternehmens zu erfassen. Der Gewinnanspruch ist erst zu diesem Zeitpunkt tatsächlich realisiert iSv § 252 Abs. 1 Nr. 4 letzter Hs. HGB. Es kommt zu einer **phasenverschobenen Aktivierung** der Gewinnansprüche.

Der BGH (NJW 1998, 1559) hat in einer seiner wenigen Grund- 212
satzentscheidungen zu bilanzrechtlichen Fragen allerdings die Auffassung vertreten, dass eine Forderung schon **vor ihrer rechtlichen Entstehung** aktivierungspflichtig sein könne, wenn sie sich nach **wirtschaftlicher Betrachtungsweise** „schon soweit konkretisieren lässt, dass sie wirtschaftlich als Vermögensgegenstand qualifiziert werden kann und damit zu einer Vermögensmehrung führt". Dies wiederum sei dann zu bejahen, „wenn die für die Entstehung einer Forderung wesentlichen wirtschaftlichen Ursachen bereits im abgelaufenen Geschäftsjahr gesetzt worden sind und der Eintritt der übrigen rechtlichen Entstehungsvoraussetzungen mit Sicherheit erwartet werden kann".

Für den BGH ist damit zu prüfen, ob im Hinblick auf die Dividen- 213
denansprüche des mehrheitsbeteiligten Mutterunternehmens bei wirtschaftlicher Betrachtungsweise eine Aktivierung geboten ist, obwohl die Ansprüche rechtlich noch nicht entstanden sind.

214 Konkret verlangt der BGH eine **phasengleiche Aktivierung** von Dividendenansprüchen des mehrheitsbeteiligten Mutterunternehmens unter folgenden Voraussetzungen:
- Die Muttergesellschaft ist allein oder mit Mehrheit an der Tochtergesellschaft beteiligt.
- Die Tochtergesellschaft ist abhängig.
- Die Geschäftsjahre beider Gesellschaften stimmen überein.
- Die Tochtergesellschaft hat den Jahresabschluss und die Gewinnverwendung vor Abschluss der Prüfung des Jahresabschlusses der Muttergesellschaft festgestellt bzw. beschlossen.
- Auch der Jahresabschluss der Tochtergesellschaft entspricht dem Grundsatz der Bilanzwahrheit.

215 In diesem Fall sei die Dividendenforderung „**phasengleich**" mit der Entstehung der entsprechenden Verpflichtung bei der abhängigen Gesellschaft in den Jahresabschluss des allein beteiligten Unternehmens aufzunehmen. Im vorliegenden Fall ist damit entscheidend, ob der Gewinnverwendungsbeschluss in der Tochtergesellschaft schon vor Abschluss der Prüfung des Jahresabschlusses der Muttergesellschaft gefasst worden ist. Die Gewinnverwendung wurde am 30.6.2015 durch die Gesellschafterversammlung der X-GmbH beschlossen. Nach § 264 Abs. 1 HGB ist der Jahresabschluss innerhalb der ersten sechs Monate des Geschäftsjahres aufzustellen und anschließend zu prüfen (§ 316 HGB). Es darf somit unterstellt werden, dass vorliegend sämtliche Voraussetzungen für eine Aktivierungspflicht der Gewinnansprüche in Höhe von 100.000 EUR erfüllt sind.

216 Kurze Zeit nach dem BGH musste sich auch der Große Senat des BFH mit dem Problem der phasengleichen Aktivierung von Gewinnansprüchen befassen. Er hat eine deutlich restriktivere Linie entwickelt und lässt die phasengleiche Aktivierung von Dividendenforderungen steuerbilanziell grundsätzlich nicht mehr zu (siehe BFH (GrS) NJW 2000, 3804 ff.). Nach der überzeugenden Auffassung des Großen Senats des BFH scheitert die phasengleiche Aktivierung der Dividendenforderung an dem Kriterium der selbstständigen Bewertbarkeit. Der Grundsatz der selbstständigen Bewertbarkeit verlangt bei einem durch Abspaltung entstehenden Vermögensgegenstand, dass sich dieser zumindest wirtschaftlich bereits verselbstständigt (realisiert) hat. Die bloße Abspaltbarkeit allein reicht nicht aus.

217 Die wirtschaftliche Abspaltung (Realisation) der Dividendenforderung von der ihr zugrunde liegenden Beteiligung erfolgt erst mit dem Gewinnverwendungsbeschluss im Folgejahr.

Ein Erwerber des gesamten Unternehmens würde im Rahmen des Gesamtkaufpreises kein ins Gewicht fallendes besonderes Entgelt für die Dividendenforderungen ansetzen, da die zivilrechtliche Entstehung der Forderung am Bilanzstichtag noch nicht gesichert ist und der ausschüttungsfähige Bilanzgewinn noch durch auszuübende Bilanzierungswahlrechte Änderungen erfahren kann.

Insgesamt stellt die Meinungsbildung der Gesellschaft darüber, ob 218 der Bilanzgewinn tatsächlich ausgeschüttet werden soll, einen so wesentlichen Bestandteil der wirtschaftlichen Entstehung der Dividendenforderung dar, dass der **Gewinnverwendungsbeschluss nicht nur als werterhellend, sondern als wertbegründend** zu behandeln ist (vgl. dazu → Rn. 575 f.).

Lediglich in eng begrenzten Ausnahmefällen lässt der BFH eine 219 phasengleiche Aktivierung der Dividendenforderungen zu. Voraussetzung ist, dass zum Bilanzstichtag ein Bilanzgewinn der Tochtergesellschaft auszuweisen ist, der mind. ausschüttungsfähige Bilanzgewinn den Gesellschaftern bekannt ist und für diesen Zeitpunkt anhand objektiver Anhaltspunkte nachgewiesen ist, dass die Gesellschafter endgültig entschlossen sind, eine bestimmte Gewinnverwendung künftig zu beschließen. Das Vorliegen dieser engen Voraussetzungen ist nur anhand objektiver, nachprüfbarer und nach außen in Erscheinung tretender Kriterien zu prüfen, die sich sowohl auf den ausschüttungsfähigen Bilanzgewinn als auch auf die feste Ausschüttungsabsicht der Gesellschafter beziehen müssen. Die objektive Beweislast liegt insoweit beim Bilanzierenden.

Insgesamt betrachtet plädiert der Große Senat des BFH zu einer 220 stärker zivilrechtlich orientierten Betrachtung, während der BGH auf wirtschaftliche Aspekte abstellt. Erwarten würde man an sich gerade eine umgekehrte Positionierung der beiden obersten Bundesgerichte.

Literatur: *Henssler* JZ 1998, 701
Baetge/Kirsch/Thiele Bilanzen Kap. VI. 32
Moxter Bilanzrechtsprechung S. 54 ff.
BeBiKo/*Schubert/Krämer* HGB § 266 Rn. 120 f.
MüKoBilanzR/*Hennrichs* HGB § 246 Rn. 42 ff.

cc) Immaterielle Vermögensgegenstände. (1) Überblick. Wie be- 221 reits ausgeführt (→ Rn. 101 f.) sind die Kriterien des Aktivierungsgrundsatzes im Wesentlichen bei der Frage der Aktivierung immaterieller Vermögenswerte relevant. Aufgrund ihrer Unkörperlichkeit ergeben sich besondere Objektivierungsprobleme hinsichtlich ihrer Werthaltigkeit, denen durch die Aktivierungskriterien begegnet werden soll. Die besondere Schwierigkeit besteht darin, den den immateriellen Vermögenswerten innewohnenden Vermögensvorteil zu bestimmen und objektiv nachzuweisen.

Zu den aktivierungsfähigen immateriellen Vermögensgegenständen zählt § 266 Abs. 2 lit. A. I. HGB:
1. Selbst schaffene gewerbliche Schutzrechte und ähnliche Rechte und Werte,
2. entgeltlich erworbene Konzessionen, gewerbliche Schutzrechte und ähnliche Rechte und Werte sowie Lizenzen an solchen Rechten und Werten,
3. Geschäfts- oder Firmenwert,
4. geleistete Anzahlungen (auf immaterielle Vermögensgegenstände).

222 Zu den gewerblichen Schutzrechten zählen Patente, Warenzeichen, Marken-, Urheber- und Verlagsrechte sowie Geschmacks- und Gebrauchsmuster. Zu den „ähnlichen Rechten" gehören bspw. Belieferungsrechte, Wohnrechte, Nießbrauch und Emissionsrechte. Unter die „ähnlichen Werte" lassen sich unter anderem abgrenzbares Know-how, Kundendateien, ungeschützte Erfindungen und Rezepte fassen. Bei den Konzessionen handelt es sich um öffentlich-rechtlich eingeräumte Befugnisse wie bspw. Betriebs- und Versorgungsrechte oder Verkehrskonzessionen. Durch einen Lizenzvertrag werden gewerbliche Schutzrechte oder ähnliche Rechte und Werte einem Dritten (dem Lizenznehmer) zur wirtschaftlichen Nutzung überlassen.

223 Wurden vom Unternehmer bereits Anzahlungen auf immaterielle Vermögensgegenstände des Anlagevermögens geleistet, sind diese gesondert in der Bilanz bei den immateriellen Vermögensgegenständen zu aktivieren. Dies ist dann der Fall, wenn vor der Verschaffung des (wirtschaftlichen) Eigentums an dem betreffenden immateriellen Vermögensgegenstand Zahlungen auf den Kaufpreis geleistet werden.

224 Während § 248 Abs. 2 HGB aF bis zum BilMoG (→ Rn. 83) ein striktes Aktivierungsverbot für immaterielle Vermögensgegenstände des Anlagevermögens vorsah, die nicht entgeltlich erworben wurden, gewährt das geltende Recht ein Wahlrecht zur Aktivierung selbst geschaffener immaterieller Vermögensgegenstände des Anlagevermögens. Ziel der Gesetzesänderung war es, der zunehmenden Bedeutung der immateriellen Vermögenswerte im Wirtschaftsleben Rechnung zu tragen und insbesondere primär wissensbasierten Unternehmungen zu helfen, ihre Außendarstellung zu verbessern. Darüber hinaus soll die Vergleichbarkeit von nationalen und internationalen Jahresab-

schlüssen verbessert werden, da die IFRS eine entsprechende Aktivierung zulassen.

Lediglich für selbst geschaffene Marken, Drucktitel, Verlagsrechte, Kundenlisten oder vergleichbare immaterielle Vermögensgegenstände bleibt es gemäß § 248 Abs. 2 S. 2 HGB bei einem Aktivierungsverbot. Der Grund für dieses begrenzte Aktivierungsverbot besteht darin, dass den aufgeführten selbst geschaffenen immateriellen Vermögensgegenständen die Herstellungskosten häufig nicht zweifelsfrei zugerechnet werden können. Eine selbstständige Bewertbarkeit scheitert meist daran, dass eine eindeutige Zuordnung zwischen den zu aktivierenden Aufwendungen und den für die Entwicklung des Unternehmens in seiner Gesamtheit anfallenden Aufwendungen, die letztlich den selbst geschaffenen Geschäfts- oder Firmenwert darstellen, nicht zweifelsfrei möglich ist. 225

Ausweislich der Gesetzesbegründung zum BilMoG wollte der Gesetzgeber durch die Aufhebung des strikten Aktivierungsverbots für selbst geschaffene immaterielle Vermögensgegenstände den handelsrechtlichen Vermögensgegenstandsbegriff nicht abändern (vgl. BT-Drs. 16/10067, 50). Im Grundsatz bleibt es also im Rahmen des § 246 Abs. 1 HGB bei der Prüfung, ob das zu aktivierende Gut als Vermögensgegenstand im handelsbilanziellen Sinn qualifiziert werden kann. Entsprechend ist ein Vermögensgegenstand im Einzelfall dann zu bejahen, wenn das selbst erstellte Gut nach der Verkehrsauffassung **einzeln verwertbar** ist. Anhand einer **Zukunftsprognose** muss mit **hoher Wahrscheinlichkeit** davon ausgegangen werden können, dass der einzeln verwertbare immaterielle Vermögensgegenstand des Anlagevermögens auch tatsächlich **zur Entstehung** gelangt. Dies erfordert eine entsprechende Dokumentation. 226

Weiter dürfen nach § 255 Abs. 2 iVm Abs. 2a HGB allein die auf die Entwicklungsphase entfallenden Aufwendungen für selbst geschaffene Vermögensgegenstände aktiviert werden, wohingegen für die auf die Forschungsphase entfallenden Kosten gemäß § 255 Abs. 2 S. 4 iVm Abs. 2a S. 3 und 4 HGB ein Aktivierungsverbot besteht (ausführlich dazu → Rn. 231 ff.). Die Abgrenzung der Forschungs- von der Entwicklungsphase definiert § 255 Abs. 2a HGB Für den Fall, dass eine verlässliche Unterscheidung von Forschung und Entwicklung nicht möglich ist, bestimmt § 255 Abs. 2a S. 4 HGB ein Aktivierungsverbot. 227

Die Aktivierung selbst geschaffener immaterieller Vermögensgegenstände des Anlagevermögens setzt zusammenfassend voraus, dass 228

(1) im Aktivierungszeitpunkt mit hinreichender Wahrscheinlichkeit von der Entstehung eines einzeln verwertbaren Vermögensgegenstandes ausgegangen werden kann und
(2) die zu aktivierenden Aufwendungen während der Entwicklungsphase in Abgrenzung zur Forschungsphase angefallen sind.

229 Um trotz der Aufhebung des Aktivierungsverbots einen hinreichenden Gläubigerschutz zu gewährleisten, koppelt § 268 Abs. 8 HGB für Kapitalgesellschaften die Aktivierung selbst geschaffener immaterieller Vermögensgegenstände des Anlagevermögens an eine Ausschüttungssperre. Gewinne dürfen danach nur ausgeschüttet werden, wenn die nach der Ausschüttung verbleibenden, jederzeit auflösbaren Gewinnrücklagen abzüglich eines Verlustvortrags oder zuzüglich eines Gewinnvortrags mind. dem Betrag der aktivierten selbst geschaffenen immateriellen Vermögensgegenstände des Anlagevermögens entsprechen. Die Ausschüttungssperre trägt dem Umstand Rechnung, dass die Bestimmung der objektiven Werthaltigkeit eines selbst geschaffenen immateriellen Vermögenswerts mit erheblichen Unsicherheiten verbunden ist. Verhindert werden soll, dass Mittel an die Anteilseigner abfließen, obwohl das Unternehmen nicht über entsprechende werthaltige Positionen verfügt.

230 Bei der Prüfung der Aktivierungsfähigkeit immaterieller Vermögensgegenstände ist die **Unterscheidung zwischen immateriellen Vermögensgegenständen des Anlage- und des Umlaufvermögens** zu beachten. Die Vorschrift des § 248 Abs. 2 HGB gilt ausschließlich für immaterielle Vermögensgegenstände des **Anlagevermögens**. In der Konsequenz sind selbst erstellte immaterielle Vermögensgegenstände **stets zu aktivieren**, sofern sie dem **Umlaufvermögen** zugeordnet werden können. Dies betrifft diejenigen Unternehmen, die immaterielle Vermögensgegenstände für den Absatzmarkt herstellen, so bspw. Softwareentwicklungsfirmen. Die von den Mitarbeitern entwickelten Programme, die später veräußert werden sollen, unterliegen folglich der **Aktivierungspflicht**. Insoweit wird unterstellt, dass sich durch die Nähe der immateriellen Vermögensgegenstände zum Absatzmarkt ein unter Vorsichtsgesichtspunkten objektivierter Wert der Vermögensgegenstände ermitteln lässt, der die Aktivierung rechtfertigt. Erforderlich ist stets eine genaue Prüfung der objektiven Werthaltigkeit dieser Positionen.

A. Bilanzierung dem Grunde nach: Ansatz

(2) Forschungskosten.

Fall: Die Pharma-AG beschäftigt in ihrem Forschungs- und Entwicklungslabor neben den Teams, die die einzelnen Medikamente entwickeln, ein spezielles Forscherteam von 5 Personen, das mit der Grundlagenforschung neuer Wirkstoffe betraut ist. Die Personal- und Materialkosten dieser Einheit belaufen sich jährlich auf 5 Mio. EUR. Da die Entwicklung neuer Medikamente oft mehrere Jahre dauert, fragt sich der Vorstand, inwiefern für die Grundlagenforschung, die in späteren Jahren möglicherweise zu gewinnbringenden Medikamenten führt, bereits Aktivposten in der Bilanz angesetzt werden dürfen. 231

Lösung: Entsprechend § 248 Abs. 2 S. 1 HGB dürfen grundsätzlich selbst geschaffene immaterielle Vermögensgegenstände des Anlagevermögens aktiviert werden. Fraglich ist allerdings, ob die Aufwendungen für Grundlagenforschung hierin einbezogen werden dürfen.

§ 255 Abs. 2a HGB präzisiert insoweit, dass die Herstellungskosten eines selbst geschaffenen immateriellen Vermögensgegenstandes des Anlagevermögens die bei dessen Entwicklung anfallenden Aufwendungen umfassen, wozu nach § 255 Abs. 2 HGB ua die Materialeinzelkosten, die Fertigungseinzelkosten, die Sonderkosten der Fertigung sowie angemessene Teile der Materialgemeinkosten und Fertigungsgemeinkosten und der Werteverzehr des Anlagevermögens zählen. Allerdings sehen die Regelungen in § 255 Abs. 2 und 2a HGB eine **Trennung von Kosten in der Entwicklungs- und Forschungsphase** vor. § 255 Abs. 2 S. 4 HGB statuiert, dass Forschungskosten nicht in die Herstellungskosten einbezogen werden dürfen. Grund für diese Trennung ist, dass die Qualifizierung des Forschungsergebnisses als Vermögensgegenstand im handelsbilanziellen Sinne aufgrund erheblicher Unsicherheitsfaktoren in der Regel nicht möglich ist. 232

Damit stellt sich die Frage, ab welchem Zeitpunkt die während der Entwicklung eines Medikaments angefallenen Herstellungskosten zu aktivieren sind und wie die Abgrenzung der Forschungs- von der Entwicklungsphase zu erfolgen hat. Die Antwort liefert § 255 Abs. 2a HGB, der die Begriffe Entwicklung (S. 2) und Forschung (S. 3) definiert. **Entwicklung** ist gemäß § 255 Abs. 2a S. 2 HGB die Anwendung von Forschungsergebnissen oder anderem Wissen für die Neuentwicklung von Gütern oder Verfahren oder die Weiterentwicklung von Gütern oder Verfahren mittels wesentlicher Änderun- 233 gen. In Abgrenzung dazu definiert § 255 Abs. 2a S. 3 HGB **Forschung** als die eigenständige und planmäßige Suche nach neuen wissenschaftlichen oder technischen Erkenntnissen oder Erfahrungen allgemeiner Art, über deren technische Verwertbarkeit und wirtschaftliche Erfolgsaussichten grds. keine Aussagen gemacht werden können.

234 Nach § 255 Abs. 2a HGB darf die Aktivierung eines Vermögensgegenstandes nicht erst dann erfolgen, wenn ein fertiges Medikament iSe Endprodukts vorliegt, sondern bereits in der Entwicklungsphase. Voraussetzung ist, dass das Unternehmen im Wege einer Zukunftsprognose mit hoher Wahrscheinlichkeit davon ausgehen kann, dass ein einzeln verwertbarer immaterieller Vermögensgegenstand des Anlagevermögens auch tatsächlich zur Entstehung gelangt.

235 Dies ist bei der Grundlagenforschung im medizinischen Bereich in der Regel nicht der Fall. Zwar lassen sich die Gehälter der forschenden Mitarbeiter und die einzelnen Materialkosten der Forschergruppe ermitteln. Allerdings ist gerade im Rahmen der Grundlagenforschung eine eindeutige und objektiv nachprüfbare Zuordnung dieser Kosten zu einzelnen Medikamenten häufig nicht möglich. Entscheidende Bedeutung erlangt der Zeitpunkt des Übergangs von der Forschungs- zur Entwicklungsphase, der in jedem Einzelfall gesondert festzustellen ist. Das Ende der Forschungsphase kann etwa dann angenommen werden, wenn die auf die Erlangung neuer Erkenntnisse gerichteten Aktivitäten abgeschlossen sind und nunmehr mit dem Entwurf, der Konstruktion und der Ertestung neuer Prototypen begonnen wird, sprich an der Entwicklung eines speziellen Medikaments gearbeitet wird. Als Beginn der Entwicklungsphase kann auch der Übergang vom systematischen Suchen zum Erproben und Testen der gewonnenen Erkenntnisse oder Fertigkeiten herangezogen werden. Dies ist im vorliegenden Fall der allgemeinen Grundlagenforschung nicht gegeben, so dass entsprechend § 255 Abs. 2a S. 4 HGB eine Aktivierung der Kosten zu unterbleiben hat.

236 Werden die Forschungsaktivitäten hingegen bereits im Rahmen der Entwicklung eines konkreten Medikaments durchgeführt, könnte die Pharma-AG die entsprechenden Aufwendungen nach § 248 Abs. 2 S. 1 HGB aktivieren, wenn im Aktivierungszeitpunkt mit hinreichender Wahrscheinlichkeit von der Entstehung eines Vermögensgegenstandes ausgegangen werden kann und die Aufwendungen tatsächlich erst während der Entwicklungsphase und nicht bereits in der Forschungsphase angefallen sind. Die Neuregelung kommt damit beson-

ders forschungsintensiven Unternehmen wie Pharmafirmen oder technologiebasierten „Start Ups" zugute, die häufig erst nach mehreren Jahren ein absatzfähiges Produkt vorweisen können, jedoch nunmehr die Möglichkeit haben, ihre Kosten bereits während der Entwicklungsphase zu aktivieren. Zu beachten ist, dass nach § 268 Abs. 8 HGB wiederum (→ Rn. 229) in Höhe des aktivierten Betrages eine Ausschüttungssperre besteht.

(3) Verlorene Zuschüsse.

> **Fallproblem: Verlorene Zuschüsse für die Bereitstellung von Infrastruktur** Der Ort, in dem das Betriebsgrundstück des Fuhrunternehmers Franke liegt, befindet sich unweit der Autobahn. Die nächste Autobahnauffahrt gibt es allerdings erst in 15 km. Im Hinblick auf kürzere Lieferwege für seine LKW zahlt Franke der Stadt einen so genannten verlorenen Zuschuss für den Ausbau einer direkten Autobahnanbindung. Am Ende des Jahres fragt er sich, ob er diesen Zuschuss aktivieren muss oder sofort als Betriebsausgabe abziehen kann (siehe BFH BB 1980, 1024).

237

> **Lösung:** Franke hat durch den Ausbau der Autobahnanbindung einen wirtschaftlichen Vorteil erlangt, der als immaterielles Wirtschaftsgut angesehen werden kann. Nach der Rechtsprechung des BFH zum alten Recht scheiterte eine Aktivierung schon daran, dass **kein entgeltlicher Erwerb** iSd § 248 Abs. 2 HGB aF vorlag. Der Vorteil Frankes besteht darin, dass er eine für seine Lastwagen schnellere Autobahnanbindung nutzen kann. Diesen Vorteil hat ihm aber die Stadt, die allein als sein Vertragspartner in Betracht kommt, nicht exklusiv eingeräumt, wie er andererseits der Stadt keine entsprechende Gegenleistung erbracht hat. Franke hat den Vorteil der besseren Autobahnanbindung hier originär erworben, in der Weise, dass die Anbindung für die Allgemeinheit ausgebaut wurde. Die Beteiligung Frankes an den Kosten des Straßenausbaus hat lediglich dazu beigetragen, den erforderlichen Zustand der Autobahnanbindung zu schaffen. Der anschließende Nutzungsvorteil wurde dem Franke nicht als Gegenleistung für den Zuschuss eingeräumt. Lediglich bei einem abgeleiteten Erwerb des Nutzenvorteils der Benutzung der Autobahnanbindung, etwa in der Form, dass Franke Exklusivrechte eingeräumt worden wären, käme Entgeltlichkeit in Betracht.

238

Seit der Änderung durch das BilMoG kommt es nun nicht mehr auf die Entgeltlichkeit an. Konsequenterweise müsste damit die Aktivierungsfähigkeit bejaht werden. Wer dagegen mit der schon unter der Geltung des alten Rechts vertretenen Auffassung die Existenz eines greifbaren Vermögensvorteils verneint, weil der Zugang zu öffentlichen Versorgungs- und Verkehrsnetzen keine exklusive Rechts-

239

position sei (HdJ/*Kuhner* II/1 Rn. 182), kommt weiterhin zu dem Ergebnis, dass eine Aktivierung nicht in Betracht kommt.

Literatur: *Thiel/Lüdtke-Handjery* BilanzR Rn. 441
HdJ/*Kuhner* II/1 Rn. 182

(4) **Werbekampagnen.**

240 Fall: Das große Modeunternehmen M&H möchte eine neue Marke für die junge Frau ab 30 einführen. Dazu schaltet sie eine flächendeckende Werbekampagne in den Printmedien für 1.500.000 EUR. Können die Kosten für den Werbefeldzug aktiviert werden oder sind sie als Betriebsaufwendungen im Jahr der Anzeigenkampagne zu verbuchen?

Lösung: Die durch die Werbekampagne erlangten wirtschaftlichen Vorteile führen mangels Greifbarkeit nicht zu einem aktivierungsfähigen Vermögensgegenstand. Ebenso wenig kann das Vorliegen eines selbst geschaffenen immateriellen Vermögensgegenstandes iSd § 248 Abs. 2 HGB bejaht werden. Der tatsächliche Wert bzw. der Erfolg der Werbemaßnahmen lässt sich nicht hinreichend sicher bestimmen.

241 Der RFH hat zwar früher ein aktivierungsfähiges Wirtschaftsgut bejaht, wenn es sich um die Neueinführung eines Artikels handelt und die Aussicht besteht, „dass die für den Kauf dieses Artikels gewonnene Kundschaft ... auf eine längere Zeit hinaus erhalten bleibt" (RFH RStBl. 1940, 34). In einem anderen Urteil hat der BFH darauf abgestellt, ob eine „Zusammenballung der Werbung für mehrere Wirtschaftsjahre in einem Wirtschaftsjahr vorliegt" (BFH BStBl. III 1963, 7). Der Gesetzgeber hat in der Gesetzesbegründung zum BilMoG jetzt aber klargestellt, dass der Aufwand für Werbemaßnahmen dem Aktivierungsverbot des § 248 Abs. 2 S. 2 HGB unterfällt, da der Aufwand alternativ ebenso einer Marke wie dem selbst geschaffenen Geschäfts- oder Firmenwert zugerechnet werden kann, so dass eine zweifelsfreie Zuordnung nicht möglich sei (BT-Drs. 16/10067, 50).

Literatur: *Moxter* Bilanzrechtsprechung S. 14

(5) **Kosten Internetauftritt.**

242 Fall: Die Media-AG möchte ihre Internetpräsenz ausbauen und beauftragt eine Internetagentur mit der Erstellung eines individuellen Internetauftritts für die Media-AG. Die Media-AG fragt sich am Ende des Geschäftsjahres, inwiefern sie die Kosten für den Internetauftritt iHv 20.000 EUR in ihrer Bilanz aktivieren darf.

A. Bilanzierung dem Grunde nach: Ansatz

Voraussetzung ist, dass es sich bei dem Internetauftritt um einen aktivierungsfähigen Vermögensgegenstand handelt. Als Vorüberlegung ist zu prüfen, ob der Internetauftritt als immaterieller oder körperlicher Vermögenswert zu qualifizieren ist. Zwar ist der Internetauftritt samt Software und Programmierungen an ein materielles Trägermedium in Form einer Festplatte/Diskette gebunden. Diese Verkörperung tritt jedoch nach der Verkehrsanschauung hinter den geistig schöpferischen Gehalt des Internetauftritts zurück, so dass im Ergebnis ein immaterieller Vermögenswert zu bejahen ist. 243

Sodann sind die Aktivierungsvoraussetzungen zu prüfen. Erforderlich ist, dass es sich um einen Vermögenswert handelt, der für den Bilanzierenden in der Zukunft einen wirtschaftlichen Nutzen entfaltet und überdies das Kriterium der Greifbarkeit erfüllt ist, dh der Vermögenswert objektiviert erfassbar ist. Dies ist nach den Kriterien des BFH dann der Fall, wenn der Vermögensvorteil **einzeln oder im Zusammenhang mit dem Betrieb übertragbar** und **selbstständig bewertbar** ist. Nach der Literaturansicht ist maßgebend, dass der Vermögenswert **selbstständig verwertbar** ist. 244

Internetauftritte dienen der Unterstützung der betrieblichen Vermarktungsstrategie und haben damit einen wirtschaftlichen Nutzen für das Unternehmen. Sie sind in Form ausschließlicher Nutzungsrechte zusammen mit dem Unternehmen oder alleine übertragbar und sie sind in Form von Nutzungsrechten auch selbstständig verwertbar. Schließlich sind den Internetauftritten auch die durch sie verursachten Anschaffungs- und Herstellungskosten zurechenbar, so dass sie bewertbar sind. Insgesamt erfüllen Internetauftritte die Voraussetzungen, die an einen Vermögensgegenstand zu stellen sind, so dass eine grundsätzliche Aktivierungspflicht besteht. 245

Da die Media-AG den Internetauftritt von der beauftragten Internetagentur hat erstellen lassen und dafür ein Entgelt gezahlt hat, besteht gemäß § 246 Abs. 1 HGB ein Aktivierungsgebot. Für den Fall, dass der Internetauftritt durch die eigenen Mitarbeiter der Media-AG erstellt und somit unentgeltlich erworben wurde, ergibt sich nach § 248 Abs. 2 S. 1 HGB ein Aktivierungswahlrecht. 246

Schlussendlich ist noch die Frage nach dem „richtigen" Ausweis des Internetauftritts in der Bilanz zu klären. Insofern ist zu überlegen, ob der Internetauftritt dem Anlage- oder dem Umlaufvermögen zuzuordnen ist. Dies bestimmt sich danach, ob der Internetauftritt dazu bestimmt ist, dauerhaft dem Geschäftsbetrieb zu dienen oder nach der Erstellung auf einen dritten Rechtsträger gegen Entgelt 247 übertragen zu werden. Eine Zuordnung zum Umlaufvermögen kommt regelmäßig nur bei Internetagenturen in Betracht, die Internetauftritte gegen Entgelt erstellen, während bei praktisch allen anderen Unternehmen eine Zuordnung zum Anlagevermögen geboten ist, da die Internetauftritte zur Absatzförderung genutzt werden und somit langfristig dem Geschäftsbetrieb dienen sollen.

248 **(6) Transferzahlungen.** Transferzahlungen im Berufssport (Spielerlaubnis)

> **Fall:** Der börsennotierte und als Kommanditgesellschaft auf Aktien (KGaA) organisierte Fußballclub Borussia Dortmund (BVB) verpflichtet im Jahr 2015 den Stürmerstar Lukas Podolski von einem ausländischen Fußballclub gegen eine Ablösesumme iHv 20 Mio. EUR und schließt mit ihm einen Vierjahresvertrag. Der BVB stellt sich, nachdem nunmehr ein 10 Mio. EUR großes „Loch" in der Kasse klafft, am Jahresende die Frage, inwiefern für den Kauf des Spielers auf der Aktivseite der Bilanz ein Vermögenswert angesetzt werden kann bzw. muss (BFH NJW 1993, 222 ff.).

249 Liegt ein Vermögensgegenstand vor, so besteht eine Aktivierungspflicht. Ein Wahlrecht scheidet damit von vornherein aus. Damit stellt sich die Frage, in welcher Form hier ein Vermögensgegenstand bejaht werden kann. Eine Aktivierung des einzelnen Fußballspielers in der Bilanz des Fußballclubs kommt ersichtlich nicht in Betracht, da der einzelne Spieler als Person kein „Vermögensgegenstand" iSd Bilanzrechts ist. Ebenso existiert kein „Recht am Spieler", welches bilanziert werden muss (BFH NJW 1993, 222 (223)).

250 Zu überlegen ist aber, inwiefern für die Möglichkeit, den Spieler einsetzen zu können (Spielerlaubnis), ein immaterieller Vermögenswert angesetzt werden kann. Nach Ansicht des BFH handelt es sich bei den Transferzahlungen, die nach den Vorschriften des Lizenzspielerstatuts der Deutschen Fußball Liga (DFL) bei dem Wechsel eines Spielers von einem Verein zu einem anderen Verein gezahlt werden, um **Anschaffungskosten der Spielerlaubnis**, die einen immateriellen Vermögensgegenstand iSv § 266 Abs. 2 lit. A I Nr. 2 HGB darstellen (BFH NJW 1993, 222 (223)).

251 Die Teilnahme am Spielbetrieb der Fußball-Bundesliga setzt die Erteilung einer Spielerlaubnis voraus. Aus diesem Grund verkörpert die Spielerlaubnis einen **vermögenswerten Vorteil** für den erwerbenden Verein. Die nach Maßgabe des Lizenzspielerstatuts erteilte Spielerlaubnis ist zwar keine Konzession iSd § 266 Abs. 2 lit. A I Nr. 2 HGB, jedoch ein ihr ähnliches Recht bzw. ein ähnlicher Wert. Die

A. Bilanzierung dem Grunde nach: Ansatz 99

Spielerlaubnis ist auch **selbstständig verkehrsfähig**, da der Rechtsverkehr durch das Lizenzspielerstatut Möglichkeiten entwickelt hat, die Spielerlaubnis wirtschaftlich zu übertragen. Insofern reicht es nach Ansicht des BFH aus, dass der abgebende Verein auf die Spielerlaubnis gegen Zahlung einer Transfersumme „verzichte", um auf diese Weise ihre Neuerteilung durch die DFL an den aufnehmenden Verein zu ermöglichen. Auf die Veräußerbarkeit der Spielerlaubnis im Rechtssinne komme es nicht an.

Die Spielerlaubnis ist auch **selbstständig bewertbar**, was sich aus der Möglichkeit ergibt, für die Auflösung des Arbeitsvertrages mit dem Spieler eine Transfersumme zu erhalten. Die DFL und die Vereine haben Grundsätze zur Bestimmung der Höhe der Transfersummen für einen bestimmten Spieler entwickelt. 252

Die Spielerlaubnis ist nach Auffassung der Rechtsprechung auch **entgeltlich erworben** worden. Zwar werde die Spielerlaubnis von der DFL erteilt und die Transfersumme an den abgebenden Verein gezahlt. Dennoch bestehe „zwischen der Entstehung der Transferverbindlichkeit und der Erteilung der Spielerlaubnis ein so enger Veranlassungszusammenhang, dass es gerechtfertigt ist, die Entschädigung als Anschaffungskosten für die Spielerlaubnis zu behandeln". Zwar existiere kein „Recht am Spieler", jedoch trete die Entschädigungszahlung „wirtschaftlich an die Stelle einer Gegenleistung für die Übertragung eines nach allgemeinen Rechtsgrundsätzen nicht bestehenden Rechts am Spieler, das tauglicher Gegenstand eines gegenseitigen Vertrages im Rechtssinne sein könnte". In diesem Sinne habe die Transferzahlung wirtschaftlich gesehen die Funktion einer Gegenleistung. 253

Im Ergebnis erfüllt die Ablösesumme in Höhe von 20 Mio. EUR die Voraussetzungen für einen aktivierungsfähigen immateriellen Vermögensgegenstand, so dass der BVB in seine Bilanz einen entsprechenden Aktivposten aufnehmen muss. 254

Zum wirtschaftlichen Verständnis ist wichtig, dass die Aktivierung lediglich zu einer Verschiebung und Verteilung des Anschaffungsaufwands auf mehrere Jahre führt. Denn die Spielerlaubnis muss über die Dauer ihrer Laufzeit **planmäßig abgeschrieben** werden. Während also eine Verbuchung als Aufwand den Jahresüberschuss sofort um 20 Mio. EUR senken würde, wird die Ablösesumme bei einer Aktivierung und einer Bindung des Spielers für 4 Jahre über einen Zeitraum von vier Jahren (iHv jeweils 5 Mio. EUR) verteilt.

Literatur Baumbach/Hopt/*Merkt* HGB § 246 Rn. 5
Moxter Bilanzrechtsprechung S. 24
Kaiser DB 2004, 1109 ff.

255 **(7) Geschäfts- oder Firmenwert.** Der Geschäfts- oder Firmenwert, auch als Goodwill bezeichnet, wird nach § 246 Abs. 1 S. 4 HGB als der Unterschiedsbetrag zwischen den vereinbarten Kaufpreisen (maximal Zeitwerten) der Vermögensgegenstände abzgl. sämtlicher Schulden und dem für die Übernahme des Unternehmens insgesamt gezahlten Kaufpreis definiert. Ein Unternehmen besitzt grds. einen Mehrwert, der über den Wert der einzelnen Vermögensgegenstände abzgl. der Schulden hinausgeht. Unternehmen werden regelmäßig mit dem Ertragswert bewertet und veräußert. Dabei entsteht gegenüber den Bilanzwerten ein Mehrwert, der sich aus den verschiedensten wertbildenden Faktoren zusammensetzt. Zu nennen sind bspw. die Qualität des Managements, besonderes Know-how der Mitarbeiter, die Betriebsorganisation, Standortvorteile, der Ruf der Firma und der Kundenstamm. Ein solcher Goodwill baut sich bei erfolgreichen Unternehmen über die Jahre von selbst auf, so dass man vom **originären Geschäfts- oder Firmenwert** spricht. Die **Aktivierung** dieses selbsterschaffenen (originären) Geschäfts- oder Firmenwerts ist **unzulässig**, weil es an einer hinreichenden Konkretisierung seines Wertes fehlt. So lässt sich bspw. der Bekanntheitsgrad eines Unternehmens oder die Qualität der Mitarbeiter schwerlich selbstständig bewerten.

256 Anders verhält es sich allerdings im Falle eines Unternehmenserwerbs. Hier wird der Geschäfts- oder Firmenwert des zu erwerbenden Unternehmens gesondert im Kaufpreis berücksichtigt. Insoweit findet eine Bestätigung des Goodwills am Markt statt. Aus diesem Grunde wird der entgeltlich erworbene, so genannte **derivative Geschäfts- oder Firmenwert** gemäß **§ 246 Abs. 1 S. 4 HGB** im Wege der Fiktion als zeitlich begrenzt nutzbarer Vermögensgegenstand angesehen, woraus eine **Aktivierungspflicht** folgt.

257 Zum Verständnis sei darauf hingewiesen, dass es sich bei dem zugrundeliegenden Unternehmenserwerb um einen sog. „**Asset-Deal**" handelt, bei dem die einzelnen Vermögensgegenstände und Schulden erworben werden. Das erwobene Unternehmen geht dabei unter, was bei Einzelunternehmen und vollständiger Übernahme von Personenhandelsgesellschaften immer der Fall ist. Werden nur die Anteile an einer Kapitalgesellschaft im Rahmen eines sog. „**Share-Deals**" erwor-

ben, sind die Anteile unter Beteiligungen zu aktivieren, womit ein derivativer Geschäfts- oder Firmenwert nicht entsteht. Allerdings könnte die erworbene Kapitalgesellschaft auf das Mutterunternehmen verschmolzen werden. Ein dabei nach denselben Grundsätzen entstehender Verschmelzungsmehrwert wäre dann entsprechend zu aktivieren.

Denkbar ist auch, dass der Kaufpreis für ein unrentables Unternehmen deutlich unterhalb des Substanzwerts der Vermögenswerte abzüglich der Schulden liegt. In diesem Fall käme es zu einem **negativen Geschäfts- oder Firmenwert**. Ein solcher negativer Goodwill darf in der Bilanz nicht angesetzt werden. Das Anschaffungskostenprinzip verbietet grds. den Ausweis von „Anschaffungsgewinnen". Es sind daher entweder die Vermögenswerte entsprechend abzuschreiben (Abstockung der Aktiva) oder die Passiva entsprechend zu erhöhen, so dass der negative Goodwill neutralisiert wird (vgl. *Baetge/Kirsch/Thiele* Bilanzen Kap. V. 24). 258

Da der Geschäfts- oder Firmenwert von einer Vielzahl von Einflussfaktoren abhängt, kann er sich auch schnell wieder „verflüchtigen". In Anbetracht dieser Unsicherheiten bestimmt § 246 Abs. 1 S. 4 HGB, dass der Geschäfts- oder Firmenwert als zeitlich begrenzt nutzbarer Vermögensgegenstand zu qualifizieren ist, der planmäßig bzw. bei Vorliegen außerplanmäßiger Umstände auch außerplanmäßig abzuschreiben ist. 259

Literatur: *Thiel/Lüdtke-Handjery* BilanzR S. 170 ff.
Baetge/Kirsch/Thiele Bilanzen Kap. V. 24

2. Konkrete Bilanzierungsfähigkeit

a) Subjektive Zurechnung (zum Kaufmann)

aa) Wirtschaftliches Eigentum im Allgemeinen. § 242 Abs. 1 HGB verpflichtet den Kaufmann, „**sein Vermögen**" in der Bilanz auszuweisen. In diesem Sinne ist zu prüfen, inwiefern ein Vermögensgegenstand als dem Vermögen des Kaufmanns zugehörig angesehen werden kann. Gerade im Wirtschaftsleben gibt es eine Vielzahl von Fällen, in denen das **zivilrechtliche Eigentum** vom so genannten **wirtschaftlichen Eigentum** abweicht. Der Kaufmann übereignet zur Sicherheit einen Lkw an seine Bank. Ist der Lkw nun in der Bilanz des Kaufmanns oder der Bank zu bilanzieren? Es stellt sich die 260 grundsätzliche Frage, wie bei der Bilanzierung von Vermögensgegenständen zu verfahren ist, wenn wirtschaftliches und zivilrechtliches Eigentum auseinanderfallen.

261 Ausgangspunkt sind die zivilrechtlichen Regelungen, dh die Eigentümerstellung bei Sachen sowie die Inhaberschaft von Forderungen und Rechten. Allerdings vermag diese rein formal-rechtliche Betrachtungsweise die tatsächlichen wirtschaftlichen Verhältnisse des Kaufmanns nicht immer richtig darzustellen. Aus diesem Grunde wird auf eine **wirtschaftliche Betrachtungsweise** abgestellt (BGH NJW 1996, 458 (459)). § 246 Abs. 1 S. 2 HGB kodifiziert allgemein das **Prinzip der wirtschaftlichen Zurechnung** beim Auseinanderfallen von rechtlichem und wirtschaftlichem Eigentum. Dabei ist die wirtschaftliche Zurechnung im Einzelfall anhand der Verteilung der Chancen und Risiken zu beurteilen, die aus dem zu bilanzierenden Vermögensgegenstand erwachsen. Im Ergebnis ist der Vermögensgegenstand demjenigen wirtschaftlich zuzurechnen, dem im Wege einer wertenden Betrachtung die wesentlichen Chancen und Risiken zukommen.

262 Zu beachten ist allerdings, dass diese Vorgehensweise unter dem Gesichtspunkt des Gläubigerschutzes nicht unproblematisch ist. Bei einer rein wirtschaftlichen Betrachtungsweise besteht nämlich die Gefahr, dass in der Bilanz des Kaufmanns Vermögensgegenstände ausgewiesen werden, auf die im Falle einer Insolvenz nicht zugegriffen werden kann, da die Rechte des formalrechtlichen Eigentümers entgegenstehen (siehe bspw. die Drittwiderspruchsklage nach § 771 ZPO). In der Insolvenz hat grds. das zivilrechtliche Eigentum den Vorrang. Vor diesem Hintergrund ist die Annahme eines wirtschaftlichen Eigentums an besondere Voraussetzungen geknüpft (BGH NJW 1996, 458 (459)).

263 Nach Ansicht des BGH verstößt eine rein wirtschaftliche Betrachtungsweise, welche die notwendige zivilrechtliche Absicherung der Rechtsposition nicht hinreichend berücksichtigt, gegen das Vorsichtsprinzip, da die Vermögenslage des Kaufmanns zu günstig und damit irreführend dargestellt wird. Aus diesem Grunde muss die Bilanzierung von Vermögensgegenständen, die zivilrechtlich einem anderen Rechtssubjekt gehören, als **Ausnahmetatbestand** gelten. Nach Auffassung des BGH ist ein solcher allenfalls dann zu bejahen, „wenn das bilanzierende Unternehmen gegenüber dem bürgerlich-rechtlichen Eigentümer eine auch rechtlich abgesicherte Position hat, die es ihm ermöglicht, diesen dauerhaft dergestalt von der Einwirkung auf

A. Bilanzierung dem Grunde nach: Ansatz

die betreffenden Vermögensgegenstände auszuschließen, dass seinem Herausgabeanspruch bei typischem Verlauf zumindest tatsächlich keine nennenswerte praktische Bedeutung zukommt". „Substanz und Ertrag des Vermögensgegenstands müssen, und sei es auch nur aufgrund schuldrechtlicher Berechtigungen, vollständig und auf Dauer dem bilanzierenden Unternehmen und nicht dem bürgerlich-rechtlichen Eigentümer zuzuordnen sein" (so BGH NJW 1996, 458 (459)). Entscheidend ist das Gesamtbild der Verhältnisse.

Im handelsrechtlichen Schrifttum wird in Anlehnung an § 246 Abs. 1 S. 2 HGB zT darüber hinausgehend gefordert, dass der Bilanzierende zur Verwertung des Vermögensgegenstandes durch Veräußerung oder Belastung berechtigt sein muss (vgl. Baumbach/Hueck/*Schulze-Osterloh* GmbHG 17. Aufl. § 42 Rn. 90; aA Baumbach/Hopt/*Merkt* HGB § 246 Rn. 14). **264**

Als Faustformel gilt: „Wirtschaftliches Eigentum" kann dann bejaht werden, wenn der Bilanzierende die **tatsächliche Sachherrschaft** über einen Vermögensgegenstand dergestalt ausüben kann, dass der zivilrechtliche Eigentümer wirtschaftlich auf Dauer von der Einwirkung ausgeschlossen ist (vgl. auch § 39 Abs. 2 Nr. 1 AO). **265**

> **Fälle:** (nach BGH NJW 1996, 458): **266**
> An der insolventen X-GmbH & Co KG sind neben der X-GmbH als Komplementärin die Kommanditisten A mit einer Hafteinlage von 1,4 Mio. EUR und dessen Ehefrau B mit einer Hafteinlage von 0,1 Mio. EUR beteiligt. A hat der KG über viele Jahre Grundstücke zur betrieblichen Nutzung zur Verfügung gestellt, auf denen die KG verschiedene Gebäude errichtet hat. Die Gebäude hat die KG in den Jahren 1976 bis 1990 in ihrer Bilanz mit den Herstellungskosten in Höhe von 6,2 Mio. EUR aktiviert. A hat sich verpflichtet, der KG die Grundstücke und Gebäude für 10 Jahre unentgeltlich zur Verfügung zu stellen. Weitere Sicherheiten hat die KG nicht erhalten. In den Jahren 1976–1990 hat A Entnahmen in Höhe von über 2,5 Mio. EUR getätigt, wobei jeweils der erzielte Jahresgewinn im Wesentlichen ausgeschüttet wurde.
> Der Insolvenzverwalter ist der Auffassung, die Aktivierung der Gebäude sei zu Unrecht erfolgt und verlangt von A Zahlung in Höhe von 1,4 Mio. EUR. Mit Recht?

Eine Haftung des A aufgrund unrechtmäßig entnommener Einlagen kann sich vorliegend aus §§ 171 Abs. 1 iVm Abs. 2, 172 Abs. 4 HGB ergeben. Infolge der Aktivierung der Immobilienwerte hat die KG einen entsprechend höheren Gewinn ausgewiesen, der die Gewinnentnahmen des A iHv 2,5 Mio. EUR ermöglicht hat. Die auf- **267** grund der aktivierten Immobilienwerte erhöhten Gewinnausschüttungen können eine Einlagenrückgewähr nach §§ 171, 172 HGB darstellen. Entscheidend ist somit, ob die KG die Immobilienwerte in den Jahren 1976–1990 zu Recht aktiviert hat.

268 Zivilrechtlicher Eigentümer der Grundstücke einschließlich der auf diesen errichteten Gebäude war der A (§ 946 BGB). Zu prüfen ist, ob die KG als „wirtschaftlicher Eigentümer" der Immobilien angesehen werden kann. Maßgeblich ist darauf abzustellen, inwiefern die KG gegenüber A eine rechtlich abgesicherte Position hat, die es ihr ermöglicht, den A dauerhaft dergestalt von der Einwirkung auf die Immobiliengegenstände auszuschließen, dass seinem Herausgabeanspruch bei typischem Verlauf zumindest tatsächlich keine nennenswerte praktische Bedeutung zukommt. Der BGH hat im vorliegenden Fall eine hinreichend gesicherte Rechtsposition der KG verneint. Die Parteien haben lediglich eine zehnjährige unentgeltliche Nutzung vereinbart. Dem zugrunde lag jedoch ein Mietverhältnis, dass von Seiten des Vermieters A mit einer bestimmten Kündigungsfrist kündbar war. Darüber hinaus hatte A die Möglichkeit, nach Ablauf der 10-jährigen Mietzeit den Preis für die Nutzung der Immobilien durch entsprechende Mieterhöhungen für die Grundstücke zu beeinflussen. Damit ergab sich in der Gesamtschau keine rechtlich abgesicherte Position der KG, die eine Qualifizierung als „wirtschaftliche Eigentümerin" der Immobilien rechtfertigte. Die Aktivierung der Immobilien erfolgte zu Unrecht, so dass ein Haftungsanspruch des Insolvenzverwalters in Abhängigkeit von den tatsächlich zu viel getätigten Entnahmen begründet ist.

Literatur: *Baetge/Kirsch/Thiele* Bilanzen Kap. III. 23
Thiel/Lüdtke-Handjery BilanzR Rn. 415 ff.

269 **bb) Wirtschaftliches Eigentum in Einzelfällen. (1) Veräußerungsgeschäfte.** Gekaufte Sachen und Tiere (§ 90a BGB) gehören wirtschaftlich zum Vermögen des Kaufmanns, sobald er die Verfügungsmacht darüber erlangt hat (BFH BStBl. II 1989, 21 (23)). Abzustellen ist darauf, wann auf den Käufer der Besitz sowie die Lasten und Nutzungen übergegangen sind. Dies ist idR der Zeitpunkt des Gefahrübergangs (§§ 446, 447 BGB).

270 Im Fall eines **Grundstückskaufvertrags** kommt es dementsprechend nicht auf den Zeitpunkt der Vertragsunterzeichnung oder der Grundbucheintragung an, sondern auf den Zeitpunkt, in dem der Käufer die Verfügungsmacht über das Grundstück erlangt, dh dieses zur Nutzung in Besitz nimmt. Das ist idR der Zeitpunkt des Übergangs von Nutzen und Lasten.

Beim **Versendungskauf** nach § 447 BGB ist eine Forderung beim Verkäufer mit Übergabe der Kaufsache an den Spediteur zu aktivieren. Beim Käufer hingegen darf der Vermögensgegenstand trotz Übergang der Preisgefahr erst mit der tatsächlichen Inbesitznahme aktiviert werden. In der Übergangszeit handelt es sich um ein schwebendes Geschäft (BFH BStBl. II 1989, 21 (23 f.)). Übergibt der Verkäufer die Kaufsache am 27.12.2014 an ein Frachtunternehmen und wird die Sache erst am 2.1.2015 übergeben, darf der Käufer den Gegenstand erst im Jahre 2015 aktivieren. 271

(2) Pfändung, Eigentumsvorbehalt, Sicherungsübereignung. Vor der allgemeinen Kodifizierung des Grundsatzes der wirtschaftlichen Zurechnung in § 246 Abs. 1 S. 2 HGB nF durch das BilMoG waren in § 246 Abs. 1 S. 2 und 3 HGB aF einige wesentliche Fälle explizit geregelt, in denen das zivilrechtliche vom „wirtschaftlichen" Eigentum abweicht. § 246 Abs. 1 S. 2 HGB aF regelte ausdrücklich die Konstellation der Sicherungsübereignung, des Eigentumsvorbehalts sowie der Pfändung. Danach waren Vermögensgegenstände, die unter Eigentumsvorbehalt erworben oder an Dritte für eigene oder fremde Verbindlichkeiten verpfändet oder in anderer Weise als Sicherheit übertragen worden sind, in die Bilanz des Sicherungsgebers aufzunehmen. Die Gesetzesbegründung zum BilMoG hebt hervor, dass die Neufassung des § 246 Abs. 1 S. 2 HGB keine Veränderung des bisherigen Rechtszustandes bezweckt, sondern lediglich klarstellt, dass das Prinzip der wirtschaftlichen Zurechnung nunmehr allgemein Gültigkeit erhalten soll. 272

Im Falle der **Pfändung** eines Vermögensgegenstandes ist dieser entsprechend § 246 Abs. 1 S. 2 HGB in der Bilanz des Pfandrechtsbestellers zu aktivieren, auch wenn der Pfandgläubiger nach § 1205 BGB Besitz an der Pfandsache erlangt. Dem Pfandrechtsbesteller gebühren weiterhin die Nutzungen des verpfändeten Gegenstandes, siehe § 1214 Abs. 2 BGB (*ADS* HGB § 246 Rn. 269). 273

In der Praxis häufig anzutreffen sind Vereinbarungen über den Verkauf von Waren unter **Eigentumsvorbehalt**. Bspw. kauft Schuhhändler Schmitz bei seinem Großhändler Graf die neue Herrenschuhkollektion im Wert von 10.000 EUR. Da Schmitz den Kaufpreis nicht sofort aufbringen kann, vereinbaren beide, dass das Eigentum an den Schuhen erst dann auf Schmitz übergehen soll, 274 wenn dieser den Kaufpreis für die einzelnen Schuhe bezahlt hat (**Eigentumsvorbehalt, § 449 BGB**). Um den Kaufpreis für die Schuhe zu erwirtschaften, ist Schmitz darauf angewiesen, die Ware bereits in Besitz nehmen, mit ihr wirtschaften und sie insbesondere verkaufen zu dürfen. Zivilrechtlich ist hingegen Graf so lange Eigentümer, bis die vollständige Kaufpreiszahlung bewirkt ist. Da Schmitz jedoch in tatsächlicher Hinsicht bereits über die Schuhe verfügen kann, sind die Schuhe mit Übergabe wirtschaftlich dem Vermögen des Schmitz zuzuordnen, so dass sie entsprechend § 246 Abs. 1 S. 2 HGB in der Bilanz des Schmitz zu aktivieren sind. Großhändler Graf kann eine Forderung in entsprechender Höhe bilanzieren.

275 Als weiteres häufiges Kreditsicherungsgeschäft wird die **Sicherungsübereignung** vereinbart. Dabei wird das Eigentum an Vermögensgegenständen vom Darlehensschuldner an den Darlehensgeber zur Absicherung der Darlehensforderung übereignet (§§ 930, 929 BGB). Der Vorteil besteht darin, dass der Darlehensschuldner weiterhin im Besitz der Sache bleibt und diese weiterhin vollumfänglich wirtschaftlich nutzen kann. In der Regel ist der Darlehensschuldner auf die Nutzung der Sache angewiesen, um die Darlehensforderung zurückzahlen zu können, während die Banken als Darlehensgeber häufig keine Möglichkeiten und kein Interesse daran haben, die Sicherungsgegenstände in Besitz zu nehmen. Da Sachherrschaft und Nutzungsmöglichkeit allein beim Sicherungsgeber verbleiben, hat die Bilanzierung der sicherungsübereigneten Gegenstände beim Sicherungsgeber zu erfolgen, obwohl dieser zivilrechtlich nicht mehr Eigentümer ist. So hat bspw. der Fuhrunternehmer, der seinen Lkw seiner Hausbank sicherungsübereignet hat, denselben weiterhin in seiner Bilanz zu aktivieren.

276 **(3) Leasing.** Wird dem Kaufmann lediglich ein zeitlich befristetes Nutzungsrecht an dem Vermögensgegenstand eingeräumt, so darf der Vermögensgegenstand von ihm nicht aktiviert werden. Daher begründen **Miete, Pacht oder Leihe** grundsätzlich kein „wirtschaftliches Eigentum" an dem überlassenen Gegenstand. Mietverträge werden bilanzrechtlich als schwebende Geschäfte eingeordnet, mit der Folge, dass sie nicht bilanziert werden dürfen. Die Mietzahlungen sind als Betriebsausgaben abzugsfähig.

277 Heutzutage weit verbreitet sind **Leasinggeschäfte**. Kennzeichen von Leasingverhältnissen ist, dass der Leasinggeber dem Leasingnehmer die Leasingsache, die zu diesem Zweck vom Leasinggeber ange-

schafft wurde, zum Gebrauch überlässt und als Gegenleistung ein Entgelt in Form der Leasingraten erhält. Die Besonderheit besteht darin, dass abweichend vom normalen Mietverhältnis der Leasingnehmer die alleinige Preisgefahr für die Sache trägt, dh auch bei Untergang der Sache weiterhin zur Zahlung des Kaufpreises bzw. der Leasingraten verpflichtet bleibt. Im Gegenzug tritt der Leasinggeber seine Gewährleistungsansprüche, die dieser gegenüber dem Verkäufer des Leasingobjektes hat, an den Leasingnehmer ab. Zivilrechtlich bleibt der Leasinggeber Eigentümer der Leasingsache.

Der besondere Vorteil des Leasings besteht aus Leasingnehmersicht in der Finanzierungsfunktion. So kann ein Unternehmen eine neue teure Maschine im Rahmen eines Leasingverhältnisses anschaffen, ohne sofort den kompletten Kaufpreis zahlen zu müssen. Auf diese Weise wird die Liquidität des Unternehmens geschont. Zwar könnte das Unternehmen auch einen Kredit aufnehmen, dieser müsste allerdings in der Bilanz als Verbindlichkeit ausgewiesen werden. Die Vereinbarung eines Leasingverhältnisses bietet insoweit auch **bilanzrechtliche Vorteile**. Überdies ergeben sich steuerliche Vorteile, da nicht die komplette Kaufpreissumme aktiviert wird, sondern die monatlichen Leasingraten als Betriebsausgaben abziehbar sind. Aus Sicht des Leasinggebers ergibt sich die günstige Möglichkeit, sein Kapital zu nutzen, da die Leasingraten insgesamt über dem Kaufpreis des Leasinggegenstands liegen.

Leasingverträge werden über die unterschiedlichsten Vermögensgegenstände geschlossen, wie bspw. Computer, Autos, ganze Maschinenparks, Flugzeuge oder Immobilien. Auch die Erscheinungsformen des Leasings sind vielfältig. Im Wesentlichen lassen sich das Finanzierungsleasing und das Operating-Leasing unterscheiden.

Das **Finanzierungsleasing** ist typischerweise durch eine lange, feste Vertragsdauer sowie eine Verlängerungs- oder Kaufoption gekennzeichnet. Darüber hinaus sind die Leasingraten so kalkuliert, dass sie die Kosten inklusive Zinsen und Kreditrisiko sowie den Gewinn des Leasinggebers decken. Das Finanzierungsleasing dient der langfristigen Finanzierung von Investitionsgütern. Einen Sonderfall des Finanzierungsleasings stellt das so genannte **Spezial-Leasing** dar. Beim Spezial-Leasing sind die Leasinggegenstände so individuell auf den Leasingnehmer zugeschnitten, dass sie von Dritten kaum wirtschaftlich sinnvoll genutzt werden können. Bspw. wird eine Maschine geleast, die speziell für den Leasingnehmer entwickelt und passgenau in seine Fabrikhalle eingebaut wurde.

281 Beim **Operating-Leasing** ist die Vertragsdauer idR unbestimmt und es werden kurzfristige Kündigungsmöglichkeiten vereinbart. Das Investitionsrisiko liegt zudem gewöhnlich beim Leasinggeber. Im Wesentlichen geht es beim Operating-Leasing um die kurzfristige Bereitstellung von technisch auf dem neuesten Stand befindlichen Anlagen. Um ständig über die aktuellste Technik zu verfügen, kann es sich zB für ein Fotolabor anbieten, die neuesten Computer und Entwicklungsmaschinen zu leasen anstelle zu kaufen. Das Fotolabor kann auf diese Weise flexibel auf neue Entwicklungen reagieren, indem es den alten Leasingvertrag bei überholendem technischem Fortschritt kündigt und einen neuen Leasingvertrag über die neuartigen Geräte abschließt.

282 Aus bilanzrechtlicher Sicht stellt sich die Frage, bei wem der Leasinggegenstand, dessen zivilrechtlicher Eigentümer der Leasinggeber ist, zu bilanzieren ist. Qualifiziert man den Leasingvertrag überwiegend als Mietvertrag, käme eine Aktivierung beim Leasingnehmer entsprechend den bei Mietverträgen geltenden Grundsätzen über schwebende Geschäfte nicht in Betracht. Entscheidend ist bei Leasingverhältnissen auch, inwiefern der Leasinggegenstand wirtschaftlich als dem Vermögen des Leasingnehmers zugehörig angesehen werden kann.

283 Das **Operating-Leasing** wird wirtschaftlich wie ein Mietverhältnis behandelt. Da der Leasingnehmer lediglich ein zeitlich befristetes Nutzungsrecht gegen Zahlung der Leasingraten hat, ist der Leasinggegenstand wirtschaftlich dem Leasinggeber zuzuordnen und bei diesem zu aktivieren.

284 Schwieriger ist die Zuordnung beim **Finanzierungsleasing**, da dieses sowohl kaufvertragliche als auch mietvertragliche Elemente aufweist. Als Grundlage für die Beurteilung der wirtschaftlichen Vermögenszugehörigkeit bei Leasinggegenständen dienen die so genannten **Leasing-Erlasse** des BMF über die ertragssteuerliche Behandlung von Leasingverträgen, die mangels eigener Regelungen auch für die Handelsbilanz anzuwenden sind (Überblick bei *Baetge/Kirsch/Thiele* Bilanzen Kap. XIII. 122). Danach kann dem Leasingnehmer der Leasinggegenstand unter folgenden Voraussetzungen wirtschaftlich zugerechnet werden:
(1) der Leasingvertrag ist für eine **feste Grundmietzeit** geschlossen und **insoweit nicht kündbar,**
(2) die während der Grundmietzeit zu zahlenden **Leasingraten decken** die **Anschaffungs- und Herstellungskosten** sowie sämtliche Nebenkosten des Leasinggebers, und

A. Bilanzierung dem Grunde nach: Ansatz

(3) die Grundmietzeit beträgt entweder **mehr als 90 %** oder **weniger als 40 %** der betriebsgewöhnlichen Nutzungsdauer.

Wenn die Grundmietzeit länger als 90 % der gewöhnlichen Nutzungsdauer ist, ist davon auszugehen, dass der Vermögensgegenstand während seiner gesamten Nutzungsdauer beim Leasingnehmer verbleibt und von diesem nahezu verbraucht wird. Ist die Grundmietzeit kürzer als 40 % der betriebsgewöhnlichen Nutzungsdauer, wird unterstellt, dass es sich um einen verdeckten Ratenkauf handelt, da der Leasingnehmer ansonsten nicht so hohe Leasingraten bezahlen würde. In diesem Fall ist davon auszugehen, dass der Leasingnehmer den Gegenstand entweder anschließend behält oder sich die weitere Nutzung vertraglich gesichert hat. 285

Liegt die Grundmietzeit **zwischen 40 % und 90 %** der betriebsgewöhnlichen Nutzungsdauer ist weiter erforderlich, dass dem Leasingnehmer eine **Kauf- oder Verlängerungsoption** eingeräumt worden ist, bei der der Kaufpreis geringer ist als der Restbuchwert des Leasinggegenstands bzw. die Anschlussleasingrate deutlich unter der ursprünglichen Rate liegt. 286

Ungeachtet der obigen Differenzierung werden die Leasinggegenstände beim **Spezial-Leasing** stets dem Leasingnehmer zugeordnet, da aufgrund des individuellen Zuschnitts des Leasingobjekts auf den Leasingnehmer eine wirtschaftlich sinnvolle Verwertung durch einen Dritten ausscheidet. 287

Eine besondere Leasingvariante stellen die so genannten **sale-and-lease-back-Verträge** dar. Bei diesen verkauft der Leasingnehmer zunächst den Leasinggegenstand an den Leasinggeber, um ihn sodann von diesem „zurückzuleasen". Eine solche Vorgehensweise ist häufig steuer- und bilanzrechtlich motiviert. Durch sale-and-lease-back-Konstruktionen kann die Bilanz insgesamt verschlankt werden, da die verkauften und zurückgeleasten Vermögensgegenstände nicht mehr in der Bilanz erscheinen. Durch den Verkauf der Vermögensgegenstände erhält das Unternehmen zudem Liquidität, mit der idR die Schulden des Unternehmens abgebaut werden. Durch den Verkauf der Vermögensgegenstände können stille Reserven gehoben werden, insbes. bei Immobilienvermögen. 288

Beispiel: Der große Kaufhausbetreiber „Kaufstadt" ist durch Managementfehler in eine finanzielle Schieflage geraten. Um bei den Aktionären und Investoren wieder attraktiver dazustehen, entschließt sich der Vorstand, die Warenhäuser des Unternehmens an eine Investmentgesellschaft zu verkaufen. Da „Kaufstadt" jedoch auf die Warenhäuser als Verkaufsstätten angewiesen ist, 289 werden diese von der Investmentgesellschaft wieder zurückgeleast. Durch den erheblichen Zufluss an Liquidität infolge des Verkaufs der Immobilien kann „Kaufstadt" den Großteil seiner Schulden tilgen. Die Verbindlichkeiten sind damit aus der Bilanz „verschwunden", wobei dies in gleicher Weise für die Immobilien gilt. Das Unternehmen wirkt nach der Bilanz „schuldenfrei". Zu beachten ist aber, dass „Kaufstadt" die Immobilien langfristig zum Wirtschaften benötigt, so dass langfristige Mietverträge geschlossen und uU langfristig hohe Mietzinsen gezahlt werden müssen.

Auch wenn dies nach den gesetzlichen Einzelvorschriften zulässig ist, stellt sich iÜ die Frage, ob in diesem Fall ein den tatsächlichen Verhältnissen entsprechendes Bild der Vermögens-, Finanz- und Ertragslage im Sinne eines „True and fair View" noch vermittelt wird, wie es die Generalnorm vom Jahresabschluss in § 264 Abs. 2 S. 1 HGB fordert. Nach deutschem Verständnis stellt diese Generalnorm allerdings kein „overriding principle" dar, wie es die EG-Richtlinie vorsieht (→ Rn. 529). Wäre dies anders, würde der Ausweis des sich im Rahmen der sale-and-lease-back-Transaktion ergebenden Gewinns möglicherweise nicht zugelassen. In anderen Ländern der EU können die Einzelnormen in einer solchen Konstellation zurücktreten, wie bspw. in Spanien (vgl. *Dicken* Spanisches Bilanzrecht S. 10).

Literatur: *ADS* HGB § 246 Rn. 385 ff.
Baetge/Kirsch/Thiele Bilanzen Kap. XIII. 12

290 **(4) Factoring.** Beim Factoring (Forderungskauf) wird unterschieden zwischen **echtem Factoring** und **unechtem Factoring**. Das **echte Factoring** stellt einen normalen Rechtskauf iSd §§ 453, 433 ff., 398 ff. BGB dar. Der Factoringkunde verkauft seine Forderungen an den Factor (Forderungskäufer) und erhält dafür ein Entgelt, das dem Gegenwert der Forderung, vermindert um eine Factoringprovision für die Einziehung der Forderung inklusive Risikoabschlag, entspricht. Anschließend betreibt der Factor die Einziehung der Forderungen auf eigenes Risiko und auf eigene Rechnung. Der Factorkunde haftet allein für den rechtlichen Bestand seiner verkauften Forderung, während der Factor das Ausfallrisiko (Bonitätsrisiko) trägt. Da die verkauften Forderungen mit Wirksamkeit der Abtretung in das Vermögen des Factors übergehen, sind sie auch entsprechend **beim Factor zu aktivieren**. Der Factoringkunde aktiviert das Entgelt für die verkauften Forderungen.

291 Beim **unechten Factoring** verbleibt das Ausfallrisiko hingegen beim Factoringkunden. Der Factor zahlt dem Factoringkunden lediglich einen Vorschuss für die noch nicht beigetriebenen Forderungen, so dass es sich rechtlich um ein Kreditgeschäft handelt. Zur Absicherung und Tilgung der Kreditsumme werden die Forderungen des Factoringkunden erfüllungshalber an den Factor abgetreten. IdR

A. Bilanzierung dem Grunde nach: Ansatz

übernimmt der Factor die Einziehung der Forderungen, überträgt diese jedoch im Falle des Forderungsausfalls auf den Factoringkunden zurück und verlangt Rückzahlung des vorab gezahlten Kreditbetrags. Betrachtet man das unechte Factoring als ein reines durch Forderungsabtretung gesichertes Kreditgeschäft, so wären die Forderungen des Factoringkunden weiterhin bei diesem zu aktivieren. Zusätzlich bilanziert der Factoringkunde eine Verbindlichkeit gegenüber dem Factor. Die hM differenziert allerdings bei der bilanziellen Behandlung des unechten Factorings danach, ob die Forderungsabtretung gegenüber dem Schuldner offengelegt wird oder nicht (siehe *ADS* HGB § 246 Rn. 321 f.; MüKoBilanzR/*Hennrichs* § 246 HGB Rn. 197 mwN). Wird die Forderungsabtretung dem Schuldner nicht angezeigt (sog. **stilles unechtes Factoring**), erfolgt die **Aktivierung beim Factoringkunden**, da dieser weiterhin die Verfügungsbefugnis über die Forderung hat. Die Zahlungen des Schuldners gehen allein beim Factoringkunden ein.

Im Falle des **offenen unechten Factorings** erfolgen die Zahlungen 292 des Schuldners hingegen direkt an den Factor. Dieser hat insoweit die Verwertungsbefugnis für eigene Rechnung inne. Dem steht nicht entgegen, dass das Ausfallrisiko letztlich beim Factoringkunden liegt. Entscheidend ist, dass der Factor die eingezogenen Erlöse nicht mehr herausgeben muss. Aus diesem Grunde ist eine **Aktivierung der Forderungen beim Factor** sachgerecht. Diese Vorgehensweise wird zusätzlich durch praktische Erwägungen gestützt. Da der Factor die Forderungen einzieht, hat der Factoringkunde idR keine genauen Informationen über den Status der eingezogenen Forderungen, was jedoch für die korrekte Bilanzierung erforderlich ist. Die Aktivierung der Forderungen beim Factoringkunden wäre kaum praktikabel durchzuführen. Allerdings hat der Factoringkunde gemäß § 251 HGB unter der Bilanz auf das bei ihm liegende Ausfallrisiko hinzuweisen und im Falle des drohenden Forderungsausfalls eine Rückstellung in entsprechende Höhe zu bilden.

Literatur: *ADS* HGB § 246 Rn. 311
MüKoBilanzR/*Hennrichs* HGB § 246 Rn. 194 ff.

(5) **Kommissionsgeschäft.** Die Vermögensgegenstände, die der 293 Kommissionär im Rahmen eines **Kommissionsgeschäfts** im eigenen Namen erwirbt (Kommissionsware), sind grds. beim Kommittenten zu bilanzieren, da nach hM der Kommittent sofort das wirtschaftliche Eigentum an den Waren erlangt (BeBiKo/*Förschle/Ries* HGB § 246

Rn. 23). Der Kommissionär, der zivilrechtlich Eigentümer der Waren geworden ist, aktiviert hingegen eine Forderung gegenüber dem Kommittenten und eine Verbindlichkeit gegenüber dem Dritten, von dem er die Ware erworben hat.

Literatur BeBiKo/*Förschle/Ries* HGB § 246 Rn. 21–23

294 **Überblick über die Hauptfälle des wirtschaftlichen Eigentums:**

Sachverhalt	Bilanzierung beim	Kriterium
Eigentumsvorbehalt	Käufer	Verfügungsmöglichkeit
Sicherungsübereignung	Sicherungsgeber	Überwiegende Nutzung
Leasing	L-Nehmer oder L-Geber	Überwiegende Nutzung
Unechtes Factoring	Forderungsverkäufer	Ausfallrisiko des Verkäufers
Echtes Factoring	Forderungskäufer	Ausfallrisiko des Käufers

b) Objektive Zurechnung (zum Betrieb)

295   Wenn §§ 242 Abs. 1, 246 HGB den Kaufmann dazu verpflichten, „**sein Vermögen**" auszuweisen, so stellt sich beim Einzelkaufmann und bei Personenhandelsgesellschaften eine weitere Zurechnungsproblematik. Da ein Großteil der Vermögensgegenstände sowohl betrieblich als auch privat genutzt werden kann, ist eine Differenzierung zwischen dem **Betriebsvermögen** und dem **Privatvermögen** des Kaufmanns erforderlich. In der Bilanz des Kaufmanns ist nur das Betriebsvermögen auszuweisen, während sein Privatvermögen außer Ansatz zu bleiben hat (hM, vgl. *ADS* HGB § 246 Rn. 425 f. mwN). Dies wird im Wesentlichen aus § 238 Abs. 1 HGB gefolgert, der den Kaufmann verpflichtet, über „seine Handelsgeschäfte" Bücher zu führen. In der Konsequenz hat der Kaufmann auch nur über seine Handelsgeschäfte im Jahresabschluss Rechenschaft abzulegen, so dass sämtliche der Privatsphäre des Kaufmanns zuzurechnenden Vorfälle außer Betracht bleiben müssen. Gestützt wird dies durch § 5 Abs. 4 PublG, der ausdrücklich den Ansatz von Privatvermögen in der Bilanz verbietet.

296   Bei **Kapitalgesellschaften** stellt sich die Abgrenzungsfrage hingegen nicht, da sie über **keine außerbetriebliche Sphäre** verfügen (BFH NJW 1997, 2004 (2005 f.)); sämtliche der Kapitalgesellschaft

subjektiv zurechenbaren Vermögensgegenstände gehören automatisch zum Betriebsvermögen.

Die Abgrenzung zwischen privatem und betrieblichem Vermögen bei Einzelunternehmern und Gesellschaftern von Personenhandelsgesellschaften ist vor allem für die steuerliche Gewinnermittlung von Bedeutung. Dabei geht es insbesondere um die Frage, inwieweit mit etwaigem Privatvermögen verbundene Ausgaben als Betriebsausgaben die steuerliche Bemessungsgrundlage des Gewerbebetriebs mindern, obschon sie im Grunde Ausgaben der persönlichen Lebensführung sind. Aus handelsrechtlicher Sicht ist vielmehr das Schuldendeckungspotenzial des Vermögens von Bedeutung, was dafür spräche, dass im Zweifelsfall keine Einwendungen gegen eine Deklaration als betriebliches Vermögen zu erheben sind. Da Einzelkaufleute wie auch Gesellschafter von Personengesellschaften ohnehin mit dem privaten Vermögen haften, kann dahingestellt bleiben, ob die im Folgenden dargelegten steuerrechtlichen Zurechnungsregeln auch handelsrechtlich einschlägig sind.

Voraussetzung für die Aktivierung in der Bilanz ist die Qualifizierung des Vermögensgegenstandes als Betriebsvermögen. Dabei zählen zum (notwendigen) **Betriebsvermögen** zunächst alle Vermögensgegenstände, die ausschließlich und unmittelbar für eigenbetriebliche Zwecke des Kaufmanns genutzt werden oder dazu bestimmt sind (zB Stanzmaschine, Bürogebäude). Zum (notwendigen) **Privatvermögen** zählen die Vermögensgegenstände, die ausschließlich der privaten Lebensführung dienen (Segelboot des Brauereibesitzers, Schmuck). 297

Abgrenzungsfragen ergeben sich bei denjenigen Vermögensgegenständen, die sowohl privat als auch betrieblich genutzt werden (können), wie bspw. dem Pkw oder Aktien. Das HGB enthält explizit keine Regelungen für die Abgrenzung des Betriebs- vom Privatvermögen. In Anlehnung an die steuerrechtlichen Regelungen erfolgt bei den gemischt genutzten Vermögensgegenständen eine Unterscheidung zwischen **notwendigem Betriebsvermögen, gewillkürtem Privat- oder Betriebsvermögen** und **notwendigem Privatvermögen**. Maßgeblich für die Zuordnung zum Betriebsvermögen ist der **Grad der betrieblichen Nutzung**: 298

- Wird der Vermögensgegenstand zu mehr als 50% betrieblich genutzt, zählt er zum notwendigen Betriebsvermögen (Ansatzpflicht).
- Wird der Vermögensgegenstand zu weniger als 10% betrieblich genutzt, zählt er zum notwendigen Privatvermögen (Ansatzverbot).

- Wird der Vermögensgegenstand zwischen 10 und 50% betrieblich genutzt, so handelt es sich um gewillkürtes Privat- oder Betriebsvermögen (Ansatzwahlrecht).

299 Im Falle des gewillkürten Betriebsvermögens steht dem Kaufmann ein **Wahlrecht** zu, die Vermögensgegenstände entweder seinem Betriebsvermögen oder seinem Privatvermögen zuzurechnen und insoweit über den Ansatz in der Bilanz zu entscheiden. Maßgeblich ist die Willensrichtung des Kaufmanns, die er durch die bilanzielle Behandlung des Vermögensgegenstands kundtut. Die Zuordnung kann für **bewegliche Vermögensgegenstände** nur **einheitlich** erfolgen, dh eine Aufspaltung der Vermögensgegenstände nach ihren Nutzungsanteilen scheidet aus. Nutzt der Kaufmann seinen Pkw zu 30 % betrieblich und bilanziert diesen (gewillkürtes Betriebsvermögen), ist der Pkw mit seinen kompletten Anschaffungskosten (AK) in der Bilanz anzusetzen und nicht lediglich iHv 30 % der AK.

300 Eine Ausnahme hiervon besteht bei **Grundstücken und Gebäuden**, die entsprechend ihrem **Nutzungs- und Funktionszusammenhang** aufzuteilen sind (HdJ/*Lutz/Schlag* I/4 Rn. 106). Befindet sich bspw. in dem Gebäude des Kaufmanns neben den Büroräumen auch seine Privatwohnung, ist das Gebäude bilanziell aufzuteilen und allein der Bürogebäudeteil in der Bilanz anzusetzen. Die Wohnung ist notwendiges Privatvermögen und darf nicht aktiviert werden.

301 Wird ein Vermögensgegenstand gewillkürt dem Betriebsvermögen zugeordnet, ist der private Nutzungsanteil als **Nutzungsentnahme** zu berücksichtigen. Der prozentuale Aufwand für die private Nutzung stellt aus Unternehmersicht Ertrag dar, der den Gesamtnutzungsaufwand entsprechend verringert. Wird der Vermögensgegenstand dem Privatvermögen zugeordnet, ist der betriebliche Nutzungsanteil als Aufwand des Unternehmens und **Einlage von Nutzungen** zu erfassen.

Literatur: *Buchholz* Jahresabschluss S. 42 ff.
ADS HGB § 246 Rn. 425 ff.
Thiel/Lüdtke-Handjery BilanzR Rn. 374 ff.
Baumbach/Hopt/*Merkt* HGB § 246 Rn. 24

c) Ansatzwahlrechte und -verbote

302 **aa) Ansatzwahlrechte.** Das alte Handelsbilanzrecht sah trotz des Vollständigkeitsgebots des § 246 Abs. 1 HGB an zahlreichen Stellen eine **Wahlmöglichkeit für den Ansatz von Bilanzposten** vor. Erklärtes Ziel des BilMoG war es, die handelsrechtlichen Rechnungslegungsvorschriften durch eine maßvolle Annäherung an die IFRS zu einem gleichwertigen, aber einfacheren und kostengünstigeren Regelwerk zu entwickeln. Ein Ansatzpunkt bestand darin, die bestehenden handelsrechtlichen Ansatz-, Ausweis- und Bewertungswahlrechte zu beseitigen, um eine Anhebung des Informationsniveaus des handelsrechtlichen Jahresabschlusses zu erreichen. Aus diesem Grunde wurden durch das BilMoG nahezu sämtliche Aktivierungs- und Passivierungswahlrechte gestrichen.

Es besteht ein **Aktivierungswahlrecht** für selbst geschaffene immaterielle Vermögensgegenstände des Anlagevermögens (§ 248 Abs. 2 S. 1 HGB) sowie für Kapitalgesellschaften für aktive latente Steuern (§ 274 Abs. 1 S. 2 HGB). 303

Schließlich besteht nach § 250 Abs. 3 HGB die Möglichkeit, ein Disagio in die (aktiven) Rechnungsabgrenzungsposten aufzunehmen. 304

Häufig wird bei Krediten vereinbart, dass der Rückzahlungsbetrag höher als der Auszahlungsbetrag ist. Kaufmann K erhält bspw. lediglich 96.000 EUR von seinem Kredit ausgezahlt, muss aber 100.000 EUR zurückzahlen. Dieser Unterschiedsbetrag zwischen Auszahlung und Rückzahlung heißt **Disagio**. Die Vereinbarung eines Disagios bei einem Kredit ermöglicht die Vereinbarung eines niedrigeren Zinssatzes über die Vertragslaufzeit, da das Disagio den Charakter eines **vorausbezahlten Zinses** aufweist. So könnte etwa anstelle eines jährlichen Zinssatzes von 8 % Zinsen, bei Vereinbarung des Disagios iHv 4.000 EUR eine Reduzierung des Zinssatzes auf ca. 6 % pa bei einer Laufzeit von zwei Jahren vereinbart werden. Das kann etwa steuerrechtlich vorteilhaft sein, wenn das Disagio bereits im Jahr der Kreditvergabe als Aufwand verbucht werden kann.

Vor dem Hintergrund, dass das Disagio einen zinsähnlichen Charakter aufweist, sieht **§ 250 Abs. 3 HGB** für die Handelsbilanz die Möglichkeit vor, dass der Unterschied zwischen dem Ausgabebetrag und dem Rückzahlungsbetrag einer Verbindlichkeit als aktiver transitorischer Rechnungsabgrenzungsposten (RAP) aktiviert werden darf. Da der Disagiobetrag bereits bei Vertragsschluss rechtlich entstanden ist, wurden die Ausgaben auch bereits in der abgelaufenen Wirtschaftsperiode getätigt, wobei sie (Zins-)Aufwand für die nachfolgenden Jahre der Kreditlaufzeit darstellen. 305

§ 250 Abs. 3 S. 2 HGB sieht vor, dass das Disagio durch planmäßige jährliche Abschreibungen zu tilgen ist, die auf die gesamte Laufzeit der Verbindlichkeit verteilt werden können. 306

Literatur: *Buchholz* Jahresabschluss S. 59 f.
ADS HGB § 250 Rn. 84 ff.
Baetge/Kirsch/Thiele Bilanzen Kap. XI. 13

307 **bb) Ansatzverbote.** Das Vollständigkeitsgebot des § 246 Abs. 1 HGB verlangt die vollständige Erfassung sämtlicher Bilanzposten „soweit gesetzlich nichts anderes bestimmt ist" (vgl. § 246 Abs. 1 S. 1 aE HGB). Das HGB lässt an einigen Stellen Durchbrechungen des Vollständigkeitsgebots durch die Normierung von Ansatzverboten zu. Die Bilanzierungsverbote sind Ausdruck des **Vorsichtsprinzips** und tragen dem Umstand Rechnung, dass die Existenz und Werthaltigkeit bestimmter Vermögenswerte besonders unsicher und daher nur schwer objektiv nachprüfbar ist. Inwieweit bei den folgenden Fällen eine abstrakte Bilanzierungsfähigkeit als Vermögensgegenstand überhaupt vorliegt, kann dahingestellt bleiben.

308 § 248 Abs. 1 Nr. 1 HGB sieht ein Aktivierungsverbot für **Aufwendungen für die Unternehmensgründung** und die **Beschaffung des Eigenkapitals** (Nr. 2) vor. Zu den Gründungsaufwendungen zählen sämtliche Kosten, die für die rechtliche Gründung erforderlich sind, wie bspw. die Rechtsberatungs-, Notar- und sonstigen Gerichtskosten.

309 Die Aufwendungen für Eigenkapitalbeschaffung betreffen die „Verwaltungs- und Organisationskosten", die im Zusammenhang mit den Kapitalbeschaffungsmaßnahmen stehen, wie Veröffentlichungskosten, Druckkosten für Aktien oder Beratungskosten.

310 Darüber hinaus statuiert **§ 248 Abs. 1 Nr. 3 HGB** ein Aktivierungsverbot für **Aufwendungen im Zusammenhang mit dem Abschluss von Versicherungsverträgen**. Erfasst werden die Abschlussprovisionen für Versicherungsvertreter sowie sonstige bei Vertragsschluss fällige Abschluss(verwaltungs)kosten.

311 Das Aktivierungsverbot rechtfertigt sich hier daraus, dass die vorgenannten Aufwendungen nicht zum Entstehen eines gesonderten Vermögensgegenstandes führen, da sie nicht selbstständig verwertet werden können.

312 Ein ungeschriebenes Bilanzierungsverbot statuiert der **Grundsatz der Nichtbilanzierung schwebender Geschäfte** (→ Rn. 348). Solange bei gegenseitigen Verträgen die Hauptleistungspflichten noch nicht erfüllt sind und sich Leistung und Gegenleistung ausgewogen gegenüberstehen, erfolgt kein Ansatz in der Bilanz. Erst wenn eine Partei ihre Leistungspflicht erfüllt hat oder aus dem schwebenden

Geschäft ein Verlust droht, ist das Geschäft in der Bilanz anzusetzen, sei es durch die Bilanzierung einer Verbindlichkeit bzw. Forderung oder einer Drohverlustrückstellung.

Ein weiteres Bilanzierungsverbot bildet schließlich das in § 249 Abs. 2 S. 1 HGB normierte Verbot, andere als die gesetzlich vorgesehenen Rückstellungen zu bilden (**Passivierungsverbot**). 313

Literatur *Buchholz* Jahresabschluss S. 61 f.

II. Ansatz der Schulden

1. Grundfragen zu den Konzepten für Schulden

Die Bilanz ist qua (urspünglicher) Definition (§ 242 Abs. 1 S. 1 HGB) die Gegenüberstellung von Vermögen und Schulden, die um aktive/passive Rechnungsabgrenzungsposten (§ 250 HGB) sowie aktive/passive latente Steuern (§ 274 HGB) zu erweitern ist. 314

Weder der Begriff des Vermögensgegenstandes noch der Begriff der Schulden sind legal definiert. Vor diesem Hintergrund wurden in der Literatur **Kriterien** entwickelt, die unter der Bezeichnung „Aktivierungsgrundsatz" und „Passivierungsgrundsatz" die **abstrakte Bilanzierungsfähigkeit** von Vermögensgegenständen bzw. von Schulden umschreiben. Dabei ergeben sich unterschiedliche **Problemstellungen** für die Aktiv- und Passivseite der Bilanz: 315

- Auf der **Aktivseite** widmet sich die Frage der abstrakten Bilanzierungsfähigkeit vor allem der Abgrenzung zwischen dem handelsrechtlichen Begriff des **Vermögensgegenstandes** und dem steuerrechtlichen Begriff des **Wirtschaftsguts** (→ Rn. 177 ff.).
- Auf der **Passivseite** besteht das Problem darin, dass unter den **Rückstellungen**, die neben den Verbindlichkeiten die zweite Gruppe der Schulden bilden, in § 249 HGB **drei vollkommen unterschiedliche Sachverhalte** aufgeführt werden, die sich einer zusammenfassenden Definition (nahezu) verschließen. Die Definition der **abstrakten Passivierungsfähigkeit** von Schulden, soll sie denn für Verbindlichkeiten und alle Arten von Rückstellungen gelten, muss mithin entsprechend **weit gefasst** sein. Das HGB jedenfalls verzichtet auf die weitere Verwendung des Begriffs der Schulden und trennt bei den Ansatz- und Bewertungsvorschriften zwischen Verbindlichkeiten und Rückstellungen.

316 Die **Schulden** umfassen zunächst die **Verbindlichkeiten**, die sich regelmäßig auf Grundlage der **laufenden Buchführung** aus dem betrieblichen **Leistungs- und Finanzverkehr** des Unternehmens ergeben. **Rückstellungen** werden im Gegensatz hierzu nicht im laufenden Geschäftsjahr, sondern bei der Bilanzerstellung in der **Abschlussbuchführung** für drei Konzepte gebildet:
- **Verbindlichkeitenrückstellungen** sind zu bilden, wenn bei Verbindlichkeiten der Grund, die Höhe oder die Inanspruchnahme (Erfüllung) ungewiss ist.
- **Verlustrückstellungen** antizipieren Verluste aus bereits abgeschlossenen, aber noch schwebenden Geschäften, bei denen noch kein Kontrahent geleistet hat.
- **Aufwandsrückstellungen** betreffen gesetzlich bestimmte Aufwendungen des Folgejahrs (oder späterer Jahrs), die ausnahmsweise im Geschäftsjahr erfolgswirksam erfasst werden.

317 Es wird deutlich, dass bei den drei Konzepten allein die Bezeichnung „Rückstellung" das verbindende Element darstellt, während **inhaltlich** die Berücksichtigung von (defekten) Verbindlichkeiten, zukünftigen Verlusten oder Aufwendungen **nichts miteinander zu tun haben**. Mithin handelt es sich bei **Rückstellungen** um einen **Sammelposten** für sonstige Passiva, die der Gesetzgeber aus bestimmten Gründen abgebildet sehen will.

318 Hintergrund für die gesetzlichen Bestimmungen sind (zumeist) die **Bilanzierungs- und Bewertungsprinzipien** des HGB. Das zentrale Bilanzierungs- und Bewertungsprinzip ist aufgrund der (fortführungs-)statischen Konzeption des deutschen Bilanzrechts das **Vorsichtsprinzip**, das für alle **Aktiv- und Passivposten** der Bilanz gilt. Des Weiteren gilt:
- **Verbindlichkeiten** und **Verbindlichkeitsrückstellungen** (und deren zugrundeliegenden Geschäfte/Sachverhalte) unterliegen vor allem dem **Realisationsprinzip** (§ 252 Abs. 1 Nr. 4 Hs. 2 HGB), das den **Zeitpunkt** bestimmt, zu dem ein **Erfolg** (positiv/negativ) in der Gewinn- und Verlustrechnung **erfasst** und damit realisiert wird.
- **Verlustrückstellungen** werden aufgrund des **Imparitätsprinzips** (§ 252 Abs. 1 Nr. 4 Hs. 1 HGB) gebildet, das in Abweichung zum Realisationsprinzip **künftige Verluste** (von schwebenden und damit noch nicht realisierten Geschäften) in dem Geschäftsjahr der Verursachung **berücksichtigt** und sie damit ungleich oder impari-

tätisch zu den zukünftigen Gewinnen behandelt. Die (schwebenden) Geschäfte werden „verlustfrei" bewertet.
- **Aufwandsrückstellungen** können vor allem durch das **Periodisierungsprinzip** (§ 252 Abs. 1 Nr. 5 HGB) begründet werden, sofern hierunter im Sinne eines „matching-principles" auch die Zuordnung von Aufwendungen und Erträgen verstanden wird.

Eine Bildung von Rückstellungen ist im Übrigen nach § 249 Abs. 2 HGB allein in diesen in § 249 Abs. 1 HGB aufgezählten Fällen zulässig (und verpflichtend).

Die folgende Abbildung stellt die **Zusammenhänge** zwischen den Bestandteilen der Schulden, den verschiedenen Konzepten der Rückstellungen und den zugrundeliegenden (Haupt-) Bilanzierungs-/Bewertungsprinzipien noch einmal dar:

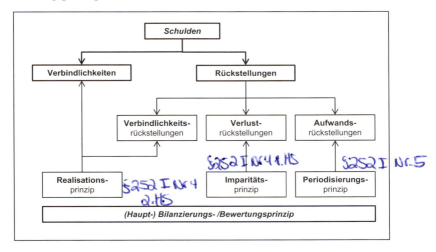

Vor dem Hintergrund dessen wird deutlich, dass eine **Formulierung eines allumfassenden Passivierungsgrundsatzes** in Analogie zum Aktivierungsgrundsatz keinen Sinn ergibt. Vielmehr sollte ein vorliegender **Sachverhalt** konzeptionell daraufhin untersucht werden,
- ob er eine **Verbindlichkeit** oder **Verbindlichkeitsrückstellung** auslöst,

- ob er zu einem **drohenden Verlust** aus einem **schwebenden Geschäft** führt, oder
- ob es sich um die gesetzlich bestimmten Fälle von zurückzustellendem **Aufwand** handelt.

2. Verbindlichkeiten

a) Unbedingte Verbindlichkeiten

321 Eine **Verbindlichkeit** ist eine **Verpflichtung gegenüber einem Dritten**, deren **Grund** und **Höhe feststehen**. Des Weiteren darf nichts gegen **spätere Erfüllung der Verpflichtung** sprechen. In der Literatur (vgl. *ADS* HGB § 246 Rn. 103) wird noch das Kriterium der Quantifizierbarkeit angeführt, das allerdings für jeden Posten in der Bilanz gilt, der eine nominale Abbildung des Vermögens darstellt. Ein Sachverhalt, der nicht quantifizierbar ist, kann auch nicht bilanziert werden. Da die Höhe einer Verbindlichkeit feststeht, ist sie auch quantifizierbar.

322 Im Normalfall ergeben sich Verbindlichkeiten in der **laufenden Buchführung** quasi automatisch dadurch, dass die vom bilanzierenden Unternehmen abgeschlossenen Liefer- und Leistungsverträge sowie Finanzverträge auf der Grundlage des Realisationsprinzips (§ 252 Abs. 1 Nr. 4 2. Hs. HGB) gebucht werden (vgl. Darstellung → Rn. 537 ff.).

Gegenseitige Verträge führen zu Aktiv- und/oder Passivposten zum **Realisationszeitpunkt**. Das ist der Zeitpunkt, an dem **einer** der Vertragsparteien seine **Leistung** erbracht hat. Bis zu diesem Zeitpunkt werden die Verträge als schwebende Verträge angesehen und nicht gebucht.

323 Das nachfolgende Beispiel zeigt den im Lieferungs- und Leistungsverkehr häufig vorkommenden **Standardfall eines Warenkaufvertrags**. Es soll auch noch einmal den vollständigen Ablauf in der laufenden Buchführung verständlich machen.

Beispiel 1: Spielzeughändler S kauft am 25.9. für 100.000 EUR (zzgl. USt.) Waren bei Großhändler G für das Weihnachtsgeschäft ein. Am 15.10. werden die Waren von G mit Lieferschein unter Eigentumsvorbehalt geliefert. Die Rechnung erhält S am 22.10. mit Zahlungsziel 30.10. und 3 % Skonto, wenn S das Zahlungsziel einhält. S überweist am 28.10.

A. Bilanzierung dem Grunde nach: Ansatz

Lösung:
Zum Geschäftsabschluss am **25.9.** sind **keine Buchungen** vorzunehmen. Es handelt sich um ein **schwebendes Geschäft**, solange G nicht geliefert hat und S (natürlich) nicht gezahlt hat.

Bei **Lieferung** am **15.10.** ist von S die **Ware** zu den Anschaffungskosten zu aktivieren und eine **Verbindlichkeit** zu buchen. Der **Eigentumsvorbehalt** steht der Aktivierung nicht entgegen, da S das **wirtschaftliche Eigentum** erlangt. Das **Skonto** bleibt unberücksichtigt, da es erst bei tatsächlicher Zahlung abgesetzt werden kann. Die von S zu zahlende **Umsatzsteuer** kann er grundsätzlich als sogenannte **Vorsteuer** von der Umsatzsteuer absetzen, die er von seinen Kunden aus den Warenverkäufen einzubehalten hat. Allerdings setzt § 15 Abs. 1 Nr. 1 UStG voraus, dass S die **Rechnung** vorliegt. Da dies noch nicht der Fall ist, erfasst S die Vorsteuer auf dem Konto: „noch nicht verrechenbare (nnv) Vorsteuer":

Waren	100.000 EUR	an	Verbindlich-	
			keiten LuL	119.000 EUR
nnv Vorsteuer	19.000 EUR			

Bei **Rechnungserhalt** am **22.10.** kann S die Vorsteuer in Abzug bringen:

| Vorsteuer | 19.000 EUR | an | nnv Vorsteuer | 19.000 EUR |

Am **22.10.** überweist S dem G den vereinbarten Betrag abzüglich **3 % Skonto**, das sowohl die **Anschaffungskosten** der Waren **mindert** (vgl. Abschnitt B. II. 1.a) aa)) als auch die **Umsatzsteuer**, da S nur den verminderten Betrag von 97.000 EUR aufwendet (= Bemessungsgrundlage nach § 10 Abs. 1 S. 1 UStG). Der **Überweisungsbetrag** setzt sich zusammen aus dem Kaufpreis von 97.000 EUR und der Umsatzsteuer (19 %) 18.430 EUR = 115.430 EUR. Die **Vorsteuer**, die S in Abzug bringen kann, ist dementsprechend um 570 EUR zu vermindern:

Verbindlich-	119.000 EUR	an	Bank	115.430 EUR
keiten LuL				
			Waren	3.000 EUR
			Vorsteuer	570 EUR

Alternative:
S könnte auch eine **Offene-Posten-Buchhaltung** nach § 239 Abs. 4 S. 1 HGB einrichten (→ Rn. 129) und Lieferschein- und Rechnung zunächst gesondert ablegen (und damit „aufzeichnen") und erst bei Zahlung am 22.10. den vollständigen Vorgang buchen:

| Waren | 97.000 EUR | an | Bank | 115.430 EUR |
| Vorsteuer | 18.430 EUR | | | |

Dieses Vorgehen hat zwei **praktische Vorteile**: zum einen würden die Konten statt neun Mal nur drei Mal angesprochen, zum anderen können keine Differenzen zwischen den ein- und ausgebuchten Verbindlichkeiten entstehen. Da keine Verbindlichkeiten entstehen, sind im Übrigen die offenen Posten zum Bilanzstichtag im Rahmen der Bilanzerstellung zu buchen.

Beispiel 2: Zur baulichen Erweiterung seines Spielzeuggeschäfts nimmt S ein **Darlehen** bei seiner Bank über 250.000 EUR auf, das sukzessive mit Verwendungsnachweis ausgezahlt wird.

Hierbei begründet die **Zurverfügungstellung** des Darlehens über 250.000 EUR **noch keine Verbindlichkeit** des S gegenüber der Bank, die im Übrigen nach § 15 Abs. 1 S. 5 RechKredV auch noch keine Forderung an Kunden aktiviert, wohl aber nach § 27 Abs. 2 RechKredV eine unwiderrufliche Kreditzusage unter anderen Verpflichtungen (unter der Bilanz) ausweist.

Erst mit der **Auszahlung** Zug um Zug gegen die einzureichenden Verwendungsnachweise entsteht bei S eine **Verbindlichkeit** (und bei der Bank eine Forderung an Kunden).

324   Verbindlichkeiten sind **auszubuchen**, wenn die entsprechende Schuld erlischt, was regelmäßig durch **Erfüllung** (vgl. § 362 BGB: Bewirken der geschuldeten Leistung) oder ausnahmsweise durch Erlass seitens des Schuldners bewirkt wird (vgl. § 397 BGB: Erlassvertrag).

325   Mithin stellt sich im Regelfall nicht die Frage, ob Grund und Höhe der Verpflichtung gewiss sind und auch die Erfüllung ist – zumal sie durch das bilanzierende Unternehmen erfolgt – sicher. Auch die Rechtsprechung des BFH verlangt bei Verbindlichkeiten keine positive Prognose der Wahrscheinlichkeit der Inanspruchnahme. Nur in Ausnahmefällen wird geprüft, inwiefern greifbare Anhaltspunkte dafür bestehen, dass der Gläubiger seine Forderung **mit an Sicherheit grenzender Wahrscheinlichkeit nicht geltend machen** wird. In diesen Sonderfällen muss der Schuldner seine bereits sicher entstandene Verpflichtung nicht erfüllen.

326   Das Bilanzgliederungsschema für Kapital- und haftungsbeschränkte Personenhandelsgesellschaften sieht in § 266 Abs. 3 HGB die Trennung von **Verbindlichkeiten** gegenüber **Kreditinstituten**, Verbindlichkeiten aus **Lieferungen und Leistungen**, Verbindlichkeiten gegenüber **verbundenen Unternehmen/Unternehmen mit Beteiligungsverhältnis** und **sonstigen Verbindlichkeiten** vor. Außerdem werden begebene **Unternehmensanleihen** sowie erhaltene **Anzahlungen auf Bestellungen** gesondert ausgewiesen.

327   **Anzahlungen auf Bestellungen** werden bei dem die Anzahlung leistenden Unternehmen unter den zutreffenden Bilanzposten (Anla-

gevermögen, Umlaufvermögen) ausgewiesen und bei dem empfangenden Unternehmen einheitlich unter Verbindlichkeiten erfasst.

Beispiel: Ein Bushersteller veräußert einen Linienbus an die kommunalen Verkehrsbetriebe für 300.000 EUR (zzgl. USt) und erhält eine Anzahlung von 100.000 EUR (zzgl. USt.). Buchung:

Bank	119.000 EUR	an	Erhaltene Anzahlungen	100.000 EUR
			Umsatzsteuer	19.000 EUR

Nach BFH-Rechtsprechung sind in der Steuerbilanz Anzahlungen brutto zu erfassen, was dazu führt, dass die zu passivierende Umsatzsteuer zusätzlich als Betriebsausgabe erfasst wird. Um den steuerlichen Gewinn nicht zu vermindern, ist sie nach § 5 Abs. 5 S. 2 Nr. 2 EStG als RAP zu aktivieren. Vor BilMoG bestand auch handelsrechtlich hierzu die Möglichkeit (§ 250 Abs. 1 S. 2 Nr. 2 HGB aF). Nunmehr weichen Handels- und Steuerbilanz voneinander ab.

b) Bedingte Verbindlichkeiten

Aufschiebend bedingte Verbindlichkeiten entstehen nach § 158 Abs. 1 BGB dann, wenn die Bedingung eingetreten ist. Erst zu diesem Zeitpunkt sind sie zu passivieren, wobei allerdings je nach Eintrittswahrscheinlichkeit der Bedingung eine Rückstellung für ungewisse Verbindlichkeiten in Betracht zu ziehen ist. **Auflösend bedingte Verbindlichkeiten** nach § 158 Abs. 2 BGB sind umgekehrt solange zu passivieren, bis die Bedingung eingetreten ist. **328**

Beispiel 1: Einem Unternehmen in der Krise gelingt es, mit einer Bank einen **Forderungsverzicht** zu vereinbaren. Allerdings wird in einer **Besserungsabrede** (Besserungsschein) festgelegt, dass der Bankkredit aus künftigen Jahresüberschüssen getilgt wird, sofern diese erzielt werden. Hierbei handelt es sich um eine Verbindlichkeit mit aufschiebender Bedingung. Erst wenn ein Jahresüberschuss erzielt wird, ist eine sonstige Verbindlichkeit (im Folgejahr) zu passivieren.

Wird hingegen ein **Rangrücktritt** der Forderung vereinbart und verzichtet die Bank mithin nur auf die bevorzugte Bedienung des Kredits, hat dies keine Auswirkungen auf den Ansatz der Verbindlichkeiten beim Unternehmen. Ein solcher Rangrücktritt führt zwar im Überschuldungsstatus dazu, dass die nachrangigen Verbindlichkeiten nicht berücksichtigt werden (BGH NJW 2001, 1280 (1281)), allerdings enthält sie grundsätzlich keinen Verzichtswillen des Gläubigers wie bei einem Forderungserlass, so dass die **Passivierungspflicht** gegeben ist.

Beispiel 2: Investitionszuschüsse der öffentlichen Hand, die an **Bedingungen** geknüpft sind, wie zB ein Mindestverbleib des bezuschussten Investitionsgegenstands in einem bestimmten Gebiet, sind dann von Anfang an als

Verbindlichkeiten mit auflösender Bedingung zu passivieren, wenn fraglich ist, ob die Bedingungen eingehalten werden (vgl. *ADS* HGB § 255 Rn. 60).

329 Nach § 251 HGB sind unter der Bilanz bestimmte Haftungsverhältnisse auszuweisen. Hierbei handelt es sich um **Eventualverbindlichkeiten** mit vertraglicher Grundlage, mit deren rechtlich möglicher Inanspruchnahme am Abschlussstichtag konkret nicht zu rechnen ist. Im Unterschied zu schwebenden Geschäften, die ebenfalls nicht als Verbindlichkeiten in der Bilanz aufgenommen werden (mit deren Erfüllung allerdings zu rechnen ist) sind Eventualverbindlichkeiten nicht mit einer unmittelbaren Gegenleistung verbunden (vgl. *ADS* HGB § 251 Rn. 1, 4).

Eventualverbindlichkeiten sind regelmäßig daraufhin zu prüfen, ob sich eine **mögliche Inanspruchnahme konkretisiert** und damit wahrscheinlich wird. Ist dies der Fall, dann sind entsprechende **Verbindlichkeitsrückstellungen** zu bilden (→ Rn. 330 ff.).

Zu den Eventualverbindlichkeiten gehören ua folgende **Haftungsverhältnisse**:
- **Bürgschaftsverträge**, bei denen der Bürge nach § 765 Abs. 1 BGB die Verpflichtung, gegenüber dem Gläubiger eines Dritten übernimmt, für die Erfüllung der Verbindlichkeit des Dritten einzustehen. Bürgschaften sind vielfältig ausgestaltbar und werden in der Kreditsicherungspraxis vielfach als Höchstbetragsbürgschaft vereinbart.
- **Gewährleistungsverträge**, die bei Gewährleistungen für **eigene Leistungen** über den Rahmen hinausgehen, der üblicherweise in der Branche übernommen wird (vgl. *ADS* HGB § 251 Rn. 62). Mithin werden **geschäfts- und branchenübliche Gewährleistungen nicht** hierunter erfasst, die allerdings regelmäßig auf Grundlage von Erfahrungswerten (hinsichtlich Höhe und Inanspruchnahme) zu **Verbindlichkeitsrückstellungen** führen.

Patronatserklärungen, die ein **Mutterunternehmen gegenüber** einem **Tochterunternehmen** (oder deren Gläubiger) abgibt, und in der sich das Mutterunternehmen verpflichtet, die Erfüllung der Verbindlichkeiten des Tochterunternehmens sicherzustellen (vgl. ähnlich § 1 Abs. 4 GroMiKV). Allerdings kann eine Patronatserklärung von der Erklärung des guten Willens, das Beteiligungsverhältnis zukünftig aufrecht zu erhalten („weiche" Patronatserklärung) bis zu der vielfach vorkommenden Erklärung reichen, das **Tochterunternehmen stets finanziell** (durch Kapital oder Liqui-

dität) so auszustatten, dass es seinen Verpflichtungen nachkommen kann („harte" Patronatserklärung).
Mithin ist im Einzelfall die Bindungswirkung der Verpflichtung anhand des Wortlauts zu bewerten. Nur „harte" Patronatserklärungen sind als Gewährleistungsvertrag anzusehen und führen zur **Angabepflicht** nach § 251 HGB (*ADS* HGB § 251 Rn. 78–86), da sie einen eigenen **Haftungsanspruch des Kreditgebers** gegenüber dem Mutterunternehmen für die Verbindlichkeiten des Tochterunternehmens begründen (BGH NJW 1992, 2093).

3. Verbindlichkeitsrückstellungen

a) Kriterien für Verbindlichkeitsrückstellungen

aa) Bestehen von Ungewissheit. Eine **Rückstellung für ungewisse Verbindlichkeiten** nach § 249 Abs. 1 S. 1 HGB ist dann zu bilden, wenn zum Bilanzierungszeitpunkt der **Grund** und/oder die **Höhe** der Verpflichtung und/oder die (spätere) **Erfüllung** der Verpflichtung ungewiss oder **unsicher** ist.
Der Begriff „Erfüllung" wird hier gewählt, weil sowohl Verbindlichkeiten wie auch Rückstellungen nach § 253 Abs. 1 S. 2 HGB zu ihrem Erfüllungsbetrag zu bewerten sind. Für Rückstellungen wird in der Literatur hierfür auch der Begriff Inanspruchnahme verwendet.

330

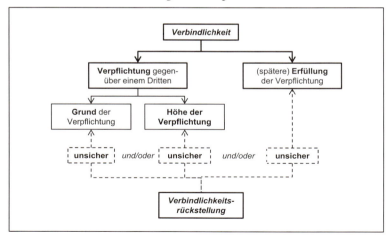

331 Die **Unsicherheit** kann bzgl. eines Kriteriums zutreffen, aber auch zwei oder alle drei Kriterien betreffen. Bspw. ist bei einer **Rückstellung für Prozesskosten** für einen anhängigen Prozess der Grund sicher, aber sowohl die Höhe als auch die spätere Inanspruchnahme unsicher, die von dem Ausgang des Prozesses abhängig ist. Ist ein Prozess noch nicht anhängig, dann ist auch der Grund unsicher, weil eben nicht feststeht, ob Klage erhoben wird. Für die Bildung einer Rückstellung muss dies allerdings zumindest wahrscheinlich sein.

332 Bis zur Umsetzung des **BilMoG 2009** war die nicht immer einfach zu treffende Abgrenzung zwischen gewissen und ungewissen Verbindlichkeiten vielfach ein **Ausweisproblem**. Dies hat sich durch die neuen Bewertungsvorschriften des BilMoG erheblich geändert, da zwar Verbindlichkeiten und Verbindlichkeitsrückstellungen gleichermaßen (nunmehr) mit ihrem Erfüllungsbetrag zu bewerten sind (§ 253 Abs. 1 S. 2 HGB), aber **Rückstellungen** mit einer Laufzeit von über einem Jahr nach § 253 Abs. 2 HGB **abzuzinsen** sind.

> **Beispiel:** Steuerrückstellungen
>
> Auf der Grundlage der **Steuerbilanz** werden die Ertragsteuern (Körperschaft- und Gewerbesteuern) des Unternehmens **ermittelt** und der sich nach Abzug der Steuervorauszahlungen ergebende Steuerabschlusszahlungsbetrag mit dem Nominalbetrag als Steuerrückstellung passiviert. Dabei handelt es sich eigentlich um Steuerverbindlichkeiten und nicht um Rückstellungen, weil die Kriterien für eine Verbindlichkeit erfüllt sind, insbesondere weil die Steuern unabhängig von der Festsetzung (mittels Steuerbescheid) mit Ablauf des zugrundeliegenden Zeitraums (Geschäftsjahr) entstehen. Allerdings ist die Literatur- und Praxisauffassung hierzu, dass dies erst sicher sei, wenn der entsprechende Steuerbescheid ergangen ist.
>
> Hintergrund ist, dass die Finanzbehörden wegen bestehender Rechtsunsicherheiten oder Sachverhaltsrisiken vor allem im Rahmen von Betriebsprüfungen zu einer (regelmäßig) höheren Einschätzung der Steuerschuld gelangen. Dem könnte allerdings durch eine separate Rückstellung für Steuer- oder Betriebsprüfungsrisiken Rechnung getragen werden, wie es bspw. in Spanien der Fall ist (vgl. *Dicken* Spanisches Bilanzrecht S. 47).
>
> Da das steuerpflichtige Unternehmen die **Steuererklärung** regelmäßig bis zum Ende des folgenden Geschäftsjahrs einzureichen hat (sofern es durch Steuerberatung unterstützt wird), und, da nach 15 Monaten nach Geschäftsjahr die Steuerschuld mit 0,5 % / Monat (§ 238 Abs. 1 AO) verzinst wird (§ 233a Abs. 2 AO), kann es dazu kommen, dass entsprechende **Nachzahlungszinsen** zu entrichten sind. Bis dahin wurden diese Nachzahlungszinsen, soweit sie auf das zu bilanzierende Geschäftsjahr entfielen (weil es sich um zurückliegende Veranlagungszeiträume handelt) unter den **sonstigen Rückstellungen** getrennt von den Steuern erfasst.

Nach Umsetzung des BilMoG hat das Institut der Wirtschaftsprüfer im **IDW ERS HFA 34** vom 22.3.2012 eine Stellungnahme zu Einzelfragen zur Bilanzierung von Verbindlichkeitsrückstellungen formuliert. Darin wird die Auffassung vertreten, dass etwaige (künftige) **Nachzahlungszinsen** zu dem **Erfüllungbetrag** der Steuerschuld zu rechnen sind. Praktisch muss daher geschätzt werden, wann der Steuerbescheid erlassen wird, um diese Nachzahlungszinsen zu berechnen. Anschließend ist der Gesamtbetrag (Nominalbetrag + Nachzahlungszinsen) entsprechend § 253 Abs. 2 HGB abzuzinsen. Mit anderen Worten, die **Steuerschuld wird zunächst aufgezinst und dann wieder abgezinst**. Dabei entsprechen sich weder Zeiträume (Aufzinsung ab 15 Monate, Abzinsung ab 12 Monate) noch Zinssätze (Aufzinsung 0,5 % / Monat, Abzinsung nach den Zinssätzen der Deutschen Bundesbank). Das IDW übersieht allerdings, dass die **Nachzahlungszinsen** steuerliche (und gesondert festgesetzte), von der Steuerschuld zu trennende **Nebenleistungen** sind, und, dass ihre **wirtschaftliche Verursachung** in der **Zukunft** liegt und sie mithin nicht rückstellungsfähig sind (vgl. zum Kriterium der wirtschaftlichen Verursachung → Rn. 342 ff. und umfassend und mit komplexen Beispielen: *Herzig/Liekenbrock* DB 2013, 409–417).

Fazit: War es bislang eine Ausweisfrage, ob die Abschlusszahlung von Ertragsteuern eine Verbindlichkeit oder Rückstellung darstellt, ist es nun eine materielle oder Bewertungsfrage. Steuerschulden erst auf- und dann wieder abzuzinsen dient mitnichten den Zielen der Bilanz. Die auch durch das IDW geschaffene Verwirrung sollte wie folgt gelöst werden: Steuerverbindlichkeiten sollten mit dem Nominalbetrag ausgewiesen werden, Betriebsprüfungsrisiken sollten unter Steuerrückstellungen erfasst werden und Nachzahlungszinsen sollten unter sonstigen Rückstellungen ausgewiesen werden, allerdings nur insoweit, als sie bereits abgelaufene Zeiträume betreffen.

bb) Vorliegen einer Verpflichtung. (1) Faktische Verpflichtung. 333
Die einer Rückstellung für ungewisse Verbindlichkeiten zugrundeliegende Verpflichtung umfasst nicht nur rein rechtliche, sondern auch faktische Verpflichtungen. Zwar wird dies in der Literatur auch für Schulden generell gefordert, praktisch betroffen sind allerdings nur Rückstellungen.

Einer faktischen Verpflichtung liegt ein **faktischer Leistungszwang** zugrunde, der wiederum vorliegt, wenn sich das bilanzierende Unternehmen einer Verpflichtung aus rechtlichen oder tatsächlichen Gründen nicht entziehen kann oder will (vgl. *ADS* HGB § 246 Rn. 104).

Wie bei Verbindlichkeiten wird auch bei Rückstellungen für ungewisse Verbindlichkeiten vorausgesetzt, dass eine **Verpflichtung gegenüber Dritten** besteht, allerdings ist nicht Voraussetzung, dass der oder die Gläubiger persönlich bekannt sind (vgl. *ADS* HGB § 249 Rn. 44). 334

Beispiel 1: Kreditgebühren
Der BGH hat mit Urteil vom 13.5.2014 (NJW 2014, 2420) entschieden, dass die in den Allgemeinen Geschäftsbedingungen vereinbarte Regelung über Bearbeitungsentgelte bei Krediten den Bankkunden unangemessen benachteiligt. Die Bank hat ihre Kosten durch den vereinbarten Zins zu decken und kann nicht zusätzliche Bearbeitungsentgelte verlangen.

Vor diesem Hintergrund entscheidet der Vorstand einer Bank, dass **öffentliche Prozesse aus Marketingaspekten** zu vermeiden sind. Für die geschätzte Anzahl von den sich auf dieses Urteil berufenden Kunden, die eine Rückzahlung der entrichteten Kreditgebühren reklamieren werden, soll deshalb eine Verbindlichkeitsrückstellung im Jahresabschluss 2014 gebildet werden. Diese wird auf der Basis der durchschnittlichen Kredithöhe und vorliegenden Erfahrungen berechnet, für welche in zurückliegenden Zeiträumen Reklamationen in vergleichbaren Fällen erfolgten. Aus geschäftlichen Gründen (kann und) will sich die Bank den Verpflichtungen gegenüber den im Einzelnen nicht persönlich bekannten Kunden nicht entziehen.

Beispiel 2: Gewährleistungen
Verpflichtungen aus Gewährleistung für veräußerte Produkte sind im Regelfall gesetzlich auf **zwei Jahre** begrenzt (Verjährung nach § 438 Abs. 1 Nr. 2 BGB). Häufig werden auch Garantien (§ 443 BGB) für diesen Zeitraum übernommen. In beiden Fällen sind Verbindlichkeitsrückstellungen nach § 249 Abs. 1 S. 1 1. Alt. HGB für die **rechtlichen Verpflichtungen** zu bilden. Grundlage sind regelmäßig Erfahrungswerte der Vergangenheit, wie die prozentuale Anzahl der Gewährleistungs-/Garantiefälle und deren durchschnittliche Höhe.

Nach diesem Zeitraum werden **Gewährleistungen** in vielen Fällen aus **Kulanz** übernommen. Hierbei besteht eben keine rechtliche, sondern vielmehr eine faktische Verpflichtung, der sich die Unternehmen zumeist aus Marketinggründen nicht entziehen können (oder wollen).

Nun wären Kulanzrückstellungen damit durch § 249 Abs. 1 S. 1 1. Alt. HGB abgedeckt, werden aber gleichwohl in **§ 249 Abs. 1 S. 2 Nr. 2 HGB** explizit aufgeführt. Hintergrund ist die Frage der **wirtschaftlichen Verursachung** von Kulanzleistungen, die im Geschäftsjahr oder zuvor liegen muss.

Die wirtschaftliche Verursachung kann nämlich bei Kulanzleistungen auch darin gesehen werden, dass ein Unternehmen weniger auf die Kunden Rücksicht nehmen will, die die Produkte in der Vergangenheit erworben haben, sondern vielmehr auf den **künftigen Absatz** seiner Produkte am Markt abzielt. Vermutlich wird beides eine Rolle spielen, da die Beziehungen zu den bisherigen Kunden sicherlich auch gefestigt werden sollen. Letztlich kann die Frage dahin gestellt bleiben, da der Gesetzgeber, wohl vor dem Hintergrund der steuerlichen Anerkennung von Kulanzrückstellungen, deren Berücksichtigung verpflichtend vorsieht.

335 Die Verpflichtung setzt eine **bestimmte Mindestwahrscheinlichkeit** für den faktischen oder rechtlichen Leistungszwang voraus. Die bloße Möglichkeit des Bestehens oder Entstehens der Verpflichtung genügt also nicht, vielmehr muss eine gewisse Wahrscheinlichkeit vorliegen, und zwar dergestalt, dass mit der Verpflichtung **ernsthaft zu rechnen ist** (BFH BStBl. II 1981, 669). Das Kriterium der Wahrscheinlichkeit des Bestehens der Verpflichtung ist dann erfüllt, wenn **mehr Gründe für als gegen das Be- oder Entstehen der Verpflichtung und eine künftige Inanspruchnahme sprechen** (BFH BStBl. II 1985, 44). Maßstab für die Beurteilung sind nicht subjektive Erwartungen, vielmehr ist unter **objektiven Gesichtspunkten auf die Sicht eines ordentlichen und gewissenhaften Kaufmanns abzustellen** (BGH DB 1991, 962 (963); *Moxter* Bilanzrechtsprechung S. 83, spricht vom Prinzip objektivierter Mindestwahrscheinlichkeit).

Das Unternehmen darf also nicht aufgrund bloßer Vermutungen oder pessimistischer Einschätzung der künftigen Entwicklung, die in den tatsächlichen Verhältnissen keine greifbaren Anhaltspunkte finden, eine Leistungsverpflichtung ansetzen (BFH BStBl. III 1965, 409). Eine solche Praxis wäre auch vom handelsrechtlichen Vorsichtsprinzip nicht mehr gedeckt.

(2) Öffentlich-rechtliche Verpflichtung. Neben zivilrechtlich oder wirtschaftlich begründeten Verpflichtungen kommen auch **öffentlich-rechtliche Verpflichtungen** für eine Verbindlichkeitsrückstellung in Betracht. Diesen Verpflichtungen liegen zumeist entsprechende Landes- oder Bundesgesetze zugrunde, sie können sich aber auch aus einem öffentlich-rechtlichen Vertrag oder Verwaltungsakt ergeben. 336

Beispiele:
- Öffentlich-rechtliche Verpflichtungen (vgl. *ADS* HGB § 249 Rn. 49)
- Abschlusszahlung von Ertragsteuern (KStG, GewStG, EStG, AO)
- Erstellung von betrieblichen Steuererklärungen (AO)
- Altlastensanierung (zB Bundes-Bodenschutzgesetz – BBodSchG)
- Rekultivierungskosten (landes-/bundesrechtliche Vorschriften)
- Verpflichtung zur Aufstellung des Jahresabschlusses (HGB)
- Verpflichtung für Kapitalgesellschaften zur Prüfung des Jahresabschlusses (und Lageberichts) sowie zur Einreichung beim elektronischen Bundesanzeiger (HGB)
- Verpflichtung zur Aufbewahrung von Geschäftsunterlagen (HGB)

Die Besonderheit von öffentlich-rechtlichen Verpflichtungen liegt darin, dass die Rechtsprechung des **BFH** besondere **Konkretisierungsanforderungen** an die Bildung von Rückstellungen für diese Verpflichtungen fordert, die im Ergebnis dazu führen, dass lediglich 337

die Höhe, nicht aber der Grund und die (spätere) Erfüllung ungewiss sein dürfen (vgl. zur Erfüllung → Rn. 330). Im Einzelnen (vgl. *Dicken* Bilanzsteuerrecht S. 66 f.):
- Ein Gesetz (oder die Verfügung der zuständigen Behörde) schreibt dem Unternehmen ein **inhaltlich genau definiertes Handeln** innerhalb eines **bestimmten Zeitraums** vor.
- Das Unternehmen kann sich der Verpflichtung nicht entziehen, weil an die Verletzung der Verpflichtung entsprechende **Sanktionen** geknüpft werden.

Für die Handelsbilanz und vor allem für das grundlegende Vorsichtsprinzip (§ 252 Abs. 1 Nr. 4 HGB) sind diese **Anforderungen zu weitgehend**. Weder die Pflicht, innerhalb eines bestimmten Zeitraums handeln zu müssen, noch die Existenz von Sanktionen stellen handelsrechtliche Voraussetzungen für die Bildung einer Rückstellung dar (vgl. ADS HGB § 249 Rn. 51).

338 **(3) Verpflichtungen aus Dauerschuldverhältnissen.** Aus Dauerschuldverhältnissen ergeben sich regelmäßig **Erfüllungsrückstände**, wenn das Unternehmen die Leistung bereits erhalten hat, aber mit der Gegenleistung im Rückstand ist. Dabei liegt kein drohender Verlust aus schwebenden Geschäften vor, da sich Leistung und Gegenleistung entsprechen, die Gegenleistung aber eben noch nicht vollständig erfüllt worden ist (*ADS* HGB § 249 Rn. 60).

Beispiele: Arbeitsverhältnisse
- vom Arbeitnehmer nicht genommener Urlaub,
- vertraglich vereinbarte Gewinnbeteiligungen und Tantiemen,
- Jubiläumszahlungen,
- betriebliche Altersvorsorgung (Pensionen).

339 **cc) Wirtschaftliche Belastung.** Die Verpflichtung muss des Weiteren zu einer wirtschaftlichen Belastung führen. Bei Verbindlichkeiten tritt diese Belastung mit der Erfüllung ein. Bei Verbindlichkeitsrückstellungen, ist zu **prognostizieren**, ob das Unternehmen aus den Verbindlichkeiten **tatsächlich in Anspruch genommen wird**.

340 Hierzu fordert der BFH in seinem Urteil zur Altlastensanierung (BFH NJW 1994, 543), dass der Gläubiger (die Behörde) seinen **Anspruch kennen muss**. Zudem hält der BFH bei einseitigen Verpflichtungen die Inanspruchnahme nur für wahrscheinlich, wenn die **zugrundeliegenden Tatsachen entdeckt sind** oder dies **unmittelbar bevorsteht**. Diese Sichtweise spiegelt sich abgeschwächt auch in § 5 Abs. 3 EStG wider, nach dem Rückstellungen wegen **Verletzung**

fremder Patent-, Urheber- oder ähnlicher Schutzrechte erst gebildet werden dürfen, wenn der Rechtsinhaber Ansprüche wegen der Rechtsverletzung geltend gemacht hat oder mit einer Inanspruchnahme wegen der Rechtsverletzung ernsthaft zu rechnen ist.

Die Forderung des BFH, dass der Gläubiger Kenntnis über die den Anspruch begründenden Tatsachen haben muss, ist für die Handelsbilanz zu weitgehend. Nach der Literaturmeinung ist es **ausreichend, wenn zum Bilanzstichtag (oder -aufstellungstag) stichhaltige Gründe für die voraussichtliche Inanspruchnahme** vorliegen (vgl. ADS HGB § 249 Rn. 75).

Liegt der Verpflichtung ein **Vermögensgegenstand** zugrunde, wie bspw. bei einer Altlast auf einem Grundstück, geht die **Abschreibung** des Aktivpostens der Rückstellung vor (vgl. ADS HGB § 249 Rn. 132). Wird ein zu aktivierender **Vermögensgegenstand erstellt**, wie bspw. bei einer Lärmschutzwand, dann tritt die wirtschaftliche Belastung durch die **Abschreibung** des Vermögensgegenstandes ein, für eine Rückstellung bleibt dann kein Raum. 341

dd) Wirtschaftliche Verursachung. Eine Verpflichtung kann rechtlich entstehen und/oder wirtschaftlich verursacht sein. Ist die **Verpflichtung rechtlich entstanden**, dann ist unabhängig von der wirtschaftlichen Verursachung **zwingend eine Verbindlichkeitsrückstellung** zu bilden (vgl. ADS HGB § 249 Rn. 68). 342

Ist eine Verpflichtung **nicht rechtlich entstanden** oder handelt es sich um eine **faktische Verpflichtung**, kommt es auf die **wirtschaftliche Verursachung** an (vgl. ADS HGB § 249 Rn. 68). 343

Die stRspr des BFH fordert, dass die **Verpflichtung wirtschaftlich** bereits im abgelaufenen Wirtschaftsjahr (oder zuvor) **verursacht** worden ist. Hierzu fordert der BFH weiter, dass die künftigen **Ausgaben** bereits **realisierten Erträgen** zugeordnet werden können. Die Verpflichtung muss nicht nur an Vergangenes anknüpfen, sondern **auch Vergangenes abgelten** (vgl. ADS HGB § 249 Rn. 66 mwN zu den BFH-Urteilen). Dieser Auffassung hat sich auch der BGH angeschlossen (BGH NJW 1991, 1890).

Beispiel: Hubschrauberurteil des BFH vom 19.5.1997 (BStBl II 1987, 848) Eine GmbH & Co. KG betreibt ein Luftfahrtunternehmen mit betriebseigenen **Hubschraubern**. Nach § 7 der Betriebsordnung für Luftfahrgerät (LuftBO) und § 30 der Prüfungsordnung für Luftfahrgerät (LuftGerPO) ist das Unternehmen verpflichtet, nach einer **bestimmten Anzahl von Flugstunden** die Antriebsmotoren und Fahrgastzellen einer **Überholung** und Nachprüfung zu unterziehen. Für diese Verpflichtung bildete das Unternehmen in den Geschäftsjahren zuvor **Rückstellungen**, die sie im Verhältnis der im Wirtschaftsjahr tatsächlich zurückgelegten zu den jeweils zulässigen Flugstunden für Antriebsaggregate und Fahrgastzellen errechnete.

Die **Betriebsprüfung** des Finanzamts und das **Finanzgericht** im Klageverfahren erkannten die **Rückstellungen nicht** an, weshalb das Unternehmen **Revision** beim **BFH** eingelegt hat.

Lösung:
Der BFH sah die Revision als unbegründet an, mit folgender Argumentation:

1. Zu der Bildung von Rückstellungen für ungewisse Verbindlichkeiten gehören auch Verbindlichkeiten öffentlich-rechtlicher Art (wie im vorliegenden Fall), wenn:
   a) sie am Bilanzstichtag hinreichend konkretisiert sind und
   b) zu diesem Zeitpunkt dem **Grund nach entstanden** sind, **oder**, sofern es sich um eine künftig entstehende Verbindlichkeit handelt, wirtschaftlich in abgelaufenen oder in den vorangegangenen Wirtschaftsjahren **verursacht** worden sind.

2. Unbeschadet der Voraussetzungen zu a) sind die Voraussetzungen unter b) nicht erfüllt:
   - Verpflichtungen entstehen zu dem Zeitpunkt, zu dem die begründenden Tatbestandsmerkmale erfüllt sind. **Die Verpflichtung zur Grund- oder Teilüberholung** von Luftfahrgeräten entsteht somit erst, wenn die **festgelegte Betriebszeit erreicht** ist.
   - Die Verpflichtung ist auch **nicht wirtschaftlich verursacht**, da wesentliches Merkmal der Überholungsverpflichtung das **Erreichen der zulässigen Betriebszeit** ist, die den typischen Ermüdungs- und Abnutzungserscheinungen des Luftfahrgeräts Rechnung trägt. Die **Verbindlichkeit entsteht nicht in Teilschritten**, sondern erst zum Ablauf der Betriebszeit.

3. Die Beurteilung steht nicht im Widerspruch zu den Entscheidungen des BFH hinsichtlich der Bildung von Rückstellungen für Weihnachtsgratifikation und Jubiläumszuwendungen für Arbeitnehmer. Diese Verpflichtungen haben ihren Bezugspunkt in der Vergangenheit, sie knüpfen nicht nur an Vergangenes an, sondern gelten auch Vergangenes ab.

4. Hieran fehlt es bei den Verpflichtungen zur Überholung von Luftfahrgeräten. Denn bis zur Erreichung der zulässigen Betriebszeiten entspricht ihr Betrieb den luftfahrttechnischen Bedingungen. Erst wenn über diesen Zeitpunkt hinaus der Betrieb fortgesetzt wird, müssen die Kontrollen durchgeführt werden. **Die Erfüllung dieser Verpflichtungen legitimiert somit nicht den Betrieb des Luftfahrtgeräts in der Vergangenheit, sondern ermöglicht denjenigen in der Zukunft.**

5. Aus verfahrenstechnischen Gründen musste der Senat nicht der Frage nachgehen, ob das Unternehmen stattdessen eine Absetzung für Abnutzung auf den niedrigeren Teilwert nach § 6 Abs. 1 Nr. 1 S. 2 EStG hätte vornehmen können.

A. Bilanzierung dem Grunde nach: Ansatz

Fazit:
Liegen Verpflichtungen vor, die **noch nicht rechtlich entstanden** sind, oder liegen **faktische Verpflichtungen** vor, dann ist die **wirtschaftliche Verursachung** maßgeblich. Ist die Verpflichtung im **Geschäftsjahr** (oder zuvor) wirtschaftlich verursacht, dann ist eine **Rückstellung** zu bilden. Wird die Verpflichtung erst **künftig** wirtschaftlich verursacht, dürfen **keine Rückstellungen** gebildet werden. Den künftigen Aufwendungen dieser Verpflichtungen stehen auch künftige Erträge gegenüber. Im Übrigen können für diese Aufwendungen entsprechende Beträge in die Rücklagen fließen, die allerdings versteuert sind.

Unbeschadet davon ist dann allerdings die Frage zu prüfen, ob eine **Abschreibung wegen dauernder Wertminderung** nach § 253 Abs. 3 S. 3 HGB in Betracht kommt.

Vor diesem Hintergrund können die **Kulanzrückstellungen** nochmals beurteilt werden: 344
1. Es handelt sich um **faktische, nicht** um **rechtliche Verpflichtungen**.
2. Mithin kommt es darauf an, ob die Verpflichtungen **wirtschaftlich verursacht** sind:
   - Die Verpflichtungen knüpfen insoweit an Vergangenes an, als dass sie die in **früheren Geschäftsjahren veräußerten Produkte** betreffen. Insoweit stehen den Aufwendungen auch entsprechende aus der Veräußerung erzielte Erträge gegenüber.
   - Eine **stärkere Bindung** ist allerdings bei **künftig zu erzielenden Erträgen** zu sehen, da zu unterstellen ist, dass Kulanz geleistet wird, um künftig am Markt zu bestehen. Damit steht die Sicherung der Marktposition im Vordergrund.
3. Die **Verpflichtungen** sind damit **noch nicht entstanden**.
4. Die **Pflicht** zur Bildung von **Kulanzrückstellungen** nach § 249 Abs. 1 S. 1 Nr. 2 HGB ist mithin nicht deklaratorisch, sondern **konstitutiv**.

b) Prüfungsschema Verbindlichkeit/Rückstellung/keine Rückstellung

Das folgende (zugegebenermaßen nur eingeschränkt übersichtliche) Prüfungsschema beinhaltet nochmals **alle Aspekte zur Abgrenzung** von Verbindlichkeiten, anzusetzenden Verbindlichkeitsrückstellungen und nicht anzusetzenden Verbindlichkeitsrückstellungen. Dabei gilt: 345
- Die **Kriterien für Verbindlichkeiten** (sicherer rechtlicher Bestand, sichere Höhe und sichere Erfüllung) sind **kumulativ**, die **Kriterien**

für die Entscheidung, ob eine **Verbindlichkeitsrückstellung** anzusetzen ist oder nicht, sind **fakultativ**.
- Zusätzlich ist noch der Aspekt zu beurteilen, ob die **Gläubiger persönlich feststehen** (Voraussetzung für Verbindlichkeiten) oder **nicht** (Rückstellung).

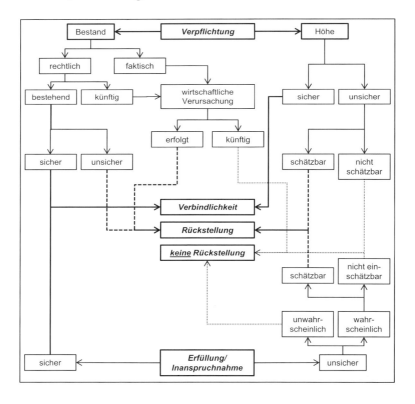

c) Fallbeispiel: Prozessrückstellung

346 **Fall:** Die X-AG hat nach der Wiedervereinigung mehrere exklusive **Grundstücke** in der Berliner Innenstadt entlang des ehemaligen Grenzverlaufs vom Land Berlin **zurückerhalten**, die ihr vor **1945 gehörten**, jedoch teilweise aufgrund von **Enteignungen jüdischer Mitbürger** erlangt worden

waren. Die Rückgabe erfolgte aufgrund eines **Vermögensgesetzes**, das mehrere Änderungen erfahren hat, sowie eines **Rückgabevertrags mit dem Land Berlin**.

Die „Jewish Claims Conference" (**JCC**), die im eigenen Namen für ehemals jüdische Eigentümer Restitutionsansprüche geltend macht, trägt sich nach Presseberichten mit dem Gedanken, die **X-AG auf Rückgabe der Grundstücke zu verklagen**. Direkte Gespräche zwischen JCC und der X-AG haben noch nicht stattgefunden und eine Klageschrift wurde ebenfalls noch nicht bei Gericht eingereicht. In der Vergangenheit hat die JCC jedoch bereits gegen verschiedene Eigentümer geklagt. Die in dieser Angelegenheit zu Rate gezogene **Anwaltskanzlei** kommt in einer ersten Stellungnahme zu dem **Ergebnis**, dass der von der JCC geltend gemachte Anspruch äußerst komplizierte, **bislang nicht geklärte Rechtsfragen** betrifft. Auf Grund der Besonderheiten des Falles und der komplexen vermögensrechtlichen Situation bestehen bei **nahezu allen Rechtsfragen erhebliche Unsicherheiten**.

Der Finanzvorstand der X-AG, der die Jahresbilanz aufstellen muss, wendet sich nunmehr an Sie mit der **Frage**, ob ggf. für die Angelegenheit ein **besonderer Bilanzposten** zu bilden ist. Der Wert der Grundstücke liegt bei ca. 20 Mio. EUR.

Lösung: Im vorliegenden Fall geht es um eine handelsbilanzrechtliche **Rückstellung** für ein **Risiko aus einem möglichen Rechtsstreit** zwischen der X-AG und der JCC. Bei Rückstellungen für Risiken aus Rechtsstreiten handelt es sich um typische Rückstellungen für **ungewisse Verbindlichkeiten** iSd § 249 Abs. 1 S. 1 1. Alt. HGB.

Für den Ansatz von **Verbindlichkeitsrückstellungen** müssen die folgenden **Voraussetzungen** erfüllt sein:
1. Es muss eine **Außenverpflichtung** vorliegen, die dem **Grunde und/oder der Höhe nach ungewiss** ist.
2. Das **Be- oder Entstehen der Verpflichtung** muss allerdings **hinreichend wahrscheinlich** sein.
3. Bei **rechtlich noch nicht entstandenen Verbindlichkeiten** muss die Leistungspflicht außerdem bereits am Bilanzstichtag **wirtschaftlich verursacht** sein.
4. Schließlich muss der Kaufmann **ernsthaft mit einer Inanspruchnahme rechnen** (Wahrscheinlichkeit der Inanspruchnahme).

Zu den einzelnen **Voraussetzungen** ist festzustellen:
1. Das Kriterium der **Außenverpflichtung** bereitet **keine Probleme**, da es sich bei der Forderung der JCC um einen Anspruch eines Dritten iSd § 194 Abs. 1 BGB handelt. Ferner ist bei **Risiken aus Rechtsstreiten grundsätzlich eine Unsicherheit dem Grunde nach** gegeben. In Anbetracht der besonders komplexen Rechtsfragen existieren vorliegend unzweifelhaft **erhebliche Unsicherheiten bereits hinsichtlich des Anspruchsgrunds**.

2. Die hinreichende **Wahrscheinlichkeit des Bestehens der Verpflichtung** liegt vor, wenn der Kaufmann ernsthaft mit dem Be-/Entstehen der Verbindlichkeit rechnen muss.
   - Nach der Formel des BFH ist dies zu bejahen, wenn „mehr Gründe für als gegen das Be- oder Entstehen der Verbindlichkeit sprechen (51 %)".
   - In der Literatur wird hingegen aufgrund des **Vorsichtsprinzips** gefordert, dass eine Rückstellung bereits dann zu bilden ist, wenn die **Wahrscheinlichkeit des Bestehens unter 50 %** liegt (vgl. BeBiKo/ *Schubert* HGB § 249 Rn. 26; *ADS* HGB § 249 Rn. 75). Die Wahrscheinlichkeit müsse ein solches Ausmaß erreicht haben, dass „sie ein gedachter Erwerber des Unternehmens bei der Kalkulation des Kaufpreises berücksichtigen würde". Vom Kaufmann wird eine „begründete und plausible Prognose" verlangt.
   - Unter Berücksichtigung des Vorsichtsprinzips ist eine hinreichende Wahrscheinlichkeit für das Be- oder Entstehen der Verbindlichkeit grundsätzlich dann anzunehmen, wenn „auf der Grundlage der vorhandenen Tatsachen **gute Gründe dafür vorgebracht werden können,** mag der Bilanzierende auch selbst eher einen günstigen Prozessausgang erwarten."
   - Aus dem Rechtsgutachten der Anwaltssozietät ergibt sich, dass bei nahezu **allen Rechtsfragen erhebliche Unsicherheiten** bestehen. Zwar sprechen schlüssige und gut nachvollziehbare Gründe gegen die streitige Forderung, in Anbetracht der komplizierten Rechtslage ist **das Bestehen der in Rede stehenden Verbindlichkeiten allerdings nicht derart unwahrscheinlich,** dass die Rückstellung entbehrlich erscheint. Unter **Berücksichtigung der Gesamtumstände** und unter Beachtung des **Vorsichtsprinzips** ist vielmehr aus handelsbilanzieller Sicht zu unterstellen, dass aus Gegnersicht ebenso gute Gründe für das Bestehen der erhobenen Forderung existieren. Infolgedessen ist von der **hinreichenden Wahrscheinlichkeit des Bestehens der Verbindlichkeit** auszugehen.
3. Da die X-AG die betreffenden Grundstücke bereits im Jahr der Wiedervereinigung zurückerhalten hat, ist der Anspruch auch bereits in dieser Rechnungslegungsperiode als **wirtschaftlich verursacht** anzusehen.
4. Schließlich ist erforderlich, dass die X-AG ernsthaft mit einer Inanspruchnahme seitens der JCC zu rechnen hat (**Wahrscheinlichkeit der Inanspruchnahme**).
   - Allgemein wird angenommen, dass das Kriterium der Wahrscheinlichkeit der Inanspruchnahme dann als erfüllt anzusehen ist und folglich Rückstellungen zu bilden sind, wenn ein **Prozess droht oder bereits anhängig** ist.
   - Die JCC hat bislang keinen direkten Anspruch gegenüber der X-AG erhoben. Bislang wurde auch keine **Klage** seitens der JCC erhoben. Eine solche ist allerdings **wahrscheinlich,** da die Aufgabe der JCC da-

rin besteht, Entschädigungsansprüche jüdischer Opfer des Nationalsozialismus und Holocaust-Überlebender geltend zu machen.

Fazit:
Zusammenfassend betrachtet sind somit **alle Voraussetzungen für die Bildung einer Rückstellung für Risiken aus einem Rechtsstreit erfüllt.** Damit ist eine entsprechende Rückstellung zu bilden. Da die Erhebung der Klage durch die JCC als sehr wahrscheinlich anzusehen ist, ist die Rückstellung um die **anfallenden Prozesskosten** zu erweitern.

Damit stellt sich die Frage, in welcher Höhe die Rückstellungen für Risiken aus Rechtsstreitigkeiten anzusetzen sind. Nach § 253 Abs. 1 S. 2 HGB sind Rückstellungen in Höhe des Erfüllungsbetrags anzusetzen, der nach vernünftiger kaufmännischer Beurteilung notwendig ist. Maßgeblich ist grundsätzlich **der von der Klägerseite eingeklagte Betrag.** Vor Anhängigkeit der Rechtssache empfiehlt sich eine Orientierung an dem von der Gegnerseite bezifferten Betrag, der mit hoher Wahrscheinlichkeit dem später eingeklagten Betrag entspricht. Entsprechend hat die X-AG eine Rückstellung von 20 Mio. EUR zuzüglich der Prozesskosten zu bilden.

4. Verlustrückstellungen

a) Kriterien für Verlustrückstellungen

aa) Vorliegen eines schwebenden Geschäfts. Die zweite Kategorie von Rückstellungen bilden die Rückstellungen für drohende Verluste aus schwebenden Geschäften (§ 249 Abs. 1 S. 1 2. Alt. HGB). 347

Ausgangspunkt der Drohverlustrückstellungen ist der handelsbilanzrechtliche **Grundsatz der Nichtbilanzierung schwebender Geschäfte**. Ein schwebendes Geschäft liegt dann vor, wenn bei einem zweiseitig verpflichtenden Vertrag die Hauptleistungen noch nicht erbracht worden sind (BFH (GrS) BB 1997, 1939). Der Schwebezustand beginnt mit dem Abschluss des Vertrages und endet, wenn mind. eine Partei ihre Hauptleistungspflicht erfüllt. 348

Die Ansprüche und Verpflichtungen aus einem schwebenden Geschäft dürfen in der Bilanz grundsätzlich nicht berücksichtigt werden, da während des Schwebezustandes die widerlegbare Vermutung besteht, dass sich die wechselseitigen Rechte und Pflichten aus dem Vertrag wertmäßig ausgleichen (**Ausgeglichenheitsvermutung**, siehe BFH (GrS) BB 1997, 1939).

Hintergrund für den Nichtansatz der schwebenden Geschäfte sind Vereinfachungs- und Praktikabilitätsgründe. Solange sich Leistung und Gegenleistung gleichwertig gegenüberstehen, würden sich auch in der Bilanz auf der Aktiv- und Passivseite **korrespondierende Posten gegenüberstehen**, die im Ergebnis lediglich zu einer **Bilanzverlängerung** führen, ohne das Ergebnis respektive den Gewinn zu beeinflussen. Die Erfassung von Gewinnen darf nach dem Realisationsprinzip (§ 252 Abs. 1 Nr. 4 letzter Hs. HGB) erst dann erfolgen, wenn diese tatsächlich realisiert sind. Der Realisationszeitpunkt liegt dann vor, wenn die Hauptleistung (Lieferung oder Leistung) erbracht ist (→ Rn. 322 ff.).

349 **bb) Drohen eines Verlustes.** Es kommt erst dann zu einer bilanziellen Erfassung, wenn und soweit das Gleichgewicht der gegenseitigen Leistungspflichten aufgehoben wird, weil ein **Verlust aus dem Geschäft droht**. Diese möglichen Verluste aus einem Geschäft sind in der abgelaufenen Rechnungsperiode zu antizipieren und in Form einer **Drohverlustrückstellung** in der Bilanz auszuweisen.

350 Die Pflicht zur Bildung von Drohverlustrückstellungen folgt aus dem bilanzrechtlichen **Imparitätsprinzip** (§ 252 Abs. 1 Nr. 4 HGB). Ziel des Imparitätsprinzips ist es, im Interesse der Kapitalerhaltung und des Gläubigerschutzes künftige Wirtschaftsjahre von vorhersehbaren Risiken und Verlusten freizuhalten (verlustfreie Bewertung), die am Bilanzstichtag zwar noch nicht realisiert, aber bspw. durch den Abschluss nachteiliger Verträge bereits wirtschaftlich verursacht sind. Indem die ermittelten künftigen Verluste in einer gesonderten Rückstellung erfasst werden, wird sichergestellt, dass diese Beträge nicht als Gewinn verteilt werden, sondern für den späteren Bedarf bereitgehalten werden (BFH (GrS) BB 1997, 1939; **Kapitalerhaltung durch Verlustantizipation**).

Auf der **Aktivseite** hat das Imparitätsprinzip seine Ausprägung in der **Bewertung zum Niederstwertprinzip**, das nach § 253 Abs. 3 S. 3 und Abs. 4 HGB für das Umlaufvermögen in der strengen Form (Erfassung auch von vorübergehenden Wertminderungen) und für das Anlagevermögen in der gemilderten Form (Erfassung von dauerhaften Wertminderungen) besteht (→ Rn. 544 ff.).

351 Voraussetzung für den Ansatz der Drohverlustrückstellung ist, dass tatsächlich ein **Verlust „droht"**. Dies ist der Fall, wenn **konkrete Anzeichen** dafür vorliegen, dass der Wert der eigenen Verpflichtungen aus dem Geschäft den Wert des Anspruchs auf die Gegenleistung übersteigt (so genannter **Verpflichtungs- oder Aufwendungsüberschuss**). Entscheidend sind die objektiven Wertverhältnisse am Bilanzstichtag (BFH (GrS) BB 1997, 1939).

A. Bilanzierung dem Grunde nach: Ansatz

Im Ergebnis muss der Verlust anhand konkreter Tatsachen vorhersehbar sein – die bloße Möglichkeit eines Verlusts ist in der Regel nicht ausreichend.

Beispiel: Maschinenbauer M und Unternehmer U haben im Juni des Geschäftsjahres einen Vertrag über die Lieferung einer neuen Maschine für die Fabrik des U zum Festpreis von 20.000 EUR abgeschlossen. Die Maschine soll bis Februar des Folgejahres fertig gestellt und dann ausgeliefert werden.
Gegen Ende des Geschäftsjahres verteuern sich aufgrund der weltweiten Nachfrage die Preise für Edelmetalle, so dass M aufgrund einer Nachkalkulation davon ausgeht, dass ihn die Herstellung der Maschine anstelle der veranschlagten 18.000 EUR nunmehr 21.500 EUR kosten wird. Welche Konsequenzen ergeben sich daraus für die Bilanz des M?

Lösung:
M kann bereits im Geschäftsjahr absehen, dass die Produktionskosten für die Maschine um 3.500 EUR höher liegen als geplant. Es zeichnet sich ein Verlust iHv 1.500 EUR ab. Aus diesem Grunde ist M dazu verpflichtet, gemäß § 249 Abs. 1 S. 1 2. Alt. HGB eine entsprechende Drohverlustrückstellung zu bilden.

Hinweis:
Hätte M die Maschine nicht fest verkauft, sondern auf Lager produziert, müsste er zum Bilanzstichtag abschätzen, zu welchen (Netto-) Erlösen er die Maschine veräußern kann (verlustfreie Bewertung). Wenn er die Preissteigerungen nicht weitergeben kann, müsste er eine entsprechende Abschreibung nach dem Niederstwertprinzip durchführen.

Eine Drohverlustrückstellung ist grundsätzlich auch dann anzusetzen, wenn ein Unternehmen ein **verlustbringendes Geschäft bewusst eingegangen** ist. Dies wird allerdings regelmäßig nur dann der Fall sein, wenn Geschäfte bei Unterauslastung nicht zu Vollkosten abgeschlossen werden, um zumindest einen Teil der Fixkosten zu decken. Dann führt ein betriebswirtschaftlich positiv zu bewertendes Geschäft zu einem Verlustausweis (vgl. dazu die kritischen Anmerkungen und die Beispiele unter → Rn. 675 ff.). 352

In der **Steuerbilanz** besteht nach § 5 Abs. 4a EStG ein **Ansatzverbot** für Drohverlustrückstellungen, der Maßgeblichkeitsgrundsatz wird in diesem Bereich also durchbrochen. 353

Literatur: *Baetge/Kirsch/Thiele* Bilanzen Kap. IX. 6
Buchholz Jahresabschluss S. 55
BeBiKo/*Schubert* HGB § 249 Rn. 51 ff.

b) Fälle von Verlustrückstellungen

Bei Verlustrückstellungen sind **Ansatz und Bewertung** (abgesehen von Abzinsungseffekten) zumeist **nicht trennbar**, weil die Frage, ob 354 sich ein Verlust ergibt, erst nach seiner Berechnung beantwortet werden kann. Deshalb wird auf die Darstellung → Rn. 675 ff. verwiesen.

5. Aufwandsrückstellungen

a) Aufwandsrückstellungen im Allgemeinen

355 Bis zur Umsetzung des BilMoG 2009 beinhaltete § 249 Abs. 2 HGB aF ein Wahlrecht zur Passivierung von **Aufwandsrückstellungen**. Danach durften Rückstellungen gebildet werden für genau umschriebene, dem Geschäftsjahr (oder zuvor) zuzuordnende Aufwendungen, die am Stichtag wahrscheinlich oder sicher sind, aber hinsichtlich Höhe oder Zeitpunkt der Inanspruchnahme unbestimmt sind. Dieses **allgemeine Wahlrecht** wurde aus Gründen der Angleichung an internationales Bilanzrecht **gestrichen** und nur die **besonderen Aufwandsrückstellungen** in § 249 Abs. 1 S. 1 Nr. 1 HGB sind verblieben.

In der Praxis wurden Aufwandsrückstellungen allerdings **kaum in Einzelabschlüssen** gebildet. Dies liegt daran, dass sie steuerlich nicht angesetzt werden durften, weil Passivierungswahlrechte zu einem Bilanzierungsverbot in der Steuerbilanz führen (vgl. *Dicken* Bilanzsteuerrecht S. 34).

356 Die Aufwandsrückstellungen weisen immer eine besondere Nähe zu den **Rücklagen** als Bestandteil des Eigenkapitals auf. An dieser Stelle war die Abgrenzung zwischen Ergebnisermittlung (durch Bildung von Rückstellungen) und Ergebnisverwendung (durch Bildung von Rücklagen) fließend (vgl. BGH NJW 1996, 1678 (1681)). Die Grenze war auf der einen Seite dort zu ziehen, wo es lediglich um **die allgemeine Vorsorge für die Zukunft** des Unternehmens geht. Dafür waren Rücklagen zu bilden. Ging es um die **Vorsorge für konkrete zukünftige Aufwendungen**, die dem abgelaufenen Geschäftsjahr oder einem früheren zuzuordnen sind und zu erfolgen haben, wenn ein Unternehmen den Geschäftsbetrieb unverändert fortführen will, war das Konzept der (allgemeinen) Aufwandsrückstellungen vorgesehen.

357 In der Literatur wird bei Rückstellungen häufig unterschieden zwischen Drittverpflichtungen und **Innenverpflichtungen**, die ein Unternehmen quasi gegen sich selbst hat. Dies erfolgt zumeist, damit Aufwandsrückstellungen unter einem allgemeinen Passivierungs-

grundsatz subsumierbar sind. Da dieser allgemeine Passivierungsgrundsatz hier keine Verwendung findet, kann dahin gestellt bleiben, ob es Verpflichtungen gegen sich selbst geben kann.

Die Aufwandsrückstellungen können mit dem Periodisierungsprinzip (§ 252 Abs. 1 Nr. 5 HGB) begründet werden, da beide gesetzliche Konzepte **im Geschäftsjahr unterlassene Aufwendungen** zum Inhalt haben, die mithin eindeutig wirtschaftlich verursacht sind. Die zugehörigen Erträge sind ebenfalls durch die betriebliche Nutzung des Anlagevermögens erzielt worden, so dass unter dem Gedanken des „matching-principle" eine Zuordnung besteht. 358

b) Rückstellungen für unterlassene Instandhaltungen

§ 249 Abs. 1 S. 2 Nr. 1 1. Alt. HGB sieht eine Pflicht zur Bildung **von Rückstellungen für unterlassene Instandhaltungen** vor. Weitere Voraussetzungen sind, dass die unterlassenen Aufwendungen für Instandhaltung das **Geschäftsjahr betreffen** und innerhalb der ersten **drei Monate** des folgenden Geschäftsjahrs **nachgeholt** werden. 359

Diese Frist ist iÜ identisch mit der grundsätzlichen Frist zur Aufstellung des Jahresabschlusses von Kapitalgesellschaften (§ 264 Abs. 1 S. 3 HGB), so dass die **Nachholung regelmäßig bis zur Aufstellung der Bilanz abgeschlossen** ist. 360

Unter drei **Voraussetzungen** können **Instandhaltungsrückstellungen** gebildet werden:
(1) Es wurden **Aufwendungen** für Instandhaltung **unterlassen,**
(2) die Aufwendungen wurden im **abgelaufenen Geschäftsjahr** nicht vorgenommen, und
(3) werden im nächsten Geschäftsjahr innerhalb von drei Monaten **nachgeholt.**

Der Begriff der **Instandhaltung** umfasst die erforderliche **Inspektion, Wartung und Instandsetzung** von Vermögensgegenständen des **Anlagevermögens**. Als Maßstab für die Unterlassung der Instandhaltungen kann auf die Herstellerempfehlungen, den Umfang der Nutzung der Anlagen oder Wartungspläne abgestellt werden. 361

Beispiel 1: Um eine reibungslose Produktion zu ermöglichen, muss Unternehmer U seine anfälligen Maschinen alle zwei Jahre einer Generalüberholung unterziehen. Dabei handelt es sich um keine Verpflichtung gegenüber Dritten, wie bspw. bei Luftfahrgeräten. Die Verpflichtung zur Durchführung der Wartungsarbeiten ergibt sich aus einem **wirtschaftlichen Zwang,** da U ohne die entsprechende Wartung mit Produktionsstörungen und –ausfällen rechnen muss.

Beispiel 2: Wird die für Dezember vorgesehene Wartung des Maschinenparks des Elektrogeräteherstellers E aufgrund großer Nachfrage auf Mai des Folgejahres verschoben, so fallen die tatsächlichen Ausgaben für die Wartungsarbeiten auch erst in diesem Jahr an. Allerdings dienen die Wartungsarbeiten dazu, die Verschleißerscheinungen für das abgelaufene Produktionsjahr zu beheben. Aus diesem Grunde sind die entsprechenden Zahlungen wirtschaftlich bereits in diesem Jahr verursacht und sollen folgerichtig auch diesem zugeordnet werden. Mittels Bildung einer Aufwandsrückstellung könnte erreicht werden, dass nicht das Jahr des tatsächlichen Zahlungsabflusses belastet wird, sondern das Jahr der wirtschaftlichen Verursachung.

Allerdings hat E die gesetzliche Nachholfrist von 3 Monaten nicht eingehalten, so dass eine Rückstellung für unterlassene Instandhaltung nicht anzusetzen ist.

c) Rückstellungen für Abraumbeseitigung

362 Einen Spezialfall regelt § 249 Abs. 1 S. 2, Nr. 1 2. Alt. HGB mit der Pflicht zur Rückstellungsbildung für **Abraumbeseitigung**. Es muss sich ebenfalls um **im Geschäftsjahr unterlassene Aufwendungen** handeln, die indes im **Folgejahr** nachgeholt werden müssen. Betroffen sind **Bergbauunternehmen** und sonstige **Substanzgewinnungsunternehmen,** bei deren Tätigkeit Abraum anfällt, der beseitigt werden muss. Die Pflicht zur Abraumbeseitigung darf nicht aus öffentlich-rechtlichen Vorschriften folgen, da es sich dann um eine Drittverpflichtung handelt, die eine entsprechende Verbindlichkeitsrückstellung auslösen kann.

III. Ansatz des Eigenkapitals

1. Einführung

a) Begriff und juristische Bedeutung

363 Aus **juristischer Sicht** zeigt sich beim Bilanzposten des Eigenkapitals die enge Verbindung zwischen Bilanzrecht und Gesellschaftsrecht besonders deutlich. Gesellschaftsrechtliche Regelungen, etwa zu Gewinnansprüchen oder Kapitalmaßnahmen, knüpfen unmittelbar an Positionen des Eigenkapitals an. Die Kapitalschutzvorschriften (Kapitalaufbringungsvorschriften und Kapitalerhaltungsregeln)

A. Bilanzierung dem Grunde nach: Ansatz

des Kapitalgesellschaftsrechts (etwa § 30 GmbHG) knüpfen direkt an einem Teil des bilanziellen Eigenkapitals, nämlich dem gezeichneten Kapital an. Die folgende Darstellung trägt dieser **juristischen Bedeutung des Eigenkapitals** durch eine vertiefte Befassung Rechnung.

Das Eigenkapital ist der Saldo aus den Vermögenswerten und den Schulden, so dass gilt: 364

	Summe der Vermögensgegenstände
./.	Summe der Schulden
=	Eigenkapital

Zugeführt wird das **Eigenkapital** dem Unternehmen durch seine **Eigentümer**. Entweder führen sie es dem **Unternehmen** durch **Einlagen** von außen zu oder das Eigenkapital wird erhöht, indem Gewinne nicht an die Eigentümer des Unternehmens ausgeschüttet, sondern dem Eigenkapital zugeführt werden (**Gewinnthesaurierung**). 365

Das Gesetz sieht in § 266 Abs. 3 A. HGB für Kapitalgesellschaften eine Aufteilung des Eigenkapitals in fünf Kategorien vor, nämlich 366
 I. Gezeichnetes Kapital
 II. Kapitalrücklage
 III. Gewinnrücklagen
 IV. Gewinnvortrag/Verlustvortrag
 V. Jahresüberschuss/Jahresfehlbetrag.

Auch die **Personenhandelsgesellschaften** OHG und KG sind unter den Voraussetzungen der §§ 264a ff. HGB (Kapitalgesellschaft & Co. OHG/KG) verpflichtet, ihren Jahresabschluss in der durch § 266 HGB vorgeschriebenen Form aufzustellen.

Neben dieser gesetzlichen Untergliederung ist eine Systematisierung des Eigenkapitals anhand 367
- der Veränderlichkeit,
- der Erkennbarkeit für den externen Bilanzleser und
- anhand der vom jeweiligen Eigenkapitalbegriff umfassten Positionen möglich.

Veränderlichkeit: Die Eigenkapitalkonten können in **feste und variable** Konten eingeteilt werden. Das **feste Eigenkapital** (auch **gezeichnetes Kapital**) zeichnet sich dadurch aus, dass sein Betrag grundsätzlich nicht verändert wird. Eine Modifikation ist zwar möglich – weswegen es auch als bedingt festes Eigenkapital bezeichnet wird – jedoch nur unter den engen Voraussetzungen der Kapitalerhöhung- oder -herabsetzung (→ Rn. 396 ff.). 368

Beispiele für feste Eigenkapitalkonten sind das Grundkapital der AG, das Stammkapital der GmbH und die Einlage der Kommanditisten der KG.

369 Das **variable Eigenkapital** dagegen schwankt in der Höhe von Geschäftsjahr zu Geschäftsjahr. Es ist abhängig von der Höhe des Gewinns oder des Verlustes.

Beispiele für variable Eigenkapitalkonten sind Rücklagen und das Unternehmensergebnis oder die Einlage eines **Einzelunternehmers** (nicht dagegen der Geschäftsanteil eines GmbH-Gesellschafters).

370 **Erkennbarkeit:** Außerdem lässt sich das Eigenkapital danach einteilen, ob es für einen **Leser der Bilanz** als solches **ersichtlich** ist. Während bspw. auch der unternehmensexterne Leser der Bilanz die Höhe des gezeichneten Kapitals (→ Rn. 392 ff.), die Höhe der offenen Rücklagen (→ Rn. 413) und das Unternehmensergebnis entnehmen kann, sind **stille Rücklagen** für ihn **nicht ersichtlich** (zur Unterscheidung von offenen und stillen Rücklagen siehe → Rn. 408 ff.).

371 **Eigenkapitalbegriffe:** Das **gezeichnete Kapital** existiert nur bei Kapitalgesellschaften. Es wird bei der **AG** und **KGaA** als **Grundkapital** (§ 152 Abs. 1 S. 1 AktG iVm § 6 AktG) und bei der **GmbH** als **Stammkapital** (§ 42 Abs. 1 GmbHG iVm § 5 GmbHG) bezeichnet. Da es dem nominellen Wert der insgesamt an die Gesellschafter ausgegebenen Kapitalanteile entspricht, wird es auch **Nominalkapital** genannt.

372 Als **rechnerisches Eigenkapital** wird die Summe aus dem **gezeichneten Kapital**, den **offenen Rücklagen** und dem **Unternehmensergebnis** bezeichnet.

373 Sofern von dem rechnerischen Eigenkapital die in der Bilanz angesetzten **Korrekturposten** abgezogen werden, wird es **bilanzielles Eigenkapital** genannt. Sind keine Korrekturposten vorhanden, ist das rechnerische und bilanzielle Eigenkapital identisch.

Ein **Beispiel** für einen derartigen Korrekturposten ist der Nennbetrag eigener Anteile, die das Unternehmen hält, der gem. § 272 Abs. 1a HGB vom gezeichneten Kapital offen abgesetzt, dh gesondert ausgewiesen und abgezogen werden muss.

374 Die Summe aus **gezeichnetem Kapital, offenen Rücklagen**, dem **Unternehmensergebnis** und **stillen Rücklagen** wird schließlich als **effektives Eigenkapital** bezeichnet.

375 Die folgende Übersicht veranschaulicht die **Systematisierung** des Eigenkapitals (ohne Korrekturposten):

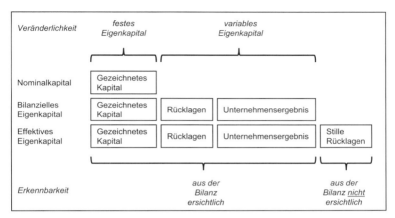

b) Funktion und Bedeutung

Bei der Analyse von Bilanzen spielt das Eigenkapital eine große 376
Rolle. Wichtige **Kennzahlen** zur Bewertung der wirtschaftlichen
Lage eines Unternehmens wie die **Eigenkapitalrentabilität** (= Jahresergebnis: durchschnittliches Eigenkapital) oder die **Eigenkapitalquote** (= durchschnittliches Eigenkapital: durchschnittliches Gesamtkapital) berücksichtigen die Höhe des Eigenkapitals. Grund hierfür ist die wichtige **Funktion** des Eigenkapitals für das Unternehmen:

Kontinuitätsfunktion: Das feste Eigenkapital sichert die Fortführung des Unternehmens, da es unbefristet überlassen wurde. Das gezeichnete Kapital darf einer Kapitalgesellschaft nur unter strengen Regeln im Rahmen einer Kapitalherabsetzung gem. §§ 222 ff. AktG für die AG/KGaA oder gem. § 58 iVm. § 53 Abs. 2 GmbHG für die GmbH entzogen werden. 377

Verlustausgleichsfunktion: Weiterhin lassen sich über das Eigenkapital Verluste, die das Unternehmen erlitten hat, auffangen. Werden bei einem Überschuss der Aufwendungen Rücklagen als Teil des Eigenkapitals aufgelöst, können die Verluste ausgeglichen werden (Pufferfunktion). 378

Gewinnbeteiligungs- und Geschäftsführungsfunktion: Der Umfang, in dem die einzelnen Gesellschafter zur Geschäftsführung berechtigt sind und am Gewinn des Unternehmens teilhaben, bestimmt sich grds. nach dem Anteil am gezeichneten Kapital. 379

Literatur: *Baetge/Kirsch/Thiel* Bilanzen Kap. X. 1
HdJ/*Hennrichs/Pöschke* III/1 Rn. 1 ff.

c) Abgrenzung zwischen Eigen- und Fremdkapital

380 **aa) Grundsätze.** Die **Abgrenzung** des **Eigenkapitals** vom **Fremdkapital** ist von entscheidender Bedeutung, da nur das Eigenkapital als primärer Risikoträger dem Auffangen von Verlusten dient. Bilanzkennzahlen knüpfen damit am Verhältnis des Eigenkapitals zum Fremdkapital an. Auch das Gesetz fordert in § 247 Abs. 1 HGB eine klare Trennung von Eigenkapital und Schulden.

Werden die Mittel dem Unternehmen von den Gesellschaftern zur Verfügung gestellt, kann sich die Grenzziehung zwischen Eigen- und Fremdkapital als schwierig erweisen. Ein typisches Beispiel für das Eigenkapital ist die Einlage, die ein Gesellschafter einer Personengesellschaft leistet. Gewährt er der Gesellschaft dagegen ein Darlehen, so wird er idR auf Rückzahlung innerhalb eines bestimmten Zeitraumes bestehen. Das zur Verfügung gestellte Geld ist dann Fremdkapital. Die Praxis entwickelt aber zunehmend **Mischformen** (→ Rn. 387 ff.), die sowohl Elemente des Eigenkapitals als auch des Fremdkapitals aufweisen.

381 Der **Eigenkapitalbegriff** wird im Wesentlichen durch folgende **Kriterien** bestimmt:
- Übernahme der Haftungs- oder Garantiefunktion,
- Nachrangigkeit des gewährten Kapitals im Insolvenzfall,
- Nachhaltigkeit der Mittelzuführung.

382 **Haftungsfunktion**: Das dem Unternehmen zur Verfügung gestellte Kapital wird dem Eigenkapital zugeordnet, wenn es bei Verlusten des Unternehmens zur Befriedigung der Gläubigeransprüche gemindert wird.

383 **Nachrangigkeit**: Nachrangigkeit des Eigenkapitals im Vergleich zum Fremdkapital bedeutet, dass ein Anspruch auf Rückzahlung im Insolvenzfall oder bei Liquidation der Gesellschaft nur besteht, wenn die Gläubigeransprüche zuvor vollständig erfüllt oder gesichert wurden. Diese Voraussetzung ergänzt die Haftungsfunktion, die sich auf die während der Unternehmensfortführung eingetretenen Verluste bezieht.

384 **Nachhaltigkeit**: Eigenkapital muss dem Unternehmen grds. unbefristet zur Verfügung stehen. Fremdkapital hingegen wird nur befristet überlassen und muss nach Fristablauf zurückgezahlt werden. Die Mittel müssen allerdings nicht in jedem Fall bis zum Liquidationszeitpunkt zur Verfügung stehen. Entscheidend ist, ob durch das Abziehen der Mittel die Haftungsfunktion des Eigenkapitals berührt

wird und dadurch die Gefahr besteht, dass die Gläubigeransprüche gemindert oder gefährdet werden.

Nachhaltigkeit ist zu bejahen, wenn eine **Rückzahlung** der überlassenen Mittel **nicht vorgesehen** ist oder aber die Entscheidung hierüber im ausschließlichen Ermessen der Gesellschaft liegt. Ein Indiz kann auch der Ausschluss des Rückforderungsanspruchs des Gläubigers vor Insolvenz/Liquidation sein. 385

Die **Rückforderung** muss nicht generell ausgeschlossen sein. So kann auch das echte Eigenkapital unter Beachtung des Gläubigerschutzes an die Gesellschafter zurückgezahlt werden, etwa im Wege einer Kapitalherabsetzung (→ Rn. 396 ff.). 386

bb) **Hybride Finanzierungsinstrumente.** Hybride Finanzierungsinstrumente enthalten **sowohl Eigenkapital- als auch Fremdkapitalelemente**. Ihre Zuordnung zum Eigen- oder zum Fremdkapital bereitet deshalb Schwierigkeiten. Insbesondere in mittelständischen Unternehmen erfreuen sich solche hybriden Finanzierungsinstrumente unter der Bezeichnung „Mezzanine-Kapital" wachsender Beliebtheit. 387

Häufig verbergen sich hinter diesem Begriff bereits seit langen bekannte Finanzierungsformen wie zB die **stille Gesellschaft**, **Genussrechte** oder das **partiarische Darlehen**. Weitere Formen sind **Wandelanleihen** (Recht auf Wandlung von Fremd- in Eigenkapital liegt beim Investor), **Optionsanleihen, Contingent Convertible Bonds** (CoCo-Bonds = langfristige nachrangige Schuldverschreibungen, die auf der Grundlage von vorab festgelegten Kriterien **automatisch** von Fremd- in Eigenkapital gewandelt werden) oder **Nachrangdarlehen**. 388

Für den Ausweis in der Handelsbilanz muss im **Einzelfall** eine Zuordnung zum Eigen- oder Fremdkapital erfolgen. Maßgebend für die Abgrenzung sind die dargestellten Kriterien der Haftung, Nachrangigkeit und Nachhaltigkeit. **Besondere Bedeutung** kommt der **Beteiligung am Verlust** zu, ohne die eine Qualifikation als Eigenkapital regelmäßig nicht möglich ist. 389

Literatur: *Baetge/Kirsch/Thiel* Bilanzen Kap. X. 4
HdR/*Küting/Kessler* HGB § 272 Rn. 185 ff.
HdJ/*Singhof* III/2 Rn. 169 ff.

2. Bilanzierung bei Kapitalgesellschaften

390 Gem. § 266 Abs. 1 S. 2 HGB haben sich große und mittelgroße Kapitalgesellschaften bei der Aufstellung der Bilanz an die in § 266 Abs. 2 HGB für die Aktivseite und in § 266 Abs. 3 HGB für die Passivseite dargestellte **Gliederung** zu halten. Für kleine Kapitalgesellschaften gelten die Erleichterungen des § 266 Abs. 1 S. 3 HGB. Ihre verkürzte Bilanz muss lediglich in diejenigen Posten untergliedert sein, die in § 266 Abs. 2 und Abs. 3 HGB mit Buchstaben oder römischen Ziffern aufgeführt werden. Die Einteilung spielt auch für die **Publizität** eine Rolle, da mittelgroße Kapitalgesellschaften gem. § 327 HGB nur zur Offenlegung einer verkürzten Bilanz verpflichtet sind.

391 Die **Größenklassen** definiert § 267 HGB, wobei es im Zuge des BilMoG zu einer Anhebung der einzelnen Werte gekommen ist. Kapitalmarktorientierte Kapitalgesellschaften im Sinne des § 264d HGB gelten nach § 267 Abs. 3 S. 2 HGB stets als große Kapitalgesellschaften. Im Übrigen richtet sich die Einteilung der Größenklassen nach dem folgenden Schema, wobei für eine **Einstufung als kleine oder mittelgroße Kapitalgesellschaft** jeweils **zwei der drei nachstehenden Merkmale nicht überschritten** werden dürfen:

Kapitalgesellschaft	klein	mittelgroß	groß
Bilanzsumme	≤ 4.840.000 EUR	> 4.840.000 EUR und ≤ 19.250.000 EUR	> 19.250.000 EUR
Umsatz	≤ 9.680.000 EUR	> 9.680.000 EUR und ≤ 38.500.000 EUR	> 38.500.00 EUR
durchschnittliche Anzahl Arbeitnehmer	≤ 50	> 50 und ≤ 250	> 250

a) Gezeichnetes Kapital

392 **aa) Begriff.** Ausweislich des **Gliederungsschemas des § 266 Abs. 3 HGB** ist das **gezeichnete Kapital** in der Bilanz **gesondert** auszuweisen. Als gezeichnetes Kapital versteht das Gesellschaftsrecht das Grundkapital der AG (§ 23 Abs. 3 Nr. 3 AktG) oder KGaA und das Stammkapital der GmbH (§ 3 Abs. 1 Nr. 3 GmbHG).

A. Bilanzierung dem Grunde nach: Ansatz

Nähere Regelungen über das gezeichnete Kapital trifft § 272 HGB. **393**
Danach ist das **gezeichnete Kapital** „... das Kapital, auf das die Haftung der Gesellschafter für die Verbindlichkeiten der Kapitalgesellschaft gegenüber den Gläubigern beschränkt ist." Der Wortlaut des Gesetzes ist missglückt. Charakteristisch für Kapitalgesellschaften ist gerade, dass sie grds. nur mit dem Gesellschaftsvermögen haften und nicht mit dem Vermögen der Gesellschafter (§ 1 Abs. 1 S. 2 AktG, § 13 Abs. 2 GmbHG). Gemeint ist in § 272 Abs. 1 HGB das Haftkapital der Gesellschaft, mithin das Grund- bzw. Stammkapital.

Aus der Formulierung „gezeichnetes Kapital" ergibt sich, dass die **394**
Gesellschafter für eine Bilanzierung ihre Einlagen **noch nicht eingezahlt haben müssen**.

Dem entsprechen die Regelungen im Gesellschaftsrecht. So muss etwa auf den Geschäftsanteil eines **GmbH-Gesellschafters** nach § 7 Abs. 2 GmbHG bei Geldeinlagen lediglich ein Viertel des Nennbetrags eingezahlt werden, insgesamt muss aber die Hälfte des Mindeststammkapitals gemäß § 5 Abs. 1 GmbHG erreicht sein.

Eine ähnliche Regelung findet sich für die **AG** in § 36a Abs. 1 AktG. In der Bilanz wird der Betrag ausgewiesen, zu dessen Einzahlung sich die Gesellschafter insgesamt verpflichtet haben. Der Nennbetrag, mit dem das gezeichnete Kapital auszuweisen ist, ist die Summe, die in der Satzung bzw. dem Gesellschaftsvertrag der Gesellschaft als Grund- bzw. Stammkapital festgelegt wurde (vgl. § 23 Abs. 3 Nr. 3 AktG, § 3 Abs. 1 Nr. 3 GmbHG) und die zudem aus dem Handelsregister ersichtlich ist. Einer selbstständigen Bewertung unterliegt das gezeichnete Kapital daher nicht.

Das **Haftkapital der Kapitalgesellschaften** darf nur unter strengen **395**
Voraussetzungen geändert werden. Es gilt das Prinzip der Erhaltung des Grund- oder Stammkapitals (**Kapitalerhaltungsgrundsatz**), der bei den verschiedenen Kapitalgesellschaften allerdings unterschiedlich ausgeprägt ist.

So darf gem. § 30 Abs. 1 GmbHG (nur) das zur Erhaltung des Stammkapitals erforderliche Vermögen nicht an die Gesellschafter der **GmbH** ausgeschüttet werden.

Dagegen dürfen Aktionären der **AG** weder Einlagen zurückgewährt werden (§ 57 Abs. 1 AktG) noch darf vor Auflösung der Gesellschaft ein über den Bilanzgewinn hinausgehender Betrag verteilt werden (§ 57 Abs. 3 AktG). Im Aktienrecht ist daher nicht nur das Grundkapital geschützt, sondern auch darüber hinausgehende Teile des Vermögens der Gesellschaft, da § 57 AktG auch diejenigen Einlagen erfasst, die in die Kapitalrücklagen fließen.

396 **bb) Kapitalerhöhung und -herabsetzung.** Sowohl die **Kapitalerhöhung** als auch die **Kapitalherabsetzung** bedürfen bei einer **AG** eines Zustimmungsbeschlusses, der der Mehrheit von mind. ³/₄ des auf der Hauptversammlung vertretenen Grundkapitals entspricht. Die in §§ 182 ff. AktG geregelte Kapitalerhöhung einer AG ist in der Regel erst ab Eintragung des Beschlusses in das Handelsregister bilanziell zu erfassen. Zu unterscheiden sind bei der AG:
- Kapitalerhöhung gegen Einlage (§§ 182–191 AktG),
- Bedingte Kapitalerhöhung (§§ 192–201 AktG),
- Genehmigtes Kapital (§§ 207–220 AktG) und die
- Kapitalerhöhung aus Gesellschaftermitteln (§§ 207–220 AktG).

397 Bei der in den §§ 222 ff. AktG geregelten **Kapitalherabsetzung** einer **AG** unterscheidet das Gesetz die
- ordentliche Kapitalherabsetzung (§§ 222–228 AktG),
- die vereinfachte Kapitalherabsetzung (§§ 229–236 AktG) und die
- Kapitalherabsetzung durch Einziehung von Aktien (§§ 237–239 AktG).

Zu welchem **Zeitpunkt** die Kapitalherabsetzung zu bilanzieren ist, bestimmt § 238 AktG. Kapitalherabsetzungen sind, da sie der Gesellschaft zu Lasten der Gläubiger Eigenkapital entziehen, nur unter engen, den Gläubigerschutz wahrenden Voraussetzungen möglich.

398 Regelungen zur **Kapitalerhöhung** einer **GmbH** finden sich in den §§ 55 ff. GmbHG. Als Satzungsänderung bedarf die Kapitalerhöhung gem. § 53 Abs. 2 GmbHG einer ³/₄-Mehrheit der abgegebenen Stimmen. Sie wird gem. § 53 Abs. 3 GmbHG erst mit Eintragung in das Handelsregister rechtlich wirksam und ist auch erst ab diesem Zeitpunkt zu bilanzieren. Zu unterscheiden sind nach dem Recht der GmbH:
- Kapitalerhöhung aus genehmigten Kapital (§ 55a GmbHG),
- Kapitalerhöhung gegen Einlage (§§ 56–57a GmbHG) und die
- Kapitalerhöhung aus Gesellschaftermitteln (§§ 57c-57o GmbHG).

399 Regelungen über die **Kapitalherabsetzung** bei einer **GmbH** trifft das Gesetz in den §§ 58 ff. GmbHG:
- Ordentliche Kapitalherabsetzung (§ 58 GmbHG) und die
- vereinfachte Kapitalherabsetzung (§ 58a-58f GmbHG).

Zu bilanzieren ist die Kapitalherabsetzung erst mit ihrer Eintragung im Handelsregister. Hinsichtlich der Eintragung ist die Sperrfrist des § 58 Abs. 1 Nr. 3 GmbHG zu beachten.

cc) Ausstehende Einlagen. Für den Bilanzleser ist nicht nur interessant, wie hoch das gezeichnete Kapital der Gesellschaft ist. Gläubiger der Gesellschaft möchten außerdem wissen, welchen **Betrag** die Gesellschafter **tatsächlich** auf ihre Einlageverpflichtung **eingezahlt** haben. Die Differenz zwischen dem gezeichneten und dem eingezahlten Kapital wird im Bilanzrecht als ausstehende Einlage auf das gezeichnete Kapital bezeichnet. 400

Soweit diese **ausstehende Einlage noch nicht eingefordert** wurde, ist der Betrag gem. § 272 Abs. 1 S. 3 HGB von dem Posten gezeichnetes Kapital **offen abzusetzen**. Offen abzusetzen bedeutet, dass der Betrag für den Bilanzleser sichtbar abgezogen werden muss. Der Saldo aus gezeichnetem Kapital und nicht eingeforderten ausstehenden Einlagen ergibt das eingeforderte Kapital. Es gilt: 401

	Gezeichnetes Kapital
./.	nicht eingeforderte ausstehende Einlagen
	eingefordertes Kapital

Einlagen, die der Geschäftsführer zwar von den Gesellschaftern **angefordert** hat, die diese aber **noch nicht geleistet** haben, werden als **eingefordertes, nicht eingezahltes Kapital** bezeichnet. Da die Gesellschaft jedenfalls ab Einforderung einen Anspruch gegen die Gesellschafter auf Zahlung ihrer Einlage hat, stellt der Betrag des eingeforderten, nicht eingezahlten Kapitals eine **Forderung der Gesellschaft gegen die Gesellschafter** dar. Als solche ist dieser Betrag auf der Aktivseite der Bilanz unter B. II. aufzunehmen (§ 272 Abs. 1 S. 3 2. Hs. HGB, sog. Nettomethode). 402

Beispiel: Das gezeichnete Kapital einer Gesellschaft beträgt 25.000 EUR. Ausstehend sind Einlagen iHv 12.500 EUR. Davon wurden 5.000 EUR eingefordert. In der Bilanz werden die entsprechenden Posten folgendermaßen ausgewiesen: 403

Aktiva		Passiva

A. Anlagevermögen
...
B. Umlaufvermögen
  I. Vorräte
  II. Forderungen
...
 	
    4. Eingeforder-
       tes, noch nicht
       eingezahltes
       Kapital   5.000 EUR
	A. Eigenkapital
	  I. Gezeichnetes
	     Kapital
	     ./. nicht einge-
	     forderte aus-
	     stehende Ein-
	     lage
	     Eingefordertes
	     Kapital
		25.000 EUR
		
		7.500 EUR
		
		17.500 EUR

404 **dd) Eigene Anteile.** Ebenfalls **offen abzusetzen** vom gezeichneten Kapital ist gem. § 272 Abs. 1a HGB der Nennbetrag bzw. **rechnerische Nennwert von erworbenen eigenen Anteilen.** Kapitalgesellschaften sind unter Beachtung der engen Voraussetzungen des § 71 AktG bzw. des § 33 GmbHG berechtigt, eigene Anteile zu erwerben. Die eigenen Anteile haben ähnlich wie die ausstehenden Einlagen einen Doppelcharakter. Auf der einen Seite können sie als Vermögensgegenstände angesehen werden, da die Möglichkeit der Wiederveräußerung besteht. Auf der anderen Seite kommt es wirtschaftlich betrachtet durch ihren Erwerb zu einer Rückzahlung von Eigenkapital an die Gesellschafter. Hat das Unternehmen eigene Anteile erworben, so verfügt es in deren Höhe nicht über Eigenkapital, mit dem es wirtschaften kann. In der Bilanz ist dies durch einen offenen Abzug sichtbar zu machen. Werden die eigenen Anteile wieder veräußert, entfällt gem. § 272 Abs. 1b HGB der zuvor beschriebene Ausweis.

Literatur: *Baetge/Kirsch/Thiele* Bilanzen Kap. X. 21
HdR/*Küting/Reuter* HGB § 272 Rn. 47 ff.
HdJ/*Singhof* III/2 Rn. 15 ff.

b) Rücklagen

405 **aa) Begriff.** Ebenfalls Teil des Eigenkapitals sind die Rücklagen. Im Gegensatz zum gezeichneten Kapital gehören die Rücklagen zu den variablen Eigenkapitalkonten.

406 Den Rücklagen kommt eine wichtige Bedeutung bei der Verlustausgleichsfunktion des Eigenkapitals zu. Erleidet das Unternehmen einen Verlust, so kann dieser zunächst durch Auflösung der Rücklagen aufgefangen werden, bevor das gezeichnete Kapital angegriffen wird.

Die Rücklagen werden wie folgt systematisiert: 407

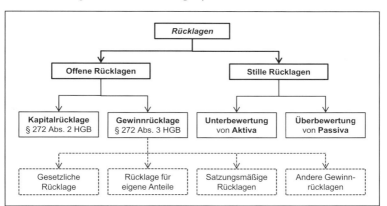

Stille Rücklagen (auch stille Reserven genannt) lassen sich der Bilanz nicht entnehmen, da sie in keinem gesonderten Gliederungsposten geführt werden. Sie entstehen durch die in gewissen Grenzen **mögliche Unterbewertung eines Aktivpostens** oder durch die **Überbewertung eines Passivpostens**. Im erstgenannten Fall weicht der Buchwert des Vermögensgegenstandes von seinem Zeitwert ab. Unter Buchwert wird hierbei der Wert verstanden, mit dem ein Wirtschaftsgut in der Bilanz ausgewiesen ist. Der Zeitwert beschreibt den Marktpreis bzw. Verkehrswert (§ 255 Abs. 4 S. 1 HGB). Bei der Überbewertung eines Passivpostens ist der Bilanzansatz höher als der sich später konkretisierende tatsächliche Wert der Schuld. 408

Während eine **Überbewertung eines Vermögensgegenstandes** aufgrund des Vorsichtsprinzips **nicht zulässig** ist, zwingen die bilanzrechtlichen Bewertungsvorschriften den Kaufmann aufgrund von **Gläubigerschutzerwägungen** teilweise zu einer **Unterbewertung seiner Aktiva**. So sind Vermögensgegenstände gem. § 253 Abs. 1 S. 1 HGB höchstens mit den Anschaffungskosten zu bilanzieren. Damit entsteht **zwangsläufig eine stille Rücklage**, wenn der Vermögensgegenstand im Laufe der Zeit einen Wertzuwachs erfährt. Andererseits können umgekehrt Schulden, insbesondere **Rückstellungen**, 409 aufgrund des **Prognoserisikos zu hoch** angesetzt sein mit der Folge, dass ebenfalls das Eigenkapital zu niedrig ausgewiesen wird.

Beispiele für das Entstehen einer stillen Rücklage aufgrund der **Unterbewertung von Aktiva**:
(1) Ein Grundstück wurde im Jahr 2005 zu einem Preis von 100.000 EUR angeschafft. Der Buchwert ist gem. § 253 Abs. 1 S. 1 HGB somit 100.000 EUR. Zum Bilanzstichtag am 31.12.2014 hat das Grundstück aufgrund guter Entwicklung der Infrastruktur einen Marktpreis (Zeitwert) von 250.000 EUR. In Höhe der Differenz von 150.000 EUR ist es zu einer Unterbewertung der Aktiva und somit zur Bildung einer stillen Rücklage gekommen.
(2) Die X-AG hat 2009 eine Beteiligung iHv 51 % an der Z-GmbH zu einem Kaufpreis von 100 Mio. EUR erworben. In den folgenden Jahren hat die Z-GmbH erhebliche Gewinne erwirtschaftet, die jedoch nicht ausgeschüttet, sondern thesauriert wurden. Der Unternehmenswert ist daher erheblich gestiegen. Gleichwohl ist die Beteiligung zum 31.12.2014 weiterhin nur mit den Anschaffungskosten von 100 Mio. EUR zu aktivieren.

Beispiel für das Entstehen einer stillen Rücklage aufgrund der **Überbewertung von Passiva**:
Gegen die X-AG wurde wegen einer angeblichen Forderung iHv 10.000 EUR Klage erhoben. Aufgrund bestehender Rechtsunsicherheiten bildet die Gesellschaft eine Rückstellung für ungewisse Verbindlichkeiten gem. § 249 Abs. 1 S. 1 HGB iHd Klageforderung. Letztinstanzlich wird die Gesellschaft lediglich zur Zahlung von 2.000 EUR verurteilt. In Höhe der Differenz von 8.000 EUR ist eine stille Rücklage entstanden.

410 Da stille Reserven in der Bilanz nicht aufgeführt werden, erhöhen sie auch nicht das Jahresergebnis. Durch Unterbewertung von Aktiva entstandene **stille Reserven** werden erst bei **Veräußerung des Wirtschaftsgutes** oder bei seiner **Entnahme** aus dem Betriebsvermögen (Einzelunternehmen/Personengesellschaften) aufgedeckt. Bei einer **Überbewertung von Passiva** kommt es zur Aufdeckung etwa bei **Auflösung einer Rückstellung**, wenn sich das dort abgebildete Risiko nicht realisiert hat oder bei der späteren tatsächlich niedrigeren Inanspruchnahme der Rückstellung.

411 An der Bildung von stillen Rücklagen wird insbesondere in jüngerer Zeit vermehrt **Kritik** geübt. Moniert wird die Vernachlässigung der Interessen von (Minderheits-) Gesellschaftern, da der **ausschüttungsfähige Bilanzgewinn** durch die Bildung von stillen Rücklagen **künstlich gering gehalten** wird. Durch Auflösung stiller Reserven lassen sich zudem zum Nachteil der Gläubiger Verluste verschleiern.

Besonders gravierend kann sich die Verschleierung der tatsächlichen Ertragslage dann auswirken, wenn Unternehmen, die sich in einem Abwärtstrend oder nahe einer Krisensituation befinden, keine Gegensteuerungsmaßnahmen zur Überwindung dieser negativen Entwicklung einleiten.

Als Reaktion auf diese Kritik wurde im Zuge des **BilMoG** die Bildung stiller Reserven erheblich **eingeschränkt**. So wurden verschiedene **Wahlrechte bei der Bilanzierung gestrichen**, genannt sei nur das Wahlrecht zur Abschreibung nach vernünftiger kaufmännischer Beurteilung beim Umlaufvermögen gem. § 253 Abs. 4 HGB aF. Unangetastet blieb dagegen das Anschaffungskostenprinzip, so dass weiterhin in gewissem Umfang (siehe die Beispiele in → Rn. 409) ein Zwang zur Bildung stiller Reserven besteht. 412

Literatur: Baumbach/Hopt/*Merkt* HGB § 252 Rn. 13 ff.

Die **offenen Rücklagen** werden dagegen sichtbar in der Bilanz ausgewiesen. Das Gliederungsschema des § 266 Abs. 3 A. HGB unterscheidet zwischen **Kapitalrücklagen** und **Gewinnrücklagen**. Unterscheidungskriterium zwischen den beiden Rücklagenformen ist die Herkunft des Kapitals. 413

Bei den **Gewinnrücklagen** handelt es sich um vom Unternehmen selbst erwirtschaftete Beträge, die durch Gewinnthesaurierung dem Eigenkapital zugeführt wurden. Die Gewinnrücklagen stammen maW aus dem Unternehmen selbst. 414

Die in die **Kapitalrücklage** eingestellten Beträge wurden dagegen nicht von dem Unternehmen erwirtschaftet, sondern ihm durch die Anteilseigner (mithin von außen) zugeführt. 415

Denken Sie in diesem Zusammenhang an die Abgrenzung des Eigen- vom Fremdkapital (→ Rn. 380 ff.). Voraussetzung für eine Bilanzierung der von außen zugeführten Beträge als Eigenkapital ist insbesondere, dass diese dem Unternehmen auf Dauer überlassen wurden. 416

bb) **Kapitalrücklagen.** Welche Positionen in der Bilanz als **Kapitalrücklage** auszuweisen sind, regelt zunächst § 272 Abs. 2 HGB. Hierzu gehören: 417

(1) **Agio bei der Ausgabe von Anteilen über dem Nennbetrag** (§ 272 Abs. 2 Nr. 1 HGB): 418
Kapitalgesellschaften geben in der Praxis Anteile häufig zu einem Betrag aus, der über dem Nennwert der Anteile liegt. Die Differenz zwischen dem Nennbetrag und dem Ausgabebetrag wird Aufgeld oder **Agio** genannt. Grund für das Aufgeld ist ua der Schutz der bis-

herigen Gesellschafter vor einer Verwässerung ihrer Anteile, die bei einer Ausgabe neuer Anteile zum Nennwert entstehen könnte.

419 (2) **Agio bei der Ausgabe von Schuldverschreibungen** (§ 272 Abs. 2 Nr. 2 HGB):

Ebenfalls in die Kapitalrücklage einzustellen ist der Betrag, der bei der Ausgabe von Schuldverschreibungen für Wandlungs- und Optionsrechte zum Erwerb von Anteilen erzielt wird.

420 (3) **Zuzahlungen für die Gewährung eines Vorteils** (§ 272 Abs. 2 Nr. 3 HGB):

Zahlt ein Gesellschafter eine Zuzahlung für die Gewährung eines gegenüber den anderen Gesellschaftern besonderen Vorzugs, so ist auch der Betrag dieser Zuzahlung in die Kapitalrücklage einzustellen. Ein derartiger Vorteil kann bspw. in einem besonderen Recht bei der Gewinnverteilung oder der Verteilung des Gesellschaftsvermögens liegen (§ 11 S. 1 AktG, § 29 Abs. 3 GmbHG).

421 (4) **Andere Zuzahlungen der Gesellschafter** (§ 272 Abs. 2 Nr. 4 HGB):

Als Auffangtatbestand bestimmt § 272 Abs. 2 Nr. 4 HGB schließlich, dass alle sonstigen Zuzahlungen, die die Gesellschafter in das Eigenkapital leisten, in die Kapitalrücklage einzustellen sind.

422 Neben den in § 272 Abs. 2 HGB aufgeführten Zuzahlungen sind weitere Einstellungen in die Kapitalrücklage in den **gesellschaftsrechtlichen Vorschriften** der §§ 218 S. 2, 229 Abs. 1, 232, 237 Abs. 5 AktG sowie der §§ 58b Abs. 2, 42 Abs. 2 S. 3 GmbHG geregelt.

423 **Ausweis:** Die einzelnen Positionen der Kapitalrücklage müssen in der Bilanz nicht gesondert aufgegliedert werden. Zum einen sieht das Gliederungsschema des § 266 Abs. 3 A. II HGB nur den Ausweis des Postens „Kapitalrücklage" ohne Untergliederungen vor. Zum anderen wird sowohl in § 266 Abs. 3 A. II HGB als auch in § 272 Abs. 2 HGB der Singular „Kapitalrücklage" verwendet, wogegen in § 266 Abs. 3 A. III. HGB und § 272 Abs. 3 HGB von „Gewinnrücklagen" im Plural gesprochen wird. Die Letztgenannten sind daher auch in Unterposten aufzugliedern.

424 Zumindest für die AG und KGaA bietet es sich jedoch aus Zweckmäßigkeitsgründen an, die Untergliederung des § 272 Abs. 2 HGB in die Bilanz zu übernehmen. So unterliegen nur die in § 272 Abs. 2 Nr. 1–3 HGB genannten Beträge der Verwendungsbeschränkung des § 150 Abs. 3 und Abs. 4 AktG und nur sie sind auch zur Berechnung der in die Gewinnrücklage einzustellenden Beträge iSd § 150 Abs. 1, Abs. 2 AktG maßgeblich (→ Rn. 428 ff.).

Die Kapitalrücklage ist gem. § 270 Abs. 1 HGB bereits bei Aufstellung der Bilanz zu bilden. **Aufstellung der Bilanz** meint das technische Anfertigen der Bilanz durch die Geschäftsführung. Zu unterscheiden hiervon ist die Feststellung der Bilanz durch den Vorstand und den Aufsichtsrat oder die Hauptversammlung der AG bzw. durch die Gesellschafterversammlung der GmbH. 425

Einstellungen in die Kapitalrücklage resultieren nicht aus dem erwirtschafteten Ergebnis des Unternehmens. Sie sind daher nicht als Ergebnisverwendung anzusehen, sondern werden erfolgsunwirksam nur in der Bilanz erfasst, ohne die GuV zu berühren. 426

Entnahmen aus der Kapitalrücklage sind dagegen Maßnahmen der Ergebnisverwendung. Sie sind deshalb gem. § 158 Abs. 1 Nr. 2 AktG in der GuV-Rechnung der AG bzw. KGaA anzugeben. Die Vorschrift sollte für die GmbH entsprechend angewandt werden. 427

Literatur: *Baetge/Kirsch/Thiel* Bilanzen Kap. X. 222
HdR/*Küting/Reuter* HGB § 272 Rn. 66 ff.
HdJ/*Singhof* III/2 Rn. 110 ff.

cc) Gewinnrücklagen. Als Gewinnrücklagen dürfen gem. § 272 Abs. 3 S. 1 HGB nur Beträge ausgewiesen werden, die aus dem Ergebnis gebildet, also von dem Unternehmen erwirtschaftet worden sind. 428

(1) Gesetzliche Rücklage. Bildung: In die gesetzliche Rücklage werden Beträge entsprechend **gesetzlicher Vorgaben** eingestellt (§ 272 Abs. 3 S. 2 HGB). 429

Praktisch bedeutsam ist die für die **AG und die KGaA** geltende **gesetzliche Pflicht** zur Bildung einer Rücklage gemäß § 150 Abs. 1 und Abs. 2 AktG. Danach sind **jährlich 5 %** des um einen etwaigen Verlustvortrag (zum Begriff → Rn. 456 f.) geminderten Jahresüberschusses in eine Rücklage einzustellen, bis diese zusammen mit der Kapitalrücklage nach § 272 Abs. 2 Nr. 1–3 HGB mind. eine Höhe von 10 % des Grundkapitals erreicht. In der Satzung der Gesellschaft kann ein noch höherer Teil des Grundkapitals als Zielgröße vorgegeben werden. 430

Besonderheiten gelten zum Schutz der verpflichteten Gesellschaft gem. § 300 AktG bei Bestehen eines Beherrschungs- oder Gewinnabführungsvertrages (§ 291 Abs. 1 AktG). 431

Zudem kann die Hauptversammlung gem. § 58 Abs. 3 AktG im Beschluss über die Verwendung des Bilanzgewinns weitere Beträge in Gewinnrücklagen einstellen. 432

433 Im **GmbHG** ist die Bildung einer gesetzlichen Rücklage nur für die **Unternehmergesellschaft** vorgesehen. Diese durch das MoMiG eingeführte Form der GmbH zeichnet sich ua dadurch aus, dass das Stammkapital im Gegensatz zu der vollwertigen GmbH weniger als 25.000 EUR betragen darf. Gem. § 5a Abs. 3 GmbHG sind 25 % des um einen etwaigen Verlustvortrag geminderten Jahresüberschusses in die gesetzliche Rücklage einzustellen, bis das Mindeststammkapital in Höhe von 25.000 EUR erreicht ist (vgl. aber → Rn. 439).

434 **Beachten Sie:** Die Pflicht zur Bildung einer gesetzlichen Rücklage für Unternehmergesellschaften ändert nichts an der Möglichkeit zur Aufstellung einer verkürzten Bilanz gem. § 266 Abs. 1 S. 3 HGB, wenn die Unternehmergesellschaft – wie dies regelmäßig der Fall sein wird – die Größenmerkmale einer kleinen Kapitalgesellschaft erfüllt. Die gesetzliche Rücklage muss zwar nicht gesondert ausgewiesen werden, sondern kann in dem einheitlichen Posten „Gewinnrücklagen" enthalten sein; gebildet werden muss die gesetzliche Rücklage aber dennoch.

435 Die **Auflösung der gesetzlichen Rücklage** der AG und KGaA ist ebenfalls in § 150 AktG geregelt.

436 Ist die Summe aus den gesetzlichen Rücklagen und den Kapitalrücklagen nach § 272 Abs. 2 Nr. 1–3 HGB nicht höher als 10 % des Grundkapitals der Gesellschaft bzw. nicht höher als der in der Satzung vorgesehene Teil des Grundkapitals, so dürfen sowohl die **gesetzlichen Rücklagen** als auch die **Kapitalrücklage** gem. § 272 Abs. 2 Nr. 1–3 HGB **nur aufgelöst werden** zum Zwecke

- des Ausgleichs eines **Jahresfehlbetrags**, soweit er nicht durch einen Gewinnvortrag aus dem Vorjahr gedeckt ist und nicht durch Auflösung anderer Gewinnrücklagen ausgeglichen werden kann oder
- des Ausgleichs eines **Verlustvortrags** aus dem Vorjahr, soweit er nicht durch einen Jahresüberschuss gedeckt ist und nicht durch Auflösung anderer Gewinnrücklagen ausgeglichen werden kann.

437 Selbst wenn die gesetzlich geforderte Gesamthöhe der gesetzlichen Rücklage und der Kapitalrücklage iSd § 272 Abs. 2 Nr. 1–3 HGB 10 % des Grundkapitals erreicht, darf der über den gesetzlich geforderten Betrag hinausgehende Teil der Rücklage in **der AG und KGaA** nicht ohne weiteres aufgelöst werden. § 150 Abs. 4 AktG sieht lediglich eine Verwendung

- zum Ausgleich eines **Jahresfehlbetrags**, soweit er nicht durch einen Gewinnvortrag aus dem Vorjahr gedeckt ist,
- zum Ausgleich eines **Verlustvortrags** aus dem Vorjahr, soweit er nicht durch einen Jahresüberschuss gedeckt ist oder
- zur Kapitalerhöhung aus Gesellschaftsmitteln nach den §§ 207–220 AktG vor.

Die von einer **Unternehmergesellschaft** zu bildende Rücklage darf gem. § 5a Abs. 3 S. 2 GmbHG nur unter sehr engen Voraussetzungen aufgelöst werden, nämlich nur 438
- zum Zwecke der Kapitalerhöhung aus Gesellschaftsmitteln gem. § 57c GmbHG,
- zum Ausgleich eines **Jahresfehlbetrags**, soweit er nicht durch einen Gewinnvortrag aus dem Vorjahr gedeckt ist oder
- zum Ausgleich eines **Verlustvortrags** aus dem Vorjahr, soweit er nicht durch einen Jahresüberschuss gedeckt ist.

Daraus ergibt sich, dass die **Rücklage** selbst dann nicht aufgelöst werden darf, wenn sie zusammen mit dem Grundkapital der Gesellschaft 25.000 EUR übersteigt. Erst wenn die Unternehmergesellschaft durch eine Kapitalerhöhung auf mind. 25.000 EUR zu einer **uneingeschränkten GmbH** wird, ist die gesetzliche Rücklage nicht mehr zu bilden. 439

Rücklage für Anteile an einem herrschenden oder mehrheitlich beteiligten Unternehmen: Gem. §§ 266 Abs. 3 A. III. 2., 272 Abs. 4 HGB ist eine Rücklage für Anteile zu bilden, die die bilanzierende Gesellschaft an einem Unternehmen hält, durch das sie (die bilanzierende Gesellschaft) beherrscht wird oder das mehrheitlich an ihr beteiligt ist. Wirtschaftlich handelt es sich bei dieser Rücklage um einen Korrekturposten. In einem Konzern bestehen bei der Bilanzierung derartiger Anteile ähnliche Gefahren wie bei der Bilanzierung eigener Anteile (→ Rn. 404). Die von der bilanzierenden Gesellschaft gehaltenen Anteile an anderen Unternehmen sind zwar als Wertpapiere zu aktivieren (§ 266 Abs. 2 B. III. HGB). Da der Erwerb von Anteilen an dem herrschenden Unternehmen wirtschaftlich aber einem Erwerb von eigenen Anteilen durch das herrschende Unternehmen entspricht, ist die vorgenannte Rücklage zu bilden. Auf diese Weise wird zum Schutz der Aktionäre und der Gläubiger eine **Ausschüttungssperre** für die aktivierten Beträge herbeigeführt. 440

441 **(2) Satzungsmäßige Rücklagen.** Der **Gesellschaftsvertrag** bzw. die **Satzung** kann die Bildung von Gewinnrücklagen
- zwingend vorschreiben,
- in das Ermessen der Gesellschaft stellen oder
- keine Regelung über sie treffen.

442 Nur im erstgenannten Fall der im Gesellschaftsvertrag/Satzung angeordneten Pflichtrücklagen handelt es sich um **satzungsmäßige Rücklagen** § 266 Abs. 3 A. III. 3. HGB. Die in der Satzung zwingend vorgeschriebenen Gewinnrücklagen werden allerdings dann nicht als satzungsmäßige Rücklagen gebildet, wenn das Gesetz einen anderen Ausweis vorschreibt. So ordnet etwa § 58 Abs. 1–Abs. 2a AktG die Einstellung als „andere Gewinnrücklage" an.

443 Gesetzliche Grundlage für die Bildung von satzungsmäßigen Rücklagen ist für die AG und KGaA § 58 Abs. 4 AktG und für die GmbH § 29 Abs. 1 GmbHG. Auf die Zweckbestimmung der satzungsmäßigen Rücklage kommt es nicht an.

444 Ermächtigt der Gesellschaftsvertrag/die Satzung lediglich zur Bildung einer Gewinnrücklage (Ermessensrücklage) oder wird bzgl. der jeweiligen Gewinnrücklage keine Regelung getroffen, so ist die Rücklage als „andere Gewinnrücklage" auszuweisen (→ Rn. 447 ff.).

445 Die folgende Grafik veranschaulicht den Ausweis von in der **Satzung geregelten Gewinnrücklagen**:

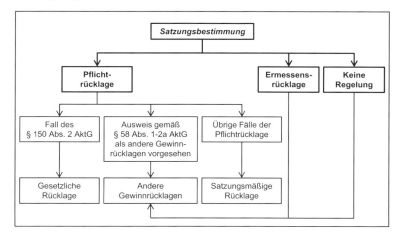

Die **Auflösung** der **satzungsmäßigen Rücklage** richtet sich mangels gesetzlicher Regelung ebenfalls nach dem Gesellschaftsvertrag bzw. der Satzung. Verstöße gegen entsprechende Satzungsbestimmungen ziehen bei der AG und der KGaA gem. § 256 Abs. 1 Nr. 4 AktG, der analog auch auf die GmbH anzuwenden ist, die Nichtigkeit des Jahresabschlusses nach sich. 446

(3) **Andere Gewinnrücklagen.** Als „andere Gewinnrücklagen" werden alle aus dem **Jahresüberschuss** in die Gewinnrücklagen eingestellten Beträge ausgewiesen, die nicht in den anderen Gliederungsposten der Gewinnrücklagen zu erfassen sind. 447

Nach § 58 Abs. 1 AktG fallen in der **AG und der KGaA** hierunter zunächst solche Rücklagen, die **nach der Satzung aus dem Jahresüberschuss** zu bilden sind, wenn die **Hauptversammlung** den Jahresabschluss **feststellt**. Nach § 173 Abs. 2 S. 2 AktG ist eine entsprechende Rücklagenbildung nur bei Vorliegen einer zwingenden Satzungsbestimmung zulässig. Die Gewinnrücklage nach § 58 Abs. 1 AktG ist in der Höhe begrenzt auf die Hälfte des nach Abzug von gesetzlicher Rücklage und etwaigem Verlustvortrag verbleibenden Jahresüberschusses. 448

Wird der **Jahresabschluss** durch den **Vorstand** und den **Aufsichtsrat** der AG **festgestellt**, darf gem. § 58 Abs. 2 AktG **maximal die Hälfte** des nach Abzug von gesetzlicher Rücklage und etwaigem Verlustvortrag verbleibenden **Jahresüberschusses** den anderen Gewinnrücklagen zugeführt werden. Hierdurch soll eine Mindestausschüttung im Interesse der **Minderheitsgesellschafter** bewirkt werden. Die Satzung kann jedoch zur Einstellung eines größeren oder kleineren Teils des Jahresüberschusses ermächtigen, solange die anderen Gewinnrücklagen die Hälfte des Grundkapitals noch nicht übersteigen oder durch die Einstellung übersteigen würden. Vorstand und Aufsichtsrat können zudem unter den Voraussetzungen des § 58 Abs. 2a AktG Beträge, die aus der Auflösung bestimmter stiller Rücklagen resultieren, in die anderen Gewinnrücklagen einstellen. 449

Beispiel: Der Vorstand der X-Strom AG, der zusammen mit dem Aufsichtsrat den Jahresabschluss feststellt (§ 172 S. 1 AktG), fragt sich, welchen Betrag er in die andere Gewinnrücklage einstellen kann. Hierzu nennt er Ihnen folgende Informationen: 450
Die Satzung der X-Strom AG enthält keine Bestimmungen über die Gewinnverwendung. Das gezeichnete Kapital beläuft sich auf 500 Mio. EUR. Die Summe aus gesetzlicher Rücklage der X-Strom AG und ihrer Kapitalrücklage gem. § 272 Abs. 2 Nr. 1–3 HGB beträgt 40 Mio. EUR. Im fraglichen

Geschäftsjahr hat die X-Strom AG einen Jahresüberschuss iHv 30 Mio. EUR erwirtschaftet. Aus dem vorangegangenen Geschäftsjahr wurde ein Verlust iHv 3 Mio. EUR vorgetragen. Welchen Betrag kann der Vorstand der X-Strom AG maximal in die anderen Gewinnrücklagen einstellen?

Die Höhe des in die anderen Gewinnrücklagen maximal einstellbaren Betrages ergibt sich mangels anderweitiger Satzungsbestimmung aus § 58 Abs. 2 AktG. Nach § 58 Abs. 2 S. 4 iVm Abs. 1 S. 3 AktG gilt:

	Jahresüberschuss des Geschäftsjahres	30.000.000
./.	Verlustvortrag aus dem Vorjahr	3.000.000
		27.000.000

Soweit die X-Strom AG verpflichtet ist, die gesetzliche Rücklage aufzufüllen, ist dieser Betrag nach den genannten Vorschriften ebenfalls noch abzuziehen. Nach § 150 Abs. 2 AktG muss die gesetzliche Rücklage zusammen mit der Kapitalrücklage gem. § 272 Abs. 2 Nr. 1–3 HGB mind. 10 % des gezeichneten Kapitals erreichen. 10 % des gezeichneten Kapitals der X-Strom AG wären 50 Mio. EUR. Gesetzliche Rücklage und maßgebliche Kapitalrücklagen ergeben aber nur einen Gesamtbetrag von 40 Mio. EUR. Demnach gilt:

	Jahresüberschuss des Geschäftsjahres	30.000.000
./.	Verlustvortrag aus dem Vorjahr	3.000.000
		27.000.000
./.	Einstellung in die gesetzliche Rücklage (5 % von 27 Mio. EUR)	1.350.000
		25.650.000
	hiervon gem. § 58 Abs. 2 AktG maximal die Hälfte	12.825.000

Der Vorstand der X-Strom AG kann den anderen Gewinnrücklagen somit max. 12.825 Mio. EUR zuführen.

451 Schließlich kann die Hauptversammlung im Beschluss über die Verwendung des Bilanzgewinns weitere Beträge in die anderen Gewinnrücklagen einstellen (§ 58 Abs. 3 AktG).

452 Für die GmbH bestimmen § 29 Abs. 2 und 4 GmbHG die Einstellungen in die anderen Gewinnrücklagen. Nach § 29 Abs. 2 GmbHG können die Gesellschafter iRd Beschlusses über die Ergebnisverwendung vorbehaltlich abweichender Regelungen im Gesellschaftsvertrag Beträge in die anderen Gewinnrücklagen einstellen. Das GmbHG sieht keine § 58 Abs. 2 S. 1 AktG entsprechende Begrenzung der in die anderen Gewinnrücklagen einzustellenden Beträge vor. Die Minderheitsgesellschafter müssen also selbst auf eine Mindestausschüttung achten und entsprechende Ansprüche in der Satzung verankern.

Anders als für die Kapitalrücklage sieht § 266 Abs. 3 A. III. HGB für die Gewinnrücklagen eine Untergliederung vor. In der Bilanz sind daher die geschilderten vier Unterformen gesondert aufzuführen. Beachten Sie aber die durch § 266 Abs. 1 S. 3 HGB eingeräumte Möglichkeit für kleine Kapitalgesellschaften, eine verkürzte Bilanz aufzustellen und lediglich eine einheitliche Gewinnrücklage auszuweisen. **453**

Literatur: *Baetge/Kirsch/Thiele* Bilanzen Kap. X. 223
HdR/*Küting/Reuter* HGB § 272 Rn. 130 ff.
HdJ/*Singhof* III/2 Rn. 129 ff.

c) Jahresergebnis

Die umgangssprachliche Verwendung der Begriffe Bilanzgewinn und Jahresüberschuss weicht erheblich von dem gesetzlichen Begriffsverständnis ab. Das Gesetz gibt insoweit in einer Mischung von handelsbilanzrechtlichen und gesellschaftsrechtlichen Vorschriften eine klare Struktur vor, die auch dem Gesellschaftsrechtler geläufig sein muss.

aa) Keine Berücksichtigung der Ergebnisverwendung. § 266 Abs. 3 HGB sieht **für Kapitalgesellschaften** als weitere Gliederungsposten im Eigenkapital den Ausweis „Gewinnvortrag/Verlustvortrag" sowie „Jahresüberschuss/Jahresfehlbetrag" vor. Dies gilt allerdings nur für Bilanzen, die ohne Berücksichtigung der Verwendung des Jahresergebnisses aufgestellt werden. **454**

Der Begriff **Ergebnisverwendung** wird im HGB nicht definiert. Maßnahmen der Ergebnisverwendung sind zB die Ausschüttung des Gewinns an die Anteilseigner, die Einstellung in und die Auflösung von Gewinnrücklagen sowie die Auflösung der Kapitalrücklage. **455**

Ein in jedem Fall auszuweisender **Gewinnvortrag** entsteht, wenn der Vorjahresbilanzgewinn oder ein Teil hiervon weder in Gewinnrücklagen eingestellt noch an die Gesellschafter ausgeschüttet wurde. Dieser Gewinn wird dann in das nächste Jahr „vorgetragen" und erscheint dort als „Gewinnvortrag". Der Gewinnvortrag ist von der Hauptversammlung der AG (§ 174 Abs. 2 Nr. 4 AktG) bzw. von der Gesellschafterversammlung der GmbH (§ 29 Abs. 2 GmbHG) zu beschließen. Ein **Verlustvortrag** entsteht, wenn das Vorjahresergebnis negativ war und nicht durch Gewinnvorträge oder Rücklagenauflösung ausgeglichen wurde. **456**

457 Der **Jahresüberschuss bzw. Jahresfehlbetrag** als zweiter auszuweisender Posten zeigt das Ergebnis des Unternehmens für das abgelaufene Geschäftsjahr. Er ist der Betrag, der sich aus der GuV als Überschuss der Erträge über die Aufwendungen (Jahresüberschuss) bzw. als Überschuss der Aufwendungen über die Erträge (Jahresfehlbetrag) ergibt. Dieser Eigenkapitalposten stellt zugleich das Bindeglied zwischen der GuV und der Bilanz dar. Er ist **nicht** identisch mit dem Betrag, der an die Gesellschafter ausgeschüttet wird! (vgl. → Rn. 463).

458 Das Eigenkapital wird bei Ausweis ohne Berücksichtigung der Verwendung des Jahresergebnisses wie folgt in der Bilanz dargestellt:

A. Eigenkapital
I. Gezeichnetes Kapital
II. Kapitalrücklage
III. Gewinnrücklagen
IV. Gewinnvortrag/Verlustvortrag
V. Jahresüberschuss/Jahresfehlbetrag

459 **bb) Teilweise Berücksichtigung der Ergebnisverwendung.** Gem. § 268 Abs. 1 S. 1 HGB darf die Bilanz aber auch – quasi einen Schritt weitergehend – bereits unter Berücksichtigung der vollständigen oder teilweisen Verwendung des Jahresergebnisses aufgestellt werden. Der Kapitalgesellschaft ist grds. ein Wahlrecht eingeräumt. Gem. § 268 Abs. 1 S. 2 HGB ist in diesem Fall ein aus dem Vorjahr vorhandener Gewinn- oder Verlustvortrag in den Posten „Bilanzgewinn/Bilanzverlust" einzubeziehen und in der Bilanz oder im Anhang gesondert anzugeben.

460 Gesellschaftsrechtliche Vorschriften können als Spezialvorschriften dieses handelsbilanzrechtliche Wahlrecht einschränken. Entsprechende Vorschriften finden sich etwa in §§ 58 Abs. 2, Abs. 2a, 150 Abs. 1–4 AktG und § 29 Abs. 1 S. 2 GmbHG. Eine Bilanzierung ohne Berücksichtigung der Ergebnisverwendung ist dann ausgeschlossen.

461 Kommt es zu einer teilweisen Berücksichtigung der Verwendung des Jahresergebnisses, so wird das Eigenkapital gem. § 268 Abs. 1 S. 2 HGB wie folgt in der Bilanz dargestellt:

A. Eigenkapital
I. Gezeichnetes Kapital
II. Kapitalrücklage
III. Gewinnrücklagen
IV. Bilanzgewinn/Bilanzverlust

A. Bilanzierung dem Grunde nach: Ansatz

Der **Bilanzgewinn/Bilanzverlust** hat also mit dem wirtschaftlichen Erfolg des jeweiligen Geschäftsjahres **wenig zu tun**. Er ergibt sich aus der Addition von Jahresüberschuss und Gewinnvortrag bzw. von Jahresfehlbetrag und Verlustvortrag bzw. dem Saldo aus Jahresüberschuss/Jahresfehlbetrag und Gewinnvortrag/Verlustvortrag und stellt jenen Betrag dar, der für eine Ausschüttung an die Gesellschafter zur Verfügung steht. 462

Aktiengesellschaften oder KGaA haben gem. § 158 Abs. 1 AktG im Interesse einer besseren Nachvollziehbarkeit **zwingend** die Überleitung vom Jahresüberschuss/Jahresfehlbetrag zum Bilanzgewinn/Bilanzverlust in der GuV oder im Anhang zu zeigen. Die GuV wird nach dem Posten „Jahresüberschuss/Jahresfehlbetrag" in fortlaufender Nummerierung folgendermaßen fortgeführt: 463

1. Gewinnvortrag/Verlustvortrag aus dem Vorjahr
2. Entnahmen aus der Kapitalrücklage
3. Entnahmen aus Gewinnrücklagen
    a) aus der gesetzlichen Rücklage
    b) aus der Rücklage für Anteile an einem herrschenden oder mehrheitlich beteiligten Unternehmen
    c) aus satzungsmäßigen Rücklagen
    d) aus anderen Gewinnrücklagen
4. Einstellungen in Gewinnrücklagen
    a) in die gesetzliche Rücklage
    b) in die Rücklage für Anteile an einem herrschenden oder mehrheitlich beteiligten Unternehmen
    c) in satzungsmäßige Rücklagen
    d) in andere Gewinnrücklagen
5. Bilanzgewinn/Bilanzverlust

In der GuV wird somit aufgezeigt, wie der Gewinn verwendet wurde. Diese Fortführung wird daher auch „**Gewinnverwendungsrechnung**" genannt. Für die GmbH besteht keine mit § 158 Abs. 1 AktG vergleichbare Pflicht. Falls Veränderungen der Kapital- und Gewinnrücklagen einer GmbH jedoch in der GuV gezeigt werden, dürfen diese gem. § 274 Abs. 4 HGB erst nach dem Posten „Jahresüberschuss/Jahresfehlbetrag" aufgeführt werden. 464

cc) Vollständige Berücksichtigung der Ergebnisverwendung. Die Bilanz **kann** schließlich unter **vollständiger Berücksichtigung der Ergebnisverwendung** aufgestellt werden, mit der Folge, dass weder ein Bilanzgewinn noch ein Bilanzverlust ausgewiesen wird. Dies 465 kann zB vorkommen, wenn ein vorhandener Gewinn in voller Höhe den Rücklagen zugeführt wurde oder er aufgrund eines Gewinnabführungsvertrages (§ 291 AktG) an eine andere Gesellschaft abgeführt werden muss. Ein Bilanzergebnis von Null entsteht auch, wenn ein vorhandener Verlust durch die Auflösung von Rücklagen ausgeglichen wurde.

466 Es leuchtet ein, dass eine solche Aufstellung der Bilanz unter Berücksichtigung der vollständigen Ergebnisverwendung grundsätzlich voraussetzt, dass das zuständige Gremium der Gesellschaft spätestens bei Aufstellung der Bilanz eine endgültige Ergebnisverwendung beschlossen hat. Neben einem entsprechenden Gesellschafterbeschluss ist aber auch denkbar, dass zwingende Vorgaben in der Satzung bzw. im Gesellschaftervertrag keinen Raum mehr für den Ausweis eines Bilanzgewinnes bzw. -verlustes lassen.

Literatur: *Baetge/Kirsch/Thiele* Bilanzen Kap. X. 23
BeBiKo/*Ellrott/Krämer* HGB § 268 Rn. 1 ff.
MüKoHGB/*Reiner/Haußer* HGB § 268 Rn. 2 ff.

d) Nicht durch Eigenkapital gedeckter Fehlbetrag

467 Ist das **Bilanzergebnis** einer Gesellschaft **negativ**, wird dieser Bilanzverlust grds. als Negativposten auf der Passivseite der Bilanz vom Eigenkapital abgesetzt. Ist der Bilanzverlust eines Geschäftsjahres so hoch, dass er **nicht mehr durch das Eigenkapital ausgeglichen** werden kann, erfolgt gem. § 268 Abs. 3 HGB am Schluss der Bilanz auf der **Aktivseite** ein gesonderter Ausweis unter dem Posten „Nicht durch Eigenkapital gedeckter Fehlbetrag". Hierdurch wird der Ausweis eines Negativpostens in einer Hauptspalte der Bilanz verhindert.

Beachten Sie: Es handelt sich bei dem Posten „Nicht durch Eigenkapital gedeckter Fehlbetrag" trotz Ausweis auf der Aktivseite selbstverständlich nicht um einen Vermögensgegenstand, sondern ausschließlich um einen rechnerischen Korrekturposten.

468 Dieser Zustand der **bilanziellen Überschuldung** bedeutet nicht zwangsläufig, dass es sich um einen Insolvenzfall handelt. Der tatsächliche Wert des Unternehmens kann gleichwohl sogar deutlich positiv sein. Dies folgt aus der Möglichkeit der Existenz von stillen Reserven, denen die Funktion von nicht aus der Bilanz ersichtlichem Eigenkapital zukommt (→ Rn. 408 ff.). Grundsätzlich handelt es sich allerdings um ein Alarmsignal für alle Investoren und Gläubiger.

Schon wegen des Renommeeschadens wird jedes Unternehmen bemüht sein, diesen Zustand durch Zuführung von Kapital oder Offenlegung der stillen Reserven möglichst schnell zu beseitigen.

In der Bilanz wird der „Nicht durch Eigenkapital gedeckte Fehlbetrag" wie in folgendem Beispiel ausgewiesen: 469

Aktiva		Passiva	
		(Vor- spalte)	(Haupt- spalte)
A. Anlagevermögen	A. Eigenkapital		
...	I. Gezeichnetes Kapital	60.000	
B. Umlaufvermögen	II. Kapitalrücklage	5.000	
...	III. Gewinnrücklagen	2.000	
C. Rechnungsabgrenzungsposten	IV. Verlustvortrag	– 1.000	
...	V. Jahresfehlbetrag	–70.000	
D. Nicht durch Eigen- 4.000 EUR **kapital gedeckter Fehl- betrag**			– 4.000

Im Beispielsfall wäre in der Bilanz des Folgejahres sodann ein Verlustvortrag iHd „Nicht durch Eigenkapital gedeckten Fehlbetrages" (4.000) zu bilanzieren. 470

3. Bilanzierung bei Personenhandelsgesellschaften

Das soeben unter B. besprochene Gliederungsschema des § 266 HGB gilt gem. § 266 Abs. 1 S. 2 HGB nur für Kapitalgesellschaften. Personenhandelsgesellschaften sind zunächst nur an die Ausweisregel des § 247 Abs. 1 HGB gebunden. Danach sind in der Bilanz das Anlage- und das Umlaufvermögen, das Eigenkapital, die Schulden sowie die Rechnungsabgrenzungsposten gesondert auszuweisen und hinreichend aufzugliedern. 471

Besonderheiten gelten für haftungsbeschränkte Personenhandelsgesellschaften, bei denen nicht wenigstens ein persönlich haftender Gesellschafter eine natürliche Person oder eine oHG, KG oder sonstige Personengesellschaft mit einer natürlichen Person als persönlich haftendem Gesellschafter ist. 472

Das praktisch bedeutsamste Beispiel für eine haftungsbeschränkte Personenhandelsgesellschaft ist die GmbH & Co. KG. Es handelt sich um eine KG, deren persönlich haftende Gesellschafter (Komplementäre) ausschließlich Kapitalgesellschaften in der Rechtsform der GmbH sind (vgl. zur Firmierung § 19 Abs. 2 HGB). 473

474 Gem. § 264a Abs. 1 HGB gelten für Personenhandelsgesellschaften, in denen sämtliche voll haftenden Gesellschafter Kapitalgesellschaften sind, die Bilanzvorschriften der Kapitalgesellschaften. Allerdings wird das Eigenkapital gem. § 264c Abs. 2 S. 1 HGB wie folgt ausgewiesen:

   A. Eigenkapital
     I. Kapitalanteile
    II. Rücklagen
   III. Gewinnvortrag/Verlustvortrag
   IV. Jahresüberschuss/Jahresfehlbetrag

Zum Verständnis sei darauf hingewiesen, dass es in der KG als Personengesellschaft naturgemäß kein gezeichnetes Kapital im Sinne eines Haftungsfonds gibt. An die Stelle des gezeichneten Kapitals treten die Kapitalanteile. Der Haftungsfonds erübrigt sich aufgrund der unbeschränkten Haftung des bzw. der Komplementäre.

475 **Beachten Sie:** Unter dem Gliederungsposten „I. Kapitalanteile" wird nur ein Kapitalanteil für jeden Gesellschafter gezeigt, der buchungstechnisch meist in festen und variablen Kapitalkonten erfasst wird.

476 Übersteigt der dem Gesellschafter zugeordnete Verlust (für die OHG/KG: § 120 Abs. 2 HGB) oder übersteigen seine Entnahmen seinen Kapitalanteil, kann dieser auch negativ werden. Nach der gesetzlichen Regelung der § 707 BGB, § 105 Abs. 3 HGB besteht jedoch keine (Nach-)Zahlungsverpflichtung des Gesellschafters; er ist nicht zur Ergänzung der durch Verlust verminderten Einlage verpflichtet. Der negative Kapitalanteil wird gem. § 264c Abs. 2 S. 5 iVm § 268 Abs. 3 HGB als „Nicht durch Vermögenseinlagen gedeckter Verlustanteil persönlich haftender Gesellschafter" auf der Aktivseite am Schluss der Bilanz ausgewiesen. Besteht nach dem Gesellschaftsvertrag abweichend von der gesetzlichen Regelung doch eine Nachschusspflicht, ist der negative Kapitalanteil gem. § 264c Abs. 2 S. 4 HGB auf der Aktivseite unter der Bezeichnung „Einzahlungsverpflichtungen persönlich haftender Gesellschafter" unter den Forderungen gesondert auszuweisen.

477 Ebenfalls unter dem Gliederungsposten „I. Kapitalanteile" sind gem. § 264c Abs. 2 S. 6 HGB bei der KG die Kapitalanteile der Kommanditisten auszuweisen, wobei der Ausweis der Kapitalanteile der Kommanditisten getrennt von den Kapitalanteilen der persönlich haftenden Gesellschafter (Komplementäre) zu erfolgen hat.

Gewinne werden dem Kapitalanteil des Kommanditisten gem. 478
§ 167 Abs. 2 HGB aber nur solange gutgeschrieben, bis die im Gesellschaftsvertrag festgelegte Einlage (Pflichteinlage) erreicht ist. Darüber hinausgehender, nicht ausgeschütteter Gewinn wird einem Privatkonto gutgeschrieben und erscheint nicht als Kapitalanteil.

4. Bilanzierung bei Einzelkaufleuten

Der Einzelkaufmann ist nach § 247 Abs. 1 HGB lediglich verpflichtet, das **Eigenkapital gesondert auszuweisen** und hinreichend aufzugliedern. Zu beachten hat er daneben die allgemeinen Grundsätze der Bilanzierung, insbesondere den Grundsatz der Klarheit und Übersichtlichkeit gem. § 243 Abs. 2 HGB. 479

Literatur: HdJ/*Hennrichs/Pöschk*e III/1 Rn. 41 ff.

IV. Ansatz von Rechnungsabgrenzungsposten

Das Vollständigkeitsgebot des § 246 Abs. 1 HGB zählt neben Vermögensgegenständen und Schulden des Weiteren die **Rechnungsabgrenzungsposten** (kurz: RAP) auf. Dabei handelt es sich um besondere **Korrekturpositionen** in der Bilanz, die weder einen Vermögensgegenstand noch eine Schuld darstellen. Sie sind Ausfluss des Grundsatzes der periodengerechten Erfolgsermittlung (§ 252 Abs. 1 Nr. 5 HGB), wonach Aufwendungen und Erträge unabhängig von den entsprechenden Zahlungen im Jahresabschluss zu berücksichtigen sind. RAP kommen dann zum Einsatz, wenn **Leistungsvorgang und Zahlungsvorgang in unterschiedliche Rechnungslegungsperioden** fallen, was häufig bei zeitlich gestreckten Geschäftsvorfällen bzw. zeitraumbezogenen Gegenleistungen der Fall ist. 480

Fall: Einzelhändler E überweist am 1.12.2014 die Miete für die Monate Dezember 2014 bis Juni 2015 (jeweils 2.000 EUR, insgesamt 14.000 EUR) an die Immobilienverwaltungsgesellschaft I. 481

Lösung: Würde I bereits in der Jahresbilanz 2014 die Miete für die Monate Januar bis Juni 2015 iHv 12.000 EUR vereinnahmen, so bliebe unberücksichtigt, dass I dem E dafür das Mietobjekt in dieser Zeit zur Verfügung stellen muss. Die 12.000 EUR sind Erträge, die erst durch die Vermietung im Jahr 2015 anfallen und daher auch erst dann erfolgswirksam verbucht werden dürfen. In gleicher Weise wäre in der Bilanz des E ein zusätzlicher Mietaufwand iHv 12.000 EUR für das Jahr 2014 nicht zutreffend und würde den Einblick in die wahre Vermögenslage des E verstellen. Aus diesem Grunde werden die Aufwendungen respektive Erträge den entsprechenden Rechnungslegungsperioden durch Korrekturbuchungen in RAP zugeordnet. Konkret werden die das Jahr 2015 betreffenden 12.000 EUR dergestalt abgegrenzt, dass in der Bilanz von I gemäß § 250 Abs. 2 HGB für die bereits im Jahr 2014 vereinnahmten 12.000 EUR ein passiver RAP zu bilden ist, während in der Bilanz des E entsprechend § 250 Abs. 1 HGB ein aktiver RAP zu bilden ist.

482 Zu beachten ist, dass § 250 HGB von **Ausgaben** und **Einnahmen** spricht, so dass es nicht allein auf die tatsächlichen Zahlungsvorgänge iSv **Einzahlung** und **Auszahlung** ankommt. Ausreichend ist auch, dass sich die Verbindlichkeiten erhöhen, ohne dass es zu einem tatsächlichen Zahlungsabfluss kommt. Wird bspw. die Miete für die nächsten 6 Monate am 1.12.2014 fällig, aber erst am 1.2.2015 per Banküberweisung gezahlt, so entsteht bereits am 1.12.2014 eine Verbindlichkeit in Höhe der gesamten Mietzahlungen, wovon dann die Mietzahlungen für die Monate Januar bis Mai 2015 in einem aktiven RAP zu verbuchen sind.

483 Generell lassen sich **vier Arten der Rechnungsabgrenzung** unterscheiden:

(1) Aktiver transitorischer RAP:

In diesem Fall wurden bereits Ausgaben im abgelaufenen Wirtschaftsjahr getätigt, die Aufwand für eine bestimmte Zeit nach dem Bilanzstichtag darstellen (Fall des **§ 250 Abs. 1 HGB**). Als Beispiel sind Mietzinszahlungen im abgelaufenen Jahr für das kommende Jahr zu nennen.

484 (2) Passiver transitorischer RAP:

Hier wurden bereits Zahlungen im abgelaufenen Wirtschaftsjahr vereinnahmt, die erst Erträge für eine bestimmte Zeit nach dem Bilanzstichtag darstellen (Fall des **§ 250 Abs. 2 HGB**). **Beispiel:** Ein Versicherungsunternehmen erhält bereits am Ende des abgelaufenen Wirtschaftsjahres die Versicherungsprämie für das kommende Jahr.

485 (3) Aktiver antizipativer RAP: → Forderung

Darüber hinaus gibt es noch die Fälle der **antizipativen Rechnungsabgrenzung**, die jedoch nicht unter dieser Bezeichnung in der Bilanz als spezielle Positionen ausgewiesen werden, sondern **als Vermögensgegenstand oder Verbindlichkeit** anzusetzen sind. Bei den antizipativen RAP liegt der Leistungsvorfall (Aufwendungen oder

Erträge) im abgelaufenen Geschäftsjahr, während der Zahlungsvorgang erst nach dem Bilanzstichtag erfolgt.

Der Fall eines **aktiven antizipativen RAP** ist bspw. dann gegeben, wenn vereinbart wird, dass die Miete für das abgelaufene Wirtschaftsjahr erst im kommenden Jahr zu entrichten ist. Es kommt beim Vermieter zum **Ansatz eines Vermögensgegenstandes** (Mietzinsforderung).

(4) Passiver antizipativer RAP: *Verbindlichkeit*

Wurde bereits im Laufe des abgelaufenen Wirtschaftsjahres Aufwand verursacht, der allerdings erst in der Zeit nach dem Bilanzstichtag bezahlt werden muss, ist ein **passiver antizipativer RAP** gegeben. Bspw. muss Kaufmann K seine Versicherungsprämie für das Jahr 2014 erst im Jahr 2015 begleichen. Der Aufwand für die Versicherungsleistung ist bereits angefallen, jedoch kommt es erst in der darauf folgenden Rechnungslegungsperiode zu einem tatsächlichen Zahlungsabfluss. In diesem Fall ist eine **Verbindlichkeit** iHd Versicherungsprämie anzusetzen.

Überblick über die verschiedenen Arten der Rechnungsabgrenzungsposten:

	Aktive Abgrenzung	**Passive Abgrenzung**
Transitorisch (Zahlung jetzt, Erfolg später)	Auszahlung jetzt, Aufwand später (= **aktiver RAP**) zB geleistete Vorauszahlung für Miete	Einzahlung jetzt, Ertrag später (= **passiver RAP**) zB Vorauszahlungen an Vermieter
Antizipativ (Erfolg jetzt, Zahlung später)	Ertrag jetzt, Einzahlung später (= **Forderung**) zB Miete, die nachschüssig noch eingeht	Aufwand jetzt, Auszahlung später (= **Verbindlichkeit**) zB Miete, die nachschüssig noch zu zahlen ist

Fall: Die Gesellschafter der Patentanwaltssozietät P haben sich im Gesellschaftsvertrag verpflichtet, ihre Gewinnermittlung anhand einer Bilanz nach den handelsrechtlichen Vorschriften vorzunehmen. P nimmt insbesondere Grundgebühren aus der Vertretung von Schutzrechten ein, wobei es üblich ist, dass im Jahr der Auftragserteilung die Grundgebühr für die Vertretung des Patentrechts während der gesamten 20-jährigen Laufzeit bereits in einer Summe vorab gezahlt wird. In den folgenden Jahren erfolgen keine weiteren Einnahmen aus den Vertretungen, obwohl Aufwand für die Datenpflege und die Aktenverwahrung anfällt und es gängiger Praxis entspricht, kein Konkurrenzunternehmen des Auftraggebers während der Laufzeit des Patentrechts zu vertreten. P lehnt daher auch üblicherweise entsprechende Aufträge von Konkurrenten der Mandanten ab. Es stellt sich die Frage, wie im ersten Jahr der Vereinnahmung der Gebühren bei der Bilanzaufstellung zu verfahren ist.

Lösung: Die bereits im Jahr der Mandatsübernahme eingenommenen Grundgebühren dürfen nicht in voller Höhe als Einnahmen ausgewiesen werden, da sie Ertrag für die gesamte Laufzeit des Patentrechtsmandates darstellen. Aus diesem Grunde sind die Grundgebühren zwingend nach § 250 Abs. 2 HGB mittels passiver RAP abzugrenzen. Nach § 250 Abs. 2 HGB sind als passive RAP solche Einnahmen vor dem Abschlussstichtag auszuweisen, die Ertrag für eine bestimmte Zeit nach diesem Tag darstellen. Die Kosten für die Vertretung fallen gleichmäßig über die gesamte Laufzeit an. In gleicher Weise verzichtet die Sozietät während der Laufzeit auf Einnahmen aus anderen Mandaten (als Ausgleich dafür dient ein Teil der Grundgebühr). Das Kriterium der bestimmten Zeit ist vorliegend unproblematisch, da die Laufzeit der Patentrechtsmandate 20 Jahre beträgt und der Aufwand bzw. der entgangene Gewinn aus anderen Mandaten gleich bleibend über die gesamte Laufzeit zu verteilen ist. Folglich ist im ersten Jahr nur 1/20 der Grundgebühr als Ertrag auszuweisen, während die restlichen 19/20 in einen passiven RAP einzustellen und linear über die Restlaufzeit (19 Jahre) aufzulösen sind.

V. Ansatz von latenten Steuern

489   Handels- und Steuerbilanz sehen teilweise unterschiedliche Wertansätze für Vermögensgegenstände und Schulden vor, so dass es zu Divergenzen beim Gewinnausweis kommen kann.

490   **Beispiel:** Die B GmbH hat einen **Verkaufskontrakt** über 1,0 Mio. EUR für das Folgejahr abgeschlossen und sich zum Bilanzstichtag noch nicht mit der Ware eingedeckt. Ursprünglich waren Beschaffungsausgaben von 0,8 Mio. EUR geplant, die inzwischen um 40 % gestiegen sind.
Es ist eine **Drohverlustrückstellung** nach § 249 Abs. 1 S. 1 1. Alt. HGB in Höhe von 1,0 Mio. EUR − (0,8 Mio. EUR × 140 % = 1,12 Mio. EUR) = 120.000 EUR zu bilden. Nach § 5 Abs. 4a S. 1 EStG sind Drohverlustrückstellungen **nicht** in der **steuerlichen Gewinnermittlung** ansetzbar.
Bei einem Steuersatz (Körperschaft- und Gewerbesteuer) von zB 30 %, würden sich **aktive latente Steuern** von 120.000 EUR × 30 % = 36.000 EUR ergeben, die wahlweise in der Bilanz aktiviert werden können (zur Korrektur des aus Sicht der Handelsbilanz zu hohen Steueraufwands).

… A. Bilanzierung dem Grunde nach: Ansatz

Aktive latente Steuern	36.000 EUR	an	Ertragsteueraufwand	36.000 EUR

Wenn im Folgejahr die Waren eingekauft (und dann ausgeliefert) werden, ergibt sich der endgültige Verlust, der dann auch steuerlich wirksam wird, weshalb der **Steueraufwand** aus **Sicht der Handelsbilanz** dann **zu hoch** ist. Vor diesem Hintergrund wird der **Aktivposten** für aktive latente Steuern durch eine entsprechende Gegenbuchung wieder **aufgelöst**:

Ertragsteueraufwand	36.000 EUR	an	Aktive latente Steuern	36.000 EUR

Um dem unterschiedlichen Gewinnausweis Rechnung zu tragen, sieht § 274 Abs. 1 S. 2 HGB als Wahlrecht die Möglichkeit vor, „eine sich daraus insgesamt ergebende Steuerentlastung … als aktive latente Steuern (§ 266 Abs. 2 D. HGB) in der Bilanz" anzusetzen. Konkret kann die B-GmbH einen Abgrenzungsposten iHv 36.000 EUR bilden. 491

Die „zuviel" erhobenen Steuern werden quasi neutralisiert. Die Steuerabgrenzung nach § 274 HGB baut eine „Brücke" zwischen Handels- und Steuerbilanz. Mittels der Steuerabgrenzung wird der Steueraufwand periodengerecht ausgewiesen, um die Vermögenslage des Unternehmens zutreffend abzubilden. **Das Konzept der latenten Steuern verteilt mithin den (tatsächlichen) Steueraufwand über die Perioden in der Weise, dass in jeder Periode der Steueraufwand in der GuV ausgewiesen wird, der dem handelsbilanziellen Ergebnis entspricht.** Voraussetzung ist, dass sich die ermittelten Steuerwirkungen in den Folgeperioden wieder umkehren und sich damit (über die Perioden betrachtet) ausgleichen. 492

Nach § 274 Abs. 2 S. 2 HGB ist der Steuerabgrenzungsposten aufzulösen, „sobald die Steuerbe- oder -entlastung eintritt oder mit ihr nicht mehr zu rechnen ist". 493

Im Übrigen unterliegen aktive latente Steuern aus Gläubigerschutzgründen einer **Ausschüttungssperre** nach § 268 Abs. 8 S. 2 HGB, dh dass die aktivierten Beträge, die in der GuV als Erträge (genau Minderwsteueraufwendungen) erfasst werden, nicht im Rahmen von Gewinnausschüttungen die Unternehmenssphäre verlassen dürfen. 494

Ebenso möglich ist die umgekehrte Konstellation, bei der der Gewinn in der Steuerbilanz niedriger ist als in der Handelsbilanz, aus handelsbilanzrechtlicher Sicht also zu wenig Steuern gezahlt werden. 495

Bestehen zwischen den handelsrechtlichen Wertansätzen von Vermögensgegenständen, Schulden und Rechnungsabgrenzungsposten und ihren steuerlichen Wertansätzen Differenzen, so muss eine sich daraus insgesamt ergebende Steuerbelastung als passive latente Steuern (§ 266 Abs. 3 E. HGB) in der Bilanz angesetzt werden.

496 Übersicht: Zeitliche Differenzen zwischen Handelsbilanzergebnis und Steuerbilanzergebnis

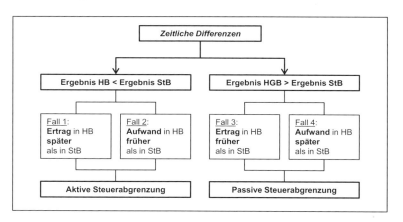

497 Zusammenfassend lässt sich festhalten: Errechnen sich insgesamt (nach Saldierung) **aktive latente Steuern**, die sich auch auf Grundlage von steuerlichen Verlustvorträgen ergeben können (Anrechnung für die nächsten fünf Jahre), so dürfen diese **wahlweise** aktiviert werden, während **passive latente Steuern** pflichtweise anzusetzen sind. Bewertungsfragen werden unter B. I. Rn. 8 dargestellt. Aufgrund der Stellung im 2. Abschnitt gilt § 274 HGB nicht für Einzelkaufleute oder Personenhandelsgesellschaften (Ausnahme: GmbH & Co KG), bei denen ohnehin die natürlichen Personen Steuersubjekt der Einkommensteuer sind.

Literatur: *Buchholz* Jahresabschluss S. 131 ff.

VI. Aktiver Unterschiedsbetrag aus der Vermögensverrechnung

§ 266 Abs. 2 HGB führt auf der Aktivseite außerdem den Posten E. **Aktiver Unterschiedsbetrag aus der Vermögensverrechnung** auf. Hierbei handelt es sich um einen Posten, der eine **Ausnahme vom Verrechnungsverbot** (§ 246 Abs. 2 S. 1 HGB) darstellt, nach dem (ua) Posten der Aktivseite nicht mit Posten der Passivseite und Aufwendungen nicht mit Erträgen verrechnet werden dürfen. In § 246 Abs. 2 S. 2 und 3 HGB heißt es: 498

„Vermögensgegenstände, die dem Zugriff aller übrigen Gläubiger entzogen sind und ausschließlich der Erfüllung von Schulden von Altersvorsorgeverpflichtungen oder vergleichbar langfristig fälligen Verpflichtungen dienen, sind mit diesen Schulden zu verrechnen; entsprechend ist mit den zugehörigen Aufwendungen und Erträgen zu verfahren. Übersteigt der beizulegende Zeitwert der Vermögensgegenstände den Betrag der Schulden, ist der übersteigende Betrag unter einem gesonderten Posten zu aktivieren."

Dieser **bilanzielle Spezialfall**, auf den im Weiteren nicht vertieft eingegangen werden soll, besteht mithin darin, dass ein Unternehmen für seine Mitarbeiter **Altersvorsorgeverpflichtungen** eingeht und ihnen bspw. Pensionsleistungen zusagt, die grundsätzlich als Pensionsrückstellungen auf der Passivseite der Bilanz auszuweisen sind. Werden die Mittel für die Erfüllung dieser Altersvorsorgeverpflichtungen bspw. in Wertpapiere investiert, und ist das gebildete **Vermögen** mithin **zweckgebunden**, dann steht den Pensionsrückstellungen auf der Passivseite ein Deckungsvermögen auf der Aktivseite gegenüber. Vermögensgegenstände und Schulden betreffen in diesem Fall eine abgegrenzte Personengruppe (wie eben die zu versorgenden Arbeitnehmer). 499

Vor diesem Hintergrund wird das Verrechnungsverbot durchbrochen und eine Saldierung der im Übrigen zuvor (einzeln) zu bewertenden Aktiva und Passiva durchgeführt. Die **Bewertung** der zu verrechnenden **Aktiva** erfolgt dabei nach § 253 Abs. 1 S. 4 HGB mit dem beizulegenden Zeitwert, der nach § 255 Abs. 4 S. 1 HGB dem **Marktwert** entspricht. Damit wird in diesem Spezialfall auch das Anschaffungskostenprinzip durchbrochen. Soweit dadurch unrealisierte Gewinne anfallen (Marktpreise > Anschaffungskosten) sieht § 268 Abs. 8 S. 3 HGB eine Ausschüttungssperre vor. 500

501 Für den Fall, dass nach Verrechnung ein **Aktivsaldo** verbleibt, wird dieser unter dem Hauptposten unter E. Aktiver Unterschiedsbetrag aus der Vermögensverrechnung ausgewiesen.

B. Bilanzierung der Höhe nach – Bewertung

I. Grundlagen der Bewertung

1. Grundfragen zur Bewertung

Die Bilanzierung dem Grund nach (Ansatz) und die **Bilanzierung der Höhe nach** (Bewertung) bilden die zwei Schritte der **materiellen Bilanzierung**. Auf den dritten Schritt, mit der eher formellen Frage, unter welchen Bilanzposten ein Aktivum oder ein Passivum auszuweisen ist, wird im Folgenden nur in Ausnahmefällen näher eingegangen. 502

Die beiden (gedanklich zu trennenden) Schritte **Ansatz und Bewertung** sind dabei **nicht immer klar abgrenzbar** und ihre **Reihenfolge lässt sich nicht immer eindeutig bestimmen**. 503

Beispiel: Eine zu erwartende negative Differenz aus einem schwebenden Geschäft (noch von keiner Seite erfüllter Vertrag) verursacht eine zu bildende Rückstellung aus schwebenden Geschäften nach § 249 Abs. 1 S. 1 1. Alt. HGB. Um nun aber festzustellen, ob ein Verlust vorliegt, muss dieses Geschäft zuvor „durchgerechnet" werden. Demnach folgt der Berechnung des Verlustes der Ansatz der (Drohverlust-)Rückstellung. Gleichwohl ist abschließend wiederum noch eine etwaige Abzinsung der Rückstellung nach § 253 Abs. 2 S. 1 HGB (Rückstellungen mit einer Restlaufzeit > 1 Jahr) zu prüfen.

Bewertet werden nach dem Eingangssatz in § 252 Abs. 1 HGB **Vermögensgegenstände** und **Schulden**. Nach dem Gliederungsschema in § 266 Abs. 2 und 3 HGB, das grundsätzlich nur für Kapitalgesellschaften und haftungsbeschränkte Personenhandelsgesellschaften verpflichtend ist, enthält die Bilanz weitere **Posten**, die aber **grundsätzlich nicht bewertet** werden. Diese Posten entstehen zumeist rechnerisch oder als Saldogröße. 504

Dazu zählen aktive und **passive Rechnungsabgrenzungsposten** (RAP) nach § 250 Abs. 1 und 2 HGB (→ Rn. 480 ff.), bei denen geleistete Ausgaben bzw. Einnahmen vor dem Bilanzstichtag aus zeitraumbezogenen Verträgen vorliegen, die (zumeist teilweise) Aufwand bzw. Ertrag für einen bestimmten Zeitraum nach dem Bilanzstichtag 505 betreffen und deshalb durch bilanzielle Aktivierung bzw. Passivierung aus der GuV eliminiert werden.

506 **Beispiel:** Am 1.10. für ein Jahr gezahlte Versicherungsprämien sind als aktiver RAP in Höhe von 3/4 der Ausgaben (1.1.-30.9. des Folgejahres) zu aktivieren und im Folgejahr aufwandswirksam aufzulösen.

507 Weil es sich bei den Rechnungsabgrenzungsposten eben nicht um (zu bewertende) Vermögensgegenstände oder Schulden handelt, werden sie in **eigenen Hauptposten** unter C. auf der **Aktivseite** und unter D. auf der **Passivseite** ausgewiesen. Unter den aktiven RAP **kann** nach § 250 Abs. 3 HGB im Übrigen auch ein **Disagio** aufgenommen werden, das dadurch entsteht, dass bei der Aufnahme einer Verbindlichkeit nicht der volle Betrag ausgezahlt wurde, zumeist um günstigere Zinskonditionen gewähren zu können (→ Rn. 304 ff.). Diese Differenz stellt damit wirtschaftlich (ersparten) Zinsaufwand dar, kann als RAP aktiviert und über die Laufzeit in Form von planmäßigen Abschreibungen verteilt werden. Die Verteilungsmethode (zB linear oder an der Restschuld orientiert) kann nicht geändert werden.

508 **Beispiel:** Ein Unternehmen erhält am 30.6. ein Bankdarlehen von 1,0 Mio. EUR mit einer Laufzeit von 5 Jahren, das zu 95 % ausgezahlt auf das Bankkonto wird. Die Zinsen betragen 5 % statt marktüblichen 6 %.

509 Die **Kreditaufnahme** löst folgende Buchung aus:

| Bank | 950.000 EUR | an | Bankdarlehen | 50.000 EUR |
| Aktiver RAP | 50.000 EUR | | | |

Am **31.12.** ist der aktive RAP mit 1/5 (Verteilung 5 Jahre) × 1/2 (30.6.–31.12.) aufzulösen:

| Zinsaufwand | 5.000 EUR | an | Aktiver RAP | 5.000 EUR |

510 **Aktive** und **passive latente Steuern** nach § 274 Abs. 1 HGB entstehen – wie unter → Rn. 489 ff. dargestellt wird – dadurch, dass die nach den steuerrechtlichen Vorschriften (GewStG, KStG, EStG) ermittelten (faktischen) Ertragsteuern nicht mit den (fiktiven) Steuern überstimmen, die sich ergeben würden, würde das handelsrechtliche Jahresergebnis zugrunde gelegt. Wie Rechnungsabgrenzungsposten, so werden auch latente Steuern in einem **eigenen Hauptposten** (sui generis) unter **D. Aktive latente Steuern** und unter **E. Passive latente Steuern** ausgewiesen.

511 Rechnerisch erfolgt die **Ermittlung** der latenten Steuern seit Umsetzung des BilMoG von 2009 allerdings nicht mehr auf der Basis der

Abweichungen zwischen der handelsrechtlichen und der steuerrechtlich korrigierten GuV, sondern auf Basis der **Wertabweichungen zwischen den Handelsbilanz- und Steuerbilanzposten**. Im Übrigen führen durch die Verbindung von GuV und Bilanz auf Basis der doppelten Buchführung beide Methoden (GuV- oder Bilanzmethode) grundsätzlich zu demselben Ergebnis.

Beispiel 1: Ein (Zulieferer-) Unternehmen hat einen (patentgeschützten) **Fahrzeugsitz** entwickelt, der in den kommenden fünf Jahren produziert und an einen Fahrzeughersteller vertrieben wird. Die im laufenden Geschäftsjahr angefallenen Entwicklungskosten betragen 1,5 Mio EUR.

In der Handelsbilanz können die Entwicklungskosten nach § 248 Abs. 2 S. 1 iVm § 255 Abs. 2a S. 1 und 2 HGB als **selbst geschaffene immaterielle Vermögensgegenstände** des Anlagevermögens aktiviert (und damit in der GuV eliminiert) werden. In den folgenden fünf Produktionsjahren ist dieser Vermögensgegenstand planmäßig abzuschreiben. Nach § 5 Abs. 2 EStG sind diese immateriellen Wirtschaftsgüter **nicht in der steuerlichen Gewinnermittlung** ansetzbar, die Entwicklungskosten stellen deshalb Betriebsausgaben dar.

Bei einem Steuersatz von zB 30 % entstehen im Entwicklungsjahr **passive latente Steuern** von 1,5 Mio. EUR × 30 % = 450.000 EUR. Diese sind zur Erhöhung des aus Sicht der Handelsbilanz wegen der sofortigen steuerlichen Ausgabenverrechnung zu niedrigen Steueraufwands wie folgt zu buchen: 512

| Ertragsteueraufwand | 450.000 EUR | an | Passive latente Steuern | 450.000 EUR |

In den folgenden **fünf Produktionsjahren** werden die handelsrechtlichen **Abschreibungen** auf den immateriellen Vermögensgegenstand in der **steuerlichen Gewinnermittlung** eliminiert, da steuerlich kein abzuschreibendes Wirtschaftsgut vorhanden ist. Damit wird in diesen Perioden der **Steueraufwand** aus **Sicht der Handelsbilanz zu hoch** angesetzt, da das handelsbilanzielle Ergebnis (wegen der Abschreibungen) niedriger ist als das steuerliche Ergebnis. Deshalb wird der **Passivposten** über diesen Zeitraum zu **1/5** pro Jahr **aufgelöst**:

| Passive latente Steuern | 90.000 EUR | an | Ertragsteueraufwand | 90.000 EUR |

Beispiel 2: Ein Unternehmen hat im laufenden Geschäftsjahr einen (handels- und steuerrechtlichen) Verlust von 1,0 Mio. EUR erwirtschaftet, der steuerlich vorgetragen werden soll. Die Planungen für die nächsten Jahre weisen insgesamt Jahresüberschüsse von 0,8 Mio. EUR aus. 513

Der steuerliche Verlustvortrag führt nach § 274 Abs. 1 S. 4 HGB (wahlweise) zu aktiven latenten Steuern, allerdings nur in Höhe der erwarteten Verlustverrechnung von 0,8 Mio. EUR.

514   Das **Eigenkapital** (Posten A. Eigenkapital nach § 266 Abs. 3 HGB) bildet die Differenz zwischen Aktiv- und Passivposten. Die Bewertung von Vermögensgegenständen und Schulden führt über die Verrechnung von Bewertungsaufwendungen und -erträgen in der Gewinn- und Verlustrechnung zu einem entsprechend veränderten Jahresüberschuss oder –fehlbetrag, der das Eigenkapital entsprechend erhöht oder vermindert. Damit bildet das **Eigenkapital** (ua) **das Ergebnis der bilanziellen Bewertung** ab, so dass eine eigenständige Bewertung des Eigenkapitals bereits sachlogisch ausscheidet.

515   Als weiterer Aktivposten ist gem. § 266 Abs. 2 HGB unter E. ein „**Aktiver Unterschiedsbetrag aus der Vermögenverrechnung**" auszuweisen. Dieser unter → Rn. 498 ff. näher dargestellte Posten wird ebenfalls nicht eigenständig bewertet.

2. Gesetzliche Vorgaben für die Bewertung

516   Die **zentralen Bewertungsvorschriften** sind im **dritten Titel (§§ 252–256a HGB)** des zweiten Unterabschnitts (Eröffnungsbilanz. Jahresabschluss. §§ 242–256a HGB) des ersten Abschnitts des HGB geregelt, der die **bilanziellen Vorschriften für alle Kaufleute** (§§ 238–263 HGB) umfasst. Der erste Abschnitt enthält noch einen vierten Unterabschnitt zum Landesrecht.

517   Der **erste Titel** enthält Vorschriften darüber, dass Bilanz und GuV (§ 242 HGB) innerhalb der einem ordnungsmäßigen Geschäftsgang entsprechenden Zeit aufzustellen sind, und zwar nach den Grundsätzen ordnungsgemäßer Buchführung, klar und übersichtlich (§ 243 HGB). Weiterhin ist bestimmt, dass der Jahresabschluss in deutscher Sprache und in Euro aufzustellen ist (§ 244 HGB), sowie mit Angabe des Datums zu unterzeichnen ist (§ 245 HGB).

518   Der **zweite Titel** enthält die **Ansatzvorschriften**, die im 2. Abschnitt mit den ergänzenden Vorschriften für Kapitalgesellschaften (und haftungsbeschränkten Personenhandelsgesellschaften), vor allem hinsichtlich der Abbildung des Eigenkapitals (§ 272 HGB) und der latenten Steuern (§ 274 HGB) erweitert werden. (→ Rn. 163 ff.).

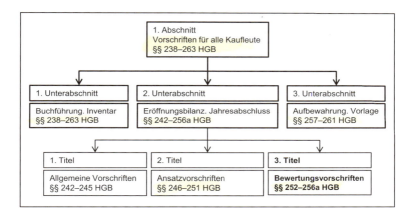

Unabhängig von der Rechtsform sind die Bewertungsvorschriften **für alle Kaufleute verbindlich** und auch **abschließend**, mit Ausnahme der branchenabhängigen Sondervorschriften, wie sie das HGB vor allem für Kreditinstitute und Versicherungen vorsieht (Spezialnormen 4. Abschnitt §§ 340–341p HGB). Seit der Umsetzung des BilMoG von 2009 enthält der **zweite Abschnitt** mit den ergänzenden Vorschriften für Kapitalgesellschaften (und haftungsbeschränkte Personenhandelsgesellschaften) **keine zusätzlichen Bewertungsnormen** mehr.

Bis zur Umsetzung des BilMoG existierten in den Vorschriften für alle Kaufleute verschiedene **Bewertungswahlrechte** zur (teilweise willkürlichen) **Bildung stiller Reserven**, die sodann für Kapitalgesellschaften im 2. Abschnitt aufgrund der Ausschüttungsinteressen der Gesellschafter/Aktionäre wieder eingeschränkt wurden.

§§ 252–256a HGB umfassen zunächst **grundsätzliche Bewertungsvorschriften**, wobei den eigentlichen Bewertungsregeln in § 252 Abs. 1 Nr. 1–6 HGB **kodifizierte Grundsätze ordnungsmäßer Buchführung** (oder besser Bilanzierung) vorgestellt werden. In § 255 HGB werden **Bewertungsmaßstäbe** festgelegt, die indes nur die **Aktivposten** betreffen. Die wesentlichen Bewertungsmaßstäbe für die Passivposten („Erfüllungsbetrag" für Verbindlichkeiten sowie „nach vernünftiger kaufmännischer Beurteilung notwendiger Erfüllungsbetrag" für Rückstellungen) werden nicht näher präzisiert. Schließlich legen die **Bewertungsanweisungen** in § 253 HGB die Zugangs-/Fol-

519

520

521

gewertung im Allgemeinen sowie die Abzinsung von Rückstellungen und die Abschreibung von Anlage- und Umlaufvermögen im Besonderen fest.

522 **Abweichende Bewertungsvorschriften** umfassen die Möglichkeit zur Bildung von **Bewertungseinheiten** (§ 254 HGB), wenn Aktiva, Passiva und/oder abgeschlossene Derivate (Termingeschäfte auf Aktiva oder Passiva) gegenläufige Wertänderungen aufweisen. Zum anderen gestattet § 256 HGB bestimmte **Annahmen über den Verbrauch von Vorratsvermögen**, wie LIFO (Last In First Out) oder FIFO (First In First Out), sowie die Anwendung der Inventurverfahren zur **Fest- und Gruppenbewertung** auch für den Jahresabschluss.

523

Grundsätzliche Bewertung		
§ 252 I HGB Bewertungs-**grundsätze**	**§ 255 HGB** Bewertungs-**maßstäbe**	**§ 253 HGB** Bewertungs-**anweisungen**
Nr. 1 Bilanzidentität	I. Anschaffungskosten	I. Zugangs-/ Folgebewertung
Nr. 2 Going-Concern	II. Herstellungskosten	II. Abzinsung von Rückstellungen
Nr. 3 Einzelbewertung	IIa. Herstellungskosten immaterieller VG	III. Abschreibung des Anlagevermögen
Nr. 4 Vorsichtsprinzip	III. Behandlung von Zinsen	IV. Abschreibung des Umlaufvermögen
Nr. 5 Periodisierung	IV. Beizulegender Zeitwert	V. Wertaufholungsgebot
Nr. 6 Stetigkeit		

Abweichende Bewertung	
§ 256 HGB (Inventur-) Bewertungs-**vereinfachungsverfahren**	**§ 254 HGB** Bewertungs-**einheiten**
Verbrauchs-folgeverfahren LIFO/FIFO — Festwert § 240 III HGB — Gruppenbewertung § 240 IV HGB	

3. Prinzipien der Bewertung

a) Jahresabschlussfunktionen und Bewertungsprinzipien

Während die **steuerliche Gewinnermittlung** (und damit die Steuerbilanz) eine gleichmäßige Besteuerung nach der steuerlichen Leistungsfähigkeit gewährleisten soll (vgl. *Tipke* Steuerrechtsordnung S. 612) und sich mithin auf einen **objektivierbaren steuerlichen Gewinn** konzentriert, dient der **Konzernabschluss** ausschließlich der **Information** darüber, welche **Vermögens-, Finanz- und Ertragslage** ein (fiktives) Unternehmen hätte, das sämtliche Aktiva und Passiva der (quasi aufgelösten) Konzernunternehmen umfassen würde (Einheitstheorie). 524

Im Unterschied dazu hat der **handelsrechtliche (Einzel-)Jahresabschluss** zwei teilweise divergierende Funktionen, die auch als Aufgaben, Ziele oder Zwecke bezeichnet werden: 525

- Die **Ausschüttungsbemessungsfunktion** soll den Gewinn ermitteln, der dem Unternehmen **ohne Substanzverlust entzogen** werden könnte. Die dabei zugrunde gelegte Substanz ist das **nominal zu erhaltende Kapital** (also ohne die für die reale Kapitalerhaltung notwendigen Zuschläge für Inflation), weil Deutschland sich im Rahmen der Umsetzung der 4. EGR dagegen entschieden hatte, die Möglichkeiten zur Bewertung zu Wiederbeschaffungswerten oder zur (fallweisen) Neubewertung (von Anlagevermögen) in Anspruch zu nehmen (vgl. *Kloos* Transformation S. 370–383). Vor allem das **Vorsichtsprinzip** mit den Ausprägungen des **Realisationsprinzips** und des **Imparitätsprinzips** dienen der **nominalen Kapitalerhaltung** durch eine **vorsichtige Gewinnermittlung**.

- Die **Informationsfunktion** soll Eigentümer (Unternehmer, Gesellschafter, Anteilseigner), Gläubiger (Banken, Lieferanten), Arbeitnehmer, Finanzverwaltung und weitere interessierte Gruppen in die Lage versetzen, die **Entwicklung und Perspektive des Unternehmens beurteilen** zu können. Hierzu dienen in erster Linie der nur von Kapitalgesellschaften und haftungsbeschränkten Personenhandelsgesellschaften zu erstellende Anhang und der Lagebericht. Im Übrigen sollte mit dem BilMoG die Informationsfunktion auch der Bilanz selbst erheblich verbessert werden. Die Aktivierung (bestimmter) immaterieller Vermögensgegenstände (§ 248 Abs. 2 HGB) und die Bewertung des Deckungsvermögens 526 von Altersvorsorgeverpflichtungen zu beizulegenden Zeitwerten (§ 253 Abs. 1 S. 4 HGB) wurden indes gleichzeitig mit einer Ausschüttungssperre (§ 268 Abs. 8 HGB) versehen.

527 Beide Ziele finden sich auch in der (für Kapitalgesellschaften und haftungsbeschränkte Personenhandelsgesellschaften) zu beachtenden **Generalnorm** des § 264 Abs. 2 S. 1 HGB:

„Der Jahresabschluss der Kapitalgesellschaft hat unter Beachtung der Grundsätze ordnungsmäßiger Buchführung ein den tatsächlichen Verhältnissen entsprechendes Bild der Vermögens-, Finanz- und Ertragslage der Kapitalgesellschaften zu vermitteln."

528 Einerseits sind die Grundsätze ordnungsmäßiger Buchführung (GoB) zu beachten, die zur einer **vorsichtigen** (die nominale Kapitalerhaltung gewährleistenden) **Gewinnermittlung** und auch damit zur Bildung stiller Reserven führen, andererseits soll der so genannte „True and Fair View" ermittelt werden, nach dem eher die **tatsächliche Ertragslage** (sowie die tatsächliche Vermögens- und Finanzlage) darzulegen ist. Weiter haben nach dem deutschen Verständnis die Einzelnormen Vorrang vor der Generalnorm.

529 Gemäß § 264 Abs. 2 S. 2 HGB sind **nur im Anhang zusätzliche Angaben** zu machen, wenn besondere Umstände dazu führen, dass der Jahresabschluss **kein** den tatsächlichen Verhältnissen entsprechendes Bild iSd S. 1 vermittelt. Eine **Abweichung von den Einzelnormen der Bewertung oder den GoB** kommt, wenn der True and Fair View nicht vermittelt wird, im Sinne eines „overriding principle" demnach **nicht** in Betracht.

530 Allerdings sieht die 4. EGR in Art. 2 Abs. 5 dies genauso vor und auch Art. 4 Abs. 4 der Richtlinie 2013/34/EU vom 26.6.2013 (EU-Bilanzrichtlinie), die noch nicht in deutsches Recht transformiert ist, bestimmt, dass in **Ausnahmefällen von Einzelregelungen abgewichen werden muss,** sofern anderenfalls kein zutreffender Einblick in die wirtschaftliche Lage vermittelt wird. Gleichwohl ist das IDW unverändert der Auffassung, dass bei Umsetzung der EU-Bilanzrichtlinie kein Änderungsbedarf besteht (vgl. Schreiben des IDW zur Umsetzung der EU-Bilanzrichtlinie vom 27.2.2014, IDW-Fachnachrichten 2014 S. 265).

531 Die allgemeinen Grundsätze der Bewertung sind in § 252 Abs. 1 Nr. 1 bis 6 HGB kodifiziert. Nach § 252 Abs. 2 HGB darf von diesen Grundsätzen nur in begründeten **Einzelfällen** abgewichen werden.

Als Beispiel für diese (seltenen) Einzelfälle soll der nachfolgende Sachverhalt dienen.

Nach § 340e Abs. 3 S. 3 HGB haben Kreditinstitute (und Finanzdienstleistungsunternehmen) Finanzinstrumente des Handelbestands zum beizulegenden Zeitwert abzüglich eines Risikoabschlags zu bewerten. Der beizulegende Zeitwert ist der Marktpreis (§ 255 Abs. 4 S. HGB), der auch höher als die Anschaffungskosten sein kann. Damit wird das Anschaffungskostenprinzip (§ 253 Abs. 1 S. 1 HGB) durchbrochen, das auf dem Vorsichtsprinzip basiert. 532

Die Vorschrift ist im Rahmen des BilMoG von 2009 in das HGB aufgenommen worden. In der Begründung zum Gesetzentwurf vom 30.7.2008 (BT-Drs. 16/100067, 95) heißt es: 533

„Die Ausdehnung der Zeitwertbewertung auf den gesamten Handelsbestand spiegelt die gegenwärtige – teilw. auch als Grundsatz ordnungsmäßiger Buchführung bezeichnete – Praxis der Kreditinstitute wieder, die von der Bankenaufsicht auch für aufsichtsrechtliche Zwecke akzeptiert wird und hier gesetzlich verankert werden soll, um eine einheitliche Anwendung der handelsrechtlichen Bilanzierungs- und Bewertungsvorschriften zu erreichen."

Somit haben **Kreditinstitute** bereits vor 2009 das **Anschaffungskostenprinzip durchbrochen** und die Handelsbestände an Finanzinstrumente mit dem Marktwert bewertet (Fair-Value-Bewertung). Anerkannt war zu dieser Zeit die Verrechnung von bestimmten Gewinnen und Verlusten in abgegrenzten Portfolien, nicht aber eine reine Bewertung zu Marktpreisen. Nach und nach sind die (großen) Banken aber dazu übergegangen, die international übliche Bewertung nach dem Fair Value aus Praktikabilitätsgründen auch für die Handelsbilanz zu verwenden. Im Lauf der Zeit haben auch die (großen) Wirtschaftsprüfungsunternehmen dieses Vorgehen nicht mehr beanstandet (zumindest würde nicht der Bestätigungsvermerk eingeschränkt). **Durch dieses Vorgehen der großen Banken wurde faktisch neues Bilanzrecht geschaffen**, das der Gesetzgeber dann im Rahmen des BilMoG übernommen und kodifiziert hat. Eine endgültige Stellungnahme des Bankenfachausschusses des IDW hierzu ist interessanterweise nicht veröffentlicht worden. 534

Da die (großen) Wirtschaftsprüfungsunternehmen iÜ erkannten, dass sich das Vorgehen der (großen) Banken nicht mehr aufhalten ließ, waren sie nunmehr Protagonisten des neuen Verfahrens (vgl. *Kütter/Prahl* WPG 2006, 9 ff.). 535

b) Vorsichtsprinzip = Zentralprinzip

536 Das **Vorsichtsprinzip** ist das elementare und vorrangige Prinzip des deutschen Handelsbilanzrechts und kennzeichnet dessen unvermindert (fortführungs-) statischen Ansatz. Neben dem eigentlichen Grundsatz der vorsichtigen Bewertung ist in § 252 Abs. 1 Nr. 4 HGB das **Imparitätsprinzip** und das **Realisationsprinzip** aufgenommen:

> „Es ist vorsichtig zu bewerten, namentlich sind alle vorhersehbaren Risiken und Verluste, die bis zum Abschlussstichtag entstanden sind, zu berücksichtigen, selbst wenn diese erst zwischen dem Abschlussstichtag und dem Tag der Aufstellung des Jahresabschlusses bekanntgeworden sind; Gewinne sind nur zu berücksichtigen, wenn sie am Abschlussstichtag realisiert sind."

537 aa) **Realisationsprinzip.** Das **Realisationsprinzip** wurde bereits 1884 in Form des **Anschaffungskostenprinzips** in Artikel 185a Nr. 2 AktG aufgenommen: „... Vermögensgegenstände sind höchstens zu den Anschaffungs- oder Herstellungspreisen anzusetzen" (RGBl. 1884, 123). Realisationsprinzip und Anschaffungskostengrundsatz sind deswegen **untrennbar miteinander verbunden,** weil die Anschaffungsausgaben bis zum Realisationszeitpunkt als Anschaffungskosten in der Bilanz (quasi als Speicher) aufgenommen werden (→ Rn. 13).

538 Die **Periodisierung** von **Beschaffungsausgaben** einerseits und von **Umsatzeinnahmen** andererseits auf **einen Zeitpunkt** kennzeichnet das Realisationsprinzip. Zu diesem Zeitpunkt gilt der Gewinn als realisiert und wird über die Buchung der entsprechenden Aufwendungen und Erträge in der Gewinn- und Verlustrechnung erzeugt:

539 - **Beschaffungsausgaben** werden zum Realisationszeitpunkt zu **Beschaffungsaufwand.** Es erfolgt eine fiktive **Nachverlegung** des Zeitpunktes der **Ergebniswirksamkeit.**
- **Umsatzeinnahmen** werden zum Realisationszeitpunkt zu **Umsatzerlösen.** Es erfolgt eine fiktive **Vorverlegung** des Zeitpunktes der **Ergebniswirksamkeit.**

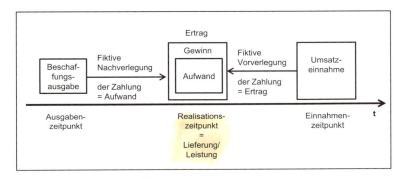

540 Der **Realisationszeitpunkt** ist damit der Zeitpunkt, in dem die „... Erzeugnisse und Dienste der Unternehmung nicht weiter als Bündel von Produktionsfaktoren, sondern als abgesetzte Leistungen und damit als Erträge zu behandeln sind." (*Leffson* GoB S. 255). Dieser Zeitpunkt muss bereits aus **Objektivierungsgründen** festgelegt werden. Theoretisch kommen hierfür verschiedene Zeitpunkte in Betracht, die bspw. bei einem Verkauf von Produkten und der Erbringung von Dienstleistungen anfallen (Punkt 1, 2, 3):

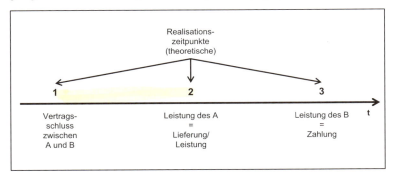

541 Zum **Zeitpunkt des Vertragsabschlusses** liegen bereits schwebende Geschäfte vor, also Geschäfte, die bislang von keiner der beiden Seiten erfüllt wurden. Nun könnte – zumindest bei einem Handelsunternehmen, das uU bereits über die veräußerte Ware verfügt und sie nicht wie Produktionsunternehmer oder Dienstleister noch erstellen muss – nach wirtschaftlicher Betrachtung bereits zu diesem Zeitpunkt eine Realisation angenommen werden, zumal auch zivil-

rechtlich gesehen die Leistungspflichten mit Vertragsschluss bereits entstanden sind. Allerdings ist die **Gegenleistungs- oder Preisgefahr noch nicht auf den Käufer übergegangen.** Nach der Grundregel des BGB besteht aber bei Nichtleistung auch kein Anspruch auf die Gegenleistung; wird die Sachleistung unmöglich, geht auch der Anspruch auf die Gegenleistung unter (§ 326 Abs. 1 BGB). Aufgrund dieses rechtlichen (Rest-)Risikos werden **schwebende Geschäfte grundsätzlich nicht bilanziert**, obwohl sogar die Fälligkeit der zivilrechtlichen Forderung (etwa des Kaufpreisanspruchs) bereits gegeben sein kann. Denn nach § 271 BGB tritt die Fälligkeit grds. sofort ein. Der Grundsatz der Nichtberücksichtigung schwebender Geschäfte wird nur **ausnahmsweise** aufgrund des Imparitätsprinzips bei **Rückstellungen für drohende Verluste aus schwebenden Geschäften** (§ 249 Abs. 1 S. 1 HGB) durchbrochen. Sie sind zu bilden, wenn ein abgeschlossenes Geschäft aufgrund von Marktentwicklungen insgesamt (voraussichtlich) zu einem Verlust führen wird.

542 Der **Realisationszeitpunkt** wird deshalb erst bei (Aus-) **Lieferung** (Verkaufsgeschäfte) oder **Leistungserbringung** (Dienstleistungen) angenommen, also zu dem Zeitpunkt, zu dem aufgrund der Erbringung der Sachleistung regelmäßig auch die dann zu buchende **Forderung auf die Gegenleistung** nicht mehr gefährdet ist. **Ausnahmen gelten bei der langfristigen Auftragsfertigung** (zB Schiffsbauten), bei der unter **restriktiven Bedingungen**, wie bspw. der Möglichkeit abgrenzbare Teilleistungen mit sicher zu kalkulierenden Gewinnen bilden zu können, eine **Teilgewinnrealisierung** möglich ist (vgl. zu diesen und weiteren Bedingungen *ADS* HGB § 252 Rn. 88).

543 Der **Zahlungszeitpunkt**, zu dem die **Gegenleistung** tatsächlich erbracht und damit die Forderung erfüllt wird, scheidet vor dem Hintergrund des Periodisierungsgedankens als Realisationszeitpunkt aus. Allerdings ist die **Forderung** bis zu diesem Zeitpunkt auf **Einbringlichkeit** zu untersuchen und gegebenenfalls wertzuberichtigen.

544 **bb) Imparitätsprinzip.** Das **Imparitätsprinzip** hat seine Bezeichnung durch die Ungleichbehandlung von Verlusten, die anders als Gewinne bereits **vor dem Realisationszeitpunkt** zu erfassen sind.

545 Bei bilanzierten **Aktiva** oder **Passiva** findet dies seinen Ausdruck in dem sogenannten (strengen oder gemilderten) **Niederstwertprinzip** bzw. **Höchstwertprinzip**.

- Nach dem **strengen Niederstwertprinzip** sind Vermögensgegenstände des **Umlaufvermögens** bei niedrigeren Marktpreisen **zwingend** auf diese **abzuschreiben** (§ 253 Abs. 4 S. 1 HGB).
- Nach dem **gemilderten Niederstwertprinzip** sind Vermögensgegenstände des **Anlagevermögens** nur bei **dauernder Wertminderung** auf diesen niedrigeren Wert **abzuschreiben** (§ 253 Abs. 3 S. 3 HGB). Bei Aktiva des Finanzanlagevermögens kann eine Abschreibung wahlweise auch bei nur vorübergehender Wertminderung vorgenommen werden (§ 253 Abs. 3 S. 4 HGB). Daraus folgt, dass bei anderen Vermögensgegenständen des Anlagevermögens ein Abschreibungsverbot bei nur vorübergehender Wertminderung besteht.
- Für (nicht bilanzierte) schwebende Geschäfte sind die bereits erwähnten **Rückstellungen** für sich abzeichnende **drohende Verluste** zu bilden (§ 249 Abs. 1 S. 1 HGB) (→ Rn. 347 ff.).

Das **Vorsichtsprinzip im engeren Sinne** betrifft den Eingangssatz in § 252 Abs. 1 Nr. 4 HGB, nach dem **vorsichtig zu bewerten** ist. Sobald es um Werte geht, die nicht ausgabenbasierte Anschaffungs- oder Herstellungskosten betreffen, bestehen (fast immer) **Schätzungsbandbreiten** bei den einzelnen Bewertungsparametern oder **Ermessensspielräume**. Nach dem Vorsichtsprinzip ieS sind diese Bandbreiten und Spielräume vorsichtig zu nutzen. Dies bedeutet allerdings nicht, dass grundsätzlich Extremwerte anzusetzen sind (worst-case), vielmehr ist eher der (konservative) realistic case zugrunde zu legen. Bei zu prüfenden Jahresabschlüssen wird dies auch umfangreich in die Diskussionen mit dem gewählten Wirtschaftsprüfer einfließen.

547 In der folgenden Abbildung sind die **Zusammenhänge des Vorsichtsprinzips** dargestellt:

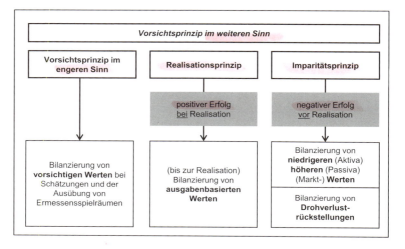

c) Übrige Bewertungsprinzipien § 252 Abs. 1 HGB

548 **aa) Bilanzidentitätsprinzip.** Nach § 252 Abs. 1 Nr. 1 HGB müssen die Wertansätze in der Eröffnungsbilanz des Geschäftsjahres mit denen der Schlussbilanz des vorhergehenden Geschäftsjahres übereinstimmen. Im **System der doppelten Buchführung als geschlossener Kreislauf** von der Eröffnungsbilanz bis zur Schlussbilanz erscheint das Prinzip der Bilanzidentität als systemimmanent.

549 Allerdings wäre es **ohne** diesen **Grundsatz** möglich, die **Gewinn-/Verlustauswirkung** von **Bewertungsmaßnahmen** zum Bilanzstichtag nicht über die Gewinn- und Verlustrechnung zu erfassen, sondern **direkt mit dem Eigenkapital zu verrechnen**. Die Ertragslage und die Vermögenslage wären dann unzutreffend dargestellt, die Bemessungsgrundlagen für etwaige Ausschüttungen oder zur Ermittlung der Ertragsteuern wären inkorrekt. Vor diesem Hintergrund dient das Bilanzidentitätsprinzip der Ausschüttungsbemessungsfunktion.

550 Allerdings wird die Möglichkeit, Auswirkungen von Bewertungsänderungen unmittelbar mit dem Eigenkapital (Gewinnrücklagen) zu verrechnen, teilw. dann genutzt, wenn die **Bewertungsänderungen** durch **Änderungen des Bilanzrechts** selbst erforderlich werden.

Beispiel: Vor Inkrafttreten des BilMoG bestand (ua) die Möglichkeit, Vermögensgegenstände des Umlaufvermögens auf einen **Zukunftsschwankungswert** abzuschreiben, um zu verhindern, dass der Wertansatz aufgrund von Wertschwankungen geändert werden müsste (§ 253 Abs. 3 S. 3 HGB aF). Nach Abschaffung dieser Vorschrift konnte nach Art. 67 Abs. 4 S. 4 EGHGB wahlweise der alte Wert fortgeführt werden oder die sich bei Nichtfortführung ergebende **Zuschreibung direkt mit den Gewinnrücklagen verrechnet** werden, soweit die Abschreibung nicht im letzten Geschäftsjahr vor dem 1.1.2010 erfolgte.

bb) Going-Concern-Prinzip. Nach § 252 Abs. 1 Nr. 2 HGB ist bei der Bewertung „… von der Fortführung der Unternehmenstätigkeit auszugehen, sofern dem nicht tatsächliche oder rechtliche Gegebenheiten entgegenstehen." Unter **tatsächlichen Gegebenheiten** sind bspw. die faktische Einstellung des Betriebs, die drohende Zahlungsunfähigkeit oder der Ausfall wichtiger Lieferanten, Kunden oder Kreditgeber zu verstehen. Unter **rechtlichen Gegebenheiten** fallen bspw. ein Auflösungsbeschluss seitens der Gesellschafter oder die Eröffnung des Insolvenzverfahrens. 551

Wird die **Going-Concern-Prämisse aufgegeben**, dann ändert sich der normalerweise zugrunde gelegte fortführungsstatische in einen zerschlagungsstatischen Ansatz der Bilanzierung und Bewertung. Auf der **Aktivseite** wird va das **Anlagevermögen** (das dem Betrieb eigentlich dauerhaft dient) nicht mehr planmäßig abzuschreiben sein, sondern vielmehr zu (niedrigeren) **Veräußerungswerten** bis hin zu Schrottpreisen bewertet werden müssen. Auf der Passivseite sind alle **Verpflichtungen und Risiken** abzubilden, die mit der **Einstellung der Betriebstätigkeit** verbunden sind, bspw. sind Rückstellungen für Sozialplanansprüche der freigesetzten Arbeitnehmer zu bilden. 552

Der **Beurteilungszeitraum** beträgt nach überwiegender Auffassung (mindestens) ein Jahr. 553

cc) Einzelbewertungsprinzip. Nach § 252 Abs. 1 Nr. 3 HGB sind die Vermögensgegenstände und Schulden zum Abschlussstichtag **einzeln zu bewerten**. Zu den Ausführungen über den Zusammenhang zwischen der Statischen Bilanzauffassung und dem Einzelbewertungsgrundsatz vgl. → Rn. 27. 554

Das Einzelbewertungsprinzip **verbindet** in besonderer Weise **Inventur/Inventar und Bilanz**: Nur wenn die Vermögensgegenstände und Schulden einzeln inventarisiert werden können, können sie auch einzeln für Inventar und Bilanz bewertet werden. Für die Abgrenzung dieser einzeln zu identifizierenden, zu inventarisierenden 555 und zu bewertenden Objekte sind **verschiedene Aspekte** von Bedeutung:

556
- **Technische Aspekte**, wie die **Möglichkeit einzelne Vermögensgegenstände zu identifizieren** und ihnen **Anschaffungspreise zuordnen** zu können (vgl. HdJ/*Naumann/Breker/Siebler/Weiser* I/7 Rn. 156). Bspw. wird bei landwirtschaftlichen Produkten, die in Silos gelagert werden, wie Getreide, Milch, usw, ebenso wenig eine Trennung erfolgen können, wie bei industriellen Betriebsstoffen, wie Öl, Kohle, usw oder bei Verbrauchsmaterialen, wie Schrauben, Muttern, usw in der Automobilproduktion.
- **Wirtschaftliche Aspekte** bedingen eine **Aufgliederungstiefe von Vermögen und Schulden**, die gewährleistet, dass **einzeln bewertbare selbstständige Objekte** (Vermögensgegenstände oder Schulden) unterschieden werden können, über deren Einsatz im Unternehmen mit Wirkung auf die Vermögens-, Finanz- oder Ertragslage einheitlich entschieden werden kann (vgl. HdR/*Fülbier/Kuschel/Selchert* HGB § 252 Rn. 64).
- **Rechtliche Aspekte**, wie die Fragen, ob es sich bei den Vermögensgegenständen um **Sachen** (§ 90 BGB) oder **Sachgesamtheiten, wesentliche Bestandteile** von Grundstücken und Gebäuden (§ 94 BGB), Einbauten für vorübergehende Zwecke (§ 95 BGB) handelt, oder ob sie durch Verbindung, Vermischung bzw. Verarbeitung (§§ 946–950 BGB) möglicherweise untergegangen sind. Auch Fragen des genauen Eigentumsübergangs bei modernen Logistik- und Lagerhaltungssystemen (wie bspw. Just-In-Time) zählen hierzu.

557 Das Einzelbewertungsprinzip bildet lediglich das grundlegende Prinzip, das bereits durch **handelsbilanzrechtliche Normen vielfach durchbrochen** wird. Hierzu zählen folgende Vorschriften:

(1) **Verbrauchsfolgeverfahren** unterstellen, dass entweder die **zuerst angeschafften Vermögensgegenstände zuerst verbraucht** werden (**FIFO** – First In First Out) oder die **zuletzt angeschafften Vermögensgegenstände zuerst verbraucht** werden (**LIFO** – Last In First Out). Nach § 256 S. 1 HGB sind diese Verfahren für **gleichartige Vermögensgegenstände des Vorratsvermögens** erlaubt, das aus den Roh-, Hilfs- und Betriebsstoffen, den unfertigen und fertigen Erzeugnissen (Produktionsunternehmen) sowie Waren besteht.

Beispiel: Über den Bestand an Stahlblechen (Rohstoff) eines Unternehmens 558
liegen folgende Informationen vor:

	Datum	Menge	Preis	Betrag
Anfangsbestand	1.1.	100 t	900 EUR/t	90.000 EUR
Zugang	15.1.	50 t	1.000 EUR/t	50.000 EUR
Zugang	11.8.	50 t	1.100 EUR/t	55.000 EUR
Endbestand	31.12.	120 t		

Das **LIFO-Prinzip** führt dazu, dass die 80t (100t + 50t + 50t – 120t) des verbrauchten Stahlblechs in vollem Umfang die Lieferung vom 11.8. (50t) und mit 30t die Lieferung vom 15.1. betreffen, womit die **Aufwendungen** 55.000 EUR und 30.000 EUR = **85.000 EUR** betragen. Gleichzeitig ergibt sich **ein Inventur-/Bilanzwert** in Höhe des nicht verbrauchten Anfangsbestands von 90.000 EUR zuzüglich 20t der ersten Lieferung zu 1.000 EUR/t = 20.000 EUR, also von insgesamt **110.000 EUR.**

Bei Anwendung des **FIFO-Prinzips** betragen die **Aufwendungen** des verbrauchten Stahlblechs **72.000 EUR**, da vom Anfangsbestand 80t in der Produktion eingesetzt wurden. Der **Inventar-/Bilanzwert** umfasst die restlichen 20t der ersten Lieferung und in vollem Umfang die beiden folgenden Lieferungen, beträgt damit insgesamt 18.000 EUR + 50.000 EUR + 55.000 EUR = **123.000 EUR.**

Aus dem Beispiel wird ersichtlich, dass bei **steigenden Preisen** das 559
LIFO-Prinzip zu erheblich **höheren Aufwendungen** führt als das FIFO-Prinzip (und umgekehrt bei fallenden Preisen). Es existieren eine Reihe von **Untervarianten** zumeist für das LIFO-Verfahren, das im Übrigen auch als einziges Verfahren steuerlich nach § 6 Abs. 1 Nr. 2a EStG zulässig ist. So können

- die **Zugänge** auch mit **Durchschnittswerten** angesetzt werden, was im Beispiel (LIFO) zu Aufwendungen von 80t × 1.050 EUR/t = 84.000 EUR führt.
- an Stelle des im Beispiel verwendeten sog Perioden-LIFO-Verfahrens auch **permanente Verfahre** gewählt werden, die jeden Abgang nach LIFO erfassen.
- für sich ergebende Mehrbestände (im Beispiel 20t) auch sogenannte **Layer** gebildet werden, uU auch für mehrere Jahre. Die Layer werden wieder abgebaut (bei mehreren wieder nach LIFO), wenn der Inventurbestand unter Vorjahresbestand liegt (Vgl. zu den einzelnen Verfahren *ADS* HGB § 256 Rn. 22–72).

(2) Nach § 256 Abs. 1 S. 3 HGB sind die **Festbewertung** (§ 240 560
Abs. 3 HGB) und die **Gruppenbewertung** (§ 240 Abs. 4 HGB) auch auf den Jahresabschluss anwendbar.

561 (3) Im Rahmen der Abzinsung von Rückstellungen für **Altersvorsorgeverpflichtungen** (und vergleichbar langfristige Rückstellungen) kann nach § 253 Abs. 2 S. 2 HGB von dem auf Basis der individuellen Laufzeit ermittelten **Zinssatz** ein pauschaler Zins angesetzt werden, der sich aus einer **angenommenen Restlaufzeit von 15 Jahren** ergibt.

562 (4) Nach § 254 HGB können Bewertungseinheiten gebildet werden, was dazu führt, dass **Rückstellungen** oder **außerplanmäßige Abschreibungen** zur Abbildung negativer Wertänderungen **nicht** durchgeführt werden müssen. Voraussetzung ist, dass diesen **negativen** Wertveränderungen entsprechende **positive Wertänderungen** von anderen in die Bewertungseinheit einbezogenen Vermögensgegenständen, Schulden, schwebenden Geschäften oder mit hoher Wahrscheinlichkeit zu erwartenden Transaktionen gegenüberstehen.

> **Beispiel:** Ein Unternehmen, das Kfz in Deutschland herstellt, hat seine komplette Produktion für das kommende Geschäftsjahr bereits verkauft. In die USA sollen Kfz mit geplanten Umsatzerlösen von 500 Mio. USD geliefert werden. Zur Kurssicherung hat das Unternehmen Devisentermingeschäfte (Verkauf USD) von 300 Mio. USD (370 Mio. EUR) abgeschlossen, die zum Bilanzstichtag aufgrund des gestiegenen EUR einen Marktwert von 362 Mio. EUR haben.
>
> Da die Jahresproduktion bereits verkauft ist und auch nur ein Teil kursgesichert ist, sind die Transaktionen und damit auch die Verkaufserlöse mit hoher Wahrscheinlichkeit zu erwarten. Die Devisentermingeschäfte und Transaktionen können in eine Bewertungseinheit einbezogen werden, da sich die Wertänderungen ausgleichen. Einer Rückstellung für drohende Verluste aufgrund des gesunkenen Marktwerts des (schwebenden) Termingeschäfts bedarf es nicht.

563 **dd) Periodisierungsprinzip.** Nach § 252 Abs. 1 Nr. 5 HGB sind Aufwendungen und Erträge unabhängig von den Zeitpunkten der entsprechenden Zahlungen im Jahresabschluss zu berücksichtigen.

564 Im Grunde genommen ist dieses Periodisierungsprinzip **überflüssig**, wenn nicht in der redaktionellen Gestaltung des Gesetzes sogar **irreführend**. Seine Aufnahme in § 252 HGB ist nur mit der richtlinienkonformen Umsetzung von Artikel 31 der 4. EG-Richtlinie zu erklären, der dieses Prinzip ebenso enthält (vgl. *ADS* HGB § 252 Rn. 94):

- Bei **Aufwendungen** und **Erträgen** handelt es sich bereits um unabhängig vom Zahlungszeitpunkt den einzelnen Perioden zugeordnete **Ausgaben** und **Einnahmen**. Die **Gewinnermittlung** mit-

tels der über die doppelte Buchführung verbundenen Gewinn- und Verlustrechnung einerseits und **Bilanz** andererseits unterscheidet sich eben gerade dadurch von der Einnahmen-Ausgaben-Rechnung, dass die **Zahlungsströme periodisiert** werden.
- Es handelt sich um **kein Bewertungsprinzip**, sondern (wenn überhaupt) um ein technisches Prinzip zur Abgrenzung der Bilanzierungs- von der Zahlungsrechnung.

ee) Stetigkeitsprinzip. Nach § 252 Abs. 1 Nr. 6 HGB sind die auf den vorhergehenden Jahresabschluss angewandten Bewertungsmethoden beizubehalten. 565

Wie das Vorsichtsprinzip für die Ausschüttungsbemessungsfunktion, so ist das **Stetigkeitsprinzip** für die **Informationsfunktion von elementarer Bedeutung**. Neben der Frage, ob ein Sachverhalt richtig oder falsch bilanziert wird, stellt es die Frage, ob der Sachverhalt im Vergleich zu ähnlichen Sachverhalten oder zum Vorjahr „stetig" (oder gleich) bilanziert wurde. 566

Die **Vergleichbarkeit** (vor allem) der **Ertragslage** von aufeinanderfolgenden Jahresabschlüssen ist nur dann gewährleistet, wenn nicht durch Änderungen der **Bewertungsmethoden** entsprechende Aufwendungen oder Erträge die Jahresergebnisse beeinflussen. 567

Bewertungsmethoden sind die den GoB entsprechenden **Verfahren zur Wertfindung** unter Einschluss der gewählten **Parametrisierung**. Es geht mithin nicht nur darum, **Bewertungswahlrechte**, wie die Einbeziehung der Verwaltungsaufwendungen in die Herstellungskosten (§ 255 Abs. 2 S. 3 HGB), **unverändert auszuüben**, sondern auch darum, **Schätzungsbandbreiten** und **Ermessensspielräume** nach derselben Methodik abzugrenzen/auszuüben. 568

Damit sind die **Abschreibungsmethoden** in die Bewertungsmethoden mit eingeschlossen. Neben den Bewertungs- sind auch die **Ansatzmethoden** beizubehalten (§ 246 Abs. 3 HGB). 569

Neben der **zeitlichen Stetigkeit** (im Vergleich zum Vorjahresabschluss) ist die **sachliche Stetigkeit** zu beachten, nach der art- und funktionsgleiche Bewertungsobjekte nicht nach unterschiedlichen Methoden bewertet werden dürfen (*ADS* HGB § 252 Rn. 107).

Begründete Ausnahmefälle (§ 252 Abs. 2 HGB) zur **Unterbrechungen der Stetigkeit** liegen zB bei Änderungen von Gesetzen/Rechtsprechung oder der Anwendung neu entwickelter Berechnungsmethoden oder der erstmaligen Anwendung von Bewertungsvereinfachungsverfahren vor. Im Übrigen berühren Abweichungen 570 aufgrund der Anwendung der Bewertungsvorschriften der §§ 253–256a HGB die Stetigkeit nicht (*ADS* HGB § 252 Rn. 106).

571 **ff) Stichtagsprinzip.** Nach § 252 Abs. 1 Nr. 3 HGB sind Vermögensgegenstände und Schulden nicht nur einzeln, sondern auch nach den Verhältnissen **zum Stichtag zu bewerten**. Dabei sind alle vor dem Stichtag liegenden Ereignisse positiver und negativer Art zu berücksichtigen; Ereignisse nach dem Stichtag bleiben grundsätzlich unberücksichtigt. Verschiedene Bewertungsanweisungen, wie bspw. das strenge Niederstwertprinzip für das Umlaufvermögen (§ 253 Abs. 3 S. 3 HGB) betonen nochmals die Maßgeblichkeit der Verhältnisse zum Stichtag.

572 Von den Verhältnissen am Stichtag löst sich die **Bewertung von Rückstellungen** in Höhe des nach vernünftiger kaufmännischer Beurteilung notwendigen **Erfüllungsbetrags** nach § 253 Abs. 1 S. 2 HGB, der auch **zukünftige Preis- und Kostenentwicklungen** umfasst und damit auf die Wertverhältnisse des Erfüllungstags abstellt.

d) Weitere Bilanzierungsprinzipien

573 Bei weiteren Bilanzierungsprinzipien handelt es sich um Grundsätze, die in der Aufzählung in § 252 Abs. 1 HGB entweder nicht unmittelbar oder zumindest nicht vorrangig angesprochen sind. Zwar könnten sie unter die bereits unter c) geschilderten Prinzipien als mögliche Unterprinzipien subsumiert werden. Sie sollen aber zur besseren Übersichtlichkeit, und weil sie meist neben der **Bewertung** auch den **Bilanzierungsansatz** betreffen, im Folgenden gesondert behandelt werden.

574 **aa) Verursachungsprinzip.** Nach dem Periodisierungsprinzip sind **Aufwendungen** und **Erträge** unabhängig vom Zahlungszeitpunkt zu berücksichtigen. Damit stellt sich die Frage, zu welchem **Zeitpunkt** der Erfolg bilanziell zu berücksichtigen ist:
- Das bereits geschilderte **Realisationsprinzip** (→ Rn. 537 ff.) des § 252 Abs. 1 Nr. 4 HGB bestimmt die Berücksichtigung von **Erträgen**.
- Das **Verursachungsprinzip** bestimmt die Berücksichtigung von **Aufwendungen**, eben zu dem Zeitpunkt, in dem sie verursacht sind. Dies ist ua der Zeitpunkt, in dem **Roh-, Hilfs- und Betriebsstoffe zur Produktion verbraucht** oder **Dienstleistungen in Anspruch genommen** sowie **betriebliche Anlagen genutzt** werden

(und deshalb planmäßig abzuschreiben sind). Auch **Handlungen oder Nichthandlungen** können verursachend sein, bspw. für zu leistenden Schadensersatz. Und schließlich können auch **Dritte** Aufwand verursachen, bspw. wenn sie eine Klage androhen oder erheben mit der Folge, dass uU Rückstellungen zu bilden sind (vgl. *ADS* HGB § 252, Rn. 97–101).

bb) Wertaufhellungsprinzip. Nach dem Imparitätsprinzip in § 252 Abs. 1 Nr. 4 1. Hs. HGB sind Risiken und Verluste zu berücksichtigen, die bis zum Stichtag entstanden sind, selbst wenn sie erst nach dem Stichtag (bis zur Aufstellung des Jahresabschlusses) bekannt geworden sind.

Neben dem primär geregelten Imparitätsprinzip lässt sich dieser Vorschrift auch das sog. **Wertaufhellungsprinzip** entnehmen, das **allgemein** für die Bilanzierung gilt:

- Ereignisse nach dem Stichtag, die bessere Erkenntnisse über die Wertverhältnisse zum Stichtag hervorbringen, sind als **wertaufhellende Ereignisse** zu berücksichtigen. So können nach dem Stichtag Informationen erlangt werden, aus denen zu schließen ist, dass ein Schuldner bereits vor dem Stichtag zahlungsunfähig war, die gegen ihn gerichtete Forderung damit wertzuberichtigen ist.
- **Wertbegründende Ereignisse**, deren Ursachen nach dem Stichtag liegen, dürfen hingegen **nicht** berücksichtigt werden, wie zB niedrigere Börsenkurse oder im Fall Tomberger der Gewinnverwendungsbeschluss der Tochtergesellschaft (→ Rn. 206 ff.).

II. Durchführung der Bewertung

Wenn zunächst die **abstrakte Bilanzierungsfähigkeit** festgestellt worden ist, es sich mithin bei dem zu bilanzierenden Sachverhalt **objektiv** um einen **Vermögensgegenstand** oder eine **Schuld** handelt, und nachdem auch die **konkrete Bilanzierungsfähigkeit** bejaht wurde, dieser Vermögensgegenstand oder die Schuld also auch **subjektiv** dem Gewerbebetrieb **zuzurechnen** ist, ist zu klären, in welcher **Höhe** der Bilanzposten in der Bilanz angesetzt werden muss.

Dieser **Bewertungsprozess** lässt sich in die **Zugangs- und die Folgebewertung** unterteilen, je nachdem, ob es um die **erstmalige Bilanzierung** oder die **Bewertung in den folgenden Geschäftsjahren** geht. Unabhängig davon legen die **Bewertungsmaßstäbe** die grundsätzliche Art der Bewertung fest und werden durch die **Bewertungsanweisungen** den einzelnen Bilanzposten (oder Gruppen von Bilanzposten) unter bestimmten Bedingungen zugeordnet.

1. Bewertungsmaßstäbe

579 Das Bilanzrecht sieht verschiedene **Bewertungsmaßstäbe** (oder -arten) vor, die **teilweise definiert** werden, teilweise aber auch **nicht**. Im letztgenannten Fall sind sie im Rahmen der Grundsätze ordnungsmäßiger Buchführung **auszulegen**. Das gilt etwa für den Begriff des (niedrigeren) beizulegenden Werts.

a) Anschaffungskosten

580 aa) **Bestandteile der Anschaffungskosten.** Nicht selbst erstellte Vermögensgegenstände sind gem. § 253 Abs. 1 S. 1 HGB höchstens zu den **Anschaffungskosten** zu bewerten, die nach § 255 Abs. 1 HGB folgendermaßen definiert werden:

„Anschaffungskosten sind die Aufwendungen, die geleistet werden, um einen Vermögensgegenstand zu erwerben und ihn in einen betriebsbereiten Zustand zu versetzen, soweit sie dem Vermögensgegenstand einzeln zugeordnet werden können. Zu den Anschaffungskosten gehören auch die Nebenkosten sowie die nachträglichen Anschaffungskosten. Anschaffungspreisminderungen sind abzusetzen."

581 Die **Anschaffungskosten** setzen sich mithin aus folgenden **Bestandteilen** zusammen:
- Dem vertraglich vereinbarten (und zu zahlenden) **Kaufpreis**, und zwar **grds. ohne die gesetzliche Umsatzsteuer**, wenn der umsatzsteuerpflichtige Unternehmer sie als so genannte Vorsteuer von der Umsatzsteuerschuld nach § 15 Abs. 1 Nr. 1 UStG abziehen kann,
- den **Anschaffungsnebenkosten**, wie bspw. Provisionen, Kosten für Lieferung oder Transport, Notargebühren, Maklercourtage und Grunderwerbsteuer bei Grundstücken,
- den Aufwendungen zur **Herstellung der Betriebsbereitschaft**, die zumeist bei Vermögensgegenständen des Sachanlagevermögens anfallen, wie bspw. die Errichtung von Fundamenten, die Montage und der Anschluss oder die Probeläufe von Maschinen, und
- den in Abzug zu bringenden **Anschaffungspreisminderungen.** Sie betreffen Preisnachlässe aller Art, wie Rabatte, Skonti oder Boni.

Erfasst sind auch Investitionszuschüsse und -zulagen, die indes regelmäßig mit Auflagen verbunden sind, deren Eintreten aber nicht zweifelhaft sein darf.

Die in § 255 Abs. 1 HGB genannten **nachträglichen Anschaffungskosten** können folgende Fälle betreffen: 582
- Den Fall von **anschaffungsnahen Aufwendungen**, die **nach** der **erstmaligen Versetzung** des Vermögensgegenstandes in einen **betriebsbereiten Zustand** anfallen, um den **Vermögensgegenstand zu erweitern** oder über seinen ursprünglichen Zustand hinaus wesentlich **zu verbessern**. Hierzu zählen bspw. Aufwendungen, um eine gebraucht erworbene Maschine auf die speziellen Bedürfnisse umzurüsten, umzubauen oder von Grund auf instandzusetzen (vgl. *ADS* HGB § 255 Rn. 14, 42),
- den Fall von **nachträglichen Aufwendungen**, die, wären sie zuvor angefallen, als Anschaffungsnebenkosten aktiviert worden wären, wie bspw. Anlieger- oder Erschließungsbeiträge oder Kanalanschlussgebühren bei Grundstücken, sowie
- den Fall von **nachträglichen Anschaffungspreiserhöhungen**, die vorliegen, wenn sich vertraglich (aber auch durch Urteil/Schiedsspruch) beim Eintreten bestimmter Umstände der Preis rückwirkend erhöht. Ein Beispiel bietet das Erreichen einer Gewinnzone eines Unternehmens, an dem eine Beteiligung erworben wird (*ADS* HGB § 255 Rn. 45 f.).

bb) Finanzierung/Währung der Anschaffungskosten. Besonderheiten gelten für die Berücksichtigung von Finanzierungskosten. Beim fremdfinanzierten Erwerb eines Vermögensgegenstandes ist bei verschiedenen Finanzierungsformen das Grundgeschäft von dem Kreditgeschäft separiert. Zwei Fälle lassen sich unterscheiden: 583
- Wird der Erwerb eines Vermögensgegenstandes **fremdfinanziert**, bspw. über einen Bankkredit, dann stellen die zu zahlenden **Zinsen keine Anschaffungskosten**, sondern Zinsaufwand dar. Im Übrigen gilt die Ausnahmeregel in § 255 Abs. 3 S. 2 HGB, nach der Fremdkapitalzinsen in die Herstellungskosten einbezogen werden dürfen, expressis verbis **nicht** für Anschaffungskosten, sondern eben ausschließlich für Herstellungskosten.
- Wird der Vermögensgegenstand über einen Lieferantenratenkredit finanziert oder wird ein Finanzierungsleasingvertrag abgeschlossen und der Vermögensgegenstand nach den Zurechnungsregeln (→ Rn. 276 ff.) beim Leasingnehmer bilanziert, dann bilden

die mit einem banküblichen Zinssatz **abgezinsten Raten** die Anschaffungskosten.

584 Lautet der Kaufpreis eines erworbenen Vermögensgegenstandes nicht auf EURO, sondern auf eine **Fremdwährung**, dann ergeben sich die Anschaffungskosten wie folgt:
- Wird der Vermögensgegenstand gegen **Barzahlung** erworben, dann bildet der **tatsächlich aufgewendete EURO-Betrag** die Anschaffungskosten (Anschaffungskostenprinzip).
- Zumeist wird der Vermögensgegenstand indes mit einem **Zahlungsziel** (gegen Rechnung) erworben. Bei Lieferung entsteht dann eine Verbindlichkeit, zu deren Begleichung sich der Erwerber mit Devisen eindecken muss. Deshalb wird der Kaufpreis mit dem **Devisengeldkurs (= Kaufkurs) zum Zeitpunkt der Lieferung** umgerechnet, also dem Preis, den der Erwerber zu diesem Zeitpunkt für die Devisen aufbringen müsste. Der sich ergebende **EURO-Betrag** bildet die **Anschaffungskosten** für den **Vermögensgegenstand** und wird in den **Folgejahren fortgeführt**. Damit sind **keine weiteren Währungsumrechnungen** mehr erforderlich. In gleicher Höhe wird eine **Verbindlichkeit** passiviert. Weiter gilt:
    - Ist die **Verbindlichkeit am Bilanzstichtag** noch nicht beglichen, erfolgt nach § 256a S. 1 HGB eine **Umrechnung** des ursprünglichen Währungsbetrags zum **Devisenmittelkurs** (Mittel von Devisengeldkurs und Briefkurs oder Kauf-/Verkaufskurs).
    - Liegt der sich ergebende **Betrag über** dem **Zugangsbetrag** bei Lieferung, dann ist nach dem **Höchstwertprinzip** (Imparitätsprinzips § 252 Abs. 1 Nr. 4 HGB) die Verbindlichkeit **aufwandswirksam** zu erhöhen. Im umgekehrten Fall gilt das **Anschaffungskostenprinzip**, das eine ertragswirksame Verminderung der Schuld verbietet. Dies gilt nach § 256a S. 2 HGB nicht bei einer Restlaufzeit von bis zu einem 1 Jahr.

585 **Beispiel:** Ein deutscher Unternehmer erwirbt am 1.7. bei einem Unternehmer in der Türkei eine Maschine zur Feingoldbearbeitung zu einem Preis von 30.000 türkische Lira (TRY). Bei Lieferung am 30.9. beträgt der Devisengeldkurs 3,000 TRY/EUR, der -briefkurs 3,150 TRY/EUR.
Am 31.12. beträgt der Devisenmittelkurs in Fall 1: 3,300 TRY/EUR und in Fall 2: 2,700 TRY/ EUR, die Restlaufzeit der Verbindlichkeit bei Variante a: 14 Monate und bei Variante b: 6 Monate.
Lösung:
Bei Lieferung am 30.9. ist der Kaufpreis mit dem **Devisengeldkurs** umzurechnen. Daraus ergeben sich **Anschaffungskosten** für die **Maschine** und ein

Zugangswert für die **Verbindlichkeit** von 30.000 TRY / 3,000 TRY/EUR = **10.000 EUR**. Es ist zu buchen:

| Maschine | 10.000 EUR | an | Verbindlichkeit | 10.000 EUR |

Am 31.12. ist der der **Verbindlichkeit** zugrundeliegende Kaufpreis von 30.000 TRY nach § 256a S. 1 HGB mit dem **Devisenmittelkurs** umzurechnen. Es ergeben sich:
Fall 1: 30.000 TRY / 3,300 TRY/EUR = **9.090 EUR**
Fall 2: 30.000 TRY / 2,700 TRY/EUR = **11.110 EUR**

Für die Bilanzierung der **Maschine** am 31.12. ist die Umrechnung ohne Bedeutung, da die **Anschaffungskosten** von **10.000 EUR** (unter Berechnung planmäßiger Abschreibungen) **fortgeführt** werden. Die Bilanzierung der **Verbindlichkeit** hängt von der Restlaufzeit ab: 586

Variante a: Die **Restlaufzeit** beträgt **mehr als 12 Monate**, weshalb nach § 256a S. 1 HGB die **Bewertungsprinzipien** (Realisations-, Imparitäts-, Anschaffungskostenprinzip) zu **berücksichtigen** sind. Daraus ergibt sich für **Fall 1**, dass nach dem Anschaffungskostenprinzip eine Verminderung der Verbindlichkeit auf 9.090 EUR *nicht* möglich ist. Es erfolgt keine Buchung.
Im **Fall 2** ist nach dem Höchstwertprinzip (als Ausdruck des Imparitätsprinzips für Posten der Passivseite der Bilanz) die **Verbindlichkeit** auf **11.110 EUR** zu **erhöhen**.

| Sonstiger Aufwand | 1.110 EUR | an | Verbindlichkeit | 1.110 EUR |

Variante b: Die Restlaufzeit liegt **unter 12 Monaten**. Die Verbindlichkeit ist nach § 256a S. 2 HGB **ohne Berücksichtigung** der **Bewertungsprinzipien** mit dem Devisenmittelkurs zu bewerten, die sich daraus ergebenden **Aufwendungen und Erträge** sind in der **GuV** zu erfassen. 587
Im **Fall 1** erfolgt eine Verminderung der Verbindlichkeit von 10.000 EUR auf 9.090 EUR

| Verbindlichkeit | 910 EUR | an | Sonstiger Ertrag | 910 EUR |

Im **Fall 2** erfolgt eine Erhöhung der Verbindlichkeit auf 11.110 EUR (wie in Variante a).

| Sonstiger Aufwand | 1.110 EUR | an | Verbindlichkeit | 1.110 EUR |

cc) Sondervorgänge der Anschaffungskosten. Bei der Bestimmung der Anschaffungskosten bei **Tauschgeschäften** (Erwerb eines Vermögensgegenstandes durch Hingabe eines Vermögensgegenstan- 588

des) besteht nach der Kommentarliteratur (vgl. *ADS* HGB § 255 Rn. 89–94) ein **Wahlrecht z**wischen den nachfolgenden **drei Methoden, die auch bei in Zahlung gegebenen Vermögensgegenständen gelten**. Dabei handelt es sich um einen Vorgang, der vermutlich häufiger vorkommen dürfte als der reine Tausch:
- Im Rahmen der **Buchwertfortführung** bildet der **Buchwert des hingegebenen Vermögensgegenstandes** die Anschaffungskosten des erworbenen Vermögensgegenstandes. Die hat zur Folge, dass keine Gewinnrealisierung erfolgt.
- Im Rahmen der **Gewinnrealisierung** bildet der **Zeitwert** (Marktwert) **des hingegebenen Vermögensgegenstandes** die Anschaffungskosten des erworbenen Vermögensgegenstandes. Durch das Vorsichtsprinzip wird der Zeitwert regelmäßig höher sein als der Buchwert, so dass etwaige stille Reserven offengelegt werden. Da diese Methode auch steuerrechtlich verpflichtend ist, werden die realisierten Gewinne besteuert. § 6 Abs. 6 S. 1 EStG legt den sogenannten gemeinen Wert zugrunde, der nach der Legaldefinition in § 9 Abs. 2 BewG durch den Preis bestimmt wird, „der im gewöhnlichen Geschäftsverkehr nach der Beschaffenheit des Wirtschaftsgutes bei einer Veräußerung zu erzielen wäre."
- Vor diesem Hintergrund kann auch ein **Zwischenwert** gewählt werden, der dazu führt, dass nach Steuerbelastung der Tauschvorgang **ergebnisneutral** bleibt.

589 **Beispiel:** Ein Spedition(seinzel-)unternehmer aus Köln erwirbt bei seinem KfZ-Händler einen neuen LkW. Auf den Kaufpreis von 220.000 EUR wird der in Zahlung gegebene alte LkW mit 40.000 EUR angerechnet, der in der Bilanz des Speditionsunternehmers noch mit 20.000 EUR aktiviert ist.
Lösung:
1. Der Speditionsunternehmer muss noch 180.000 EUR (220.000 EUR – 40.000 EUR) zahlen.
2. Die Anschaffungskosten betragen nach der Buchwertmethode 180.000 EUR + 20.000 EUR = 200.000 EUR oder nach der Methode der Gewinnrealisation 180.000 EUR + 40.000 EUR = 220.000 EUR.
3. Steuerrechtlich ist der realisierte Gewinn von 40.000 EUR – 20.000 EUR = 20.000 EUR zu versteuern. Die Gewerbesteuermesszahl beträgt 3,5 % (§ 11 Abs. 2 GewStG) und der Hebesatz 475 % (Köln), woraus sich eine Gewerbesteuer von 16,625 % ergibt, die angewandt auf die realisierten Gewinne Gewerbesteuern von 20.000 EUR × 16,625 % = 3.325 EUR ergibt.
4. Nach der Kommentarliteratur können die Anschaffungskosten für eine (steuer-)ergebnisneutrale Behandlung auch mit dem gegenüber der Buchwertmethode um den Steuerbetrag erhöhten Wert angesetzt werden: 200.000 EUR + 3.325 EUR = 203.325 EUR

B. Bilanzierung der Höhe nach – Bewertung

Buchungen (Lösung Nr. 4): 590

LKW (neu)	203.325 EUR	an	Bank	180.000 EUR
			LkW (alt)	20.000 EUR
			Sonstiger Ertrag	3.325 EUR
Gewerbesteueraufwand	3.325 EUR	an	Gewerbesteuerrückstellung	3.325 EUR

Gesellschaftsrechtliche Umstrukturierungen verursachen regelmäßig Anschaffungsprozesse, weil Vermögensgegenstände und Schulden auf andere Rechtsträger übergehen. Beispielhaft für die vielfältigen Vorgänge des Umwandlungsrechts (mit dem Umwandlungsgesetz – UmwG als zentralem Gesetz) soll dies anhand der Verschmelzung (Fusion) dargelegt werden. Bei **Verschmelzungen** bestehen **zwei Möglichkeiten** (§ 2 Nr. 1 und Nr. 2 UmwG): 591

- Bei der **Verschmelzung durch Aufnahme** wird das **Vermögen** eines (oder mehrerer) Rechtsträgers als Ganzes auf einen anderen bestehenden Rechtsträger übertragen.
- Bei der **Verschmelzung durch Neugründung** wird das Vermögen von zwei (oder mehreren) Rechtsträgern als Ganzes auf einen zu gründenden Rechtsträger übertragen.

Dabei können als **übertragende, übernehmende oder neue Rechtsträger** ua Personenhandelsgesellschaften oder Kapitalgesellschaften beteiligt sein (§ 3 Abs. 1 Nr. 1–2 UmwG).

Grundsätzlich erfolgt die **Übernahme der Vermögensgegenstände und Schulden** der untergehenden Gesellschaft in die Bilanz der aufnehmenden oder neugegründeten Gesellschaften zu **Anschaffungskosten** (vgl. *ADS* HGB § 255 Rn. 293). Mithin muss die gewährte **Gegenleistung** auf die zu bepreisenden einzelnen Vermögensgegenstände und Schulden **verteilt** werden. 592

Ein verbleibender **Mehrbetrag** stellt einen **Verschmelzungsmehrwert** dar, der nach § 246 Abs. 1 S. 4 HGB als zeitlich begrenzt nutzbarer Vermögensgegenstand gilt.

Nach § 24 UmwG können auch die in der **Schlussbilanz** der untergehenden **Gesellschaft ausgewiesenen Werte** in die Bilanz der aufnehmenden/gegründeten Gesellschaft übernommen werden. In diesem Fall umfasst der Verschmelzungsmehrwert auch die stillen Reserven der einzelnen übernommenen Vermögensgegenstände und Schulden.

593 **Beispiel:** Die A-AG ist zu 100 % an der B-AG beteiligt, die auf die A-AG verschmolzen wird:
- Die Beteiligung ist bei der A-AG mit 1,0 Mio. EUR aktiviert.
- Das Eigenkapital in der Schlussbilanz der B-AG beträgt 0,5 Mio. EUR und ergibt sich aus dem bilanzierten Vermögen von 2,0 Mio. EUR abzüglich der Schulden von 1,5 Mio. EUR
- In dem bilanzierten Vermögen der B-AG sind stille Reserven von 0,2 Mio. EUR enthalten, die bilanzierten Schulden weisen keine stillen Reserven auf.

Lösung:
Im Rahmen einer Verschmelzung durch Aufnahme übernimmt die A-AG die einzelnen Vermögensgegenstände der B-AG entweder zu Zeitwerten von 2,2 Mio. EUR oder zu Buchwerten von 2,0 Mio. EUR (§ 24 UmwG) sowie die bilanzierten Schulden von 1,5 Mio. EUR. Die Beteiligung an der B-AG und das Eigenkapital der B-AG gehen im Rahmen der Fusion unter. Die Differenz von 0,3 Mio. EUR bzw. 0,5 Mio. EUR (Buchwertverknüpfung) ist als Verschmelzungsmehrwert nach § 246 Abs. 1 S. 4 HGB in der Bilanz der A-AG zu aktivieren.

Buchungen: (Anschaffungskostenmethode)

Diverse Aktiva	2,2 Mio. EUR	an	Beteiligung	1,0 Mio. EUR
Verschmelzungsmehrwert	0,3 Mio. EUR		Diverse Passiva	1,5 Mio. EUR

594 Neben dem Verschmelzungsmehrwert als Sonderform gilt nach § 246 Abs. 1 S. 4 HGB der **erworbene** (derivative) **Geschäfts- oder Firmenwert** als Vermögensgegenstand:

„Der Unterschiedsbetrag, um den die für die Übernahme eines Unternehmens bewirkte Gegenleistung den Wert der einzelnen Vermögensgegenstände des Unternehmens abzüglich der Schulden im Zeitpunkt der Übernahme übersteigt (entgeltlich erworbener Geschäfts- oder Firmenwert), gilt als zeitlich begrenzt nutzbarer Vermögensgegenstand."

595 Für das Verständnis der Vorschrift sind folgende Punkte von besonderer Bedeutung:
- Es muss sich immer um einen **erworbenen** Geschäfts- oder Firmenwert handeln, der **selbstgeschaffene** oder originäre Geschäfts- oder Firmenwert ist **nicht** aktivierbar.
- Es muss sich immer um einen sogenannten **asset deal** handeln, dh gekauft werden die **einzelnen Vermögensgegenstände** und übernommen werden die **einzelnen Schulden**. Insoweit bedeutet die Formulierung „Übernahme des Unternehmens" in § 264 Abs. 1 S. 4 HGB nicht, dass dieses Unternehmen fortgeführt wird. In Be-

B. Bilanzierung der Höhe nach – Bewertung

tracht kommen vor allem Einzelunternehmen oder Personenhandelsgesellschaften (Ausscheiden aller Gesellschafter).
Die **Anschaffungskosten** der Vermögensgegenstände und die **Übernahmewerte** der Schulden werden **vertraglich festgelegt**. Die verbleibende **Differenz** zum Kaufpreis bildet die **Anschaffungskosten** für den so entstehenden derivativen **Geschäftswert**.

- Im Gegensatz dazu wird beim sogenannten **share deal** das Unternehmen in der Weise erworben, dass die **Kapitalanteile übernommen** werden. In diesem Fall bildet der Kaufpreis die **Anschaffungskosten** für die zu bilanzierende **Beteiligung** (Posten A. III. 3. nach § 266 Abs. 2 HGB). Für eine Aufteilung des Kaufpreises auf Vermögensgegenstände, Schulden und Geschäftswert bleibt kein Raum, es wird nur ein Posten bilanziert.

Im Verhältnis der **Anteilseigner oder Inhaber** zur **Gesellschaft** 596 bzw. zum **Einzelunternehmen** können Vermögensgegenstände **eingelegt** (Sacheinlage) oder **entnommen** (Entnahme) werden.

- Bei **Kapitalgesellschaften** sind Sacheinlagen ausführlich geregelt. Wird eine Kapitalerhöhung nicht gegen Bareinlage durchgeführt, spricht das Gesetz von einer Sacheinlage (vgl. § 27 Abs. 1 S. 1 AktG). Hierunter fallen auch Rechte oder Forderungen in Abweichung vom bürgerlich-rechtlichen Sachbegriff des § 90 BGB, wonach Sachen nur körperliche Gegenstände sind. Die **Anschaffungskosten** der eingelegten Sachen entsprechen der Höhe der dafür **gewährten Anteilsrechte,** die nach den gesellschaftsrechtlichen Kapitalaufbringungsgrundsätzen durch den Wert der Sacheinlagen erreicht werden muss (§ 9 Abs. 1 S. 1 GmbHG, § 34 Abs. 1 Nr. 2 AktG). Mithin stellt der **Zeitwert** die **Obergrenze** dar. **Entnahmen** können bei Kapitalgesellschaften als vom Eigner getrennte juristische Person nicht vorkommen (Ausnahme: Kapitalrückzahlung nach einer Kapitalherabsetzung), so dass stattdessen eine Forderung wie gegenüber Dritten entsteht.

- Bei **Einzelunternehmen** und **Personenhandelsgesellschaften** finden sich **keine handelsrechtlichen Regelungen** über Sacheinlagen oder Entnahmen. Steuerrechtlich sind Einlagen und Entnahmen mit dem Teilwert anzusetzen (§ 6 Abs. 1 Nr. 4 S. 1 und 5 EStG), der regelmäßig maximal den Anschaffungskosten entspricht. Für Sacheinlagen dürfte handelsrechtlich hingegen der Zeitwert die Obergrenze darstellen, während für Entnahmen wenig gegen den steuerrechtlichen Ansatz (Anschaffungskosten) spricht.

597 **dd) Ermittlung der Anschaffungskosten.** Nach dem Einzelbewertungsprinzip (§ 252 Abs. 1 Nr. 3 HGB) ist grundsätzlich eine **Einzelfeststellung** durchzuführen, was vor allem für Vermögensgegenstände in Betracht kommt, deren Zu- und Abgänge sich unproblematisch verfolgen lassen, wie Grundstücke, maschinelle Anlagen, Wertpapiere, Forderungen (→ Rn. 160).

598 Daneben kommen die bereits dargelegten und **normierten Verfahren** in Betracht:
- **Festbewertung** § 256 S. 2 HGB iVm § 240 Abs. 3 HGB (→ Rn. 161).
- **Gruppenbewertung** § 256 S. 2 HGB iVm § 240 Abs. 4 HGB (→ Rn. 162).
- **Verbrauchfolgeverfahren** FIFO/LIFO § 256 S. 1 HGB (→ Rn. 557 ff.).

599 Außer nach den Sonderverfahren können die Anschaffungskosten nach der **Durchschnittsmethode** festgestellt werden, bei der aus dem **Anfangsbestand** und den **Zugängen** ein **Durchschnittspreis** gebildet wird, der die **Anschaffungskosten** des Endbestands bildet. Anwendungsbereich der Methode sind vor allen Roh-, Hilfs- und Betriebsstoffe sowie Warenbestände.

Bei Einzelhandelsunternehmen werden die Anschaffungskosten häufig **retrograd** ermittelt, indem von den Verkaufspreisen die durchschnittliche Handelsspanne abgezogen wird.

600 **Beispiel 1:** London Rohstahl wird in einem Fertigungsunternehmen angeschafft. Der Endbestand beträgt 800 t.

	Menge t	Preis EUR/t	Betrag EUR
Anfangsbestand	1.000	275	275.000
Zugang 15.4.	250	285	71.250
Zugang 25.9.	200	300	60.000
Zugang 20.11.	150	270	40.500
	1.600		446.750

Es ergibt sich ein **Durchschnittspreis** von 446.750 EUR/1.600 t = **279,22 EUR/t** und Anschaffungskosten des **Endbestands** von 800 t × 279,22 EUR/t = **223.376 EUR**.

Beispiel 2: Ein Bekleidungsgeschäft ermittelt in der Inventur einen Bestand an **Herrenanzügen** mittlerer Qualität zu (ausgezeichneten)**Verkaufspreisen** von insgesamt **238.000 EUR**. Die mittlere **Handelsspanne** für diese Warengruppe liegt bei **100 %**.

Die ausgezeichneten Preise enthalten die **gesetzliche Umsatzsteuer** von 19 %, weshalb zunächst die **Netto-Verkaufspreise** zu ermitteln sind: 238.000 EUR/1,19 = 200.000 EUR. Bei einer Handelsspanne von 100 % ergibt sich ein **retrograder Abschlag von 50 %**, so dass sich **Anschaffungskosten** von 200.000 EUR − (200.000 EUR × 50 %) = **100.000 EUR** ergeben.

Literatur: *ADS* HGB § 255 Rn. 109–114

b) Herstellungskosten

aa) Bewertung mit Herstellungskosten. Ist der **Vermögensgegenstand** vom Kaufmann nicht von einem Dritten erworben, sondern **selbst erstellt** worden, so bestimmt sich sein Wert nach den Herstellungskosten. § 255 Abs. 2 S. 1 HGB definiert den **Herstellungskostenbegriff** folgendermaßen: 601

„Herstellungskosten sind die Aufwendungen, die durch den Verbrauch von Gütern und die Inanspruchnahme von Diensten für die Herstellung eines Vermögensgegenstandes, seine Erweiterung oder für eine über seinen ursprünglichen Zustand hinausgehende wesentliche Verbesserung entstehen."

Wie bei den Anschaffungskosten geht es auch bei den **Herstellungskosten** darum, **Ausgaben** (oder Aufwendungen) im Rahmen der Bilanzierung zu aktivieren, um diese **bis zum Realisationszeitpunkt erfolgsneutral** zu behandeln. Vor diesem Hintergrund kommen hierfür nur tatsächlich angefallene Aufwendungen in Betracht, mithin also **pagatorische Kosten**. 602

Betriebswirtschaftlich anzusetzende **Kosten, denen keine Aufwendungen** zugrunde liegen, wie **Zusatzkosten** (kalkulatorischer Unternehmerlohn, Mieten, Zinsen) oder **Anderskosten**, mit anderen Bemessungsgrundlagen (Wiederbeschaffungskosten), sind hierfür irrelevant.

Der Herstellungsbegriff umfasst sowohl **materielle Güter**, die handwerklich oder industriell **produziert** werden, wie bspw. Maschinen, als auch **Dienstleistungen**, wie bspw. Prüfungsdienstleistungen von Wirtschaftsprüfungsgesellschaften. Dabei werden neben **fertigen Gütern** auch **unfertige Güter und Dienstleistungen** (vgl. Posten B. I. 2. im Gliederungsschema § 266 Abs. 2 HGB) mit Herstellungskosten bewertet. Die Aktivierung unfertiger Produkte entspricht ebenfalls der Zwecksetzung, Aufwendungen bis zur Realisation erfolgsneutral zu behandeln. Fertige Dienstleistungen sind erbracht, der Erfolg mithin bereits realisiert, so dass an die Stelle der Herstellungskosten der Wert der Honorarforderung tritt. 603

604 **Beispiel:** Eine Wirtschaftsprüfungsgesellschaft führt eine Abschlussprüfung eines großen Unternehmens durch, die regelmäßig im Herbst beginnt und im Frühjahr endet. Am 31.12. werden die bis dahin aufgelaufenen und bewerteten Prüferstunden als unfertige Leistung in der Bilanz aktiviert.

605 Auch bei bereits **bestehenden Vermögensgegenständen** können (zusätzliche) Herstellungskosten anfallen, wobei die Grenzen zwischen erfolgsneutraler Aktivierung und erfolgswirksamer Verbuchung als Aufwand teilweise schwierig zu ziehen sind:
- Bei einer **Erweiterung** im Sinne einer **Erhöhung der Substanz**, wie bspw. bei einem Anbau oder der Aufstockung von Gebäuden oder dem Einbau eines zuvor nicht vorhanden Lastenaufzugs (der dann allerdings getrennt bilanziert wird), liegen **nachträgliche Herstellungskosten** vor. Wird indes die **Substanz nur erhalten**, handelt es sich dagegen um **laufende** betriebliche **Aufwendungen**.
- Bei einer wesentlichen **Verbesserung der Substanz**, durch die andere betriebliche Gebrauchs- oder Verwendungsmöglichkeiten entstehen, wie bspw. dem Umbau von Lagerhallen zu Verwaltungsbüros, liegen ebenfalls zu aktivierende Herstellungskosten vor (vgl. *ADS* HGB § 255, Rn. 122–126).

606 **bb) Bestandteile der Herstellungskosten.** Den Umfang der einzubeziehenden **Kostenbestandteile** legt § 255 Abs. 2 S. 2–4 HGB fest:

„Dazu gehören die Materialkosten, die Fertigungskosten und die Sonderkosten der Fertigung sowie angemessene Teile der Materialgemeinkosten, der Fertigungsgemeinkosten und des Werteverzehrs des Anlagevermögens, soweit dieser durch die Fertigung veranlasst ist. Bei der Berechnung der Herstellungskosten dürfen angemessene Teile der Kosten der allgemeinen Verwaltung sowie angemessene Aufwendungen für soziale Einrichtungen des Betriebs, für freiwillige soziale Leistungen und für die betriebliche Altersversorgung einbezogen werden, soweit diese auf den Zeitraum der Herstellung entfallen. Forschungs- und Vertriebskosten dürfen nicht einbezogen werden."

607 Aktivierungspflichtig sind zunächst die **Einzelkosten**, die einem einzelnen Produkt, also einem Erzeugnis oder einer Dienstleistung, **unmittelbar zurechenbar** sind. Dazu zählen:
- **Materialkosten** (besser Materialeinzelkosten – MEK), dh die unmittelbar zur Herstellung der fertigen/unfertigen Erzeugnisse verbrauchten Roh-, Hilfs- und Betriebsstoffe sowie in Anspruch genommene Leistungen, wie bspw. Energiekosten.

Beispiel 1: Wird eine Kfz-Hecktür produziert, dann gehen Stahl und Glas als **Rohstoffe** (= Hauptbestandteil) sowie Glaskleber als **Hilfsstoff** (= Nebenbestandteil) in das Produkt ein.

Beispiel 2: Beim Zusammenbau von Motoren wird Öl benötigt, um die Kolben in die Zylinder zu pressen. Bei dem Öl handelt es sich um einen **Betriebsstoff**, der zur Produktion notwendig ist, aber nicht in das Produkt eingeht. In den meisten Fällen dürften Betriebsstoffe keine dem einzelnen Produkt direkt zuzuordnende Einzelkosten, sondern Gemeinkosten (→ Rn. 610) sein.

- **Fertigungskosten** (besser Fertigungseinzelkosten – FEK) sind vor allem die bei der Produktion anfallenden Fertigungslöhne (Produktions-, Werkstatt-, Verarbeitungslöhne). Im Gegensatz zur industriellen Produktion, bei der die FEK stetig sinken dürften, bilden sie bei der Ermittlung der Herstellungskosten von Dienstleistungen den Hauptfaktor. **608**
- **Sonderkosten der Fertigung** (besser: Sondereinzelkosten der Fertigung – SFEK) stellen bspw. Kosten für Vorrichtungen, Modelle, Schablonen, Schnitte, Spezialwerkzeuge, Materialversuche und Lizenzgebühren dar (vgl. *ADS* HGB § 255 Rn. 149).

Verständnishinweis: Die Bezeichnung **Einzelkosten bedeutet nicht**, dass es sich um **Kosten** handelt, die **einzeln anfallen**. So wird das Material bspw. nicht für jedes Fertigungsstück einzeln gekauft und geliefert. Einzelkosten sind aber den **einzelnen Produkten** unmittelbar zurechenbar. **609**

Gemeinkosten sind wie Einzelkosten auf die einzelnen Produkte zu verteilen, sind aber **nicht unmittelbar** den einzelnen **Produkten zurechenbar**, sondern werden auf die einzelnen Produkte geschlüsselt, dh mit Hilfe von **Zurechnungsschlüsseln umgelegt**. Für den (pflicht- oder wahlweisen) Ansatz von Gemeinkosten müssen zwei Voraussetzungen erfüllt sein: **610**

- Es muss sich um **angemessene Teile** der Gemeinkosten handeln. Angemessen bedeutet, dass es sich ua **nicht um außergewöhnlich hohe Kosten** (bspw. wegen langer Rüstzeiten oder Unterbeschäftigung) oder **periodenfremde Kosten** (bspw. zur Nachholung von Pensionsrückstellungen) handeln darf (vgl. *ADS* HGB § 255 Rn. 158).
- Die Kosten müssen auf den Zeitraum der Herstellung entfallen. Der Herstellungsprozess beginnt mit Vorbereitungshandlungen (bspw. Bauantrag, Abbruch von Gebäuden bei Neubebauung, Materialannahme, etc) und endet mit der Fertigstellung (bspw. der Auslieferungsbereitschaft bei Produkten); dazu vgl. *ADS* HGB § 255 Rn. 164–171).

Auch die **Gemeinkosten** lassen sich unterteilen, und zwar je nachdem, ob sie mit der Fertigungsmenge variieren oder nicht (vgl. Be- **611** gründung zum BilMoG 2009, BT-Drs. 16/10067, 59–60). Für die **Gemeinkosten**, die in **Abhängigkeit mit der Fertigungsmenge variieren**, sieht § 255 Abs. 2 S. 2 HGB einen **Pflichtansatz** vor (bis zum BilMoG 2009 Wahlrecht). Hierzu zählen:

- **Materialgemeinkosten** (MGK) sind die Kosten für die Unternehmenseinheiten entlang der Leistungskette des Fertigungsmaterials, wie bspw. Wareneinkauf, Warenannahme, Material- und Rechnungsprüfung, Lagerhaltung und Materialverwaltung. Die Materialgemeinkosten werden im Rahmen der Zuschlagskalkulation durch einen **prozentualen Zuschlag auf die Materialeinzelkosten** berechnet.
- **Fertigungsgemeinkosten** (FGK) sind die Kosten, die **im Rahmen der Fertigung** anfallen und **nicht** MEK, MGK oder FEK/SFEK sind, wie bspw. Hilfs- und Betriebsstoffe (soweit nicht FEK), Energiekosten, Sachversicherungen und Abschreibungen auf Fertigungsanlagen, Werkzeuge, Gehälter, Betriebsleitung (vgl. *ADS* HGB § 255 Rn. 174–175). Die Fertigungsgemeinkosten werden im Rahmen der Zuschlagskalkulation durch einen **prozentualen Zuschlag auf die Fertigungseinzelkosten** berechnet.
- **Wertverzehr des Anlagevermögens**, soweit dieser durch die Fertigung veranlasst ist. Er betrifft die Abschreibungen auf **Fertigungsgebäude und -hallen**. Ebenso gehören **maschinelle Anlagen** hierzu, soweit sie **nicht unter die Fertigungsgemeinkosten** erfasst werden. Dies erscheint vor allem **dann** sinnvoll, wenn die **Fertigungseinzelkosten nicht die Basis für die Zuschläge** sein sollen, sondern bspw. Maschinenstundensätze ermittelt werden, die die Abschreibungen (und zumeist noch andere Gemeinkosten) umfassen.

612 Im Übrigen sind folgende **Grundsätze** zu beachten (vgl. *ADS* HGB § 255 Rn. 180–191):
- Die einzubeziehenden Abschreibungen müssen **nicht mit den planmäßigen bilanziellen Abschreibungen** übereinstimmen. Bspw. kann statt der planmäßigen linearen eine Abschreibung nach Leistungsinanspruchnahme in Betracht kommen.
- Dabei ist grundsätzlich von einer **Normalauslastung** auszugehen, bei höherer Auslastung (Mehrschichtbetrieb) oder niedrigerer Auslastung (Unterbeschäftigung) ist ein entsprechend **höherer oder niedrigerer Wertverzehr** zugrunde zu legen.

- Die gesetzliche Eingrenzung „… soweit dieser durch die Fertigung veranlasst ist" bedeutet **keine Beschränkung auf die Fertigung im engeren Sinn**, so dass auch Abschreibungen auf Anlagen des Materialbereichs einbezogen werden. Die entscheidende Abgrenzung ist gegenüber den Bereichen Forschung und Entwicklung (→ Rn. 231 ff.), Verwaltung (vgl. Verwaltungsgemeinkosten) und Vertrieb (vgl. Vertriebskosten) zu ziehen.

Mit diesen Grundsätzen war im Rahmen des BilMoG 2009 die handelsbilanzielle **Untergrenze** der Herstellungskosten den **steuerrechtlichen Vorschriften** (R 6.3 EStR 2008) angepasst worden. Das Bundesfinanzministerium hat allerdings im Anschluss an die Reform durch die **Einkommensteueränderungsrichtlinien** – EStÄR 2012 auch die (nachfolgend dargestellten) bis dato wahlweisen Bestandteile (Aufwendungen für allgemeine Verwaltung, soziale Einrichtungen, freiwillige soziale Leistungen und betriebliche Altersversorgung) zu **Pflichtbestandteilen** deklariert. Damit fallen die handelsrechtliche und steuerrechtliche Untergrenze wieder auseinander. Mit E-Mail vom 25.3.2013 an die Obersten Finanzbehörden der Länder wurde dann eine erneute Kehrtwendung vollzogen und mitgeteilt: **613**

„Im Einvernehmen mit den obersten Finanzbehörden der Länder wird es nicht beanstandet, wenn bis zur Verifizierung des damit verbundenen Erfüllungsaufwandes, spätestens aber bis zu einer Neufassung der Einkommensteuerrichtlinien bei der Ermittlung der Herstellungskosten nach der Richtlinie R 6.3 Absatz 4 EStR 2008 verfahren wird."

Im Folgenden sind die **wahlweise** in die Herstellungskosten einzubeziehenden **Aufwendungen** (§ 255 Abs. 2 S. 3 HGB) tabellarisch mit Beispielen dargestellt (vgl. R 6.3 EStR 2008): **614**

Wahlbestandteile	Erläuterung/Beispiele
Kosten der allgemeinen Verwaltung	Aufwendungen für Geschäftsleitung, Einkauf, Betriebsrat, Personalbüro, Nachrichtenwesen, Ausbildungswesen, Rechnungswesen (Buchführung, Betriebsabrechnung, Statistik und Kalkulation), Feuerwehr, Werkschutz sowie allgemeine Fürsorge einschließlich Betriebskrankenkasse
Aufwendungen für soziale Einrichtungen	Aufwendungen für Kantine einschließlich der Essenszuschüsse sowie für Freizeitgestaltung der Arbeitnehmer

Wahlbestandteile	Erläuterung/Beispiele
Aufwendungen für freiwillige soziale Leistungen	Aufwendungen, die nicht arbeitsvertraglich oder tarifvertraglich vereinbart worden sind; zB Jubiläumsgeschenke, Wohnungs- und andere freiwillige Beihilfen, Weihnachtszuwendungen oder Aufwendungen für die Beteiligung der Arbeitnehmer am Ergebnis des Unternehmens **Hinweis:** Sobald die Arbeitnehmer aufgrund des Instituts der betrieblichen Übung einen Anspruch auf die (ursprünglich) freiwillige Leistung haben, handelt es sich nicht mehr um derartige Wahlbestandteile
Aufwendungen für betriebliche Altersversorgung	Beiträge an Direktversicherungen und Pensionsfonds, Zuwendungen an Pensions- und Unterstützungskassen sowie Zuführungen zu Pensionsrückstellungen

Diese Aufwendungen fallen unabhängig von der Erzeugnismenge an. Gleichwohl dürfen nur angemessene Teile der Aufwendungen einbezogen werden, wenn sie auf den **Zeitraum der Herstellung** entfallen (vgl. Gesetzesbegründung BT-Drs. 16/10067, 60).

615 **Forschungs- und Vertriebskosten** dürfen nach § 255 Abs. 2 S. 4 HGB nicht in die Herstellungskosten einbezogen werden. Die **Vertriebskosten**, deren Einbeziehungsverbot auch im HGB aF gesondert genannt wurde, entfallen zumeist ohnehin nicht auf den Zeitraum der Herstellung.

616 Durch die Änderungen von § 255 Abs. 2/2a HGB wird das Einbeziehungsverbot der **Forschungskosten** nunmehr gesondert genannt. Hintergrund für die Klarstellung ist nach der Gesetzesbegründung (vgl. BT-Drs. 16/10067, 60) die Aufhebung des Verbots der Aktivierung selbst erstellter immaterieller Vermögensgegenstände und die damit verbundene gesonderte Regelung der Herstellungskosten in § 255 Abs. 2a HGB (→ Rn. 231 ff.).

617 **cc) Berechnung der Herstellungskosten.** Für die Berechnung der Herstellungskosten werden **Kalkulationsverfahren** benötigt. Neben der einfachen Divisionskalkulation kommt zumeist die Zuschlagskalkulation in Betracht.

618 Bei der **Divisionskalkulation** werden die Herstellungskosten mittels **Division sämtlicher** zu aktivierenden **Aufwendungen** durch die **hergestellte Stückzahl** oder auf Basis des verbrauchten **Hauptmaterials** ermittelt. Damit eignet sich das Divisionsverfahren ausschließlich für Unternehmen, die **gleiche** oder **gleichartige Massenerzeugnisse** herstellen, wie bspw. Brauereien oder Gas-/Elektrizitätswerke.

B. Bilanzierung der Höhe nach – Bewertung

Die Divisionskalkulation kann durch Äquivalenzziffern, die die Kostenverteilung ähnlicher Erzeugnisse gewichten, verfeinert werden. Durch die Anwendung von Äquivalenzziffern werden die Produkte vergleichbar gemacht.

Beispiel: Ein Stahlunternehmen produziert Stahlplatten gleicher Größe in den unterschiedlichen Stärken: 3 mm (Produkt A), 6 mm (Produkt B), 12 mm (Produkt C). Im Rahmen der Divisionskalkulation werden die Erzeugnisse mit den entsprechenden Äquivalenzziffern 1 (Produkt A), 2 (Produkt B), 4 (Produkt C) gewichtet. Somit liegt diesem Verfahren die Annahme zugrunde, dass sich die Gesamtkosten in Abhängigkeit mit der Stahlplattenstärke erhöhen.

Bei der häufig verwendeten **Zuschlagskalkulation** werden den zu ermittelnden Einzelkosten eines Produkts die Gemeinkosten mittels %-Sätze zugeschlagen, wie der folgende Ablauf darstellt: 619

+	Materialeinzelkosten Materialgemeinkosten (%-Satz auf Materialeinzelkosten)
=	**Materialkosten (MK)**
+ +	Fertigungseinzelkosten Sondereinzelkosten der Fertigung Fertigungsgemeinkosten (%-Satz auf Fertigungseinzelkosten)
=	**Fertigungskosten (FK)**
	Herstellkosten (MK + FK)
+	Abschreibung Anlagevermögen (%-Satz auf Herstellkosten)
=	**Herstellungskostenuntergrenze**
+	Verwaltungsgemeinkosten und Kosten für Sozialleistungen (%-Satz auf Herstellkosten)
=	**Herstellungskostenobergrenze**

Die **Zuschlagskalkulation** findet vor allem Anwendung, wenn verschiedene Produkte (auch auf denselben Maschinen) hergestellt werden, und stellt deshalb ein **Standardverfahren** dar. Die Ermittlung der Gemeinkostenzuschläge erfordert eine **Kostenstellenrechnung**, um bspw. für die Materialgemeinkostenzuschläge festzustellen, welche Kosten auf die Kostenstelle Materiallager entfallen. Die Ver- 620 teilung der einzelnen Kostenarten auf die Kostenstellen erfolgt mit Hilfe eines **Betriebsabrechnungsbogens** (BAB).

621 **Beispiel:** Ein Unternehmen, das Aluminiumfelgen produziert, erstellt folgenden **Betriebsabrechnungsbogen** – der Übersichtlichkeit wegen hier zunächst ohne Werteverzehr des Anlagevermögens – (alle Angaben in Mio.):

(Gemein-) Kosten			Kostenstellen			
Art	Betrag	Schlüssel	Material	Fertigung	Verwaltung	Vertrieb
Löhne/ Gehälter	10,0 EUR	Zugehörigkeit Abteilung	3,4 EUR	1,6 EUR	3,1 EUR	1,9 EUR
Energiekosten	5,0 EUR	Ablesung Zähler	0,8 EUR	3,7 EUR	0,3 EUR	0,2 EUR
...	...	...	...	...	...	...
Summe			25,6 EUR	42,8 EUR	30,8 EUR	8,9 EUR
Einzelkosten Fertigungsmaterial bzw. -löhne			256,0 EUR	85,6 EUR		
Zuschlagssatz MGK und FGK			10 %	50 %		
Summen			281,6 EUR	128,4 EUR		
Herstellkosten (Basis für Verwaltungskosten)			410,0 EUR →		410,0 EUR	
Zuschlagssatz					7,5 %	

Die einzelnen Gemeinkosten, wie bspw. die Löhne/Gehälter werden in einem ersten Schritt den Kostenstellen zugeordnet. Bspw. entfallen von diesen Löhnen/Gehältern 3,4 Mio. EUR auf die Materialkostenstelle. Hierbei handelt es sich um Bezüge von Mitarbeitern, die in der Lagerverwaltung tätig sind. Wichtig ist die Abgrenzung zu den Einzelkosten, wie bspw. Fertigungslöhnen, die in diesen Lohnkosten nicht enthalten sind. (Die Löhne/Gehälter, die auf die Kostenstelle Fertigung entfallen, betreffen zB die Betriebsleitung etc.). Die Gemeinkosten werden nach unterschiedlichen Kriterien geschlüsselt, wie bspw. die Energiekosten nach Verbrauch.

Nach Addition der so verteilten Gemeinkosten, werden sie den Einzelkosten gegenübergestellt. So ergeben sich bei den Fertigungskosten 85,6 Mio. EUR Einzelkosten (dies sind die direkt zurechenbaren Fertigungslöhne) und Gemeinkosten von 42,8 Mio. EUR, woraus sich ein Zuschlagssatz von 50 % ergibt. Die Verwaltungskosten werden auf Basis der Herstellkosten (FEK +FGK+MEK+MGK) zugeschlagen, die Vertriebskosten bleiben wegen des Aktivierungsverbots außen vor.

Befinden sich zum 31.12. bspw. noch 10.800 Felgen auf Lager, davon **1.736 Stück** der **Felge VR8**, deren Produktion 35,00 EUR Material (Aluminium) und 17,80 EUR Lohnkosten verbraucht, sind die Herstellungskosten wie folgt zu ermitteln, wobei der Werteverzehr des Anlagevermögens mit 5 % der Herstellkosten (HK) angenommen wird:

Kosten	Zuschlag	Betrag
Fertigungsmaterial		35,00 EUR
Materialgemeinkosten	10,0 % MEK	3,50 EUR
Fertigungslöhne		17,80 EUR
Fertigungsgemeinkosten	50,0 % FEK	8,90 EUR
Herstellkosten		**65,20 EUR**
Werteverzehr Anlagevermögen	5,0 % HK	3,26 EUR
Herstellungskostenuntergrenze		**68,46 EUR**
Verwaltungsgemeinkosten	7,5 % HK	4,89 EUR
Herstellungskostenobergrenze		**73,35 EUR**

Damit betragen die Herstellungskosten der Felge VR8 zum 31.12. entweder (Untergrenze) 1.736 × 68,46 EUR = **118.846,56 EUR** oder (Obergrenze) 1.736 × 73,3 EUR = **127.335,60** EUR.

dd) Finanzierung/Währung der Herstellungskosten. Nach § 255 Abs. 3 S. 1 HGB gehören **Zinsen für Fremdkapital** (grundsätzlich) nicht zu den Herstellungskosten. Als Ausnahme davon räumt § 255 Abs. 3 S. 2 HGB ein **Einbeziehungswahlrecht** für Fremdkapitalzinsen in die Herstellungskosten unter zwei Voraussetzungen ein:
1. Das Fremdkapital muss **zur Finanzierung der Herstellung eines Vermögensgegenstandes** verwendet werden (sachlicher Bezug). Wenn es sich nicht um eine **Objekt- oder Projektfinanzierung** handelt, bei der der sachliche Bezug unzweifelhaft ist, kann unterstellt werden, dass die Bilanzaktiva alle in dem Verhältnis von Eigen- und Fremdmitteln finanziert worden sind, wie es den Eigen- und Fremdkapitalquoten auf der Passivseite entspricht (vgl. *ADS* HGB § 255 Rn. 204)

Beispiel:

Aktiva	Bilanz zum 31.12.01		Passiva
Anlagevermögen	400,0 Mio. EUR	Eigenkapital	100 Mio. EUR
Umlaufvermögen		Rückstellungen	150 Mio. EUR
Forderungen LuL	200,0 Mio. EUR	Verbindlichkeiten LuL	150 Mio. EUR
Fertigerzeugnisse	200,0 Mio. EUR	Bankdarlehen	400 Mio. EUR
	800,0 Mio. EUR		800 Mio. EUR

Wenn im Jahr 01 Zinsen für Bankdarlehen von 5 % × 400,0 Mio. EUR = 20,0 Mio. EUR anfallen, dann entfallen davon auf die Fertigerzeugnisse 25 % × 20,0 Mio. EUR = 5,0 Mio. EUR, da von einer quotalen Finanzierung (200,0 Mio. EUR / 800,0 Mio. EUR = 25 %) ausgegangen wird. Welcher Anteil davon in die Herstellungskosten einbezogen wird, hängt von Voraussetzung 2. ab.

2. Die **Zinsen** für das Fremdkapital müssen auf den **Zeitraum der Herstellung** (zeitlicher Bezug) entfallen.

Wenn die Produktionszeit für die im Beispiel genannten Fertigerzeugnisse 3,5 Monate beträgt, wären 3,5/12 = 29,17 % von den 5 Mio. EUR dem Produkt zurechenbar.

623   Im Übrigen ist bei der Einbeziehung von Zinsen für Fremdkapital in die Herstellungskosten unbeachtlich, ob es sich bei den hergestellten Vermögensgegenständen um solche des **Anlagevermögens** oder des **Umlaufvermögens** handelt. Die Möglichkeit zur Einbeziehung bildet einen wesentlichen Unterschied zwischen der Ermittlung von Herstellungskosten und Anschaffungskosten, bei denen eine Einbeziehung von Zinsen generell verboten ist (→ Rn. 583).

624   Die **Grundsätze für die Währungsumrechnung** bei der Ermittlung der Anschaffungskosten gelten auch für die Ermittlung der Herstellungskosten (→ Rn. 584). Einzelne Komponenten, die in die Herstellungskosten einbezogen werden, und die in Fremdwährung erworben werden, werden bei Bezug in EURO umgerechnet, entweder mit dem tatsächlichen EURO-Betrag (bei Barzahlung) oder dem Devisengeldkurs (bei Zahlungsziel). § 256a HGB wird dann auf die entstehenden Forderungen/Verbindlichkeiten angewendet.

625   ee) **Herstellungskosten immaterieller Vermögensgegenstände.** Die **Herstellungskosten** von nach § 248 Abs. 2 S. 1 HGB aktivierten **selbstgeschaffenen immateriellen Vermögensgegenständen des Anlagevermögens** definiert § 255 Abs. 2a S. 1 HGB als Aufwendungen für deren **Entwicklung**, die wiederum nach der allgemeinen Definition der Herstellungskosten nach § 255 Abs. 2 HGB ermittelt werden.

626   Den Begriff der **Entwicklung** grenzt § 255 Abs. 2a S. 2–4 HGB von dem Begriff der **Forschung** ab und fordert deren verlässliche Trennbarkeit (→ Rn. 231 ff.)

627   Aktivierungsfähig sind Entwicklungskosten **mit Beginn der Entwicklungsphase**, soweit eine **positive Zukunftsprognose** des Unternehmens vorliegt, dass mit hoher Wahrscheinlichkeit **einzeln ver-**

wertbare immaterielle Vermögensgegenstände entstehen. Unter diesen Voraussetzungen zählen auch der Entwurf, die Konstruktion und der Betrieb von Pilotanlagen oder Prototypen sowie der Entwurf von Werkzeugen oder Gussformen bereits zur Entwicklungsphase (Vgl. BT-Drs. 16/10067, 60).

Zusammenfassend müssen der **Übergangszeitpunkt** sowie die **Trennbarkeit** von **Forschungs- und Entwicklungskosten** hinreichend **nachvollziehbar** sein, eine **positive Zukunftsprognose** des Unternehmens über das **Entstehen eines immateriellen Vermögensgegenstandes** vorliegen und die **Entwicklungskosten** auf den **Herstellungszeitraum** entfallen. 628

c) Beizulegender Wert/Zeitwert

Für den **beizulegenden Wert** findet sich im HGB **keine Legaldefinition**. Er wird verwendet als der Wert der in den **beiden folgenden Fällen** anzusetzen ist: 629
1. Bei **außerplanmäßigen Abschreibungen** von Vermögensgegenständen des **Anlagevermögens** bei voraussichtlich **dauernder Wertminderung** (§ 253 Abs. 3 S. 3 HGB) und
2. bei Abschreibungen von **Vermögensgegenständen** des **Umlaufvermögens**, wenn kein Börsen- oder Marktpreis festzustellen ist (§ 253 Abs. 4 S. 2 HGB).

Der beizulegende Wert ist **kein bestimmter Wert**, sondern ein Wert, der unter Berücksichtigung der Verhältnisse im Einzelfall den **Normzweck am besten erfüllt**. Da die Zwecke der Bewertungsnormen für Vermögensgegenstände des Anlage- und Umlaufvermögens unterschiedlich sind, sind auch die jeweils vorgegebenen Werte zumeist unterschiedlich. Gemeinsam ist ihnen, dass sie „beizulegen" sind, dies bringt eine **betrieblich-subjektive Auswahl** des Werts zum Ausdruck: 630
- Für Vermögensgegenstände des **Sachanlagevermögens** dürfte – da diese nicht zum Verkauf bestimmt sind – regelmäßig der **Wiederbeschaffungswert**, ein Einzelveräußerungswert dagegen nur in Ausnahmefällen in Betracht kommen. Für **Finanzlagen** können **Börsenpreise** bestimmend sein, wenn von nachhaltigen Kursrückgängen auszugehen ist. Bei Beteiligungen ist der **Ertragswert** (Barwert der künftigen Einnahmeüberschüsse) ein geeigneter Wert.
- Für Vermögensgegenstände des **Umlaufvermögens** kommen **Wiederbeschaffungswerte** für Roh-, Hilfs- und Betriebsstoffe sowie

Handelsware in Betracht, während für **fertige und unfertige Erzeugnisse** Absatzmarktwerte maßgeblich sind, wobei von den voraussichtlichen **Verkaufspreisen** noch **anfallende Kosten abzusetzen** sind (vgl. zu den Wertansätzen im Anlage- und Umlaufvermögen *ADS* HGB § 253 Rn. 452–466 bzw. 513–530).

631 Im Gegensatz zum beizulegenden Wert ist der **beizulegende Zeitwert** gesetzlich definiert und entspricht nach § 255 Abs. 4 S. 1 HGB dem **Marktpreis**. Während der **Finanzmarktkrise** bestand für eine Vielzahl von Wertpapieren und Derivaten **kein aktiver Markt** mehr, was bedeutet, dass kein Handel mehr stattfand. Mangels Angebot und Nachfrage kamen auch keine **Marktpreise** zustande. Für einen derartigen Fall bestimmt § 255 Abs. 4 S. 2–4 HGB, dass, soweit kein aktiver Markt besteht, anhand dessen sich der Marktpreis ermitteln lässt, der beizulegende Zeitwert mit Hilfe **allgemein anerkannter Bewertungsmethoden** zu bestimmen ist:

„Die Anwendung von Bewertungsmethoden dient dazu, den beizulegenden Zeitwert angemessen an den Marktpreis anzunähern, wie er sich am Bewertungsstichtag zwischen unabhängigen Geschäftspartnern bei Vorliegen normaler Geschäftsbedingungen ergeben hätte. Denkbar ist bspw. der Vergleich mit dem vereinbarten Marktpreis jüngerer vergleichbarer Geschäftsvorfälle zwischen sachverständigen, vertragswilligen und unabhängigen Geschäftspartnern oder die Verwendung von anerkannten wirtschaftlichen Bewertungsmethoden." (BT-Drs. 16/10067, 61).

632 Wenn sich **weder** ein **Marktpreis** ermitteln lässt noch der **beizulegende Zeitwert** mittels allgemein anerkannter Bewertungsmethoden zu bestimmen ist, dann sind nach § 255 Abs. 4 S. 3 HGB die **Anschaffungskosten fortzuführen**, wobei der **zuletzt ermittelte beizulegende Zeitwert** als Anschaffungskostenpunkt gilt (§ 255 Abs. 4 S. 4 HGB).

d) Erfüllungsbetrag

633 Nach § 253 Abs. 1 S. 2 HGB sind **Verbindlichkeiten** mit dem **Erfüllungsbetrag** und **Rückstellungen** in Höhe des **nach vernünftiger kaufmännischer Beurteilung notwendigen Erfüllungsbetrages** zu bewerten. Eine **Legaldefinition** für den Erfüllungsbetrag enthalten die Bewertungsnormen des HGB indes **nicht**. Der Begriff Erfüllungsbetrag ersetzt im Rahmen des BilMoG 2009 den Begriff Rückzahlungsbetrag (Verbindlichkeiten) und Betrag nach vernünftiger

B. Bilanzierung der Höhe nach – Bewertung

kaufmännischer Beurteilung (Rückstellungen). In der Begründung heißt es dazu:

„Der neu gefasste § 253 Abs. 1 Satz 2 HGB enthält drei Änderungen. Zum ersten sind Verbindlichkeiten künftig zu ihrem Erfüllungsbetrag anzusetzen. Diese Änderung hat klarstellende Bedeutung. Der bisher verwandte Begriff „Rückzahlungsbetrag" birgt die Gefahr, dahingehend verstanden zu werden, dass nur aus einem Geldzufluss entstandene Verbindlichkeiten erfasst werden. Eine solche Auslegung ist aber zu eng. Unter dem Begriff Rückzahlungsbetrag ist vielmehr der Betrag zu verstehen, der zur Erfüllung der Verbindlichkeit aufgebracht werden muss; dies ist bei Geldleistungsverpflichtungen der Rückzahlungsbetrag und bei Sachleistungs- oder Sachwertverpflichtungen der im Erfüllungszeitpunkt voraussichtlich aufzuwendende Geldbetrag. Zum zweiten wird mit der Verwendung des Begriffs „Erfüllungsbetrag" ausdrücklich klargestellt, dass bei der Rückstellungsbewertung in der Zukunft – unter Einschränkung des Stichtagsprinzips – künftige Preis- und Kostensteigerungen zu berücksichtigen sind. Damit wird dem Bedürfnis der Praxis nach einer zukunftsgerichteten Rückstellungsbewertung Rechnung getragen. Selbst wenn die Frage der Berücksichtigung künftiger Preis- und Kostensteigerungen bei der Rückstellungsbewertung umstritten ist und insbesondere der finanzgerichtlichen Rechtsprechung unter Hinweis auf das Stichtagsprinzip verneint wird, werden künftige Preis- und Kostensteigerungen in der Praxis der handelsrechtlichen Rechnungslegung bereits gegenwärtig teilweise – beruhend auf einer stillschweigenden Weiterentwicklung der Grundsätze ordnungsmäßiger Bilanzierung – berücksichtigt. Mit der Neufassung des § 253 Abs. 1 Satz 2 HGB werden demgemäß bestehende Unsicherheiten beseitigt. Es wird klargestellt, dass die Höhe einer Rückstellung von den Preis- und Kostenverhältnissen im Zeitpunkt des tatsächlichen Anfalls der Aufwendungen – mithin der Erfüllung der Verpflichtung – abhängt. Dies erfordert gleichzeitig auch regelmäßige Anpassungen der zugrunde liegenden biometrischen Daten. Gleichwohl ist zu berücksichtigen, dass der nach vernünftiger kaufmännischer Beurteilung notwendige Erfüllungsbetrag anzusetzen ist. Es ist folglich erforderlich, dass ausreichende objektive Hinweise auf den Eintritt künftiger Preis- und Kostensteigerungen schließen lassen." (BT-Drs. 10/10067, 52)

634 Im Rahmen der Bewertung von Rückstellungen mit dem **nach vernünftiger kaufmännischer Beurteilung notwendigen Erfüllungsbetrag** wird das **Stichtagsprinzip durchbrochen**, nach dem die Wertverhältnisse am Abschlussstichtag maßgebend sind. Allerdings stehen den zu berücksichtigenden Preis- und Kostensteigerungen die mindernden Effekte gegenüber, die aus der Abzinsung von Rückstellungen mit einer Laufzeit von mehr als einem Jahr (§ 253 Abs. 2 S. 1 HGB) folgen. Im Übrigen müssen die angesetzten **Preis- und Kostensteigerungen** in sich **schlüssig** und aus den objektiven Umständen des Einzelfalls **ableitbar** sein. Außerdem müssen sie von einem sachverständigen Dritten nachvollzogen werden können. Dazu müssen am Stichtag entsprechende **objektive Hinweise** vorliegen, wie bspw. die Veröffentlichungen des Statistischen Bundesamtes oder der Deutschen Bundesbank zur Preisentwicklung (vgl. *Gelhausen/Fey/Kämpfer* BilMoG S. 179 f.).

2. Bewertungsanweisungen

a) Grundzüge der Bewertung

635 Das Handelsbilanzrecht enthält verschiedene Bewertungsanweisungen sowohl für den erstmaligen **Zugang** von Aktiva und Schulden als auch für die **Folgebilanzierung** der Bilanzposten in den folgenden Geschäftsjahren. Die **Grundzüge** finden sich in der bereits behandelten Vorschrift des § 253 Abs. 1 HGB:
- **Vermögensgegenstände** sind **höchstens** mit den **Anschaffungs- oder Herstellungskosten** anzusetzen, vermindert um etwaige **planmäßige** und/oder **außerplanmäßige Abschreibungen** (Anlagevermögen) oder **Abschreibungen auf den niedrigeren** Börsen-/Marktpreis oder **beizulegenden Wert** (Umlaufvermögen).
- **Verbindlichkeiten** sind zu ihrem **Erfüllungsbetrag** und **Rückstellungen** in Höhe des **nach vernünftiger kaufmännischer Beurteilung notwendigen Erfüllungsbetrages** anzusetzen.

636 Ergänzend bestimmt § 253 Abs. 5 HGB ein **grundsätzliches Wertaufholungsgebot** und zugleich eine Ausnahme für den Fall des Geschäfts- oder Firmenwertes:
- Ein **niedrigerer Wertansatz** nach **außerplanmäßigen Abschreibungen** (Anlagevermögen) und **Abschreibungen auf den niedrigeren** Börsen-/Marktpreis oder **beizulegenden Wert** (Umlaufvermögen) darf **nicht beibehalten** werden, wenn die Gründe dafür nicht mehr bestehen (vgl. § 253 Abs. 5 S. 1 HGB).
- Ein **niedrigerer Wertansatz** eines entgeltlich erworbenen **Geschäfts- oder Firmenwertes ist beizubehalten** (§ 253 Abs. 5 S. 2 HGB).

B. Bilanzierung der Höhe nach – Bewertung

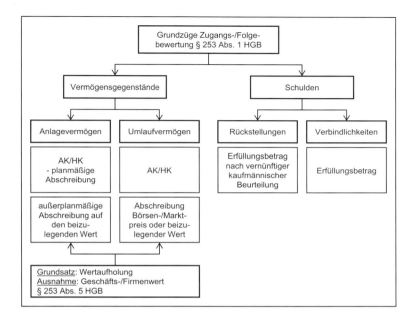

b) Bewertung der Aktivposten

aa) Abgrenzung vom Anlage- und Umlaufvermögen.
Nach § 266 Abs. 1 HGB bestehen die zu bewertenden Vermögensgegenstände aus **Anlagevermögen** und **Umlaufvermögen**. Eine **Legaldefinition** des erstgenannten Begriffs findet sich in § 247 Abs. 2 HGB. Danach sind beim Anlagevermögen nur die Gegenstände auszuweisen, die bestimmt sind, **dauernd dem Geschäftsbetrieb zu dienen**.

Nach der Kommentarliteratur (vgl. *ADS* HGB § 247 Rn. 107–122) gelten dabei folgende Grundsätze:
- Es kommt **nicht** auf die **tatsächliche zeitliche Dauer** der Verwendung im Unternehmen an, sondern vielmehr auf die **Zwecksetzung** des Vermögensgegenstands zum Stichtag.
- Nach dieser **Zwecksetzung** muss der Vermögensgegenstand dauerhaft verwendet werden sollen und dem Unternehmen dienen. Dabei kommt es auf die **Art des Gegenstands**, auf die **Branche** und auf den **subjektiven Willen** des Kaufmanns an.

637

Beispiel: Ein Kfz-Händler erwirbt einen PkW, den er selbst (zu betrieblichen Zwecken) nutzen will. Objektiv kann der PkW sowohl dauerhaft als auch nur vorübergehend dem Unternehmen dienen; es kommt mithin auf den Willen des Kfz-Händlers an. Danach ist der PkW Anlagevermögen.

Daran ändert sich auch nichts, wenn ein interessierter Kunde den Geschäftswagen kaufen will und der Kfz-Händler den PkW aufgrund des gebotenen Preises entgegen seiner ursprünglichen Absicht veräußert. Auch die tatsächlich kurze Zugehörigkeitsdauer ist nicht relevant.

638 § 266 Abs. 2 HGB untergliedert Anlagevermögen und Umlaufvermögen wie folgt:
- **Anlagevermögen**: Immaterielle Vermögensgegenstände, Sachanlagen und Finanzanlagen.
- **Umlaufvermögen**: Vorräte, Forderungen/sonstige Vermögensgegenstände, Wertpapiere sowie ein Sammelposten mit Zahlungsmittelbeständen (Kasse, Bankguthaben …).

639 **Wertpapiere** (bspw. Aktien oder Anleihen) können damit sowohl im **Finanzanlagevermögen** (5. Wertpapiere des Anlagevermögens) als auch unter **Wertpapiere im Umlaufvermögen** (2. sonstige Wertpapiere) ausgewiesen werden. Da Wertpapiere **keine typische Bindungsdauer** haben und dem **Unternehmen nur mittelbar dienen**, muss „… zur Ermittlung der Zweckbestimmung im Einzelfall … von den subjektiven Absichten des Kaufmanns ausgegangen werden." (*ADS* HGB § 247 Rn. 116). Für eine **Umwidmung** von Wertpapieren vom Umlaufvermögen in das Anlagevermögen bedarf es mithin der Erklärung des Kaufmanns.

640 Von dieser Möglichkeit einer Umwidmung haben im Rahmen der **Finanzmarktkrise** (ab 2007) Banken häufig Gebrauch gemacht, um auf diese Weise weitere Niederstwertabschreibungen auf ihre teilweise als „toxisch" bezeichneten Wertpapiere nicht durchführen zu müssen. Die Aktivseite der Bilanzen von Kreditinstituten ist zwar nicht in Anlage- und Umlaufvermögen unterteilt, die Bewertung erfolgt allerdings „wie Anlagevermögen" oder „wie Umlaufvermögen" (§ 340e Abs. 1 HGB).

641 Die Änderung der Zwecksetzung ist für die Einhaltung des **Stetigkeitsprinzips** (§ 252 Abs. 1 Nr. 6 HGB) zu **begründen** (Abs. 2). Ein geplanter Verkauf von betrieblich genutztem Anlagevermögen (und die Umwidmung in das Umlaufvermögen) ist nicht ausreichend (*ADS* HGB § 247 Rn. 118).

642 **bb) Immaterielle Vermögensgegenstände.** Der **Zugang immaterieller Vermögensgegenstände** ist nach dem Grundsatz des § 253

B. Bilanzierung der Höhe nach – Bewertung

Abs. 1 S. 1 HGB mit den **Anschaffungs- oder Herstellungskosten** zu bewerten, die im Rahmen der **Folgebewertung planmäßig** und, sollte eine dauernde Wertminderung vorliegen, auf den beizulegenden Wert **außerplanmäßig abzuschreiben** sind.

Bei einem **entgeltlich erworbenen Geschäfts- oder Firmenwert**, der nach § 246 Abs. 1 S. 4 HGB als zeitlich begrenzt nutzbarer Vermögensgegenstand gilt, sind als Ausgangspunkt die Anschaffungskosten anzusetzen.

643

Die **Bemessung von Abschreibungen** ist bei einem derivativen Firmenwert deshalb **schwierig**, weil das erworbene **Unternehmen** im Rahmen des Erwerbs **untergeht**; dasselbe gilt für einen Verschmelzungsmehrwert (→ Rn. 592). Dennoch bleiben bspw. die Marktposition und die Fähigkeiten der Mitarbeiter davon unberührt.

- In Anlehnung an § 255 Abs. 4 S. 3 HGB aF, der vor Inkrafttreten des BilMoG eine wahlweise durchzuführende Abschreibung über die vier dem Erwerb folgenden Jahre vorsah, bietet sich regelmäßig eine **planmäßige Abschreibung über 5 Jahre** an. Hierfür spricht auch die Verpflichtung gemäß § 285 Nr. 13 HGB, im Anhang eine Nutzungsdauer von mehr als 5 Jahren zu begründen. Da § 7 Abs. 1 S. 3 EStG für die **Steuerbilanz** eine betriebsgewöhnliche Nutzungsdauer von **15 Jahren** vorschreibt, führt die Abweichung zwischen Handels- und Steuerbilanz bei Kapitalgesellschaften zu **aktiven latenten Steuern** (→ Rn. 489 ff.), die nach § 274 Abs. 1 S. 2 HGB aktiviert werden können (mit der Ausschüttungssperre des § 268 Abs. 8 S. 2 HGB).
- Ungleich schwieriger ist die Bemessung **außerplanmäßiger Abschreibungen**. Nach der Kommentarliteratur soll eine dauernde Wertminderung dann gegeben sein, wenn **wesentliche wertbestimmende Faktoren entfallen**, wie bspw. ein für den Erwerb maßgeblicher Umsatz wegfällt oder ein Rückgang der Effizienz der Vertriebsorganisation festzustellen ist (vgl. *Gelhausen/Fey/ Kämpfer* BilMoG S. 67).

Herstellungskosten liegen bei **selbstgeschaffenen immateriellen Vermögensgegenständen** vor (vgl. zu Ansatzbeispielen → Rn. 221 ff.). Sie ergeben sich aus den **Entwicklungskosten**, die nach den allgemeinen Grundsätzen zur Ermittlung der Herstellungskosten errechnet werden. Bei **Entwicklungen über mehrere Jahre** werden die anfallenden (uU nachträglichen) Herstellungskosten so lange **aktiviert**, bis die Entwicklungsphase abgeschlossen ist.

644

Mit der **Nutzung** des immateriellen Vermögensgegenstandes beginnt die **planmäßige Abschreibung** nach den allgemeinen Grundsätzen (§ 253 Abs. 3 S. 1 und 2 HGB). Für die Berechnung sind der **Nutzungszeitraum** und die **Abschreibungsmethode** festzulegen.

Beispiel: Ein Elektronikunternehmer entwickelt ein Computerspiel (mit Urheberrechtsschutz). Nach Abschluss der Entwicklung soll das Spiel über vier Jahre vertrieben werden, die Produktionsmenge verteilt sich 20 %, 40 %, 30 %, 10 % über die Jahre. Die planmäßige Abschreibung kann über vier Jahre erfolgen und zwar linear oder in Abhängigkeit von der produzierten Menge.

Außerplanmäßige Abschreibungen sind bei der Vielfältigkeit der Werte nur im Einzelfall diagnostizierbar, bspw., wenn das Computerspiel im oa Beispiel „floppt".

645 **cc) Vermögensgegenstände des Sachanlagevermögens. (1) Planmäßige Abschreibungen.** Der **Zugang** von Vermögensgegenständen des **Sachanlagevermögens** ist nach dem allgemeinen Grundsatz (§ 253 Abs. 1 S. 1 HGB) mit den **Anschaffungs- oder Herstellungskosten** zu bewerten, die im Rahmen der **Folgebewertung planmäßig** und, sollte eine dauernde Wertminderung vorliegen, **außerplanmäßig** auf den beizulegenden Wert **abzuschreiben** sind.

646 Planmäßig abzuschreiben sind Vermögensgegenstände des Anlagevermögens, deren **Nutzung zeitlich begrenzt** ist. Hierzu zählen **alle beweglichen und unbeweglichen abnutzbaren Vermögensgegenstände**, wie Bauten (Gebäude, Produktions- oder Lagerhallen), technische Anlagen, Maschinen sowie Betriebs- und Geschäftsausstattung. **Ausgenommen** von der planmäßigen Abschreibung sind **Grundstücke**, da sie nicht abnutzbar sind. Allerdings können bei Grundstücken außerplanmäßig Abschreibungen vorgenommen werden, wenn der Wert bspw. wegen einer Schadstoffbelastung dauerhaft gesunken ist.

647 Die Schätzung der jeweiligen individuellen **betrieblichen Nutzungsdauer** wird dabei regelmäßig dem **abnutzungsbedingten Verschleiß** Rechnung tragen, so bspw. bei Produktionsanlagen. Aber auch die **technisch-wirtschaftliche Entwicklung** kann die Nutzungsdauer begrenzen, bspw. bei Personal Computern und deren Software.

648 Für die planmäßige Abschreibung ist ein **Plan** zu erstellen, der nach § 253 Abs. 3 S. 2 HGB die AK/HK auf die **Geschäftsjahre verteilt**, in denen der Vermögensgegenstand voraussichtlich genutzt werden kann. Wie dies zu erfolgen hat, lässt das HGB offen, so dass

Gestaltungsspielräume des Kaufmanns bestehen. Die Kommentarliteratur nennt folgende **Methoden** (*ADS* HGB § 253 Rn. 390–406):
- Bei der **linearen Abschreibung** bilden die auf die gewöhnliche Nutzungsdauer verteilten AK/HK den jährlichen **Abschreibungsbetrag**, der somit für jedes Geschäftsjahr **derselbe** ist und vom Restbuchwert abgezogen wird. Diese Methode wird in der Praxis wohl am häufigsten verwendet. Das liegt auch daran, dass sie **steuerrechtlich** die Standardmethode ist (§ 7 Abs. 1 S. 1 EStG).
- Die **degressive Abschreibung**, bei der sich der Abschreibungsbetrag aus der Anwendung eines **festen Prozentsatzes** auf den jeweiligen **Restbuchwert** ergibt und somit jedes Jahr sinkt, kann der **technisch-wirtschaftlichen Entwicklung** besser Rechnung tragen. Üblich sind Abschreibungsquoten zwischen 20 und 30 %. Im **Zeitablauf** muss (um Vollabschreibung zu erreichen) auf die **lineare Abschreibung übergangen** werden, was üblicherweise dann erfolgt, wenn die lineare Abschreibung für das nächste Geschäftsjahr höher ist als die degressive. **Steuerrechtlich** ist die degressive Methode nach verschiedenen Gesetzesänderungen, die sich auf die maximale Abschreibungsquote bezogen, aktuell nicht mehr zugelassen (§ 7 Abs. 2 EStG: nur Wirtschaftsgüter bis 2010).
- Die **leistungsbedingte Abschreibung**, bei der die Abschreibungsbeträge nach der in Anspruch genommenen Leistung ermittelt werden, berücksichtigt den **abnutzungsbedingten Verschleiß**. Voraussetzung ist, dass die **Gesamtleistung geschätzt** werden kann und die **in Anspruch genommene Leistung gemessen** wird. Leistungseinheit können bspw. Stunden/Stückzahlen bei Maschinen, Kilometer bei PkW/LkW, oder Kopien bei einem Kopierer sein. Die leistungsbedingte Abschreibung ist auch steuerlich zulässig (§ 7 Abs. 1 S. 6 EStG).

Folgende **steuerrechtlichen Vereinfachungsvorschriften** sind auch handelsrechtlich erlaubt: 649
- Nach § 7 Abs. 1 S. 4 EStG kann die Absetzung für Abnutzung (AfA) für den **Anschaffungsmonat** in **voller Höhe** angesetzt werden (keine taggenaue Bemessung erforderlich).
- Nach § 6 Abs. 2a EStG können selbstständig nutzbare **geringwertige Wirtschaftsgüter** bis **410 EUR** (ohne USt) im Jahr der Anschaffung **vollständig abgeschrieben** werden.

650 **Beispiel:** Eine Spedition hat am 15.1.2001 einen Sattelschlepper zu einem Kaufpreis **von 250.000 EUR** (ohne USt) und mit einer betriebsgewöhnlichen **Nutzungsdauer von 5 Jahren** erworben. Nach den Planungen des Unternehmens ergeben sich insgesamt Fahrleistungen von max. 500.000 km, die sich wie folgt auf die Jahre der voraussichtlichen Nutzung verteilen:
01: 25.000 km, 02: 125.000 km, 03: 125.000 km, 04: 150.000 km und 05: 75.000 km.

Lösung:
Der LkW kann handelsbilanzrechtlich ab 1.1. (voller Monat) nach der **leistungsmäßigen, linearen oder degressiven Methode** abgeschrieben werden. Bei der degressiven Abschreibung mit bspw. 30 % ergibt sich, dass **nach dem 2. Jahr** die lineare Abschreibung mit 1/3 (da drei Restjahre) × Restbuchwert = 40.833 EUR höher ist als die degressive (30 % von 122.500 EUR (Restbuchwert nach zwei Jahren) = 36.750 EUR) Abschreibung, so dass ab 03 auf die lineare Abschreibung übergegangen wird.

Leistungsmäßige Abschreibung				
Jahr	Fahrleistung	Abschreibung in %	Abschreibung in EUR	Restbuchwert
01	25.000 KM	5 %	12.500 EUR	237.500 EUR
02	125.000 KM	25 %	62.500 EUR	175.000 EUR
03	125.000 KM	25 %	62.500 EUR	112.500 EUR
04	150.000 KM	30 %	75.000 EUR	37.500 EUR
05	75.000 KM	15 %	37.500 EUR	0 EUR
Summe	500.000 KM	100 %	250.000 EUR	

Lineare Abschreibung				
Jahr		Abschreibung in %	Abschreibung in EUR	Restbuchwert
01		20 %	50.000 EUR	200.000 EUR
02		20 %	50.000 EUR	150.000 EUR
03		20 %	50.000 EUR	100.000 EUR
04		20 %	50.000 EUR	50.000 EUR
05		20 %	50.000 EUR	0
Summe		100 %	250.000 EUR	

Jahr	Degressive Abschreibung		
	Abschreibung in %	Abschreibung in EUR	Restbuchwert
01	30 % von 250.000 EUR	75.000 EUR	175.000 EUR
02	30 % von 175.000 EUR	52.500 EUR	122.500 EUR
03	1/3 von 122.500 EUR	40.833 EUR	81.667 EUR
04	1/3 von 122.500 EUR	40.833 EUR	40.834 EUR
05	1/3 von 122.500 EUR	40.834 EUR	0 EUR
Summe	100 %	250.000 EUR	

Die **Steuerbilanz** unterscheidet sich von der Handelsbilanz va durch die grundsätzlich restriktiveren Regelungen bezüglich der Abschreibungen von Vermögensgegenständen (Wirtschaftsgütern) sowie für den Ansatz und die Bewertung von Rückstellungen. 651

Die **steuerlichen Abschreibungsregeln** sind gekennzeichnet durch die **Vorgabe betriebsgewöhnlicher Nutzungsdauern** (AfA-Tabellen) bei gleichzeitigem **Verbot** der **degressiven Abschreibungsmethode**. Bei betrieblich genutzten Gebäuden und Gebäudeteilen betragen die Abschreibungen nach § 7 Abs. 4 S. 1 Nr. 1 EStG grundsätzlich 3 %. Neben diesen, am **Fiskalzweck** des Steuerrechts orientierten Normen, enthält das Steuerrecht auch (wirtschafts-) **lenkungspolitische Normen**. Hierzu gehören zB die **Sonderabschreibungsmöglichkeiten** für kleine und mittlere Betriebe nach § 7g EStG oder auf **Luftfahrzeuge** nach § 82f Abs. 6 EStDV.

(2) **Außerplanmäßige Abschreibungen.** Nach § 253 Abs. 3 S. 3 HGB sind ohne „... Rücksicht darauf, ob ihre Nutzung zeitlich begrenzt ist, ... bei Vermögensgegenständen des Anlagevermögens bei voraussichtlich dauernder Wertminderung **außerplanmäßige Abschreibungen** vorzunehmen, um diese mit dem niedrigeren Wert anzusetzen, der ihnen am Abschlussstichtag beizulegen ist." Dieses Prinzip wird (wegen der Dauerhaftigkeit der Wertminderung) als **gemildertes Niederstwertprinzip** bezeichnet, im Gegensatz zu dem für das **Umlaufvermögen** geltenden **strengen Niederstwertprinzip**. 652

Zunächst stellt sich die Frage, was unter dem Begriff der **Dauerhaftigkeit** zu verstehen ist: 653

- Eine Dauerhaftigkeit der Wertminderung soll bei **abnutzbarem Sachanlagevermögen** dann gegeben sein, wenn der geminderte Wert während eines erheblichen Teils der weiteren Nutzungsdauer

unter dem jeweiligen Restbuchwert liegt (vgl. *ADS* HGB § 253 Rn. 476). Dabei ist es plausibel, wenn dieser Zeitraum die Hälfte der Restnutzungsdauer überschreitet.
- Bei Grundstücken **hingegen** muss sich die Dauerhaftigkeit **aus der Sache selbst** ergeben. Bspw. dürfte dies bei einem **schadstoffbelasteten Grundstück** der Fall sein (da die Schadstoffbelastung sich nicht ändert), wobei darauf zu achten ist, dass damit bestehende Sanierungsverpflichtungen nicht als Rückstellung ausgewiesen werden, um den Aufwand nicht doppelt zu erfassen.

654 Für das **Sachanlagevermögen** dürfte sich der **beizulegende Wert** vor allem aus **gefallenen Wiederbeschaffungskosten** ergeben. Damit ergibt sich folgende *Bilanzierungsproblematik*:
- Letztlich ist die Abwertung auf gefallene Wiederbeschaffungskosten nur mit der **Statischen Bilanzauffassung** und dem **Vorsichtsprinzip** erklärbar, zumindest dann, wenn das Unternehmen die **Anlagen bis zum Ablauf der Nutzungsdauer noch wirtschaftlich einsetzen** kann. Dies wäre nur anders, wenn Konkurrenzunternehmen auf der Basis preisgünstigerer Anlagen entsprechenden Druck auf die Erzeugnispreise ausüben würden.
- Den durch die **außerplanmäßige Abschreibung** vorweggenommenen Aufwendungen stehen die **Minderbeträge der planmäßigen Abschreibungen** in den folgenden Geschäftsjahren gegenüber.
- Dies führt insgesamt zu **keiner zufriedenstellenden Gegenüberstellung von Erträgen und Aufwendungen** und damit zu **keinem „True and fair View"** der Ertragslage.
- Die **ultima ratio** wäre in diesem Fall die **Abweichung von der Einzelnorm** zugunsten der Generalnorm, was bedeutet, dass die außerplanmäßige Abschreibung nicht vorgenommen wird.
- Diese Möglichkeit der Abweichung ist in der EG-Richtlinie vorgesehen, wurde aber **nicht in deutsches Recht transformiert**.

655 dd) **Vermögensgegenstände des Finanzanlagevermögens.** Unter das **Finanzanlagevermögen** fallen nach § 266 Abs. 2 HGB vor allem:
- (Gesellschaftsrechtliche) **Anteile an verbundenen Unternehmen**, dies sind Unternehmen, die regelmäßig im Mehrheitsbesitz stehen, sowie **Beteiligungen**, an denen zumeist mehr als 20 % der Anteile gehalten werden (Beteiligungsvermutung § 271 Abs. 1 HGB),
- **Ausleihungen** an verbundene Unternehmen, an Unternehmen, mit denen ein Beteiligungsverhältnis besteht, sowie sonstige Ausleihungen,

B. Bilanzierung der Höhe nach – Bewertung

- **Wertpapiere** des Anlagevermögens, die via Widmung des Kaufmanns (oder der Unternehmensführung) als dauernd dem Geschäftsbetrieb dienend eingestuft werden.

Die Bilanzierung nach dem HGB ist grundsätzlich eine **Nennwertbilanzierung**, die sich an nominalen Werten ausrichtet, **keine Barwertbilanzierung**. Ausnahmen davon bildet die Bewertung langfristiger Rückstellungen, die seit dem BilMoG abzuzinsen sind (→ Rn. 670). 656

Erfolgen **Ausleihungen un- oder unterverzinslich**, ist *umstritten*, ob deren **Anschaffungskosten** der **Barwert** der Forderung ist **oder** der **Auszahlungsbetrag**. Bei einer Barwertbilanzierung stellt die **Differenz** zwischen dem Barwert und dem Auszahlungsbetrag den zu erfassenden **Aufwand** dar. Des Weiteren ist die **Forderung** jedes Jahr **zuzuschreiben**, weil der Barwert mit Zeitablauf steigt (das liegt daran, dass die Anzahl der un- oder unterverzinslichen Jahre abnimmt). Die Folgen hieraus bestehen in einem **Zusatzaufwand im Ausgabejahr**, dem **Zusatzerträge in den Folgejahren** gegenüberstehen. Es erscheint zumindest fraglich, ob dies zu einem „True-and-fair-View" der Ertragslage führt. 657

Im Übrigen stehen den Mindererträgen zumeist andere Vorteile gegenüber, wie bspw. die Bindungswirkung von Arbeitnehmern, denen häufig unterverzinsliche Darlehen von ihrem Arbeitgeber gewährt werden. So sieht es jedenfalls die steuerliche Rechtsprechung:

„Unverzinsliche oder niedrig verzinsliche Darlehen an Betriebsangehörige sind auch dann mit dem Nennbetrag zu bilanzieren, wenn ihnen keine bestimmten Gegenleistungen der Darlehensempfänger gegenüberstehen" (BFH BStBl. 1990 II, 177).

Nach § 253 Abs. 3 S. 3 HGB **können** bei Finanzanlagen **außerplanmäßige Abschreibungen** auch bei voraussichtlich **nicht dauernder Wertminderung** vorgenommen werden. 658

Bei Ausleihungen oder Anleihen, die eine bestimmte Laufzeit haben, ist das Problem der Dauerhaftigkeit noch relativ leicht zu lösen (bspw. mehr als 50% der Restlaufzeit). Bei Anteilen an AG oder GmbH erscheint dies ungleich schwieriger, zumal wenn man sich verdeutlicht, dass allein in den Jahren von **2000–2010 drei massive Börseneinbrüche** zu verzeichnen sind (vgl. *Seith*, Finanzkrisen der 2000er, SpiegelOnline vom 21.12.2009):

1. Der Zusammenbruch der New Economy an den Börsen weltweit im Jahr 2000,

2. die Auswirkungen des 11.9.2001 auf die Weltmarktbörsen,
3. die Finanzmarktkrise ab 2007, ausgelöst durch die Subprime-Krise in den USA.

Würde zu solchen Zeitpunkten der **beizulegende Wert** mit dem Börsenkurs gleichgesetzt, wären erhebliche außerplanmäßige Abschreibungen vorzunehmen. Seit dem „Zusammenbruch" des DAX 2001 (bis auf 4.130 Punkte) hat er sich in etwa verdreifacht; Unternehmen und Unternehmensverbindungen bestehen indes teilweise mehr als einhundert Jahre. Auch vor diesem Hintergrund ist der **Ertragswert**, (zumindest kurzfristig) abgekoppelt von der aktuellen Börsenkursentwicklung und basierend auf den geschätzten Zukunftsergebnissen (seitens des Unternehmens oder von Analysten) eine geeignete Grundlage zur Wertbestimmung.

659 ee) **Vorräte.** Der **Zugang** von Vermögensgegenständen des **Umlaufvermögens** ist nach dem allgemeinen Grundsatz (§ 253 Abs. 1 S. 1 HGB) mit den **Anschaffungs- oder Herstellungskosten** zu bewerten, die im Rahmen der **Folgebewertung außerplanmäßig** auf den niedrigeren beizulegenden Wert **abzuschreiben** sind. Das **strenge Niederstwertprinzip** formuliert § 253 Abs. 4 HGB:

„Bei Vermögensgegenständen des Umlaufvermögens sind Abschreibungen vorzunehmen, um diese mit einem niedrigeren Wert anzusetzen, der sich aus einem Börsen- oder Marktpreis am Abschlussstichtag ergibt. Ist ein Börsen- oder Marktpreis nicht festzustellen und übersteigen die Anschaffungs- oder Herstellungskosten den Wert, der den Vermögensgegenständen am Abschlussstichtag beizulegen ist, so ist auf diesen Wert abzuschreiben."

660 Bei der Bewertung des **Vorratsvermögens** ist grds. **zu trennen** zwischen:
1. den bezogenen Roh-, Hilfs- und Betriebsstoffen, die in die Produktion einfließen,
2. den hergestellten unfertigen und fertigen Erzeugnissen, die veräußert werden sollen,
3. den bezogenen und/oder weiter zu veräußernden Handelswaren.

661 Wenn die **Anschaffungskosten** von **Roh-, Hilfs- und Betriebsstoffen** auf Basis der Einzelbewertung, Durchschnittsbewertung, Festbewertung oder Bewertung mit Verbrauchsfolgefiktion (FIFO, LIFO) (vgl. Ermittlung der Anschaffungskosten → Rn. 597 ff.) **über** den am Abschlussstichtag normalerweise anfallenden **Wiederbeschaffungskosten liegen**, dann sind höchstens die Wiederbeschaffungskosten als **beizulegender Wert anzusetzen.** Der beizulegende Wert

kann aber auch noch niedriger sein, weil in einem zweiten Schritt immer noch zu prüfen ist, inwieweit die **RHB-Stoffe** noch in der Produktion **verwertbar** sind.

Beispiel 1: Durch den Fortschritt in der Entwicklung werden häufig Produktionsverfahren wie auch die eingesetzten Werkstoffe geändert. Wenn ein Hersteller von Fenstern seine Produktion von Aluminiumfenstern wieder auf Holzfenster umstellt, ist das lagernde Aluminium nicht zu Wiederbeschaffungskosten, sondern zu möglichen Veräußerungserlösen anzusetzen.

Beispiel 2: Stellt ein Hersteller von Heizkörpern seine Produktion von Gussheizkörpern auf Leichtmetallflächenstrahler um, ist der Rohstoff Eisen zu Veräußerungserlösen zu bewerten, vermutlich zum Schrottpreis. Wenn auch die Bearbeitungsmaschinen ausgetauscht (und als Sachanlagevermögen außerordentlich abgeschrieben) werden, sind die unter RHB-Stoffen auszuweisenden Ersatz- und Reserveteile gleichfalls zu Veräußerungswerten zu bewerten, uU durch eine Vollabschreibung (*ADS* HGB § 253 Rn. 517).

Beispiel 3: Darf ein Pkw-Hersteller FCKW-haltiges Kühlmittel nicht mehr in die Motoren einfüllen, dann kann nicht nur eine Vollabschreibung der Bestände notwendig, sondern darüber hinaus eine Rückstellung für die Entsorgung der Kühlmittel in Betracht zu ziehen sein.

Unfertige und fertige Erzeugnisse sind im Gegensatz zu den RHB-Stoffen grundsätzlich nach den Verhältnissen des Absatzmarktes zu bewerten. Ein niedrigerer **beizulegender Wert** ergibt sich, wenn die **voraussichtlich** zu erzielenden **Erlöse** die realen **Herstellungskosten nicht decken.** Dabei sind nach dem **Prinzip der verlustfreien Bewertung** von den voraussichtlichen Erlösen noch die **Kosten** abzusetzen, die **bis zum Verkauf anfallen:** 662

voraussichtlicher Verkaufserlös	Beispiele:
– Erlösschmälerungen	Skonti, Mengen- und Sondernachlässe
– Verpackungskosten	Kartonagen, Umreifungen, Folien
– Vertriebskosten (sonstige)	Provisionen, Vergütungen an Dritte
– weitere Verwaltungskosten	Lager- (Großobjekte), Abrechnungskosten
– Kapitaldienstkosten	Fremdkapitalzinsen bei längerer zu erwartender Veräußerungsdauer
= beizulegender Wert	

(vgl. *ADS* HGB § 253 Rn. 523–526)

Beispiel: Aufgrund des schwachen Absatzmarktes muss ein Elektronikhersteller seine LCD-Fernseher, die Herstellungskosten von 900 EUR verursacht haben, wegen eines Modellwechsels mittels einer speziellen hochwertigen Werbemaßnahme vertreiben, die 50 EUR /Gerät ausmacht. Außerdem hat er den Händlern Sonderrabatte von 7 % auf den Verkaufspreis von 1.000 EUR eingeräumt.

Bei einem Veräußerungserlös von 1.000 EUR abzüglich 7 % verbleiben 930 EUR. Die noch anfallenden Vertriebskosten betragen 50 EUR, so dass sich ein **beizulegender Wert** von **880 EUR** ergibt, der, weil er unter den Herstellungskosten von 900 EUR liegt, als „niedrigerer" beizulegender Wert nach § 253 Abs. 4 HGB für die Bilanzierung der Bestände anzusetzen ist.

663 Als **Hilfswert** zur Ermittlung des beizulegenden Werts werden in der Kommentarliteratur auch die **Wiederherstellungskosten** für zulässig erachtet. Ausgehend von gesunkenen Kostenbestandteilen am Stichtag müssen die Herstellungskosten zum Vergleich vollständig berechnet werden, da sich Kostenerhöhungen und -verminderungen kompensieren können. Als Voraussetzung wird einerseits angeführt, dass eine **absatzmarktorientierte Bewertung nicht durchführbar** sein darf (weil die Wiederherstellungskosten nur einen Hilfswert darstellen), andererseits müssen die **voraussichtlichen Erlöse höher** sein als die Wiederbeschaffungskosten (weil sonst auf diese abzuwerten ist) (vgl. *ADS* HGB § 253 Rn. 521–523).

664 Die **Anschaffungskosten** von zur Weiterveräußerung bestimmten **Handelswaren** auf Basis der Einzelbewertung, Durchschnittsbewertung oder Bewertung mit Verbrauchsfolgefiktion (FIFO, LIFO) (vgl. Ermittlung der Anschaffungskosten → Rn. 597 ff.) werden dem **beizulegenden Wert** gegenübergestellt, der wie bei Fertigerzeugnissen grundsätzlich **absatzmarktorientiert** nach dem **Verfahren der verlustfreien Bewertung** zu ermitteln ist.

665 Bei **umfangreichen Beständen** kann sich ausgehend von der Überlegung, dass sich bei längerer Lagerdauer die Absatzmöglichkeiten verschlechtern und/oder die Verkaufspreise sinken, der beizulegende Wert nach Abzug von **Gängigkeitsabschlägen** aus den Anschaffungskosten ergeben.

Bei dieser **vereinfachten Methode** sind die Zusammenhänge von Lagerdauer oder **Umschlagshäufigkeit** sowie den **Verkaufsaussichten** und den zu erwartenden **Verkaufspreisminderungen** nicht pauschalierbar, sondern im Einzelfall zu begründen.

Beispiel: Für **länger lebende Konsumgüter**, wie bspw. (Standard-) Möbel, könnte die folgende Tabelle eine Basis für die Ermittlung von Gängigkeitsabschlägen sein:

Gängigkeitsklasse	Lagerdauer	Gängigkeitsabschlag
1	bis 1 Jahr	0 %
2	bis 2 Jahre	25 %
3	bis 4 Jahre	50 %
4	bis 5 Jahre	70 %
5	über 5 Jahre	90 %

Für die Forderung einer **doppelten Maßgeblichkeit**, also die Berücksichtigung des **niedrigeren Wertes von Absatzmarkt und Beschaffungsmarkt** (vgl. *ADS* HGB § 253 Rn. 488), bleibt kein Raum, solange eine **verlustfreie Veräußerung** der Handelswaren **gewährleistet** ist. Letztlich würde der Ansatz der **niedrigeren Wiederbeschaffungswerte** den Abzug von entgangenen (opportunitäts-) Gewinnen bedeuten (vgl. HdJ/*Hundsdörfer* II/4 Rn. 154). 666

ff) Forderungen. Der beizulegende Wert von Forderungen ergibt sich aus deren **Einbringlichkeit**. Dabei kommt dem Wertaufhellungszeitraum (→ Rn. 575 ff.) mitunter besondere Bedeutung zu, wenn der Schuldner bis zur Aufstellung der Bilanz die Forderung beglichen hat. Es ist zu unterscheiden: 667

- Bei **Einzelforderungen** können die **Erfahrungen** mit dem Unternehmen und die veröffentlichten **Informationen**, wie bspw. Jahresabschlüsse, Presseberichte, usw für eine **individuelle Bonitätsanalyse** zugrunde gelegt werden. Unter Einschluss etwaiger Sicherheiten (Garantien, Bürgschaften etc) ergibt sich ein Gesamtbild der Werthaltigkeit.
- Bei einer **Vielzahl von Forderungen** werden zumeist **Bonitätsgruppen** nach bestimmten Merkmalen gebildet (bspw. Überziehungstage, Mahnstati, oder Bonitätsmerkmale der Vergangenheit), denen pauschale Ausfallwahrscheinlichkeiten zugeordnet werden.

c) Bewertung der Passivposten

Bewertungsmaßstab für **Schulden**, die aus (B.) Rückstellungen und (C.) Verbindlichkeiten bestehen, ist der **Erfüllungsbetrag**, also der Betrag, der aufzuwenden ist, um die Schuld zu begleichen. So einfach dies klingt, so schwierig ist die Ermittlung des Erfüllungsbetrags vor allem für die **Rückstellungen**, deren Ansatz- und Bewertungsfragen auch den **Hauptgegenstand der steuerlichen Rechtsprechung** des Bundesfinanzhofs (BFH) bilden. 668

669 **aa) Rückstellungen. (1) Grundlagen.** Die Bewertung von Rückstellungen – vor allem bei langen Laufzeiten – ist besonders unsicher und von Schätzungen abhängig. Deshalb sind nach § 253 Abs. 1 S. 2 HGB Rückstellungen in Höhe des **nach vernünftiger kaufmännischer Beurteilung notwendigen Erfüllungsbetrags** anzusetzen. Hierzu wird in der Kommentarliteratur ausgeführt (*ADS* HGB § 253 Rn. 189):

> „Als „vernünftig" kann nur eine Beurteilung angesehen werden, die in sich schlüssig ist und die sich aus den objektiven Umständen des konkreten Einzelfalls ableiten lässt. Die Beurteilung muss mithin von einem sachverständigen Dritten nachvollzogen und gebilligt werden können. Nicht ein mehr oder weniger subjektiv geprägtes Ermessen soll für die Bewertung maßgebend sein, sondern es sind alle erkennbaren positiven und negativen Aspekte (Chancen und Risiken) der bewertungsrelevanten Sachverhalte sorgfältig gegeneinander abzuwägen."

670 Nach § 253 Abs. 2 S. 1 HGB sind **Rückstellungen** mit einer **Restlaufzeit von mehr als einem Jahr** grds mit dem ihrer Restlaufzeit entsprechenden durchschnittlichen Marktzinssatz der vergangenen sieben Geschäftsjahre **abzuzinsen**. Nach § 253 Abs. 2 S. 4 HGB wird der anzuwendende **Abzinsungszinssatz** von der Deutschen Bundesbank nach Maßgabe der Rückstellungsabzinsungsverordnung ermittelt und monatlich bekannt gegeben.

Beispiel:

	% p.a.									
	Abzinsungszinssatz gemäß § 253 Abs. 2 HGB bei einer Restlaufzeit von.... Jahr(en)									
	1	2	3	4	5	6	7	8	9	10
31.07.2013	3,50	3,59	3,74	3,89	4,05	4,19	4,31	4,42	4,52	4,61
31.08.2013	3,47	3,56	3,71	3,87	4,02	4,17	4,29	4,41	4,51	4,60
30.09.2013	3,44	3,53	3,68	3,84	4,00	4,15	4,28	4,39	4,49	4,58
31.10.2013	3,41	3,50	3,65	3,82	3,98	4,12	4,26	4,37	4,48	4,57
30.11.2013	3,37	3,47	3,62	3,79	3,95	4,10	4,24	4,36	4,46	4,56
31.12.2013	3,34	3,43	3,59	3,76	3,93	4,08	4,22	4,34	4,45	4,54
31.01.2014	3,30	3,40	3,56	3,73	3,90	4,05	4,19	4,32	4,42	4,52
28.02.2014	3,27	3,36	3,52	3,70	3,87	4,03	4,17	4,29	4,40	4,50
31.03.2014	3,23	3,33	3,49	3,67	3,84	4,00	4,14	4,27	4,38	4,48
30.04.2014	3,19	3,29	3,45	3,63	3,81	3,97	4,11	4,24	4,36	4,46

(www.bundesbank.de/Navigation/DE/Statistiken/Geld_und_Kapital maerkte/Zinssaetze_und_Renditen/Abzinsungssaetze/Tabellen/tabellen.html)

Der Begriff **Rückstellungen** umfasst sowohl ansatz- als auch bewertungsmäßig **unterschiedlichste Sachverhalte**: künftig zu begleichende (ungewisse) **Verbindlichkeiten**, anfallende (drohende) **Verluste** oder (Instandhaltungs-/Abraumbeseitigungs-) **Aufwendungen**. Ihnen gemein ist, dass die **Verursachung im Geschäftsjahr** (oder vorher) liegt und das bei ihrer (Ansatz-/Bewertungs-) Schätzung das **Vorsichtsprinzip** (§ 252 Abs. 1 Nr. 1 HGB) anzuwenden ist.

(2) Rückstellungen für unsichere Verbindlichkeiten. Im Folgenden soll zunächst auf die Grundsätze für die Bewertung von **Rückstellungen für unsichere Verbindlichkeiten** (§ 249 Abs. 1 S. 1 HGB) eingegangen werden.
1. Rückstellungen für ungewisse Verbindlichkeiten umfassen **Geldleistungsverpflichtungen**, wie bspw. Steuerrückstellungen, und **Sachleistungsverpflichtungen**.
2. Rückstellungen für **Sachleistungsverpflichtungen**, bspw. für Umweltschutzverpflichtungen, bedingen ein **zweistufiges Verfahren**: im ersten Schritt ist die **technische Erfüllung** der Verpflichtung einzuschätzen. In einem zweiten Schritt sind anschließend die **Kosten** hierfür **zu schätzen**, die Einzel- und Gemeinkosten (Vollkosten) umfassen. Dies gilt im Übrigen nach § 6 Abs. 1 Nr. 3ab) EStG auch für die Steuerbilanz.
3. Bei der Bewertung von Rückstellungen für ungewisse Verbindlichkeiten ist eine **Gewichtung** nach der **Wahrscheinlichkeit der Inanspruchnahme** grds. *nicht* vorzunehmen. Eine Rückstellung mit einer Wahrscheinlichkeit von 51 % wird mithin genauso hoch bewertet wie eine Rückstellung mit einer Wahrscheinlichkeit von 99 % (vgl. HdJ/*Herzig/Köster* III/5 Rn. 161–163).

Beispiel: Rückstellung für die **Rückzahlung von Druckkostenbeihilfen**
Verlage erhalten von Autoren Druckkostenbeihilfen, um den Druck eines Werkes (bspw. Dissertation) zu finanzieren. Zumeist wird vereinbart, dass, wenn eine bestimmte Auflage erreicht wird, die Zuschüsse teilweise oder vollständig zurückzuzahlen sind.
Hierfür werden bei den Verlagen Rückstellungen für ungewisse Verbindlichkeiten gebildet, da nicht feststeht, ob und in welcher Höhe die Druckkostenbeihilfen zurückzugewähren sind. Voraussetzung ist, dass die Wahrscheinlichkeit der Inanspruchnahme > 50 % liegt.
In einem solchen Fall war der **BFH** allerdings der **Auffassung**: „Die **Höhe der Rückstellung** hängt von dem **Grad der Wahrscheinlichkeit ab**, dass der Verlag tatsächlich auf Rückzahlung von Druckbeihilfen in Anspruch genommen wird." (BFH **BStBl. 1998 II, 244).**

Inzwischen ist diese BFH Auffassung insoweit überholt, weil nach dem (anschließend neu in das EStG aufgenommenen) § 5 Abs. 2a EStG für Verpflichtungen, die nur zu erfüllen sind, soweit künftig Einnahmen oder Gewinne anfallen, Verbindlichkeiten oder **Rückstellungen erst anzusetzen** sind, wenn die **Einnahmen oder Gewinne angefallen** sind (Passivierungsaufschub). Handelsrechtlich bleibt es allerdings bei der Bildung der Rückstellung.

4. Rückstellungen für ungewisse Verbindlichkeiten können auch **pauschal ermittelt** werden. Wenn es sich um Massenvorgänge handelt, wird eine Wertermittlung auch anders gar nicht möglich sein. Bei **Garantierückstellungen**, einer typischen Anwendungsart von Pauschalrückstellungen, werden für die **bis zur Aufstellung des Jahresabschlusses** bekannt gewordenen **Garantiefälle Einzelrückstellungen** zu bilden sein, für **alle übrigen** möglicherweise noch eintretenden Garantiefälle können **Pauschalrückstellungen** in Höhe eines bestimmten %-Satzes der garantiebehafteten Umsätze gebildet werden (vgl. *ADS* HGB § 153 Rn. 185).

Beispiel: Ein Unternehmen **garantiert** innerhalb von **2 Jahren** Mängelbeseitigung für die von ihm hergestellten Bauten. Die **Umsätze** fallen jährlich **gleichmäßig verteilt** an und betragen 15 Mio. EUR (Jahr 01) und 22 Mio. EUR (Jahr 02), wovon 3 Mio. EUR bzw. 5 Mio. EUR von **regresspflichtigen Subunternehmern** ausgeführt werden. Der **Pauschalsatz** für Garantieleistungen beträgt **4 % vom Umsatz**. Die **Rückstellung** zum **Bilanzstichtag des Jahres 02** ist zu berechnen.

Lösung:
Nach vernünftiger kaufmännischer Beurteilung sind von den Umsätzen zunächst die **Umsätze** der haftenden **Subunternehmer abzusetzen**. Bei Gleichverteilung der Umsätze kann als **Umsatzzeitpunkt Mitte des Jahres** angenommen werden, so dass die Umsätze folgende Garantieleistungen der Jahre 01 bis 04 auslösen, von denen ab Jahr 03 folgende Beträge zurückzustellen sind:

	Garantieleistung 01		Garantieleistung 02		Garantieleistung 03		04
	1.1.-30.6.	1.7.-31.12.	1.1.-30.6.	1.7.-31.12.	1.1.-30.6.	1.7.-31.12.	1.1.-30.6.
Umsatz 01		25 %	25 %	25 %	25 %		
Umsatz 02				25 %	25 %	25 %	25 %

Damit kann die **Garantierückstellung** wie folgt berechnet werden:

		01	02	Summe
	Gesamtumsatz	15 Mio. EUR	22 Mio. EUR	
−	Umsatz Subunternehmer	3 Mio. EUR	5 Mio. EUR	
=	Bemessungsgrenze	12 Mio. EUR	17 Mio. EUR	
×	Pauschalbetrag	4 %	4 %	
=		480.000 EUR	680.000 EUR	
	davon betrifft das Jahr 03	120.000 EUR (25 %)	340.000 EUR (50 %)	460.000 EUR
	davon betrifft das Jahr 04		170.000 EUR (25 %)	
	Abzinsung Jahr 04 (unterstellt 5 %)		8.500 EUR	161.500 EUR
	Rückstellung			621.500 EUR

Eine **Saldierung mit Rückgriffsansprüchen** (bspw. Versicherungsansprüche) setzt voraus, dass diese Ansprüche in einem **unmittelbaren Zusammenhang** mit der drohenden Inanspruchnahme bestehen, **rechtlich verbindlich** der Entstehung der Verbindlichkeit folgen sowie **vollwertig** sind (vgl. HdJ/*Herzig/Köster* III/5 Rn. 178). 673

Werden die Verpflichtungen in **verschiedenen Rechnungsperioden verursacht**, sind die **Rückstellungen nach Maßgabe der Verursachung** zu bilden (*ADS* HGB § 253 Rn. 210–211). Dies betrifft bspw. Rekultivierungs-, Verfüllungs-, Pachterneuerungs- oder Substanzerhaltungsverpflichtungen, für die die Rückstellungen über die einzelnen Perioden „angesammelt" werden. Dabei ist zu berücksichtigen, dass die Rückstellungsteile der Vorjahre jedes Jahr auf Preis- und Kostensteigerungen geprüft werden. Auch das **Steuerrecht** sieht Ansammlungsrückstellungen vor (§ 6 Abs. 1 Nr. 3a Buchst. d)), allerdings dürfen keine Preis- und Kostensteigerungen angesetzt werden (§ 6 Abs. 1 Nr. 3a Buchst. f)) und schließlich sind Abzinsungen mit 5,5 % vorzunehmen (§ 6 Abs. 1 Nr. 3a Buchst. e)). 674

(3) Drohverlustrückstellungen. Zur Erinnerung sei zunächst noch einmal zusammengefasst, warum Rückstellungen für drohende Verluste aus schwebenden Geschäften gemäß § 249 Abs. 1 S. 1 HGB **überhaupt zu bilanzieren** sind: 675

- Ein **schwebendes Geschäft** liegt vor bei (mindestens) **zweiseitigen Verträgen** (bspw. Erwerb von Gegenständen oder Dienstleistungen, Dauerschuldverhältnisse, wie Miet- und Arbeitsverträge), bei denen **noch keine Leistung erbracht** worden ist.

- Vor dem Hintergrund der **Vermutung**, dass **schwebende Geschäfte ausgeglichen** sind, besteht im deutschen Bilanzrecht der **Grundsatz der Nichtbilanzierung**.
- Das **Realisationsprinzip** bestimmt die **Zuordnung** von **Aufwendungen** und **Erträgen** aus (zuvor) schwebenden Geschäften zum Realisationszeitpunkt. Der Realisationszeitpunkt liegt vor, wenn die **Lieferung** oder **Dienstleistung erbracht** worden ist. Bei **Dauerschuldverhältnissen** werden regelmäßig **Teilleistungen** erbracht.
- In Abweichung dazu bestimmt das **Imparitätsprinzip** (als Unterprinzip des zentralen Prinzips der Vorsicht), dass, wenn ein **schwebendes Geschäft** (voraussichtlich) mit einem **Verlust** abgeschlossenen wird, dieser Verlust bereits in der **Periode der Verursachung** (Verursachungsprinzip) als Rückstellung **abzubilden** ist.

676 Die **Verlusterwartung** aus dem schwebenden Geschäft muss **objektivierbar** sein. Ein Verlust „droht", wenn der Wert der Leistung den Wert der Gegenleistung anhand von **konkreten Anzeichen** unterschreitet. Weiterhin ist der **Saldierungsbereich**, also der Umfang von einzubeziehenden Aufwendungen und Erträgen, **sachlich** und **zeitlich zu bestimmen** (vgl. dazu und zur Bestimmung des Saldierungsbereichs HdJ/*Herzig/Köster* III/5 Rn. 152–272):
- In **sachlicher Hinsicht** sind sowohl die von der **Gegenpartei** wahrscheinlichen **rechtlichen und faktischen Vorteile** als auch die **von Dritten zu leistenden Beiträge** (bspw. Rückgriffsrechte, Versicherungen, Zuschüsse) einzubeziehen. Da das (schwebende) Geschäft zu (einzel-) bewerten ist, bleiben Gewinnerwartungen von Folgegeschäften außer vor. Die Einbeziehung von immateriellen Vorteilen ist umstritten.

Beispiel: Apothekerurteil (BFH BStBl. II 1997, 735)
Rückstellungen für drohende Verluste aus schwebenden Geschäften dürfen steuerrechtlich nicht mehr gebildet werden (§ 5 Abs. 4a S. 1 EStG). Zuvor hatte der große Senat folgenden Fall entschieden:
Ein Apotheker hatte Räumlichkeiten gegenüber der von ihm betriebenen Apotheke angemietet und an einen Arzt zum Betrieb einer Arztpraxis untervermietet. Die Untervermietung erfolgte zu etwa 50 % der Konditionen der Anmietung, so dass aus Miet- und Untermietvertrag ein Verlust entstand, für den eine Rückstellung für drohende Verluste gebildet wurde.
Der große Senat war der Ansicht, dass eine Rückstellung für drohende Verluste nicht zu bilden ist, weil der Vorteil aus dem Betrieb der Räume als Arztpraxis miteinzubeziehen ist:

„Ergibt sich ein bestimmter wirtschaftlicher Erfolg (hier: Aussicht auf höhere Umsätze und Gewinne aus einem erweiterten Kundenkreis) aus einer Gegenleistung (hier: Nutzung der Räume als Arztpraxis), so ist er in den Kompensationsbereich der Verlustrückstellung unabhängig davon einzubeziehen, ob er zu einem aktivierbaren Wirtschaftsgut führt …"

- In **zeitlicher Hinsicht** ist bei **Dauerschuldverhältnissen** nur der Teil einzubeziehen, der **Ansprüche und Verpflichtungen künftiger Perioden** umfasst. Die sukzessiv erbrachten und realisierten Teilleistungen scheiden aus der Betrachtung aus.

Eine Rückstellung für drohende Verluste aus **Beschaffungsmarktgeschäften** ergibt sich regelmäßig dann, wenn die **Leistungen zum Bilanzstichtag „günstiger"** hätten bezogen werden können. Dabei ist allerdings in Analogie zu den Bewertungsvorschriften für bereits erhaltene Vermögensgegenstände zu unterscheiden, ob es sich um **Umlaufvermögen** oder **Anlagevermögen** handelt, weil bei Lieferungen oder Leistungen für das Anlagevermögen eine voraussichtlich **dauerhafte Preissenkung** eingetreten sein muss. Darüber hinaus gilt:

- Bei Bezug von **Roh-, Hilfs- und Betriebsstoffen** ist die Differenz aus vereinbartem Kaufpreis und niedrigerem Beschaffungspreis zurückzustellen. Wären die RHB-Stoffe bereits im Bestand, müsste eine Abschreibung auf den niedrigeren Wert durchgeführt werden.
- Bei Bezug von **Handelswaren** ist in Analogie zur verlustfreien Bewertung die **Absatzfähigkeit zu prüfen** und nur dann, wenn **voraussichtlich keine verlustfreie Weiterveräußerung** (unter Einbezug der vereinbarten Kaufpreise) möglich ist, eine **Rückstellung** in Höhe der Differenz zu den gesunkenen Wiederbeschaffungskosten zu bilden.
- Der Bezug von Lieferungen oder Leistungen für das **Anlagevermögen** führt in Analogie zu der dargelegten Auffassung hinsichtlich der außerplanmäßigen Abschreibung **nicht** zu einer Rückstellung, **wenn die Vermögensgegenstände noch rentabel** in den betrieblichen Prozessen **eingesetzt werden können**. Nur wenn abzusehen ist, dass die **Absatzpreise** der (auf der künftigen) Anlage gefertigten **Produkte deutlich sinken** werden, erscheint die Bildung einer Rückstellung gerechtfertigt, die die Differenz zwischen vereinbartem Kaufpreis und gesunkenen Wiederbeschaffungskosten abbildet (ähnlich HdJ/*Herzig/Köster* III/5 Rn. 277).

678 Eine Rückstellung für drohende Verluste aus **Absatzmarktgeschäften** muss regelmäßig dem Gedanken der verlustfreien Bewertung Rechnung tragen. Der Ermittlung der Rückstellung kann folgendes Ermittlungsschema zugrunde gelegt werden (*ADS* HGB § 153 Rn. 252):

	Vereinbarter Veräußerungserlös (abzüglich Erlösschmälerung)
./.	Aktivierte Anschaffungs-/ oder Herstellungskosten
./.	voraussichtlich noch anfallende Aufwendungen
=	Höhe der Rückstellung/Abschreibung

679 Im handelsbilanzrechtlichen Schrifttum ist umstritten, ob die **angesetzten Kosten** nur mit den **variablen Kosten**, also den Kosten, die mit der Produktionsmenge korrelieren, oder auch einschließlich der (anteiligen) **fixen Kosten**, also den Kosten, die unabhängig von der Produktionsmenge anfallen, zu ermitteln sind. Als dritte Möglichkeit wird ein Wahlrecht zwischen beiden Methoden vertreten (vgl. *ADS* HGB § 153 Rn. 254 mit der Auffassung, dass ein Wahlrecht bestehe).

680 Letztlich ist die Frage nach dem sachgerechten Kostenansatz mit der **Generalnorm** zu beantworten und zu prüfen, unter welchen Bedingungen ein **tatsächlicher Einblick in die Vermögens-, Finanz- und Ertragslage** (True-and-Fair-View) nach § 264 Abs. 2 HGB am ehesten gegeben ist (gleicher Auffassung HdJ/*Herzig/Köster* III/5 Rn. 282, mit Verweis auf *ADS* HGB § 153 Rn. 254).

Beispiel: Ein **Kfz-Hersteller** befindet sich in einer **Absatzkrise**, ist **nicht ausgelastet** und erwirtschaftet **Verluste**. Kurz vor Jahresende gelingt es dem Vertriebsvorstand eine Einheit von 2.000 PkW aus der Produktion des Folgejahres en bloc an einen ausländischen Staatsbetrieb zu veräußern. Der Verkaufspreis beträgt 11.500 EUR/Fahrzeug, die variablen Kosten liegen bei 8.700 EUR/Fahrzeug und die (anteiligen) fixen Kosten bei 3.200 EUR / Fahrzeug.

Lösung:
Auf der Grundlage der Angaben ergeben sich folgende **Auswirkungen**:

	/Fahrzeug	gesamt
Verkaufserlöse	11.500 EUR	23 Mio. EUR
Variable Kosten	8.700 EUR	17,4 Mio. EUR
Fixe Kosten	3.200 EUR	6,4 Mio. EUR
Vollkosten	11.900 EUR	23,8 Mio. EUR
Deckungsbeitrag variable Kosten	2.800 EUR	5,6 Mio. EUR
Deckungsbeitrag Vollkosten	–400 EUR	–0,8 Mio. EUR

B. Bilanzierung der Höhe nach – Bewertung

Wertung:
- Würde in Höhe der Unterdeckung zu Vollkosten von 0,8 Mio. EUR eine Rückstellung für drohende Verluste gebildet, dann stünde einem **betriebswirtschaftlich positiven Geschäft, das im Folgejahr die Fixkosten um 2,8 Mio. EUR reduziert,** eine negative GuV-Auswirkung in dem Jahre gegenüber, in dem das Geschäft verursacht wurde. Damit wäre **kein den tatsächlichen Verhältnissen entsprechendes Bild** vor allem der Ertragslage vermittelbar.
- Ganz **anders** wäre die **Situation**, wenn die **Kapazitäten ausgelastet** wären. In diesem Fall würde der **Absatz** der 2.000 Fahrzeuge mit **negativem Vollkostendeckungsbeitrag** den **Absatz von alternativ** zu veräußernden 2.000 Fahrzeugen **verdrängen**. In diesem Fall ist eine Rückstellung für drohende Verluste geboten, um den Verlust verursachungsgemäß in der abzuschließenden Periode auszuweisen.

Bei **schwebenden Dauerschuldverhältnissen** (bspw. Arbeits-, Miet-, Pacht- oder Darlehensverhältnisse) kommen häufig **Erfüllungsrückstände** vor. Für diese **Erfüllungsrückstände** sind **Rückstellungen für ungewisse Verbindlichkeiten** zu bilden, nicht etwa Rückstellungen für drohende Verluste, da die Verpflichtungen zum Bilanzstichtag bereits entstanden sind (vgl. HdJ/*Herzig/Köster* III/5 Rn. 326–329). 681

Literatur: *HdJ/Herzig/Köster* III/5

bb) Verbindlichkeiten. Unter **Verbindlichkeiten** werden nach § 266 Abs. 3 HGB in der Bilanz ua folgende Posten ausgewiesen: 682

1.	Anleihen
2.	Verbindlichkeiten gegenüber Kreditinstituten
3.	Erhaltene Anzahlungen (auf Bestellungen)
4.	Verbindlichkeiten aus Lieferungen und Leistungen
6./7.	Verbindlichkeiten gegen verbundene Unternehmen, Unternehmen mit Beteiligungsverhältnis
8.	Sonstige Verbindlichkeiten

Diese Verbindlichkeiten sind nach § 253 Abs. 1 S. 2 HGB mit ihrem **Erfüllungsbetrag** anzusetzen. 683
- Bei **Geldleistungsverpflichtungen** ist das regelmäßig der Nennbetrag. Ist der Rückzahlungsbetrag höher, kann die Differenz in einen aktiven Rechnungsabgrenzungsposten eingestellt oder als Aufwand erfasst werden.

Beispiel: Ein Unternehmen nimmt ein **Darlehen** von 500.000 EUR auf, das zu **95 % ausgezahlt** und zu 100 % zurückzuzahlen ist. Im Gegenzug erhält das Unternehmen reduzierte Zinskonditionen.
Buchung:

Bank (Geldeingang) Rechnungsabgrenzung	475.000 EUR 25.000 EUR	an	Verbindlichkeiten KI	500.000 EUR

Wenn in den **Folgejahren** der **RAP aufgelöst** wird, werden Zusatzaufwendungen erzeugt, die den **Zinsaufwand** auf das (vermutliche Marktzins-) Niveau **korrigieren.**

- Verpflichtungen zur **Erbringung von Sachleistungen**, wie bspw. die Verpflichtung, bei der Pacht eines Betriebs pachtende Gegenstände gleicher Menge und Art zurückzugewähren, sind in Höhe des **Geldbetrags** zu bewerten, der **bei Erfüllung aufzuwenden** ist. Allerdings stehen diesen Verpflichtungen regelmäßig die aktivierten Vermögensgegenstände gegenüber, die auch regelmäßig ersetzt werden, weshalb die Anschaffungskosten gleichzeitig die Zugangswerte bei den Verbindlichkeiten darstellen.

Verbindlichkeiten (mit Restlaufzeiten von über einem Jahr) werden im Gegensatz zu Rückstellungen **nicht abgezinst.** Ausgenommen davon sind Rentenverpflichtungen, die mit dem Finanz- (Zeitrenten) oder versicherungsmathematischen (Leibrenten)-Barwert anzusetzen sind, wenn eine Gegenleistung nicht mehr zu erwarten ist.

Beispiel: Erwerb eines Grundstücks gegen eine lebenslange Rente. Die Leistung (Rente) wird mit dem Barwert passiviert, weil die Gegenleistung (Übertragung Grundstück) bereits erbracht ist.

Teil 3. Konzernabschluss

A. Konzernabschluss nach HGB

I. Grundlagen

1. Betriebswirtschaftliche Grundlagen

Konzerne entstehen dadurch, dass vor allem größere und/oder international tätige **Unternehmen** regelmäßig **Tochterunternehmen gründen oder erwerben**. Die **Anlässe und Hintergründe** hierfür sind **vielfältig** und reichen von rechtlichen (und vielfach steuerrechtlichen) Bestimmungen bis zu betriebswirtschaftlichen Überlegungen. Bspw. können Tochterunternehmen im Ausland dazu dienen, die Absatzchancen zu verbessern oder Währungsrisiken abzubauen, wenn die Produkte im Ausland nicht nur vertrieben, sondern auch erstellt werden. 685

Die **wirtschaftlichen Verhältnisse** (auch des Mutterunternehmens) lassen sich bei Konzernen allerdings nicht mehr auf der Grundlage des Einzelabschlusses vollständig beurteilen. Dies liegt bspw. an der Frage, in welchem Zeitraum (vgl. Darlegungen zum Tomberger-Urteil → Rn. 206 ff.) oder ob überhaupt **Gewinne** von **Tochterunternehmen** zu erfolgswirksamen **Ausschüttungen** an das **Mutterunternehmen** führen. 686

Beispiel: Die A-AG ist mit 100 % an der B-AG beteiligt. Im abgelaufenen Geschäftsjahr haben beide Unternehmen einen Jahresüberschuss von jeweils 10 Mio. EUR erwirtschaftet. Zur Stärkung des Eigenkapitals wird der Gewinn bei der B-AG thesauriert und mithin nicht ausgeschüttet. 687

In diesem Fall zeigt die Ertragslage der A-AG nur 50 % des tatsächlich erzielten Gewinns von 20 Mio. EUR. Die Thesaurierung des Gewinns bei der B-AG führt zu einer Erhöhung des Eigenkapitals. Die A-AG kann ihren Beteiligungsansatz an der B-AG aufgrund des Anschaffungskostenprinzips nicht über die Anschaffungskosten hinaus erfolgswirksam zuschreiben.

Darüber hinaus bestehen in Konzernen regelmäßig **vielfältige** über die Beteiligungen hinausgehende **Beziehungen** zwischen den Unter- 688 nehmen, wie bspw. gegenseitige **Forderungen und Verbindlichkeiten** oder Austausch von **Lieferungen und Leistungen**.

689 **Beispiel 1:** Das Produktionsunternehmen P-AG ist zu 100 % an dem Vertriebsunternehmen V-AG beteiligt. Im Geschäftsjahr hat die P-AG Maschinen an die V-AG geliefert und dabei Gewinne von 4 Mio. EUR realisiert. Die V-AG konnte die Maschinen erst zu 75 % am Markt absetzen.

In diesem Fall sind tatsächlich nur 75 % der Gewinne von 4 Mio. EUR erzielt worden, da 25 % der Maschinen noch zu Anschaffungskosten bei der V-AG aktiviert sind. Gleichsam wird damit deutlich, welche Bedeutung Verrechnungspreise zwischen Konzernunternehmen einnehmen.

Beispiel 2: Die P-AG hat der V-AG außerdem ein Darlehen von 20 Mio. EUR gewährt, das zu 95 % ausgezahlt wird. Während die P-AG die Differenz von 5 % = 1 Mio. EUR als sonstigen betrieblichen Ertrag erfasst, bildet die V-AG einen aktiven RAP und neutralisiert damit den Aufwand.

Die handelsrechtlichen Bilanzierungsmöglichkeiten führen damit zu einem Gewinnausweis von 1 Mio. EUR, der bei Betrachtung der Gesamtverhältnisse nicht entstanden ist.

690 Die Beziehungen zwischen Konzernunternehmen führen damit regelmäßig dazu, dass ein den tatsächlichen Verhältnissen entsprechendes Bild der **Vermögens-, Finanz- und Ertragslage** der **Unternehmen zusammen** (möglicherweise auch einzeln) **nicht vermittelt** wird.

691 Die mitunter sehr **unterschiedlichen Bilanzierungs- und Bewertungsvorschriften im Ausland** können dieses **Problem** bei in verschiedenen Ländern ansässigen Konzernunternehmen erheblich **verschärfen**. Führt bspw. die deutsche **wirtschaftliche Betrachtung** eines Leasingverhältnisses zum **Ausweis beim Leasingnehmer**, kann es durchaus sein, dass im **Ausland** die **rechtlichen Verhältnisse** maßgeblich sind und deshalb der Vermögensgegenstand beim **Leasinggeber** zu bilanzieren ist. Dies ist bspw. in Frankreich, Schweden oder Italien der Fall (vgl. *Tonner* Leasing im SteuerR S. 199). Im Übrigen wird die doppelte Erfassung („double-dip") im Cross-Border-Leasing zur Generierung steuerlicher Vorteile genutzt.

692 Ein den **tatsächlichen Verhältnissen** entsprechendes Bild der Vermögens-, Finanz- und Ertragslage **mehrerer Konzernunternehmen** kann nur dann vermittelt werden, wenn:
- Die **Konzernunternehmen** gedanklich aufgelöst werden und losgelöst von der rechtlichen Eigenständigkeit als **ein Unternehmen** betrachtet werden (Einheitstheorie),
- eine **sämtliche Vermögensgegenstände** und Schulden aller **Konzernunternehmen** umfassende **Konzernbilanz** (sowie Konzern-GuV) erstellt wird,

- in der die **Beteiligungen** von Konzernunternehmen an anderen Konzernunternehmen mit deren entsprechendem **Eigenkapital verrechnet** werden, und
- in der alle **konzerninternen Vorgänge** und die aus diesen Vorgängen resultierenden **Ansprüche und Verpflichtungen** sowie **Aufwendungen und Erträge** elimininiert werden.

Dieser Vorgang der Verrechnung und Eliminierung wird als **Konsolidierung** bezeichnet. Für die Durchführung der Konsolidierung ergeben sich dabei verschiedene **Problemkreise**: 693

(1) Der (Neu-) **Bilanzierung** und **Bewertung** der Vermögensgegenstände muss ein **einheitliches Bilanzrecht** zugrunde liegen. Bei einem Konzernabschluss mit einer **deutschen Kapitalgesellschaft** als Mutterunternehmen sind das grundsätzlich die **Vorschriften des HGB**. Davon ausgenommen sind **kapitalmarktorientierte Kapitalgesellschaften**, die nach der **4. EG-Verordnung** zwingend die **IAS/IFRS** (Darstellung unter → Rn. 685 ff.) anzuwenden haben. IÜ gelten bei ausländischen Konzernunternehmen die **landesrechtlichen Vorschriften**, dh wenn bspw. ein spanisches Tochterunternehmen eine Kapitalerhöhung durchführt, liegt diesem Vorgang spanisches Recht zugrunde und verschließt sich einer Uminterpretation nach deutschem Gesellschaftsrecht.

(2) Die nächste Frage, die sich stellt, ist, ob eine **Maßgeblichkeit** der **Einzelbilanz** des **Mutterunternehmens** für die **Konzernbilanz** besteht, wie dies bei der Maßgeblichkeit der Handelsbilanz für die Steuerbilanz der Fall ist. Hierzu legt § 300 Abs. 2 S. 2 HGB fest, dass **Bilanzierungswahlrechte** in der **Konzernbilanz neu ausgeübt** werden können.

Wenn also bspw. das Mutternehmen in der Einzelbilanz selbsterstellte immaterielle Vermögensgegenstände nicht angesetzt hat, können sie in der Konzernbilanz gleichwohl angesetzt werden, und zwar auch die Vermögensgegenstände des Mutterunternehmens, die im Einzelabschluss nicht bilanziert werden.

(3) In den Fällen, in denen **keine Beteiligung zu 100 %** vorliegt, ist die Frage zu beantworten, wie das Ergebnis **der Verrechnung der Beteiligung** des Mutterunternehmens mit dem **Eigenkapital** des Tochterunternehmens sein kann. **Theoretisch** gäbe es **zwei Möglichkeiten**:
- Die **Vermögensgegenstände** und **Schulden** werden nur in Höhe der **Beteiligungsquote** in die Konzernbilanz übernom-

men. Dies würde aber dazu führen, dass eine Mischung aus Aktiv- und Passivposten in vielen unterschiedlichen Ansatzquoten zusammengefasst würde. Wenn sich die Beteiligungsquoten häufig ändern, wäre dieses Vorgehen bei großen Konzernen auch technisch nicht einfach umsetzbar. Deshalb ist dieses Vorgehen nach § 310 HGB nur im Rahmen der **Quotenkonsolidierung** für **Gemeinschaftsunternehmen** zulässig (→ Rn. 837 ff.).
- Die Alternative besteht darin, die **Vermögensgenstände und Schulden** der Konzernunternehmen immer zu 100 % abzubilden und dafür **Anteile anderer Gesellschafter**, also von Gesellschaftern, die nicht am Tochterunternehmen beteiligt sind, auszuweisen. Dieses Vorgehen ist in § 307 HGB vorgeschrieben.

(4) Schließlich stellt sich die Frage, wie mit dem **Konzept der latenten Steuern** in der Konzernbilanz umzugehen ist. Hierzu ist zunächst festzustellen, dass ein **Konzernabschluss ausschließlich zu Informationszwecken** erstellt wird und mithin weder die Grundlage für die Ausschüttungsbemessung noch für die Ertragsbesteuerung darstellt.
- **Latente Steuern** (→ Rn. 489 ff.) werden im **Einzelabschluss** gebildet, um den **tatsächlichen Steuerzahlungen** die (fiktiven) **Steuerzahlungen** gegenüberzustellen, die sich auf Grundlage des **handelsrechtlichen Abschlusses** ergeben würden. Die steuerliche Gewinnermittlung knüpft über das **Maßgeblichkeitsprinzip** an der Handelsbilanz an.
- Dies ist beim **Konzernabschluss** nicht der Fall. Gleichwohl sieht § 306 HGB den Ansatz von **latenten Steuern** vor, wenn die **Wertansätze der Konzernbilanz** von den **steuerlichen Wertansätzen** abweichen (und sich die Effekte künftig umkehren). Da der Konzernabschluss kein **Steuerobjekt** ist, muss dies **fiktiv** angenommen werden. Das Konzept der latenten Steuern stellt im Konzernabschluss vor allem auf die **Differenzen** zwischen den **Einzelabschlüssen** der Konzernunternehmen und dem **Konzernabschluss** ab. Wird bspw. ein konzerninterner Gewinn eliminiert, weil ein Produkt zwischen Konzernunternehmen, aber noch nicht an Dritte veräußert wurde, dann ist auch der entsprechende Steueraufwand zu eliminieren.

694 Im **Konzernabschluss** werden die **rechtlich selbstständigen Konzernunternehmen** als **wirtschaftliche Einheit** betrachtet (§ 297 Abs. 3 S. 1 HGB). Dabei werden alle **Vermögensgegenstände** und

A. Konzernabschluss nach HGB

Schulden sämtlicher Konzernunternehmen zusammengefasst, einheitlich nach den **Vorschriften des HGB bilanziert und bewertet**, und zwar **unabhängig** davon, wie Bilanzierungs- und Bewertungswahlrechte im **Einzelabschluss** des Mutterunternehmens ausgeübt wurden. Alle **konzerninternen Vorgänge** und die damit verbundenen Erfolgskomponenten und Bilanzposten werden **eliminiert**. **Beteiligungen** werden mit dem korrespondierenden **Eigenkapital** der Konzernunternehmen grundsätzlich zu **100 % verrechnet**, auch wenn die Beteiligungsquote darunter liegt. Zum **Ausgleich** wird für die anderen **Gesellschafter** ein **Passivposten** in der Konzernbilanz gebildet. **Latente Steuern** berücksichtigen die Differenzen zwischen Ansätzen in den Konzernbilanzen und den Einzelbilanzen.

Nach dieser ersten Definition und Umschreibung des Konzernabschlusses stellt sich die Frage, wie groß die **Abweichungen zwischen Einzelabschluss** (des Mutterunternehmens) und **Konzernabschluss** in der Praxis sind. Zur Analyse dessen sollen die im elektronischen Bundesanzeiger (www.bundesanzeiger.de) für jedermann verfügbaren Informationen über die **Volkswagen AG** dienen. Der VW-Konzernabschluss wird nach IFRS/IAS aufgestellt und enthält im Konzernlagebericht auch eine Kurzfassung des Einzelabschlusses nach HGB.

Beispiel: Volkswagen AG Einzel- und Konzernabschluss zum 31.12.2013: Der Volkswagenkonzern umfasst **12 Marken**: Volkswagen, Audi, Seat, Skoda, Bentley, Bugatti, Lamborghini, Porsche, Ducati, VW Nutzfahrzeuge, Scania und MAN. In den Konzernkreis wurden **1.012 (!) Konzernunternehmen einbezogen** und vollkonsolidiert, davon befinden sich 158 Unternehmen im Inland und 854 Unternehmen im Ausland.

Alle Zahlen sind gerundet:

Kennzahlen	Volkswagen AG (HGB)	Volkswagen- konzern (IFRS)
Mengendaten	Anzahl	Anzahl
Absatz (Automobile)	2,5 Mio.	9,7 Mio.
Produktion (Automobile)	1,1 Mio.	9,7 Mio.
Belegschaft	107.500	572.800
Finanzdaten	EUR Mrd.	EUR Mrd.
Umsatzerlöse	65,6	197,0
Jahresüberschuss/Ergebnis nach Steuern	3,1	9,1
Bilanzsumme	107,0	324,3
Eigenkapital	25,9	90,0
davon Anteile Minderheiten		2,3

Der Absatz der Fahrzeuge der Marke VW macht mit 2,5 Mio. rund 1/4 des **Gesamtabsatzes** an Fahrzeugen von **9,7 Mio.** aus, wobei weniger als die Hälfte (44 %) der von der VW AG abgesetzten Fahrzeuge auch von der VW AG produziert wird. Von den insgesamt **572.800 (!) Mitarbeitern** sind rund 19 % bei der VW AG beschäftigt.

Bei den **Umsatzerlösen** und dem **Ergebnis nach Steuern** ist das **Verhältnis** von Konzern zu Muttergesellschaft **1 zu 3**. Dieses **Verhältnis** ergibt sich auch – grob gerechnet – bei **Bilanzsumme** und **Eigenkapital**. Interessanterweise beträgt der Anteil der Minderheiten am Eigenkapital mit 2,3 Mrd. EUR nur etwa 2,5 %, dh, dass sich das Verhältnis der Konzernzahlen zu den Zahlen im Einzelabschluss nicht aus umfangreichem Minderheitenbesitz ergibt.

Neben der beeindruckenden Größe des Konzerns und der mit der **Konsolidierung von mehr als 1.000 Unternehmen** verbundenen Frage, wie **exakt** ein solcher **Konzernabschluss** in **angemessener Zeit** aufstellbar ist, wird mehr als deutlich, dass die **Informationsvermittlung** von **Einzel- und Konzernabschluss extrem unterschiedlich** sein kann. Die Anwendung unterschiedlicher Bilanznormen dürfte dabei nur eine untergeordnete Rolle spielen.

2. Rechtliche Grundlagen

a) Handelsrechtliche Vorschriften

696 Der **2. Abschnitt des 3. Buchs** des HGB mit den ergänzenden **Vorschriften für Kapitalgesellschaften** (und haftungsbeschränkten Personenhandelsgesellschaften) regelt im **1. Unterabschnitt** den **Jahresabschluss** (und Lagebericht) und im **2. Unterabschnitt** den **Konzernabschluss** (und Konzernlagebericht) mit den **§§ 290–315 HGB**:

1. **§§ 290–293 HGB** regeln die **Aufstellungspflicht** für einen Konzernabschluss (und Konzernlagebericht) unter Anwendung des **Control-Konzepts** (Möglichkeit zur Beherrschung von Unternehmen über Stimmrechtsmehrheit) sowie die **Befreiungstatbestände**.
2. **§§ 294–296 HGB** legen fest, welche Unternehmen in den **Konsolidierungskreis** einzubeziehen sind, welche **Vorlage- und Auskunftsrechte** zur Umsetzung der Einbeziehung hierfür dem Mutterunternehmen eingeräumt werden, und, unter welchen Umständen ein **Verzicht auf die Einbeziehung** möglich ist.
3. **§§ 297–299 HGB** bestimmen **Inhalt, Form und Stichtag** des Konzernabschlusses.
4. **§§ 300–307 HGB** beinhalten die **Konsolidierungsgrundsätze und -maßnahmen** (Kapital-, Schulden-, Aufwands- und Ertrags-

A. Konzernabschluss nach HGB

konsolidierung sowie Zwischenergebniseliminierung) sowie die Bildung von **Posten für latente Steuern** und **Minderheitsanteile**.
5. **§§ 308–309 HGB** legen die **Bewertung, Währungsumrechnung** und Behandlung eines **aktiven oder passiven Unterschiedsbetrags** aus der Kapitalkonsolidierung fest.
6. **§ 310 HGB** regelt die **quotale Konsolidierung** von **Gemeinschaftsunternehmen**.
7. **§§ 311–312 HGB** regeln die **Equity-Bewertung** von **assoziierten Unternehmen**.
8. **§§ 313–314 HGB** beinhalten Vorschriften zum **Konzernanhang**.
9. **§ 315 HGB** bestimmt den Inhalt des **Konzernlageberichts**.
10. **§ 315a HGB** legt fest, welche Vorschriften des HGB für einen **Konzernabschluss** anzuwenden sind, der nach der 4. EG-Verordnung von einem **kapitalmarktorientierten Unternehmen** unter Beachtung internationaler Standards (**IFRS/IAS**) aufzustellen ist.

b) Deutsche Rechnungslegungs Standards (DRS)

Die **aktuell gültigen DRS** (Deutsche Rechnungslegungs Standards) ohne Sonderstandards für Kreditinstitute und Versicherungen sind im Folgenden aufgeführt:

Nr.	Gegenstand des DRS
2	Kapitalflussrechnung
3	Segmentberichterstattung
4	Unternehmenserwerbe im Konzernabschluss
7	Konzerneigenkapital und Konzerngesamtergebnis
8	Bilanzierung von Anteilen an assoziierten Unternehmen im Konzernabschluss
9	Bilanzierung von Anteilen an Gemeinschaftsunternehmen im Konzernabschluss
13	Grundsatz der Stetigkeit und Berichtigung von Fehlern
16	Zwischenberichterstattung (2012)
17	Berichterstattung über die Vergütung der Organmitglieder
18	Latente Steuern
19	Pflicht zur Konzernrechnungslegung und Abgrenzung des Konsolidierungskreises
20	Konzernlagebericht

(Quelle: www.drsc.de/service/drs/standards/index.php)

3. Organisatorische Grundlagen

698 Der **Einzelabschluss** des **Geschäftsjahrs** und der Einzelabschluss des **Folgejahrs** sind über die laufende und abschließende (doppelte) **Buchführung** quasi **hermetisch miteinander verbunden**. Alle Geschäftsvorgänge – auch die **Ansatz- und Bewertungsmaßnahmen** – werden **gebucht** und sind zweifelsfrei nachvollziehbar. Der Einzelabschluss wird nach nationalem Recht erstellt und im Rahmen der Konzernbilanzierung als **Handelsbilanz I** bezeichnet.

699 Auf Basis der Handelsbilanz I wird regelmäßig von dem betreffenden **Konzernunternehmen** die **Handelsbilanz II** erstellt. Grundlage hierfür sind die **Vorgaben des Mutterunternehmens**, die zumeist in einem Konzernhandbuch fixiert werden. Diese Vorgaben umfassen neben den anzuwendenden **Bilanzierungs- und Bewertungsregeln** regelmäßig einen **Kontenplan und Kontierungsanweisungen**. Die exakte Kontierung ist deshalb von besonderer Bedeutung, weil ansonsten die Konsolidierungsmaßnahmen auch technisch kaum durchführbar sind.

Beispiel: Um die **Forderungen** von Konzernunternehmen A gegen Konzernunternehmen B mit den **Verbindlichkeiten** von Konzernunternehmen B gegenüber Konzernunternehmen A verrechnen (konsolidieren) zu können, müssen **beide Positionen eindeutig identifizierbar** sein.
Voraussetzung hierfür ist die Bildung von **eindeutigen Konten**, in diesem Fall, von Personenkonten. Es muss **eindeutig feststehen**, auf welchem Konto (und Kontonummer) die **Forderung** von A an B sowie die **Verbindlichkeit** von B an A zu erfassen sind.

700 Grundlage für die **Handelsbilanz I** ist das **nationale Recht**, das vielfach andere Ansatz-, Bewertungs- und Ausweisvorschriften vorsieht. Damit aus der Handelsbilanz I nach den **Konzernvorgaben** die **Handelsbilanz II** (überhaupt) erstellt werden kann, ist es regelmäßig notwendig, dass bereits im Rahmen der Handelsbilanz I die **notwendigen Informationen** dafür **aufgezeichnet** werden. Wenn das nationale Recht anders als im Beispiel zuvor keinen separaten Ausweis von Forderungen/Verbindlichkeiten von Konzernunternehmen vorsieht, kann das dazu führen, dass die Beträge nicht auf entsprechenden Personenkonten erfasst werden. In diesem Fall ist eine spätere Separierung für die Handelsbilanz II nur schwer durchführbar.

701 Die für den Konzern einheitlich vorgegebenen Bilanzierungs- und Bewertungsregeln führen in der **Handelsbilanz II** einerseits zum **An-**

A. Konzernabschluss nach HGB

satz oder dem **Wegfall** von **Bilanzposten** und andererseits zu anderen **Bewertungen**. Auch wenn regelmäßig von der Handels-"Bilanz" II die Rede ist, wird hierunter natürlich auch eine entsprechende **Gewinn- und Verlustrechnung** subsumiert, die diese Ansatz- und Bewertungsunterschiede verarbeitet.

Beispiel: Konzernunternehmen A hat im Geschäftsjahr ein neues Produkt entwickelt. Die **Entwicklungskosten** werden nach **nationalem Recht erfolgswirksam** erfasst, werden aber im Rahmen der **Konzernbilanz** als immaterieller Vermögensgegenstand **aktiviert**.

In diesem Fall sind in der **Handelsbilanz II** die **Entwicklungskosten** anzusetzen und die betroffenen **Posten der Gewinn- und Verlustrechnung** entsprechend zu **vermindern**.

Auch die **Gewinn- und Verlustrechnung** muss (nach Konten) so aufgegliedert sein, dass eindeutig erkennbar ist, ob und welche **Aufwands- und Ertragsposten** im Zusammenhang mit **konzerninternen Lieferungen oder Leistungen** entstanden und welche **Konzernunternehmen** betroffen sind. Ohne diese Informationen sind eine **Konsolidierung** von **konzerninternen Aufwendungen und Erträgen** sowie eine **Elimierung** von nur konzernintern entstandenen **Zwischenergebnissen** (Gewinne oder Verluste) nicht durchführbar. 702

Beispiel: Konzernunternehmen A hat von **Konzernunternehmen B** Handelswaren bezogen.

In diesem Fall ist bei dem **GuV Posten** (der HB II von A) für Aufwendungen für bezogene Waren der **Unterausweis** „davon von Konzernunternehmen B" und bei dem Posten Umsatzerlöse (der HB II von B) der **Unterausweis** „davon von Konzernunternehmen A" erforderlich.

Die **Handelsbilanz II** wird jedes Jahr neu erstellt und ist **nicht** mit einer **konsistenten Buchführung** des Vorjahres verknüpft. Allerdings sind **Bilanzierungs- und Bewertungsunterschiede separat aufzuzeichnen und fortzuführen**. Diese Fortführung wird auch als **Konzernbuchführung** bezeichnet (*ADS* HGB Vorbemerkung §§ 290–315 Rn. 44). 703

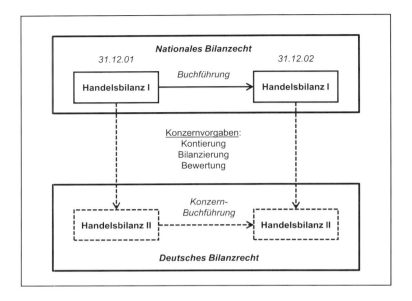

4. Begriffliche Grundlagen

704 Die gesetzlichen Bezeichnungen für **wirtschaftliche Verflechtungen zwischen Unternehmen** haben im **HGB** und im **AktG** nicht immer die gleiche Bedeutung.

705 Im Aktienrecht wird der Begriff „**verbundene Unternehmen**" gem. § 15 AktG als Oberbegriff für verschiedene Arten der Unternehmensverbindungen verwendet. Hierzu gehören:
- in Mehrbesitz stehende und mit Mehrheit beteiligte Unternehmen (§ 16 AktG),
- abhängige und herrschende Unternehmen (§ 17 AktG),
- Konzerne und Konzernunternehmen (§ 18 AktG),
- wechselseitig beteiligte Unternehmen (§ 19 AktG) und
- Vertragsteile eines Unternehmensvertrags (§§ 291, 292 AktG).

706 Ein **Konzern** iSd § 18 AktG ist ein unter einheitlicher Leitung stehender Zusammenschluss rechtlich selbstständiger Unternehmen. Maßgebliches Kriterium ist danach die tatsächlich ausgeübte **einheitliche Leitung** der verbundenen Unternehmen.

A. Konzernabschluss nach HGB

Von diesem gemeinsamen Merkmal der einheitlichen Leitung einmal abgesehen, können Konzerne sehr verschieden organisiert sein. Hinsichtlich des Verhältnisses der Konzernunternehmen zueinander lässt sich der **Unterordnungskonzern** (§ 18 Abs. 1 S. 1 AktG) vom **Gleichordnungskonzern** (§ 18 Abs. 2 AktG) unterscheiden. Hinsichtlich der Art des Zusammenschlusses der einzelnen Unternehmen wird in absteigender Intensität der Abhängigkeit die **Eingliederung** (§§ 319 ff. AktG) vom **Vertragskonzern** (§§ 291 ff. AktG) und dem **faktischen Konzern** abgegrenzt. Konzerne können einstufig oder mehrstufig organisiert sein. Bei einem **einstufigen Konzern** besitzt die herrschende Muttergesellschaft unmittelbar Anteile an der beherrschten Tochtergesellschaft. Bei einem **mehrstufigen Konzern** folgt dem Mutter-Tochter-Verhältnis noch mind. eine Konzernebene, sodass die Muttergesellschaft gegenüber diesen nachgeordneten Konzernunternehmen nur mittelbaren, dh über die Konzernebene der Tochtergesellschaft ausgeübten, Einfluss hat.

Der enge (deutsche) Konzernbegriff des § 18 AktG hat heute nur noch eine sehr geringe rechtliche Bedeutung. Nennenswert sind aus dem Bereich des Aktienrechts im Grunde lediglich die §§ 97 Abs. 1 S. 1 und 100 Abs. 2 S. 2 AktG. Außerhalb des Gesellschaftsrechts knüpfen im Wesentlichen nur noch das Recht der betrieblichen Mitbestimmung und der Unternehmensmitbestimmung an dem aktienrechtlichen Konzernbegriff an. Seitdem der deutsche Gesetzgeber im Zuge des BilMoG auch im Bilanzrecht das Konzept der tatsächlich ausgeübten einheitlichen Leitung vollständig aufgegeben und das angelsächsische Control-Konzept (→ Rn. 729) übernommen hat, kann nur noch im untechnischen Sinne vom „**Konzernbilanzrecht**" gesprochen werden. Es wird als griffigeres Synonym für das „Bilanzrecht der verbundenen Unternehmen" verwendet.

Verbundene Unternehmen iSd Handelsrechts sind gem. § 271 Abs. 2 HGB diejenigen, „die als Mutter- oder Tochterunternehmen (§ 290) in den Konzernabschluss eines Mutterunternehmens nach den Vorschriften über die Vollkonsolidierung einzubeziehen sind." Dies ist gem. § 290 HGB der Fall, wenn inländische Kapitalgesellschaften oder ihnen gem. § 264a HGB gleichgestellte Personenhandelsgesellschaften „auf ein anderes Unternehmen (Tochterunternehmen) unmittel- oder mittelbar einen beherrschenden Einfluss ausüben" können (**Konzept der möglichen Beherrschung**, Einzelheiten dazu unter → Rn. 728 ff.).

II. Bestandteile des Konzernabschlusses

1. Überblick

710 Der **Konzernabschluss** besteht gem. § 297 Abs. 1 HGB aus
- der Konzernbilanz,
- der Konzern-Gewinn- und Verlustrechnung,
- dem Konzernanhang,
- der Kapitalflussrechnung,
- dem Eigenkapitalspiegel, und
- optional der Segmentberichterstattung.

Neben dem Konzernabschluss sind die gesetzlichen Vertreter des Mutterunternehmens gem. § 290 Abs. 1 S. 1 HGB verpflichtet, einen Konzernlagebericht zu erstellen.

2. Konzernbilanz und Konzern-GuV

711 Für die **Konzernbilanz** und die **Konzern-GuV** gilt dem Grunde nach das bereits für den Einzelabschluss Ausgeführte. Die Konzernbilanz ist also die Gegenüberstellung von einerseits den Aktiva der wirtschaftlichen Einheit Konzern sowie andererseits den Schulden und dem Eigenkapital dieser Einheit. Die Konzern-Gewinn- und Verlustrechnung enthält demgegenüber eine Aufstellung der Aufwendungen und der Erträge des Konzernverbunds im jeweiligen Geschäftsjahr. In beiden Teilen des Konzernabschlusses werden die konzerninternen Vorgänge durch **Konsolidierungsmaßnahmen** eliminiert.

3. Konzernanhang

712 Neben der Konzernbilanz ist gem. § 297 Abs. 1 HGB der Konzernanhang Bestandteil des Konzernabschlusses. Der Konzernanhang dient der **Erläuterung der konsolidierten Bilanz und der Konzern-Gewinn- und Verlustrechnung**. Gleichzeitig wird deren Lesbarkeit verbessert, indem bestimmte Informationen ausgelagert werden.

Gem. § 313 Abs. 1 S. 1, 1. Alt. HGB sind in den Konzernanhang **Angaben** aufzunehmen, die zu einzelnen **Posten** der Konzernbilanz oder der Konzern-Gewinn- und Verlustrechnung **vorgeschrieben** sind. 713

Beispiele: Verzicht auf die Einbeziehung eines Tochterunternehmens (§ 296 Abs. 3 HGB); Änderung der Konsolidierungsmethode (§ 297 Abs. 3 S. 4 HGB); Angabepflichten bei anteiliger Konsolidierung (§ 310 Abs. 2 HGB).

Weitere Angabepflichten enthalten §§ 313, 314 HGB. In § 313 Abs. 2 HGB werden umfangreiche **Angaben über den Konsolidierungskreis** gefordert. Die Pflichtangaben des § 314 HGB entsprechen in großen Teilen den für den Einzelabschluss in § 285 HGB geforderten Angaben. In den Konzernanhang sind gem. § 313 Abs. 1 S. 1 2. Alt. HGB auch **Informationen** aufzunehmen, die in **Ausübung eines Wahlrechts** nicht in die Konzernbilanz oder in die Konzern-Gewinn- und Verlustrechnung aufgenommen wurden. 714

Beispiele: Angabepflicht von für die Finanz-, Vermögens- und Ertragslage des Konzerns bedeutenden Vorgängen bei abweichendem Abschlussstichtag eines einbezogenen Unternehmens (§ 299 Abs. 3 HGB). 715

Der Konzernanhang kann um **freiwillige Angaben** erweitert werden. 716

Das Gesetz schreibt keine bestimmte Gliederung des Konzernanhangs vor. Der von § 297 Abs. 2 S. 1 HGB aufgestellte **Grundsatz der Klarheit und Übersichtlichkeit** ist allerdings zu beachten. 717

Literatur: BeBiKo/*Grottel* HGB § 313

4. Kapitalflussrechnung, Eigenkapitalspiegel, Segmentbericht

Weiteres Element des Konzernabschlusses ist gem. § 297 Abs. 1 S. 1 HGB die **Kapitalflussrechnung**. Eine **nähere Regelung** sieht das Gesetz **nicht** vor, sie findet sich aber in **DRS 2**. 718

Auch die nähere Ausgestaltung des gem. § 297 Abs. 1 S. 1 HGB ebenfalls geforderten **Eigenkapitalspiegels** nimmt das Gesetz nicht vor. Insoweit kann aber auf **DRS 7** zurückgegriffen werden. 719

Gem. § 297 Abs. 1 S. 2 HGB kann der Konzernabschluss um eine **Segmentberichterstattung** ergänzt werden. Eine Pflicht hierzu besteht nach dem HGB nicht. Konzerne, die eine Segmentberichterstat- 720 tung vornehmen, sind gem. § 314 Abs. 2 S. 1 HGB von der Pflicht zur Aufgliederung der Umsätze nach § 314 Abs. 1 Nr. 3 HGB befreit.

721 Insbesondere bei großen Konzernen, die in einer Vielzahl von verschiedenen Geschäftszweigen agieren, verbessert eine **Segmentberichterstattung** den Einblick in die Vermögens-, Finanz- und Ertragslage des Konzerns. Wichtige Informationen werden in der Segmentberichterstattung für einzelne Gruppen des Unternehmens gesondert dargestellt. Grundsätze zur Segmentberichterstattung sind in **DRS 3** geregelt, insbesondere nach welchen Maßstäben die Segmentierung, dh die Einteilung des Konzerns in einzelne Gruppen, zu erfolgen hat. Primär erfolgt diese Einteilung nach der Art der operativen Tätigkeit des Konzernteils. Für jedes Segment folgt sodann die Angabe der Segmentumsatzerlöse, der Segmentergebnisse, der Segmentschulden und des Segmentvermögens.

Literatur: BeBiKo/*Förschle/Kroner* HGB § 297 Rn. 151 ff.

5. Konzernlagebericht

722 Neben dem Konzernabschluss haben die gesetzlichen Vertreter des Mutterunternehmens gem. § 290 Abs. 1 HGB einen **Konzernlagebericht** aufzustellen. Nähere Regelungen hierzu finden sich in § 315 HGB. Diese Norm entspricht in weiten Teilen dem für den Einzelabschluss geltenden § 289 HGB.

723 Der **Konzernlagebericht** soll über den Konzernabschluss hinausgehende Informationen geben und dient der Rechenschaftslegung. Wie auch der Konzernabschluss ist der Konzernlagebericht aus der Sicht des Konzerns als wirtschaftliche Einheit zu erstellen. Eine bloße Zusammenfassung der Lageberichte der einbezogenen Unternehmen genügt diesem Ziel nicht. Möglich ist jedoch gem. § 315 Abs. 3 HGB die **Zusammenfassung des Konzernlageberichts mit dem Lagebericht des Mutterunternehmens**, um Wiederholungen zu vermeiden.

724 Der Konzernlagebericht **muss** enthalten:
- einen **Wirtschaftsbericht** (§ 315 Abs. 1 S. 1–4 HGB) mit Angaben und Analysen zum Geschäftsverlauf und zur Lage des Konzerns anhand von finanziellen und nichtfinanziellen Indikatoren und
- einen **Risiko- und Chancenbericht** (§ 315 Abs. 1 S. 5 HGB) mit Angabe über die voraussichtliche Entwicklung des Konzerns.

725 Der Konzernlagebericht **soll** gem. § 315 Abs. 2 HGB auf **besonders bedeutsame Vorgänge** eingehen, die **nach Schluss des Kon-**

zerngeschäftsjahrs eingetreten sind (**Nachtragsbericht**, Nr. 1), das Management des Finanzrisikos (**Finanzrisikobericht**, Nr. 2) und die Bereiche Forschung und Entwicklung (**Forschungsbericht**, Nr. 3). Handelt es sich bei dem Mutterunternehmen um eine börsennotierte AG, sollen vorbehaltlich § 315 Abs. 2 Nr. 4 S. 2 HGB Angaben zum Vergütungssystem für die in § 314 Abs. 1 Nr. 6 HGB genannten Gesamtbezüge erfolgen (**Vergütungsbericht**, Nr. 4). Ist ein einbezogenes Tochterunternehmen oder das Mutterunternehmen kapitalmarktorientiert iSd § 264d HGB sollen weiterhin Angaben über das **interne Kontroll- und Risikomanagementsystem** hinsichtlich des **Konzernrechnungslegungsprozesses** (Nr. 5) erfolgen.

Weitere **Zusatzangaben** sind gem. § 315 Abs. 4 HGB von kapitalmarktorientierten Mutterunternehmen iSd § 2 Abs. 7 WpÜG zu machen. Zusätzliche Regelungen über den Konzernlagebericht enthalten DRS 5, 15, 15a und 17.

Literatur: *Baetge/Kirsch/Thiele* Konzernbilanzen Kap. XIII. BeBiKo/*Grottel* HGB § 315

III. Aufstellungs- und Einbeziehungspflicht

Die **Aufstellung eines Konzernabschlusses** ist anhand folgender **Schritte** vorzunehmen:
1. Feststellung der Aufstellungspflicht,
2. Festlegung des Konsolidierungskreises,
3. Aufstellung des Konzernabschlusses durch Konsolidierung.

1. Aufstellungspflicht

a) Aufstellungspflicht nach dem HGB

Ob eine Pflicht zur Aufstellung eines Konzernabschlusses besteht, richtet sich nach § 290 HGB. Voraussetzung ist, dass eine inländische Kapitalgesellschaft oder eine ihr gem. § 264a HGB gleichgestellte Personenhandelsgesellschaft „auf ein anderes Unternehmen (Tochterunternehmen) unmittelbar oder mittelbar einen **beherrschenden Einfluss** ausüben" kann.

Bis zum Inkrafttreten des BilMoG wurde die Mutter-Tochter-Beziehung nach dem (deutschen) Konzept der einheitlichen Leitung (§ 290 Abs. 1 HGB aF) oder nach dem (angelsächsischen) Control-Konzept (§ 290 Abs. 2 HGB aF) festgestellt. Maßgebliches Kriterium des **Konzepts der einheitlichen Leitung** war die tatsächliche Ausübung der Leitungsmacht des Mutterunternehmens, wogegen das **Control-Konzept** das Innehaben, nicht aber unbedingt die Ausübung der Leitungsmacht voraussetzt. Der deutsche Gesetzgeber hat im Rahmen der Bilanzrechtsreform auf das Merkmal der tatsächlichen Ausübung der Leitungsmacht vollständig verzichtet und begnügt sich im Interesse der Internationalisierung des deutschen Bilanzrechts seither mit dem international üblichen Konzept. Das dem aktuellen § 290 HGB zugrunde liegende **Konzept der möglichen Beherrschung** entspricht in weiten Teilen dem Control-Konzept des § 290 Abs. 2 HGB aF.

730 Der Begriff des **beherrschenden Einflusses** wird im HGB nicht definiert. Er ist unter Beachtung der vom Gesetzgeber gewollten Annäherung an das internationale Konsolidierungskonzept (IAS 27) ausweislich der Gesetzesmaterialien dann anzunehmen, wenn ein Unternehmen die Möglichkeit hat, die Finanz- und Geschäftspolitik eines anderen Unternehmens dauerhaft zu bestimmen, um aus dessen Tätigkeit Nutzen zu ziehen.

731 In § 290 Abs. 2 Nr. 1–4 HGB sind nicht abschließend geregelte **Beispiele** aufgeführt, wann ein **beherrschender Einfluss** des Mutterunternehmens „stets besteht":

732 1. **Die Mehrheit der Stimmrechte an dem Tochterunternehmen steht dem Mutterunternehmen zu.**
- Die Mehrheit der Stimmrechte steht dem Mutterunternehmen bei einer Mehrheit von 50 % + x zu. Dies gilt wegen der aufgrund des eindeutigen Wortlauts erforderlichen formalrechtlichen Auslegung des § 290 Abs. 2 HGB nach hM auch, wenn die Satzung für wesentliche Entscheidungen der Geschäfts- oder Finanzpolitik eine qualifizierte Mehrheit erfordert.
- **Maßgeblich** sind allein die **Stimmrechte**, nicht die Kapitalanteile. Die Berechnung der Stimmrechtsmehrheit ergibt sich gem. § 290 Abs. 4 HGB aus dem Verhältnis der dem Mutterunternehmen zustehenden Stimmen zu der Gesamtzahl aller Stimmrechte des Tochterunternehmens. Von der Gesamtzahl aller Stimmen sind jedoch gem. § 290 Abs. 4 S. 2 HGB „die Stimmrechte aus eigenen Anteilen abzuziehen, die dem Tochterunternehmen selbst, einem seiner Tochterunternehmen oder einer anderen Person für Rechnung dieser Unternehmen gehören". Stimmzurechnungen ergeben sich aus § 290 Abs. 3 HGB.
- Auch wenn das Mutterunternehmen nicht die erforderliche Stimmrechtsmehrheit hat, kann es unter Umständen aufgrund von

mangelnder Beteiligung der anderen Gesellschafter bei Gesellschafter-/Hauptversammlungen das Ergebnis der Abstimmungen alleine beeinflussen (**Präsenzmehrheit**). Ein beherrschender Einfluss gem. § 290 Abs. 2 Nr. 1 HGB ist auch in diesem Fall aufgrund der formalrechtlichen Betrachtung abzulehnen. Wenn der aufgrund der Präsenzmehrheit ausgeübte Einfluss von gewisser Dauer und nicht nur vorübergehender Natur ist, ergibt sich die Pflicht zur Aufstellung eines Konzernabschlusses jedoch schon aus § 290 Abs. 1 HGB, der die **Möglichkeit** eines beherrschenden Einflusses ausreichen lässt.

2. **Recht des an dem Tochterunternehmen beteiligten Mutterunternehmens, die Mehrheit der Mitglieder des die Finanz- und Geschäftspolitik bestimmenden Organs zu bestellen/abzuberufen.** 733

3. **Beherrschender Einfluss aufgrund eines Beherrschungsvertrags** (§ 291 Abs. 1 S. 1, 1. Fall AktG) **oder aufgrund einer Satzungsbestimmung.** 734

4. **Zweckgesellschaft** 735

- Ein beherrschender Einfluss des Mutterunternehmens liegt seit Inkrafttreten des BilMoG auch gegenüber Zweckgesellschaften vor. **Zweckgesellschaften** (engl.: **special purpose entity**) dienen der Erreichung eines eng begrenzten und genau definierten Ziels des Mutterunternehmens. Voraussetzung für die Annahme eines beherrschenden Einflusses ist aber, dass das Mutterunternehmen bei **wirtschaftlicher Betrachtung** die Mehrheit der Chancen und Risiken der Zweckgesellschaft trägt. Im Zweifel ist die Verteilung des Risikos maßgeblich.

- Nicht nur Unternehmen können eine derartige Zweckgesellschaft sein, sondern auch **sonstige juristische Personen des Privatrechts** oder unselbstständige **Sondervermögen des Privatrechts**.

- Hinsichtlich derartiger Zweckgesellschaften bestand **vor** Erlass des **BilMoG** keine Konsolidierungspflicht. Sie wurden zumeist zur Verbesserung des Bilanzbildes des Mutterunternehmens durch Auslagerung von negativen Ergebnissen, Schulden und Geschäftsaktivitäten, die nicht zur Kernkompetenz eines Konzerns gehören, gegründet. In der **Finanzkrise** hatte sich indes gezeigt, dass diese **Zweckgesellschaften missbraucht** worden waren, um **Risiken in der Konzernbilanz** zu verschleiern, so dass die Konzernbilanz ihre Funktion als Informationsmedium nicht mehr erfüllen konnte. Hierzu kann kritisch angemerkt werden, dass bereits

Jahre vor der Finanzmarktkrise dem Zusammenbruch des weltweit größten Energiekonzerns **ENRON** in den USA ua ähnliche Vorgänge zugrunde lagen, die nicht nur zu einem erheblichen Renomée-Verlust der US-GAAP führten, sondern auch zur Auflösung der Wirtschaftsprüfungsgesellschaft Arthur Andersen.

Literatur: *Baetge/Kirsch/Thiele* Konzernbilanzen Kap. III. 1
BeBiKo/*Grottel/Kreher* HGB § 290

b) Aufstellungspflicht nach dem PublG

736 Gem. § 290 HGB sind lediglich Kapitalgesellschaften und diesen gem. § 264a HGB gleichgestellte Personenhandelsgesellschaften zur Aufstellung eines Konzernabschlusses verpflichtet. Für **andere Unternehmen** (zB Personengesellschaften, die nicht unter § 264a HGB fallen, Einzelkaufleute, Körperschaften, Stiftungen oder Anstalten des öffentlichen Rechts mit Kaufmanns-Eigenschaft, Vereine mit einem auf einen wirtschaftlichen Geschäftsbetrieb gerichteten Zweck, rechtsfähige, gewerbetreibende Stiftungen des bürgerlichen Rechts) kann sich eine **Aufstellungspflicht** aber aus § 11 Abs. 1 iVm § 13 Abs. 1 PublG ergeben, sofern sich eine entsprechende Pflicht nicht schon aus den in § 11 Abs. 5 PublG genannten Normen ergibt.

Maßgebliches Kriterium für die Aufstellungspflicht ist auch im Anwendungsbereich des PublG nunmehr die **Möglichkeit des beherrschenden Einflusses** des Mutterunternehmens auf das Tochterunternehmen. Das Konzept der tatsächlich ausgeübten einheitlichen Leitung ist auch insoweit aufgegeben worden.

c) Befreiungen von der Aufstellungspflicht

737 Von der Pflicht zur Aufstellung eines Konzernabschlusses und eines Konzernlageberichts ist das Mutterunternehmen gem. § 293 HGB **befreit**, wenn

- es **zwei** der **drei** nachfolgend aufgeführten **Größenmerkmale** (das Mutterunternehmen kann wählen, ob es nach der Brutto- oder nach der Nettomethode vorgeht),
- **sowohl** am diesjährigen **Abschlussstichtag** für den Konzernabschluss als **auch** am **vorangegangenen Abschlussstichtag nicht** überschreitet (§ 293 Abs. 1 HGB; erforderlich ist die Erfüllung der Voraussetzung daher an zwei Stichtagen), und

- **weder** das **Mutterunternehmen noch** eine in den Konzernabschluss einbezogene **Tochtergesellschaft** am Abschlussstichtag **kapitalmarktorientiert** iSd § 264d HGB ist (§ 293 Abs. 5 HGB).

	Bruttomethode (maßgeblich sind die addierten Einzelabschlüsse des Mutter- und der Tochterunternehmen vor Konsolidierung)	Nettomethode (maßgeblich ist der konsolidierte Konzernabschluss)
Bilanzsumme	≤ 23,1 Mio. EUR	≤ 19,25 Mio. EUR
Umsatzerlöse	≤ 46,2 Mio. EUR	≤ 38,50 Mio. EUR
Arbeitnehmer	≤ 250	≤ 250

Die größenabhängigen Befreiungen des § 293 HGB gelten gem. §§ 340i Abs. 1, 341i Abs. 1 HGB **nicht** für **Kreditinstitute und Versicherungsunternehmen.**

Auch nach dem **PublG** besteht die Aufstellungspflicht nur bei **Überschreitung** von zwei der drei in § 11 Abs. 1 PublG aufgeführten **Größenmerkmale**, die allerdings mit **65 Mio. EUR** für die **Bilanzsumme, 130 Mio. EUR** für die **Umsatzerlöse und 5.000 Mitarbeitern** erheblich höher sind. Im Übrigen handelt es sich gesetzestechnisch allerdings schon um Tatbestandsmerkmale, die die Aufstellungspflicht begründen und nicht erst um eine nachgelagerte Befreiung.

Eine Pflicht zur Aufstellung eines Konzernabschlusses und eines Konzernlageberichtes besteht gem. § 290 Abs. 5 HGB auch dann nicht, wenn das **Mutterunternehmen** nur **Tochterunternehmen** hat, die gem. § 296 HGB **nicht** in den Konzernabschluss **einbezogen** werden müssen.

Grundsätzlich besteht die **Pflicht zur Aufstellung eines Konzernabschlusses für jedes Mutter-Tochter-Verhältnis** innerhalb eines Konzerns. Ein Unternehmen eines Konzerns hat bei beherrschendem Einfluss gegenüber einem nachgeordneten Unternehmen also selbst dann einen **Teilkonzernabschluss** aufzustellen, wenn an ihm noch ein übergeordnetes Unternehmen beteiligt ist; es somit selbst nicht an der Spitze des Konzerns steht. Die schematische Darstellung der Teilkonzerne führte in der Literatur zur Bezeichnung **Tannenbaumprinzip**:

Konzernstruktur	(Teil-)Konzernabschluss	
	aufstellende Gesellschaft	einzubeziehende Gesellschaften
Mutter M		
Tochter T1	T2	T2 + T3
Tochter T2	T1	T1 + T2 + T3
Tochter T3	M	M + T1 + T2 + T3

742 Da die Aufstellung eines Konzernabschlusses für das jeweilige Mutterunternehmen erkennbar mit erheblicher Arbeitsbelastung verbunden ist, sehen §§ 291, 292 HGB **Ausnahmen von der Pflicht zur Erstellung von Teilkonzernabschlüssen** vor.

743 Voraussetzungen für eine Befreiung nach § 291 HGB ist zunächst, dass ein **Mutterunternehmen** des zu befreienden, untergeordneten Unternehmens mit Sitz **in der EU oder dem EWR** einen **Konzernabschluss** und einen Konzernlagebericht aufstellt. Dieses Mutterunternehmen muss nicht unbedingt an der Konzernspitze stehen, erforderlich ist jedoch, dass es innerhalb des Konzerns über dem zu befreienden Unternehmen steht.

744 Im vorstehenden *Beispiel* könnte T2 von der Pflicht zur Erstellung eines Teilkonzernabschlusses daher durch einen Konzernabschluss von T1 oder von M befreit werden.

745 Weiterhin müssen der **Konzernabschluss**, der **Konzernlagebericht** des Mutterunternehmens und der **Bestätigungsvermerk** der Abschlussprüfer gem. §§ 325 Abs. 3 bis 5, 328 HGB **offengelegt** werden und das zu befreiende Unternehmen darf gem. § 291 Abs. 3 HGB **keine Wertpapiere auf dem organisierten Markt** emittiert haben. Zudem hat das befreite Unternehmen im Anhang seines Jahresabschlusses erläuternde Angaben nach Maßgabe des § 291 Abs. 2 Nr. 3 HGB zu machen.

746 Da der Teilkonzernabschluss des zu befreienden Unternehmens jedoch einen genaueren Einblick in die Finanz-, Vermögens- und Ertragslage gibt als ein Abschluss der Konzernspitze, wird **Minderheitsgesellschaftern** des zu befreienden Unternehmens in § 291 Abs. 3 Nr. 2 HGB das Recht eingeräumt, spätestens **sechs Monate vor Ablauf des Teil-Konzerngeschäftsjahrs** die **Aufstellung** eines Teil-Konzernabschlusses und eines Teil-Konzernlageberichtes von dem zu befreienden Unternehmen **zu verlangen**.

A. Konzernabschluss nach HGB   263

Hat das Mutterunternehmen, das den befreienden Konzernabschluss auf- 747
stellen würde, seinen Sitz nicht in der EU/ dem EWR, richtet sich die Befreiung nach § 292 HGB iVm der Konzernabschlussbefreiungsverordnung. Ist der Konzernabschluss nach dem PublG aufzustellen, so gilt gem. § 11 Abs. 6 PublG, § 291 HGB entsprechend.

2. Konsolidierungskreis

Nach der Prüfung der Frage, **ob überhaupt** ein Konzernabschluss 748
aufzustellen ist (→ Rn. 728 ff.), sind im Falle eines positiven Ergebnisses die in den Konsolidierungskreis **aufzunehmenden Unternehmen** zu bestimmen. Gesellschaften können mit dem Konzern unterschiedlich eng verbunden sein. Von der **Intensität der Integration** hängt die Art der Konsolidierung ab. Das deutsche Konzernbilanzrecht folgt insoweit einem Stufensystem.

Stufe	Intensität der Integration	Anteilsquoten	Konsequenz für den Konzernabschluss
1	Möglichkeit der Ausübung eines **beherrschenden Einflusses** (Tochterunternehmen) § 290 Abs. 1, 2 HGB	> 50 %	**Vollkonsolidierung**
2	**Gemeinsame Führung** (Gemeinschaftsunternehmen) § 310 HGB	50 % (2 Unternehmen führen) 33 % (3 Unternehmen führen) 25 % (4 Unternehmen führen) …	Wahlweise **Quotenkonsolidierung** oder Equity-Methode
3	**Maßgeblicher Einfluss** (assoziierte Unternehmen) § 311 HGB	> 20 % < 50 %	Konsolidierung nach der **Equity-Methode**
4	**Einfache Beteiligung** (reine Kapitalbeteiligung); § 271 HGB	> 20 % < 50 %	**Bilanzierung** wie im Einzelabschluss

Die **Anforderungen an die Einbeziehung** in den Konsolidie- 749
rungskreis werden bei den einzelnen **Konsolidierungsarten** (Voll-, Quotenkonsolidierung, Equitybewertung) dargestellt. Dort wird auch die jeweilige Durchführung der eigentlichen Konsolidierung erläutert.

Mutterunternehmen, die nach deutschem Recht einen Konzernab- 750
schluss aufzustellen haben und deren Wertpapiere an einem geregelten Markt eines Mitgliedstaates gehandelt werden, sind gem. Art. 4 der Verordnung (EG) Nr. 1606/2002 des Europäischen Parlaments und des Rates vom 19.7.2002 (IAS-VO) verpflichtet, ihren **Konzernabschluss nach internationalen Rechnungslegungsstandards auf-**

zustellen (→ Rn. 879 ff.). In welchem Umfang die Vorschriften des HGB anzuwenden sind, bestimmt sich nach § 315a HGB.

IV. Durchführung der Vollkonsolidierung

751   Die intensivste Art der Integration eines Unternehmens in einen Konzern ist ein Abhängigkeitsverhältnis zu einer übergeordneten Gesellschaft. Ein Konzernabschluss muss gem. § 290 HGB nur aufgestellt werden, wenn zumindest zwischen zwei Unternehmen ein derartiges Mutter-Tochter-Verhältnis besteht, das dem Mutterunternehmen die **Möglichkeit** eröffnet, einen **beherrschenden Einfluss** auszuüben. Die Jahresabschlüsse des Mutter- und des/der Tochterunternehmen werden **vollkonsolidiert**.

1. Festlegung des Konsolidierungskreises

752   In den Vollkonsolidierungskreis sind gem. § 294 Abs. 1 HGB das **Mutterunternehmen** iSd § 290 HGB und **sämtliche Tochterunternehmen** unabhängig von deren Sitz einzubeziehen (**Weltabschlussprinzip**).

753   Bei wesentlichen **Änderungen des Konsolidierungskreises** während eines Geschäftsjahres sind gem. § 294 Abs. 2 HGB in den Konzernabschluss ergänzende **Angaben** aufzunehmen, die eine Vergleichbarkeit der aufeinanderfolgenden Konzernabschlüsse ermöglichen.

754   Änderungen des Konsolidierungskreises können sich *bspw.* aus einer geänderten Konzernstruktur durch Erwerb oder Verkauf von Beteiligungen, aus einem Wechsel von der Voll- zur Quotenkonsolidierung oder aus der unterschiedlichen Ausübung von Konsolidierungswahlrechten ergeben.

755   Auf eine Einbeziehung in den Konsolidierungskreis kann gem. **§ 296 HGB** unter den dort genannten Voraussetzungen verzichtet werden. Macht das Mutterunternehmen von diesem **Einbeziehungswahlrecht** Gebrauch und verzichtet es auf die Einbeziehung, ist gem. § 296 Abs. 3 HGB im Konzernanhang (→ Rn. 712 ff.) anzugeben, welches Einbeziehungswahlrecht geltend gemacht wird und zu begründen, warum dessen Voraussetzungen vorliegen.

2. Aufstellung der Handelsbilanz II

Der Konzernabschluss kann seinem Zweck, einen Einblick in die wirtschaftliche Lage des Konzerns zu geben, nur entsprechen, wenn die Unterschiede in den Einzelbilanzen (Handelsbilanz I, HB I) der einbezogenen Unternehmen vereinheitlicht werden (**Grundsatz der Einheitlichkeit**). In einem ersten Schritt sind daher entsprechend vereinheitlichte Bilanzen (sog. Handelsbilanz II, HB II) aus den Einzelbilanzen der einbezogenen Unternehmen zu erstellen. Bei der **Vereinheitlichung** sind insbesondere die nachfolgenden Punkte zu beachten. 756

a) Einheitlichkeit der Abschlussstichtage

Gem. § 299 Abs. 1 HGB ist für den Konzernabschluss der **Stichtag** des **Jahresabschlusses** des **Mutterunternehmens** maßgeblich. Auch die Einzelabschlüsse der übrigen Konzernunternehmen **sollen** auf diesen Stichtag aufgestellt werden (§ 299 Abs. 2 S. 1 HGB). Liegt der Abschlussstichtag eines Konzernunternehmens mehr als drei Monate vor dem Stichtag des Mutterunternehmens, so **muss** sogar für dieses Konzernunternehmen gem. § 299 Abs. 2 HGB eine **Zwischenbilanz** aufgestellt werden. Diese ist dem Konzernabschluss zugrunde zu legen. Liegen die Abschlussstichtage keine drei Monate auseinander, **kann** eine Zwischenbilanz aufgestellt werden. Wird hierauf verzichtet, müssen gem. § 299 Abs. 3 HGB Vorgänge von besonderer Bedeutung für die Vermögens-, Finanz- und Ertragslage des einbezogenen Unternehmens, die zwischen dessen Abschlussstichtag und dem Abschlussstichtag des Konzernabschlusses eingetreten sind, alternativ in der Konzernbilanz, der Konzern-Gewinn- und Verlustrechnung oder im Konzernanhang angegeben werden. 757

b) Einheitlichkeit der Bilanzierung und Bewertung

Gem. § 308 Abs. 1 HGB sind die in den Konzernabschluss übernommenen **Vermögensgegenstände und Schulden** der einbezogenen Konzernunternehmen nach den auf den Jahresabschluss des **Mutterunternehmens** anwendbaren **Bewertungsmethoden** einheitlich zu bewerten. Bewertungsansätze oder die **Ausübung** von Bewertungswahlrechten in den **Einzelabschlüssen** sind für den Kon- 758 zernabschluss **nicht bindend**. Zu beachten ist aber hinsichtlich der Bewertung § 298 Abs. 1 HGB, der ua auf den in § 265 HGB verankerten Grundsatz der Bewertungsstetigkeit verweist.

759 Allerdings sind die Vermögensgegenstände und Schulden nicht nur einheitlich zu bewerten, sondern auch **anzusetzen**. Wenn bspw. im Konzern selbsterstellte Software als immaterieller Vermögensgegenstand des Anlagevermögens angesetzt wird, und dies in der Einzelbilanz der Tochtergesellschaft nicht erfolgte, dann ist eben in die HB II ein solcher Posten aufzunehmen.

c) Einheitlichkeit der Währungseinheit

760 Da der Konzernabschluss gem. § 298 Abs. 1 iVm § 244 HGB in **Euro** aufzustellen ist, bedarf der Einzelabschluss von nicht im Euro-Raum ansässigen, in den Konzernabschluss einbezogenen Tochterunternehmen der Umrechnung. Der durch das BilMoG eingeführte § 308a HGB bestimmt, nach welchen Kursen diese Umrechnung zu erfolgen hat.

3. Die Kapitalkonsolidierung

761 Im Zentrum der konzernbilanzrechtlichen Konsolidierungsmaßnahmen steht die Kapitalkonsolidierung, bei der es vereinfacht gesprochen darum geht, den **Posten Beteiligung** der **Konzernmuttergesellschaft** mit dem **Eigenkapital** der **Tochtergesellschaft** zu verrechnen. Zu unterscheiden ist zwischen **Erstkonsolidierung** anlässlich der erstmaligen Einbeziehung einer Tochtergesellschaft und der **Folgekonsolidierung** in den nachfolgenden Geschäftsjahren.

a) Erstkonsolidierung

762 Nach **Aufstellung der HB II** werden die Aktiva/Passiva der HB II aller Unternehmen des Konsolidierungskreises (Mutter- und Tochterunternehmen) zur **Summenbilanz** des Konzerns addiert. Die sich **anschließende Kapitalkonsolidierung** hat folgenden Hintergrund:
- In der **Beteiligung des Mutterunternehmens** an einem Tochterunternehmen wird das **Eigentum an dem Eigenkapital des Tochterunternehmens** abgebildet.
- Werden die **Konzernunternehmen** in der Konzernbilanz wirtschaftlich zu **einem Unternehmen** zusammengefasst, verbleibt

A. Konzernabschluss nach HGB

für die Bilanzierung der Beteiligung kein Raum, da eben nicht mehr Mutter- und Tochternehmen mit Beteiligungsverhältnissen vorliegen.

- Das gleiche gilt für das **Eigenkapital des Tochterunternehmens**, das die **Differenz** von **Vermögen und Schulden** des Tochterunternehmens ausdrückt. Werden Vermögen und Schulden des Tochterunternehmens in die Konzernbilanz übernommen, würde die Übernahme des Eigenkapitals des Tochterunternehmens zu einem **Doppelausweis** führen.
- Die Streichung beider Posten erfolgt dadurch, dass die **Beteiligung des Mutterunternehmens** an dem Tochterunternehmen mit dem **Eigenkapital des Tochterunternehmens verrechnet** wird. Diese Verrechnung wird als **Kapitalkonsolidierung** bezeichnet (genau genommen müsste es Beteiligungs- und Eigenkapitalkonsolidierung heißen).

Beispiel: Das Mutterunternehmen MU ist zu 100 % an dem Tochterunternehmen TU beteiligt.

A	Bilanz des MU		P
Vermögen	100	EK	150
Beteiligungen	50		
	150		150

A	Bilanz des TU		P
Vermögen	50	EK	50
	50		50

A	Summenbilanz (SB) des Konzerns		P
Vermögen	150	EK	200
Beteiligungen	50		
	200		200

Doppelerfassung

A	konsolidierte Bilanz		P
Vermögen	150	EK	150
Beteiligungen	0		
	150		150

Beseitigung durch Konsolidierung

Als **Tabelle** dargestellt ergibt sich folgendes Bild:

	Bilanzposten	Bilanz MU	Bilanz TU	Summenbilanz	konsolidierte Bilanz
Aktiva	Vermögen	100	50	150	150
	Beteiligungen	50		50	0
	Summe Aktiva	150	50	200	150
Passiva	EK	150	50	200	150
	Summe Passiva	150	50	200	150

Beachten Sie: Die vorangegangenen Bilanzen stellen lediglich eine einführende, schematische Übersicht dar, die insbesondere die nach der Neubewertungsmethode zu bildende HB III (dazu sogleich → Rn. 772 ff.) noch nicht berücksichtigt.

764 Nach § 301 Abs. 1 S. 1 HGB wird der Wertansatz der dem Mutterunternehmen gehörenden **Anteile an dem Tochterunternehmen** (Beteiligungsbuchwert, im Beispiel 50) mit dem prozentualen, auf den Beteiligungsanteil des Mutterunternehmens entfallenden **Betrag des Eigenkapitals des Tochterunternehmens** (im Beispiel 50) verrechnet (Beteiligungsbuchwert von 50./. Eigenkapital des TU von 50 = 0).

765 Um diese Verrechnung durchführen zu können, ist zunächst zu fragen, **welche Anteile** zu den dem Mutterunternehmen gehörenden Anteilen iSd § 301 Abs. 1 S. 1 HGB gehören.

766 **aa) Beteiligungsanteil des Mutterunternehmens.** Unter den dem Mutterunternehmen gehörenden Anteilen iSd § 301 Abs. 1 S. 1 HGB werden alle Beteiligungen am Eigenkapital eines Tochterunternehmens mit Einlagecharakter verstanden. Hierzu gehören nicht nur **unmittelbare Beteiligungen** des Mutterunternehmens, sondern auch **Anteile**, die von **anderen vollkonsolidierten Tochterunternehmen** gehalten werden.

Beispiel: An der X-GmbH sei die Holdinggesellschaft H-AG zu 80 % beteiligt. Die H-AG hat zwei weitere 100-%ige Tochtergesellschaften, die Y-GmbH und die Z-GmbH, die ihrerseits jeweils 10-% der Anteile an der X-GmbH halten. Die Beteiligungsquote der H-AG an der X-GmbH beträgt nach § 301 Abs. 1 HGB 100 %.

767 **bb) Bewertung des Eigenkapitals des Tochterunternehmens.** Schwieriger zu beantworten ist die Frage, wie der **Wert des Eigenkapitals** des Tochterunternehmens zu berechnen ist. Dabei sind vor allem der **Zeitpunkt der Bewertung** und der Umgang mit **stillen Reserven und Lasten** von Bedeutung.

768 **(1) Zeitpunkt der Bewertung.** Nach der **Erwerbsmethode** (purchase method) sind zunächst die **Bilanzwerte** des Tochterunternehmens zum **Zeitpunkt der Begründung des Mutter-Tochter-Verhältnisses** maßgeblich (vgl. § 301 Abs. 2 S. 1 HGB). Der Erwerbsmethode liegt die **Annahme** zugrunde, dass das Mutterunternehmen nicht nur Teile am Eigenkapital der Tochtergesellschaft, son-

dern auch deren Vermögensgegenstände und zugleich deren Schulden übernimmt.

Abzustellen ist demnach auf den Zeitpunkt, zu dem dieser Erwerb stattgefunden hat, was dem **Zeitpunkt der erstmaligen Begründung des Mutter-Tochter-Verhältnisses** etwa durch Unternehmenskauf entspricht.

Ergibt sich jedoch eine **Konzernabschlusspflicht** des Mutterunternehmens erst **im Laufe der Zeit**, zB weil die in § 293 HGB genannten Schwellenwerte erst nach verschiedenen Anteilskäufen überschritten werden, kann es für das Unternehmen schwierig sein, die Bilanzwerte des Tochterunternehmens zu dem eventuell schon lange zurückliegenden Zeitpunkt der Begründung der Mutter-Tochterbeziehung zu ermitteln. In diesen Fällen kommt es gem. § 301 Abs. 2 S. 3 HGB auf die **erstmalige Einbeziehung des Tochterunternehmens** an. Fällt das Einbeziehungswahlrecht des § 296 HGB weg, sind gem. § 301 Abs. 2 S. 4 HGB ebenfalls die Bilanzwerte zu diesem Zeitpunkt und nicht diejenigen der erstmaligen Einbeziehung maßgeblich. 769

Jedoch führt auch der Ansatz des Wertes der Vermögensgegenstände und Schulden, die das Tochterunternehmen zum Zeitpunkt der Begründung des Mutter-Tochter-Verhältnisses hat, nicht unbedingt zu einem den tatsächlichen Verhältnissen entsprechenden Bild der **wirtschaftlichen Lage** des Konzerns, was folgendes Beispiel verdeutlichen soll: 770

Beispiel: Die T-AG erwirbt am 31.12.2005 ein Grundstück zu einem Kaufpreis von 500. Am 31.12.2014 übernimmt die M-AG die Mehrheit der Anteile an der T-AG. Zu diesem Zeitpunkt hat das Grundstück einen Zeitwert von 800. Gem. § 253 Abs. 1 S. 1 darf das Grundstück maximal mit den Anschaffungskosten in der Einzelbilanz der T-AG bilanziert werden. In der Konzernbilanz würde dies dazu führen, dass die M-AG einen Vermögensgegenstand der Tochter iWv 800 erworben hätte, der aber nur mit 500 bilanziert werden dürfte. 771

(2) Stille Reserven/Lasten. Derartige **stille Rücklagen** oder **stille Lasten,** aber auch nicht aktivierte oder nicht aktivierbare immaterielle Vermögensgegenstände gem. § 248 Abs. 2 HGB sind nach der gem. § 301 Abs. 1 S. 2, 3 HGB maßgeblichen **Neubewertungsmethode** zunächst in einer auch als **HB III** bezeichneten zusätzlichen Bilanz **aufzudecken.** Die **Wertkorrekturen** der Bilanzposten führen zu einer **Neubewertung des Eigenkapitals** des Tochterunternehmens, das sich als Saldo der (neubewerteten) Vermögensgegenstände und Schulden ergibt. 772

Teil 3. Konzernabschluss

Beispiel: In Ergänzung des Beispiels zuvor sollen die in der Tabelle aufgeführten **Aktiv- und Passivposten** der Bilanzen der M-AG (MU) und der T-AG (TU) gelten.

	Bilanzposten	Bilanz MU	HB II TU	HB III TU	Summen-bilanz	konsolidierte Bilanz
Aktiva	sonstiges Vermögen	200	900	900	1.100	1.100
	Beteiligungen	1.000	0	0	1.000	0
	Grundstücke	0	500	800	800	800
	Summe Aktiva	1.200	1.400	1.700	2.900	1.900
Passiva	EK	1.050	1.000	1.300	2.350	1.050
	Schulden	150	400	400	550	550
	Unterschiedsbetrag	–	–	–	–	300
	Summe Passiva	1.200	1.400	1.700	2.900	1.900

Durch die **Neubewertung des Eigenkapitals** der **T-AG** entspricht dieses **nicht mehr der Beteiligung** der M-AG an der T-AG. Die Verrechnung von Beteiligung der Mutter (1.000) und Eigenkapital der Tochter (1.300) führt zu einem Ergebnis von –300, das als **passiver Unterschiedsbetrag** auf der Passivseite der Konzernbilanz ausgewiesen wird.

773 Weit häufiger als ein derartiger **passiver Unterschiedsbetrag**, der sich ergibt, wenn der Beteiligungswert kleiner als das Eigenkapital des Tochterunternehmens ist, ist in der Praxis ein **aktiver Unterschiedsbetrag** mit der Bezeichnung **Geschäfts- oder Firmenwert** (GoF) zu bilden. Dieser entsteht, wenn der **Beteiligungsbuchwert das neubewertete Eigenkapital übersteigt**, im Falle eines Unternehmenserwerbs durch Kauf, wenn der Käufer einen höheren Kaufpreis bezahlt hat, als er dem Wert des neubewerteten Eigenkapitals entspricht.

774 **Beispiel:** Die **Super-Druck AG** erwirbt zum 31.12.2014 die Mehrheit der Anteile an der D-AG. Die D-AG hat von Bodo Brille das **Recht** eingeräumt erhalten, sein Meisterwerk „Bilanzen für Buchhalter" zu veröffentlichen. Dieses Recht hat einen **Verkehrswert von 350**.

Unter Zugrundelegung der nachfolgenden Bilanzen der Super-Druck AG und der D-AG sind die HB III der D-AG, die Summenbilanz und die konsolidierte Bilanz zu bilden.

A. Konzernabschluss nach HGB 271

A	Bilanz Super-Druck AG		P		A	Bilanz D-AG		P
sonst. Vermögen		600	EK	1.100	Vermögen	800	EK	500
Beteiligungen		1.000	Schulden	500			Schulden	300
		1.600		1.600		800		800

Lösung:
Im ersten Schritt ist in der HB III ein Aktivposten für die **Druckrechte** von 350 anzusetzen. Es handelt sich um einen **immateriellen Vermögensgegenstand** des Anlagevermögens, der im Rahmen der Neubewertungsmethode **als angeschafft gilt** (vgl. *ADS* HGB § 301 Rn. 104). Im zweiten Schritt sind dann das neubewertete Eigenkapital der D-AG (850) mit dem Beteiligungsbuchwert der Super-Druck AG an der D-AG (1.000) zu verrechnen, woraus ein **aktiver Unterschiedsbetrag** (150) entsteht, der als Geschäfts- oder Firmenwert aktiviert wird.

	Bilanzposten	Bilanz MU	HB II TU	HB III TU	Summen-bilanz	konsolidierte Bilanz
Aktiva	Geschäfts- oder Firmenwert					150
	sonstiges Vermögen	600	800	800	1.400	1.400
	Beteiligungen	1.000	0	0	1.000	0
	Immaterielle VG iSd § 248 Abs. 2 S. 2 HGB	–	–	350	350	350
	Summe Aktiva	1.600	800	1.150	2.750	1.900
Passiva	EK	1.100	500	850	1.950	1.100
	Schulden	500	300	300	800	800
	Summe Passiva	1.600	800	1.150	2.750	1.900

Die **Neubewertung** in der HB III ist in **voller Höhe** vorzunehmen und nicht nur entsprechend der Beteiligungsquote des Mutterunternehmens am Tochterunternehmen.

Hat die Super-Druck AG im vorgenannten Beispiel nur 80 % der Anteile an der Druck-AG erworben, sind also dennoch 350 in der HB III anzusetzen und nicht nur 280.

775

776 Dagegen ist bei der **Verrechnung des Beteiligungswertes** mit dem **Eigenkapital** des Tochterunternehmens gem. § 301 Abs. 1 S. 1 HGB nur der auf das Mutterunternehmen **entfallende Anteil** des Eigenkapitals anzusetzen.

777 **Beispiel:** Die **konsolidierte Bilanz** des Super-Druck-Konzerns würde sich bei nur **80 %iger Beteiligung** der Super-Druck AG an der D-AG folgendermaßen entwickeln:

	Bilanzposten	Bilanz MU	HB II TU	HB III TU	Summenbilanz	konsolidierte Bilanz
Aktiva	Geschäfts- oder Firmenwert					320
	sonstiges Vermögen	600	800	800	1.400	1.400
	Beteiligungen	1.000	0	0	1.000	0
	Immaterielle VG iSd § 248 Abs. 2 S. 2 HGB	–	–	350	350	350
	Summe Aktiva	1.600	800	1.150	2.750	2.070
Passiva	EK	1.100	500	850	1.950	1.100
	Anteile anderer Gesellschafter					170
	Schulden	500	300	300	800	800
	Summe Passiva	1.600	800	1.150	2.750	2.070

778 Es bestehen folgende **Besonderheiten** bei **nicht 100-%ig beteiligten** Mutterunternehmen:
- Die Verrechnung des Beteiligungswertes erfolgt nur mit dem prozentualen Anteil des Mutterunternehmens am Eigenkapital des Tochterunternehmens. Im Beispiel zuvor entsteht der aktive Unterschiedsbetrag (Geschäfts- oder Firmenwert von 320) dadurch, dass vom Beteiligungsbuchwert (1.000) das Eigenkapital in Höhe der Beteiligungsquote (850 × 80 % = 680) abgezogen wird. Die Minderheitsgesellschafter sind damit zwar an der aufgedeckten stillen Reserve (im Beispiel mit 70 von 350) beteiligt, nicht aber an dem Geschäfts- oder Firmenwert.

- Gem. § 307 Abs. 1 HGB sind für **nicht dem Mutterunternehmen gehörende Anteile** am Tochterunternehmen **Ausgleichsposten für Anteile anderer Gesellschafter** zu bilden und innerhalb des Eigenkapitals gesondert auszuweisen. Im Beispiel ergibt sich der Ausgleichsposten von 170 durch Multiplikation des Eigenkapitals der D-AG mit 20 %.

Aus Sicht des Konzerns handelt es sich bei der **Erstkonsolidierung nach der Erwerbsmethode** um einen (fiktiven) **Anschaffungsvorgang**, bei dem auch das Anschaffungskostenprinzip gilt. **Stille Reserven durch Neubewertung der Aktiva dürfen deshalb nur insoweit aufgedeckt werden als der anteilige Wert des Eigenkapitals nach der Neubewertung den bei der Muttergesellschaft aktivierten Beteiligungsbuchwert nicht übersteigt.**

Hätte im Beispiel zuvor die Super-Druck AG daher nur einen Kaufpreis von **640** für ihre **80-%ige Beteiligung** entrichtet, so käme auch nur eine **Neubewertung des Eigenkapitals bis zu 800** und damit nur eine Bewertung des Veröffentlichungsrechtes in Höhe von **maximal 300** in Betracht. Bei den im Fall vorgegebenen **Erwerbskosten** von **1.000** für den **80 %igen Anteil** an der D-AG können **stille Reserven** damit **nur bis zu einem Eigenkapitalbetrag von 1.250**, dh nur **bis zu einer Höhe von 750** aufgedeckt werden. In diesem Fall wäre der **Anteil der anderen Gesellschafter** mit 250 anzusetzen und der Geschäfts- oder Firmenwert mit 0.

Beispiel: Bei einem **Zeitwert** des **Veröffentlichungsrechtes** von 750 würde die Konzernbilanz des Super-Druck-Konzerns wie folgt aussehen:

	Bilanzposten	Bilanz MU	HB II TU	HB III TU	Summenbilanz	konsolidierte Bilanz
Aktiva	Geschäfts- oder Firmenwert					0
	sonstiges Vermögen	600	800	800	1.400	1.400
	Beteiligungen	1.000	0	0	1.000	0
	Immaterielle VG iSd § 248 Abs. 2 S. 2 HGB	–	–	750	750	750
	Summe Aktiva	1.600	800	1.550	3.150	2.150
Passiva	EK	1.100	500	1.250	2.350	1.100
	Anteile anderer Gesellschafter					250
	Schulden	500	300	300	800	800
	Summe Passiva	1.600	800	1.550	3.150	2.150

b) Folgekonsolidierung

780   Die **Folgekonsolidierung** erfolgt in den Geschäftsjahren nach der Erstkonsolidierung. Die **einzelnen Bilanzposten** müssen dabei grundsätzlich mit den **Werten** angesetzt werden, die ihnen zum **Zeitpunkt der Erstkonsolidierung** zukamen. Allerdings sind etwaige **Abschreibungen** und **Wertänderungen** zu berücksichtigen. Insbesondere sind auch **stille Reserven** prozentual entsprechend dem ihnen zugrundeliegenden Vermögensgegenstand **abzuschreiben**. Sie teilen das rechtliche Schicksal des Vermögensgegenstandes.

781   Die Behandlung des **Geschäfts- oder Firmenwerts** bei der Folgekonsolidierung richtet sich gem. § 309 Abs. 1 HGB nach den **Vorschriften über den Einzelabschluss**. Als zeitlich begrenzt nutzbarer Vermögensgegenstand gem. § 246 Abs. 1 S. 4 HGB ist auch der GoF gem. § 253 Abs. 3 HGB **abzuschreiben**.

782   Sowohl die **Abschreibung** der aufgedeckten **stillen Reserven** als auch die Abschreibung des **Geschäfts- oder Firmenwerts** mindern den Konzerngewinn (und das Konzerneigenkapital).

Beispiel: Die M-AG erwarb zum Zeitpunkt t = 0 die Mehrheit der Anteile 783
an der T-GmbH. Im Rahmen der **Erstkonsolidierung** werden im sonstigen
Anlagevermögen **stille Reserven** iHv 100 aufgedeckt.
Entwicklung der Konzernbilanz zum **Erwerbszeitpunkt** t = 0

	Bilanzposten	Bilanz MU	HB II TU	HB III TU	Summenbilanz	konsolidierte Bilanz
Aktiva	Geschäfts- oder Firmenwert					200
	sonstiges Anlagevermögen	600	700	800	1.400	1.400
	Maschinen		600	600	600	600
	Beteiligungen	1.300	0	0	1.300	0
	Umlaufvermögen	500	100	100	600	600
	Summe Aktiva	2.400	1.400	1.500	3.900	2.800
Passiva	EK	1.700	1.000	1.100	2.800	1.700
	Schulden	700	400	400	1.100	1.100
	Summe Passiva	2.400	1.400	1.500	3.900	2.800

Zum **Ende des folgenden Geschäftsjahrs** (t = 1) sind folgende Umstände festzustellen:
- Die **Maschinen** der T- GmbH werden über **fünf Jahre abgeschrieben**. Ihr Wert ist zum Zeitpunkt t=1 daher um 20 % (600 × 20 % = 120) auf 480 gemindert.
- Werden auch die **Vermögensgegenstände des sonstigen Anlagevermögens** über fünf Jahre abgeschrieben, so verringert sich ihr Wert von 700 auf 560.
- Aus Vereinfachungsgründen wird davon ausgegangen, dass die T-GmbH im Geschäftsjahr 1 in Höhe der Abschreibungen neues Anlagevermögen beschafft hat, sodass die **Maschinen weiterhin mit 600 und das sonstige Anlagevermögen weiterhin mit 700** in den Büchern geführt werden.
- Allerdings muss die im Rahmen der Erstkonsolidierung „aufgedeckte" **stille Reserve abgeschrieben** werden. Entsprechend dem ihr zugehörigen Vermögensgegenstand „Anlagevermögen", hat eine Abschreibung über **fünf Jahre** zu erfolgen. Sie **verringert sich durch die Folgekonsolidierung** daher von 100 auf **80**. Das **sonstige Anlagevermögen in der konsolidierten Bilanz** wird nur noch mit **1.380** ausgewiesen. Die Abschreibung der aufgedeckten stillen Reserve ist erfolgswirksam, sodass sich der **Konzerngewinn** und somit auch das **Eigenkapital** des Konzerns **um 20 mindern**.
- Eine weitere Minderung des Eigenkapitals ergibt sich aus der **Abschreibung des Geschäfts- oder Firmenwerts**. Im Beispiel wird auch dieser über **fünf Jahre** abgeschrieben, sodass der Geschäfts- oder Firmenwert um 20 % (40) gesunken ist. Das **Konzerneigenkapital** (1.640) ist damit

um 60 (20 + 40) **niedriger** als das **Eigenkapital der Muttergesellschaft**, das weiterhin 1700 beträgt.

Entwicklung der Konzernbilanz in der **Folgekonsolidierung** t = 1

	Bilanzposten	Bilanz MU	HB II TU	Stille Reserven	Summenbilanz	konsolidierte Bilanz
Aktiva	Geschäfts- oder Firmenwert					160
	sonstiges Anlagevermögen	600	700	100	1.400	1.380
	Maschinen		600		600	600
	Beteiligungen	1.300	0		1.300	
	Umlaufvermögen	500	100		600	600
	Summe Aktiva	2.400	1.400	100	3.900	2.740
Passiva	EK	1.700	1.000	100	2.800	1.640
	Schulden	700	400		1.100	1.100
	Summe Passiva	2.400	1.400	100	3.900	2.740

784 Bei einer **Beteiligungsquote des Mutterunternehmens** von weniger als 100 % ist zu beachten, dass die **Abschreibungen von stillen Reserven** oder die **Auflösung von stillen Lasten** entsprechend der **Beteiligungsquote** auf die **Mehr- und Minderheitsgesellschafter aufgeteilt** werden. Bei der Abschreibung des Geschäfts- oder Firmenwerts ist die Beteiligungsquote dagegen nicht zu berücksichtigen, da die Minderheitsgesellschafter am GoF nicht beteiligt sind (→ Rn. 643).

Literatur zur Kapitalkonsolidierung: *Baetge/Kirsch/Thiele* Konzernbilanzen Kap. V. 1
Küting/Weber Konzernabschluss S. 279 ff.
BeBiKo/*Förschle/Deubert* HGB § 301

4. Schuldenkonsolidierung

785 Der Konzernabschluss soll die wirtschaftliche Lage des Konzerns als ein einheitliches Unternehmen abbilden. Die **Forderungen und Verbindlichkeiten**, die **zwischen** den einzelnen **Konzerngesellschaften** bestehen, würde der Konzern bei einheitlicher Betrachtung „gegen sich selbst" haben, so dass eine **Bilanzierung ausscheiden muss**. Gem. § 303 Abs. 1 HGB sind daher „Ausleihungen und andere For-

derungen, Rückstellungen und Verbindlichkeiten zwischen den in den Konzernabschluss einbezogenen Unternehmen sowie entsprechende Rechnungsabgrenzungsposten (...) wegzulassen." Dies wird als **Schuldenkonsolidierung** bezeichnet (genau genommen müsste es Forderungen-/Schuldenkonsolidierung heißen).

Eine Schuldenkonsolidierung muss gem. § 303 Abs. 2 HGB nur dann **nicht durchgeführt** werden, „wenn die wegzulassenden Beträge für die Vermittlung eines den tatsächlichen Verhältnissen entsprechenden Bildes der Vermögens-, Finanz- und Ertragslage des Konzerns nur von untergeordneter Bedeutung sind."

a) Deckungsgleiche Forderungen und Verbindlichkeiten

Stehen sich Forderungen und Verbindlichkeiten von zwei Konzernunternehmen in gleicher Höhe gegenüber, erfolgt die Konsolidierung durch Verrechnung der beiden Beträge. Durch das „Weglassen" der Posten kommt es zu einer Bilanzverkürzung. Die Konsolidierung ist **erfolgsneutral**.

Beispiel:

	Bilanzposten	Bilanz MU	HB II TU	Summenbilanz	konsolidierte Bilanz
Aktiva	sonstiges Vermögen	600	800	1.400	1.400
	Beteiligungen	500	0	500	0
	Forderungen gegen verbundene Unternehmen	300	0	300	0
	Summe Aktiva	1.400	800	2.200	1.400
Passiva	EK	1.400	500	1.900	1.400
	Verbindlichkeiten gegenüber verbundenen Unternehmen	0	300	300	0
	Summe Passiva	1.400	800	2.200	1.400

b) Nicht deckungsgleiche Forderungen und Verbindlichkeiten

Ein **einfaches Weglassen** der Posten Forderungen bzw. Verbindlichkeiten gegenüber verbundenen Unternehmen ist **nicht möglich**, wenn diese betragsmäßig nicht übereinstimmen. Derartige Unterschiedsbeträge werden als **Aufrechnungsdifferenzen** bezeichnet. Ist die Forderung kleiner als die Verbindlichkeit, entsteht eine **passive** Aufrechnungsdifferenz, ist die Forderung dagegen größer als die Verbindlichkeit entsteht eine **aktive** Aufrechnungsdifferenz.

790 **Echte Aufrechnungsdifferenzen** können zB durch die Bildung von **Rückstellungen für ungewisse Verbindlichkeiten** gegenüber einem anderen Konzernunternehmen entstehen, wenn diesem Passivposten keine Forderung des anderen Konzernunternehmens gegenübersteht. Echte Aufrechnungsdifferenzen können auch aus einer **unterschiedlichen Bewertung** von Forderungen (Niederstwertprinzip) und Verbindlichkeiten (Höchstwertprinzip) resultieren. Im Jahr ihres Entstehens werden echte Aufrechnungsdifferenzen, die aus einer erfolgswirksamen Behandlung im Einzelabschluss des Konzernunternehmens stammen, **erfolgswirksam** neutralisiert.

791 Beispiel: Die **M-AG** erlangt im Jahr 01 eine **Forderung gegen die T-AG** von 500. Im Jahr 02 **schreibt** die M-AG **10 % der Forderung ab**. Die abgeschriebenen 50 stellen für die M-AG **Aufwand** dar, der erfolgswirksam in ihrer GuV zu buchen ist. Die **T-AG** dagegen bilanziert ihre **Verbindlichkeit** weiterhin mit 500. Es ist eine **passive Aufrechnungsdifferenz** entstanden. Diese ist im Rahmen der Schuldenkonsolidierung **zu neutralisieren**, indem eine **Minderung des Konzernaufwands** gebucht wird. In der Bilanz spiegelt sich dies in einem **höheren Jahresergebnis** wieder (bei dem Ertrag des Mutter- und Tochterunternehmens und dem Aufwand des Tochterunternehmens handelt es sich um reine Beispielszahlen).

Bilanzposten		Bilanz MU	HB II TU	Summenbilanz	konsolidierte Bilanz
Aktiva	sonstiges Vermögen	600	1.025	1.625	1.625
	Beteiligungen	500	0	500	0
	Forderungen gegen verbundene Unternehmen	450	0	450	0
	Summe Aktiva	1.550	1.025	2.575	1.625
Passiva	Jahresergebnis	30	25	55	105
	EK	1.520	500	2.020	1.520
	Verbindlichkeiten gegenüber verbundenen Unternehmen	0	500	500	0
	Summe Passiva	1.550	1.025	2.575	1.625

GuV-Posten	MU	TU	Summen-GuV	konsolidierte GuV
Ertrag	80	65	145	145
Aufwand	50	40	90	40 (= 90–50)
Jahresergebnis	30	25	55	105

Die Aufrechnungsdifferenzen führen zu folgenden erfolgswirksamen Veränderungen:
Passive Aufrechnungsdifferenzen führen bei ihrer Neutralisierung zu einem **Konzernjahreserfolg**, der **höher** ist, als die Summe der Jahreserfolge der einbezogenen Unternehmen.

Aktive Aufrechnungsposten führen bei ihrer Neutralisierung zu einem **Konzernjahreserfolg**, der **niedriger** ist als die Summe der Jahreserfolge der einbezogenen Unternehmen. (vgl. *Baetge/Kirsch/Thiele* Konzernbilanzen Kap. V. 244.2).

In den **Folgejahren** kann die Aufrechnungsdifferenz zwar weiter bestehen, eine erneute erfolgswirksame Neutralisierung ist jedoch nicht zulässig, da eine wiederholte Veränderung des Konzernjahresergebnisses nicht den tatsächlichen Verhältnissen entspricht. Die Aufrechnungsdifferenz ist daher **erfolgsneutral** durch einen Korrekturposten zu neutralisieren.

c) Deckungsgleiche Drittschuldverhältnisse

§ 303 Abs. 1 HGB verpflichtet lediglich zur Konsolidierung von Forderungen, Verbindlichkeiten etc., die zwischen Konzernunternehmen bestehen. Nach allgemeiner Ansicht ist aber auch die Konsolidierung von **Drittschuldverhältnissen** zulässig. Ein solches liegt vor, wenn einem **Konzernunternehmen** eine **Forderung gegen** ein konzernaußenstehendes **Drittunternehmen** zusteht, ein **anderes Konzernunternehmen** dagegen eine **Verbindlichkeit** gegenüber diesem **Drittunternehmen** zu erfüllen hat. Der Grund für die Zulässigkeit der Konsolidierung von Drittschuldverhältnissen liegt wiederum in der Aufgabe des Konzernabschlusses, ein Bild des Konzerns als wirtschaftlicher Einheit abzugeben. Der Konzern wäre Schuldner einer Verbindlichkeit und Gläubiger einer Forderung gegenüber dem Dritten. **Voraussetzung** für eine Konsolidierung von Drittschuldverhältnissen ist aber die **Gleichartigkeit, Gleichwertigkeit** und **Gleichfristigkeit** der zu konsolidierenden Forderungen und Verbindlichkeiten. Zudem ist die Drittschuldkonsolidierung im Anhang zu erläutern.

Literatur: *Baetge/Kirsch/Thiele* Konzernbilanzen Kap. V. 2
Küting/Weber Konzernabschluss S. 498 ff.
BeBiKo/*Förschle/Deubert* HGB § 303

5. Zwischenergebniseliminierung

a) Überblick

795 Die **nur konzernintern erzielten Erfolge** müssen im Zuge der Konsolidierung **eliminiert** werden. Hierzu dient ein drittes, neben der Kapital- und Schuldenkonsolidierung stehendes Konsolidierungselement. Die durch Lieferungen und Leistungen zwischen Konzernunternehmen entstandenen **Gewinne oder Verluste, die sich in den Vermögensgegenständen einer Konzerngesellschaft niedergeschlagen** haben, werden als **Zwischenergebnis** bezeichnet. Die Konsolidierung im Rahmen der Zwischenergebniseliminierung kann insbesondere dazu führen, dass Forderungen aus der Konzernbilanz verschwinden.

796 Nach dem **Einheitsgedanken** sind die Zwischenergebnisse nicht entstanden, denn der Konzern kann keinen **Gewinn bzw. Verlust gegenüber sich selbst** erzielen. Dies würde gegen das **Realisationsprinzip** gem. § 252 Abs. 1 Nr. 4 iVm § 298 Abs. 1 HGB verstoßen, denn eine Lieferung oder Leistung an (konzern-) außenstehende Dritte ist nicht erfolgt. Daher sind in den Konzernabschluss zu übernehmende **Vermögensgegenstände, die auf Lieferungen oder Leistungen zwischen einbezogenen Unternehmen beruhen,** gem. § 304 Abs. 1 HGB in der Konzernbilanz mit dem Betrag **anzusetzen,** zu dem sie angesetzt werden könnten, wenn die in den Konzernabschluss einbezogenen Unternehmen auch rechtlich ein **einziges Unternehmen** bilden würden. Haben die Vermögensgegenstände den Konzernkreis bereits verlassen, ist umgekehrt keine Zwischenergebniseliminierung notwendig.

797 Die **Zwischenergebniseliminierung** gem. § 304 HGB erfolgt durch eine **Berichtigung der Wertansätze der Vermögensgegenstände,** weil nur Vermögensgegenstände betroffen sind, die den Konzern noch nicht verlassen haben. Die Bereinigung der Gewinn- und Verlustrechnung um konzerninterne Umsätze ist dagegen Aufgabe der **Aufwands- und Ertragskonsolidierung** nach § 305 HGB (→ Rn. 813 ff.).

798 Der zu den Zwischenergebnissen führende unterschiedliche Wertansatz kann **verschiedene Ursachen** haben. **Liefert** ein in den Kon-

zernabschluss einbezogenes Tochterunternehmen einen **Gegenstand** an das Mutterunternehmen zu einem **Preis**, der **über** den **Herstellungskosten** liegt, wird dieser Gegenstand im **Einzelabschluss** des Mutterunternehmens mit seinen individuellen **Anschaffungskosten** aktiviert. Eine Übernahme dieses Einzelbilanzwertes in die Konzernbilanz hätte neben einer nur scheinbaren Erhöhung der Aktiva zugleich den Ausweis von im Konzern nur **scheinbar realisierten Gewinnen** zur Folge.

Zur **Eliminierung der Zwischenergebnisse** ist wie nachfolgend beschrieben vorzugehen: 799
1. Überprüfung, ob in den **Einzelabschlüssen** der Konzernunternehmen **Vermögensgegenstände** aufgeführt sind, die **aus Lieferung und Leistung** zwischen den in den Konzernabschluss **einbezogenen Unternehmen** stammen, und welcher Wert diesen Vermögensgegenständen zugemessen wurde.
2. Ermittlung des **Konzernbilanzwerts**, dh des Werts, mit welchem der Vermögensgegenstand angesetzt werden müsste, wenn der **Konzern als Einheit** betrachtet würde. Dies sind zumeist die **Anschaffungs- oder Herstellungskosten**, die das **liefernde Konzernunternehmen** für erworbene bzw. hergestellte Gegenstände aufgewendet hat.
3. Ermittlung des **Zwischenergebnisses** durch Vergleich des Konzernbilanzwerts mit dem Wert, der dem Vermögensgegenstand im Einzelabschluss zugemessen wurde.
4. **Eliminierung** des eventuell entstandenen Zwischengewinns oder Zwischenverlusts.

b) Ermittlung des Konzernbilanzwertes

Der **Konzernbilanzwert** ergibt sich aus den **Konzernanschaffungs- oder Konzernherstellungskosten.** Dies sind die Anschaffungs- bzw. Herstellungskosten eines Vermögensgegenstandes, die in dem Konzern als gedachter Einheit entstanden sind. 800

Wird ein Vermögensgegenstand **erstmalig** von einem Konzernunternehmen erworben (und nicht an ein anderes Konzernunternehmen weiterveräußert), bestimmen sich die **Konzernanschaffungskosten** nach § 255 Abs. 1 HGB (→ Rn. 580 ff.). 801

Handelt es sich dagegen um einen **konzerninternen Veräußerungsvorgang,** darf der von dem erwerbenden Unternehmen entrichtete Kaufpreis nicht zur Ermittlung der Konzernanschaffungskosten herangezogen werden. Bei Betrachtung des Konzerns als wirtschaftlicher Einheit handelt es sich bei der Weiterveräußerung lediglich um eine Weitergabe innerhalb eines Betriebs. Nach § 255 802

Abs. 1 HGB iVm § 298 Abs. 1 HGB zählen zu den **Anschaffungskosten** nur diejenigen **Ausgaben**, die zur **erstmaligen Herstellung der Betriebsbereitschaft des Gegenstandes aufgewendet** werden müssen, mithin die Kosten, die das ersterwerbende Unternehmen aufgewendet hat.

803 Die **Konzernherstellungskosten** für innerhalb des **Konzernverbundes gelieferte Vermögensgegenstände**, die auch im Konzern hergestellt, be- oder verarbeitet wurden, bestimmen sich grundsätzlich nach § 255 Abs. 2 und 3 HGB iVm § 298 Abs. 1 HGB.

Der **Wert**, der dem Vermögensgegenstand in dem **Einzelabschluss** des Herstellungsunternehmens zukommt, ist aus Sicht des Konzerns ggf. zu **mindern** (zB um die aktivierten Aufwendungen für die Nutzung von Patenten der Konzerngesellschaft) oder zu **erhöhen** (zB um mit der konzerninternen Lieferung verbundene Transportkosten, die für das Einzelunternehmen nicht aktivierungsfähige Vertriebskosten darstellen, aus Konzernsicht aber als Fertigungskosten zu behandeln sind).

804 Da Bilanzierungs- und Bewertungswahlrechte im Konzernabschluss neu ausgeübt werden können, können auch die **Bewertungswahlrechte** für die **Ermittlung der Herstellungskosten** unterschiedlich für Einzel- und Konzernabschluss ausgeübt werden. Dies betrifft vor allem die Einbeziehung von **allgemeinen Verwaltungskosten** und **sozialen Aufwendungen** (vgl. § 255 Abs. 2 S. 3 HGB).

c) Ermittlung des Zwischenergebnisses

805 Grundsätzlich gilt:
Buchwert des Vermögensgegenstandes im Einzelabschluss (HB II) des Empfängerunternehmens > Konzernbilanzwert → **Zwischengewinn**
Buchwert des Vermögensgegenstandes im Einzelabschluss (HB II) des Empfängerunternehmens < Konzernbilanzwert → **Zwischenverlust**

806 Ein **eliminierungspflichtiger Zwischengewinn** entsteht bei unterschiedlich ausgenutzten Bewertungswahlrechten erst dann, wenn der Ansatz im Einzelabschluss den höchstmöglichen Wert der Konzernherstellungskosten übersteigt. Der Betrag, um den der Ansatz im Einzelabschluss den Mindestwert der Konzernherstellungskosten, aber noch nicht deren Höchstwert übersteigt, kann als Zwischengewinn eliminiert werden, wenn eben die Herstellungskosten für den Konzernabschluss in Höhe dieses Mindestwerts angesetzt werden.

807 Entsprechend besteht ein **eliminierungspflichtiger Zwischenverlust**, wenn der **Ansatz im Einzelabschluss** den **Mindestwert der**

Konzernherstellungskosten unterschreitet. Dies kann bspw. dann vorkommen, wenn die Herstellungskosten von ausländischen Konzernunternehmen nach Landesrecht unter den deutschen Mindestwerten liegen.

Der Betrag, um den der Ansatz im Einzelabschluss unter dem Höchstwert der Konzernherstellungskosten bleibt, jedoch den Mindestwert der Konzernherstellungskosten noch nicht unterschreitet, **kann** als Zwischenverlust eliminiert werden.

d) Eliminierung des Zwischenergebnisses

Die **Eliminierung von Zwischenergebnissen** betrifft ausschließlich die Konzernbilanz. Die Einzelabschlüsse lässt sie dagegen unberührt. Sie erfolgt im **Jahr des Entstehens** des Zwischenergebnisses durch Verrechnung mit dem Konzernergebnis wie folgt: 808
- Ist ein **Zwischengewinn** entstanden, führt dessen Eliminierung zu einer **Verringerung des Wertansatzes des Vermögensgegenstands**. Der eliminierungspflichtige Gewinn wird durch eine **Erhöhung des Aufwands** oder durch **Verringerung des Ertrags** und die daraus resultierende Verringerung des Jahresergebnisses entfernt.
- Bei der Eliminierung eines **Zwischenverlustes** kommt es dagegen zu einer **Erhöhung des Wertansatzes** des Vermögensgegenstandes. Der eliminierungspflichtige Verlust wird durch eine **Erhöhung des Ertrags oder eine Verringerung des Aufwands** und die daraus resultierende Erhöhung des Jahresergebnisses entfernt. Die erstmalige Eliminierung eines Zwischenergebnisses ist daher **erfolgswirksam**.

Beispiel: Der **T-AG** entstehen bei Herstellung eines Vermögensgegenstands **Kosten** von 200. Die an der T-AG zu 100 % beteiligte **M-AG** erwirbt den Vermögensgegenstand der sich zum Zeitpunkt des Konzernabschlusses noch im Vermögen der M-AG befindet, zu einem **Preis** von 250. 809

Die **M-AG aktiviert** den Vermögensgegenstand mit den Anschaffungskosten von 250 in der Bilanz. Aus **Konzernsicht** sind lediglich **Herstellungskosten** von 200 anzusetzen. Es ist ein **Zwischengewinn** von 50 entstanden, der durch Verringerung der aktivierten Anschaffungskosten und des Jahresergebnisses in der konsolidierten Bilanz eliminiert wird. In der anschließend durchzuführenden **Aufwands- und Ertragskonsolidierung** (→ Rn. 813 ff.) ist die **Konzern-GuV** ebenfalls iHd Zwischengewinns **zu berichtigen**.

Buchungen:

Jahresergebnis	50	an	Vermögensgegenstand	50
Aufwand	50	an	Jahresergebnis	50

810 Befindet sich der **Vermögensgegenstand** im **Folgejahr** noch im **Vermögen des Konzernunternehmens**, ist das **Zwischenergebnis** im Konzernabschluss erneut zu eliminieren. Eine Verrechnung mit dem in der Bilanz ausgewiesenen Jahresergebnis scheidet jedoch aus, weil der (vermeintliche Gewinn) sich nur im Ergebnis des Vorjahrs niedergeschlagen hat.

Im vorherigen Beispiel hat die T-AG einen über den Herstellungskosten liegenden Ertrag von 50 nur im Geschäftsjahr erwirtschaftet, in dem der Vermögensgegenstand an die M-AG veräußert wurde. Die Wertdifferenz zwischen den Anschaffungskosten iHv 250 und den Konzernherstellungskosten iHv 200 bleibt jedoch auch im Folgejahr bestehen (zu Wertänderungen aufgrund vorzunehmender Abschreibungen siehe *Baetge/Kirsch/Thiele*, Konzernbilanzen Kap. V. 33).

811 In den Folgejahren werden Zwischenergebnisse daher **erfolgsneutral** eliminiert. Dies erfolgt ebenfalls durch **Verrechnung mit dem Konzerneigenkapital**, mangels Berührung der Erfolgsrechnung jedoch nicht mit dem Jahresergebnis, sondern mit den **Gewinnrücklagen**, dem **Gewinn- bzw. Verlustvortrag** oder durch Bildung eines eigenständigen Sonderpostens.

812 Die Zwischenergebniseliminierung **kann** gem. § 304 Abs. 2 HGB **unterbleiben**, wenn sie für die Vermittlung eines den tatsächlichen Verhältnissen entsprechenden Bilds der Vermögens-, Finanz- und Ertragslage des Konzerns von nur **untergeordneter Bedeutung** ist. Entscheidend sind nicht die Auswirkungen auf den Ansatz des einzelnen Vermögensgegenstands, sondern die **Summe der Zwischenergebnisse** und ihr Gewicht bei der Darstellung des Gesamtkonzerns.

Literatur: *Baetge/Kirsch/Thiele* Konzernbilanzen Kap. V. 3
Heymann/*Henssler* HGB § 304
BeBiKo/*Winkeljohann/Schellhorn* HGB § 304

6. Aufwands- und Ertragskonsolidierung

a) Überblick

Während die Kapital- und Schuldenkonsolidierung sowie die Zwischenergebniseliminierung dazu dienen, die Vermögens- und Finanzlage des Konzerns durch Modifikationen der Konzernbilanz realitätsgetreu abzubilden, ist zur Vermittlung eines zutreffenden Bilds über seine Ertragslage (außerdem) eine **vollkonsolidierte Gewinn- und Verlustrechnung** zu erstellen. Auch insoweit ist zu berücksichtigen, dass der Jahresüberschuss nach dem Prinzip der **doppelten Buchführung** sowohl über die Bilanz als auch über die GuV ermittelt wird. Dieses Grundprinzip gilt selbstverständlich auch für die Konzernrechnungslegung. 813

Die **Aufwands- und Ertragskonsolidierung** ist gleichwohl von der Zwischenergebniseliminierung zu unterscheiden. Während bei der Zwischenergebniseliminierung nach § 304 HGB etwa nur scheinbare Werterhöhungen oder Wertminderungen der Vermögensgegenstände in der Bilanz eliminiert werden, knüpft die Aufwands- und Ertragskonsolidierung nach § 305 HGB an die **Komponenten des Jahreserfolgs** in der GuV an. Beide Konsolidierungselemente tragen aber zur (doppelten) Ermittlung des Jahreserfolgs bei. 814

Entsprechend der Einheitstheorie dürfen aus konzerninternen Geschäften keine Aufwendungen oder Erträge resultieren (sog. **Innenumsätze**). Ein Zwischengewinn aus konzerninternen Geschäften ist unrealisiert und **erfolgswirksam** mit dem Jahresergebnis zu verrechnen. 815

Selbst wenn im Anschluss an konzerninterne Lieferbeziehungen noch vor dem Bilanzstichtag ein Gewinn im Verhältnis zu konzernfremden Dritten **realisiert** wurde, sind die aus den **vorausgegangenen** konzerninternen Geschäften resultierenden **Aufwendungen und Erträge** (erfolgsneutral) zu **konsolidieren**. In diesen Situationen dient die Konsolidierung der Erfolgsrechnung dazu, bei gleichem Saldo unnötige Doppelzählungen in der Konzern-GuV zu vermeiden.

Die **Aufwands- und Ertragskonsolidierung** ist in folgenden Schritten vorzunehmen: 816

> 1. **Vereinheitlichung** der Einzel-GuV der einbezogenen Konzernunternehmen durch Aufstellung der **GuV II** (ggf. Währungsvereinheitlichung, Anpassung von Gesamtkosten- oder Umsatzkostenverfahren, auf das im Konzern verwendete Verfahren etc).
> 2. Aufstellung des **Summen-GuV** durch Addition der GuV II aller in den konsolidierten Abschluss einbezogener Unternehmen.
> 3. **Eliminierung oder Umgliederung** der **Aufwendungen und Erträge** aus konzerninternen Geschäften.

817 Für die Konsolidierung der Konzernerfolgsrechnung gibt es **kein allgemeines Verrechnungsschema**. Gem. § 298 Abs. 1 HGB iVm § 275 HGB ist die Konzern-GuV wie auch die Erfolgsrechnungen der Einzelunternehmen entweder nach dem Gesamtkostenverfahren (GKV) oder dem Umsatzkostenverfahren (UKV) aufzustellen.

818 Zu den Unterschieden zwischen dem Gesamt- und dem Umsatzkostenverfahren sei auf die Ausführungen bei → Rn. 84 verwiesen.

819 **Gesondert auszuweisen** sind die auf **Minderheitsgesellschafter oder assoziierte Beteiligungen** entfallenden **Gewinne oder Verluste** (§§ 307 Abs. 2, 312 Abs. 4 HGB).

b) Gesamtkostenverfahren

820 Wird die Konzern-GuV nach dem **Gesamtkostenverfahren** aufgestellt, sind im Wesentlichen **fünf Fälle der Konsolidierung der Innenumsatzerlöse** zu unterscheiden:

Art der Lieferung/Leistung	Folgen für die Konsolidierung
1. Konzerninterne Lieferung **fremdproduzierter Güter**	Verrechnung der Innenumsatzerlöse mit dem Materialaufwand des empfangenden Unternehmens
2. Konzerninterne Lieferung selbstproduzierter Güter des **Umlaufvermögens**	Umgliederung der Innenumsatzerlöse in den Posten „Bestandsänderung"
3. Konzerninterne Lieferung selbstproduzierter Güter des **Anlagevermögens**	Umgliederung der Innenumsatzerlöse in den Posten „andere aktivierte Eigenleistungen"

A. Konzernabschluss nach HGB

Art der Lieferung/Leistung	Folgen für die Konsolidierung
4. Übrige Fälle konzerninterner Lieferung selbstproduzierter Güter	Verrechnung der Innenumsatzerlöse mit Materialaufwand
5. Konzerninterne Leistungen	Verrechnung der Innenumsatzerlöse mit den Aufwendungen des empfangenden Unternehmens

Fall 1: Konzerninterne Lieferung fremdproduzierter Güter

Beispiel: Das TU erwirbt einen Vermögensgegenstand zum Preis von 80, den es im gleichen Geschäftsjahr an das MU zum Preis von 100 weiterveräußert.

	Posten	MU	TU (GuV II)	Summen-GuV	Konsolidierung	Konzern-GuV
Ertrag	Umsatzerlöse		100	100	./. 100	
Aufwand	Materialaufwand	100	80	180	./. 100	80

Die von dem Tochterunternehmen erwirtschafteten **Innenumsatzerlöse** von 100 werden mit dem **Materialaufwand** des Mutterunternehmens verrechnet. Der Innenumsatzerlös wurde eliminiert und der **Materialaufwand entspricht** den **Konzernanschaffungskosten**, in deren Höhe der Vermögensgegenstand auch in der Bilanz auszuweisen ist.

Fall 2: Konzerninterne Lieferung selbstproduzierter Güter des Umlaufvermögens

Beispiel: Das **TU** verkauft an das **MU** selbstgefertigte Möbel zum **Herstellungspreis von 1.000**. Die Möbel sollen von dem MU veräußert werden, befinden sich am Ende des Geschäftsjahres jedoch noch im **Warenlager**.

	Posten	MU	TU (GuV II)	Summen-GuV	Konsolidierung	Konzern-GuV
Ertrag	Umsatzerlöse		1.000	1.000	./. 1.000	
	Bestandveränderungen				+ 1.000	1.000
Aufwand	Materialaufwand		1.000	1.000		1.000

Hinweis: MU hat die bezogenen Waren erfolgsneutral aktiviert (Buchung: Ware an Bank) und deshalb die Posten der GuV nicht angesprochen.

823 **Fall 3: Konzerninterne Lieferung selbstproduzierter Güter des Anlagevermögens**

Beispiel: Das TU verkauft an das MU eine **selbstgefertigte Maschine** zu **Herstellungskosten** von 1.500. Das **MU** verwendet die **Maschine** für die **eigene Produktion** (aus Vereinfachungsgründen wird eine vorzunehmende Abschreibung nicht berücksichtigt).

	Posten	MU	TU (GuV II)	Summen-GuV	Konsoli-dierung	Konzern-GuV
Ertrag	Umsatzerlöse		1.500	1.500	./. 1.500	
	Andere aktivierte Eigenleistung				+ 1.500	1.500
Aufwand	Herstellungsaufwand		1.500	1.500		1.500

824 **Fall 4: Übrige Fälle der konzerninternen Lieferung selbsterstellter Güter**

Beispiel: Das TU verkauft an das MU **selbstgefertigte Möbel** zu Herstellungskosten von 1.000. Das MU veräußert diese noch im gleichen Geschäftsjahr **an den A** zum Preis von 1.500.

	Posten	MU	TU (GuV II)	Summen-GuV	Konsoli-dierung	Konzern-GuV
Ertrag	Umsatzerlöse	1.500	1.000	2.500	./. 1.000	1.500
Aufwand	Herstellungsaufwand		1.000	1.000		1.000
	Materialaufwand	1.000		1.000	./. 1.000	

825 **Fall 5: Konzerninterne Leistungen**

Beispiel: TU **mietet** vom MU eine **Lagerhalle**. Es ist eine jährliche Miete von 500 vereinbart.

	Posten	MU	TU (GuV II)	Summen-GuV	Konsoli-dierung	Konzern-GuV
Ertrag	Mieterlöse	500		500	./. 500	
Aufwand	Mietaufwand		500	500	./. 500	

c) Umsatzkostenverfahren

Wird die Konzern-GuV nach dem **Umsatzkostenverfahren** (UKV) erstellt, ergeben sich im Vergleich zum Gesamtkostenverfahren folgende **Änderungen:**

- Eine nach dem UKV erstellte GuV weist keinen Posten „Bestandsveränderung" aus. Die konzerninterne **Lieferung eines selbsterstellten Vermögensgegenstandes** (Fall 2) ist daher vollständig zu eliminieren. Dies erfolgt durch **Verrechnung** der **Herstellungskosten** und der **Umsatzerlöse** des Herstellerunternehmens.

- Mangels Postens „andere aktivierte Eigenleistungen" ist die Lieferung eines **selbsterstellten Vermögensgegenstandes** in das **Anlagevermögen** eines einbezogenen Konzernunternehmens (Fall 3) ebenfalls vollständig zu eliminieren. Auch dies geschieht durch Verrechnung der Herstellungskosten mit dem Umsatzerlös.

- Schließlich ist zu berücksichtigen, dass der Aufwand für die Herstellung eines Vermögensgegenstandes erst als Posten „Herstellungskosten der zur Erzielung der Umsatzerlöse erbrachten Leistungen" in der Konzern-GuV aufgeführt werden darf, wenn der Vermögensgegenstand das Umlaufvermögen des Konzerns verlässt.

Gem. § 305 Abs. 1 Nr. 2 HGB sind auch **andere** als die in § 305 Abs. 1 Nr. 1 HGB genannten **Erträge** aus konzerninternen Lieferungen und Leistungen mit den auf sie entfallenden Aufwendungen zu verrechnen, soweit sie nicht als andere aktivierte Eigenleistungen auszuweisen sind. Hierunter fallen zB **Erträge aus Gewinnabführungsverträgen** oder **Gewinnausschüttungen.**

§ 305 Abs. 2 HGB stellt die **Aufwands- und Ertragskonsolidierung** unter den Vorbehalt des **Wesentlichkeitsprinzips.** Maßgeblich ist wiederum nicht die Bedeutung des einzelnen konsolidierungspflichtigen Betrags, sondern die Bedeutung der Summe aller wegzulassenden Aufwendungen und Erträge für die Vermögens-, Finanz- und Ertragslage des Konzerns.

Literatur: *Baetge/Kirsch/Thiele* Konzernbilanzen Kap. V. 4
Heymann/*Henssler* HGB § 305
BeBiKo/*Winkeljohann/Schellhorn* HGB § 305

7. Ermittlung der latenten Steuern

829 Grundlage für das Konzept der **latenten Steuern** ist im **Einzelabschluss** die Maßgeblichkeit der Handelsbilanz für die Steuerbilanz. Dem **tatsächlichen Steueraufwand** wird der **Steueraufwand** gegenübergestellt, der sich auf Grundlage **des handelsrechtlichen Jahresabschlusses** ergeben hätte. Technisch werden hierzu die **Differenzen** zwischen beiden **Bilanzen** ermittelt, die sich im Zeitablauf wieder umkehren, und mit den entsprechenden Steuersätzen multipliziert. Außerdem werden **steuerliche Verlustvorträge**, die später zu Steuerminderungen führen, unter bestimmten Voraussetzungen mit in die Berechnung einbezogen. Für aktive latente Steuern besteht ein Aktivierungswahlrecht (§ 274 Abs. 1 S. 2 HGB); für passive latente Steuern eine Bilanzierungspflicht (§ 274 Abs. 1 S. 1 HGB (vgl. Darstellung unter → Rn. 489 ff.)).

Der mit dem BilMoG vollzogene Wechsel vom GuV- zum **bilanzorientierten** (temporary) Konzept führt im Einzelabschluss vor allem dazu, dass auch **quasi-permanente Differenzen** erfasst werden, deren Umkehreffekt spätestens bei Liquidation eintreten. Bspw. gehören (unbebaute) **Grundstücke** mit **unterschiedlichen handels- und steuerrechtlichen Bilanzwerten** hierzu, die (mangels Abschreibungen) keine GuV-Effekte aufweisen.

830 Im **Konzernabschluss** besteht sowohl für **aktive** als auch für **passive latente Steuern** eine **Bilanzierungspflicht** unter folgenden **Voraussetzungen** (§ 306 S. 1 HGB):
- Es liegen Differenzen zwischen den handelsrechtlichen Wertansätzen in der Konzernbilanz und deren steuerlichen Wertansätzen vor,
- die sich **aus** den **Konsolidierungsmaßnahmen** der §§ 300–307 HGB ergeben, und
- die sich in späteren Geschäftsjahren voraussichtlich wieder abbauen.

831 Damit werden **latente Steuern** im Konzernabschluss in der folgenden **Reihenfolge** gebildet:
(1) **Übernahme** der latenten Steuern der **Handelsbilanz I** (§ 274 iVm § 298 Abs. 1 HGB),
(2) **Bildung** von latenten Steuern im Rahmen der Erstellung der **Handelsbilanz II** auf die **Ansatz- und Bewertungsdifferenzen**

der einheitlichen Bewertung (§ 274 iVm § 298 Abs. 1 HGB, § 300 Abs. 2 HGB, § 308 Abs. 1 HGB), sowie
(3) **Bildung** von latenten Steuern im Rahmen der **Konsolidierungsmaßnahmen** (§§ 306 iVm § 301 HGB (Kapitalkonsolidierung), § 303 HGB (Schuldenkonsolidierung), § 304 HGB (Zwischenergebniseliminierung) und § 305 HGB (Aufwands-/Ertragskonsolidierung)).

Die bilanzorientierte Methode führt im Rahmen der Bildung von **latenten Steuern im Konzern** auch dazu, dass **erfolgsneutral entstandene Differenzen** erfasst werden, wie bspw. bei der **Verteilung stiller Reserven/Lasten im Rahmen der erstmaligen Kapitalkonsolidierung**. In diesem Fall werden nicht nur die aufgedeckten stillen Reserven, sondern auch die darauf entfallenen latenten Steuern erfolgsneutral erfasst (Verrechnung mit dem Eigenkapital). Bei der **Umkehr dieser Differenzen** sind allerdings auch die **latenten Steuerwirkungen** dann **erfolgswirksam** zu erfassen (vgl. DRS 18 Rn. 52). 832

Ausgenommen von der Ermittlung der latenten Steuern wird nach § 306 S. 3 HGB der erstmalige Ansatz eines **aktiven oder passiven Konsolidierungsausgleichspostens** (§ 301 Abs. 3 HGB). Damit löst ein im Rahmen der Erstkonsolidierung gebildeter Geschäfts- oder Firmenwert keine latenten Steuereffekte aus. Die zweite Ausnahme (§ 306 S. 4 HGB) betrifft vor allem die unterschiedliche Wertentwicklung des steuerlichen Beteiligungswerts bei der Thesaurierung von Gewinnen (vgl. DRS 18 Rn. 30). 833

Seit der Umsetzung des BilMoG wird auch der zuvor angesetzte **konzerneinheitliche Steuersatz** als **nicht mehr zulässig** angesehen (vgl. *Gelhausen/Fey/Kämpfer* BilMoG Rn. 320). Das bedeutet, dass bspw. multinationale Konzerne zumindest für jedes Land (uU aber auch für einzelne Regionen) **individuelle Steuersätze** zu verwenden haben. 834

Für die oa Maßnahmen (1) und (2) sind die **Steuersätze** der **aufstellenden Tochterunternehmen** maßgeblich. Bei den Konsolidierungsmaßnahmen (3) ist zu unterscheiden: 835
- Den latenten Steuern, die durch die **Verteilung von stillen Reserven**/Lasten im Rahmen der **Erstkonsolidierung** ausgelöst werden, ist der **Steuersatz der betreffenden Tochterunternehmen** zugrunde zu legen, da § 301 Abs. 1 S. 3 HGB ausdrücklich auf § 274 HGB verweist.

- Bei **Zwischenergebniseliminierung** nach § 304 HGB ist der Steuersatz des Konzernunternehmens zu verwenden, das den Vermögensgegenstand oder die Schuld bilanziert, der bzw. die das Zwischenergebnis ausgelöst hat.

836 Das **Konzept der latenten Steuern** im Konzernabschluss ist vor allem bei multinationalen Unternehmen **vielschichtig** und **komplex**. Dies führte dazu, dass in vielen Unternehmen dieser Teil der Rechnungslegung heute nicht mehr vom Rechnungswesen, sondern vom Steuerbereich verantwortet wird. Auch die Wirtschaftsprüfungsgesellschaften sind vielfach dazu übergegangen, diesen Bereich von Steuerspezialisten prüfen zu lassen.

Literatur: *Baetge/Kirsch/Thiele* Konzernbilanzen Kap. VIII. 3
BeBiKo/*Grottel/Larenz* HGB § 306
Gelhausen/Fey/Kämpfer BilMoG Rn. 276–339

V. Quotenkonsolidierung

1. Überblick

837 Unternehmen, zwischen denen kein Mutter-Tochter-Verhältnis im Sinne des § 290 HGB besteht, bei denen also trotz der Unternehmensverbindung nicht die Möglichkeit besteht, einen beherrschenden Einfluss auszuüben, werden nicht vollkonsolidiert. Steht ein Unternehmen aber unter **gemeinsamer Führung** iSd § 310 HGB **darf** dieses **quotal** in den **Konzernabschluss** einbezogen werden (Quotenkonsolidierung). Wird von diesem Wahlrecht kein Gebrauch gemacht, ist das Unternehmen nach der **Equitymethode** (→ Rn. 856 ff.) zu bewerten.

2. Voraussetzungen für die Quotenkonsolidierung

838 Gem. § 310 Abs. 1 HGB darf „das andere Unternehmen" quotal in den Konzernabschluss einbezogen werden, wenn es von einem in den Konzernabschluss einbezogenen Unternehmen **gemeinsam** mit einem **nicht in den Konzernabschluss einbezogenen Unternehmen** geführt wird. Das „andere Unternehmen" wird als **Gemeinschaftsunternehmen,** die führenden Unternehmen als **Gesellschafterunternehmen** bezeichnet.

Das **Gemeinschaftsunternehmen** ist durch folgende Merkmale 839
gekennzeichnet:
(1) Unternehmenseigenschaft,
(2) **gemeinsame Führung** durch mehrere Unternehmen,
(3) mindestens eines der leitenden Gesellschafterunternehmen muss **außerhalb des Konsolidierungskreises** stehen.

Das Gemeinschaftsunternehmen muss ein **Unternehmen** iSd drit- 840
ten Buches des HGB sein.

Das **Unternehmen** kann in nahezu **jeder beliebigen Rechtsform** organisiert sein. Auch eine BGB-Gesellschaft fällt unter den Unternehmensbegriff, wenn der verfolgte Gesellschaftszweck wirtschaftlicher Natur ist, ein Gesamthandsvermögen besteht und die Gesellschaft im wirtschaftlichen Verkehr in Erscheinung tritt.

Eine **gemeinsame Führung** des anderen Unternehmens ist anzu- 841
nehmen, wenn die beteiligten Unternehmen zusammenwirken müssen, um eine in ihrem Interesse liegende Geschäftsführung zu verwirklichen. Das Merkmal der gemeinsamen Führung dient der Abgrenzung zum beherrschenden Einfluss iSd § 290 HGB. DRS 9.3 definiert den für § 310 HGB maßgeblichen Einfluss als „Mitwirkung an der Geschäfts- und Finanzpolitik eines Beteiligungsunternehmens, ohne dass damit die Beherrschung verbunden ist."
Die gemeinsame Führung muss tatsächlich und wirksam ausgeübt werden. Dies ist nicht nur bei einer Beteiligung der Gesellschafterunternehmen mit je 50 % anzunehmen, vielmehr kann diese Beteiligungsquote zB bei **vertraglicher Stimmrechtsbindung** auch deutlich unterschritten werden. Zwar sieht § 310 HGB weder eine Mindestbeteiligung noch die Mindestübernahme von Stimmrechten für die Annahme der gemeinsamen Führung vor. Entsprechend der Regelung des § 311 Abs. 1 S. 2 HGB, nach der bei assoziierten Unternehmen ein **maßgeblicher Einfluss** erst ab der Übernahme von **mind. 20 % der Stimmrechte** der Gesellschafter anzunehmen ist, wird eine gemeinschaftliche Führung aber regelmäßig erst ab dieser Stimmrechtsquote in Betracht kommen. Hierbei ist maßgeblich auf den Stimmrechts- und nicht auf den reinen Kapitalanteil abzustellen.

Mind. eines der leitenden Gesellschafterunternehmen muss in den 842
Konzernabschluss einbezogen sein und mind. eines **außerhalb des Konsolidierungskreises** stehen. Entgegen dem Wortlaut des § 310 Abs. 1 HGB ist die Quotenkonsolidierung nicht schon zulässig, wenn ein konsolidiertes Unternehmen gemeinsam mit einem nicht

in den Konzernabschluss einbezogenen Unternehmen die Leitung ausübt. **Vielmehr muss das nicht konsolidierte Unternehmen vom Konzern unabhängig sein.** Ansonsten könnte auch die Beteiligung eines gem. § 296 HGB nicht in den Konzernabschluss einbezogenen Tochterunternehmens das Wahlrecht zur Quotenkonsolidierung eröffnen. In diesem Fall liegt aber gerade keine gemeinsame Führung vor, da Konzerninteressen in dem Tochterunternehmen uneingeschränkt durchgesetzt werden können. Ein lediglich assoziiertes Unternehmen gem. § 311 HGB gilt dagegen als konzernunabhängig in diesem Sinne.

843 Die nachfolgende Abbildung fasst die **Voraussetzungen** nochmals zusammen:

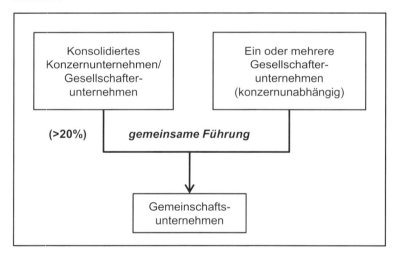

3. Wahlrecht zur Quotenkonsolidierung

844 Liegen die Voraussetzungen des § 310 Abs. 1 HGB vor, hat das den Abschluss aufstellende Unternehmen ein **Wahlrecht**, ob es das Gemeinschaftsunternehmen **quotal** in den Konzernabschluss aufnehmen will oder es nach der **Equity-Methode** (→ Rn. 856 ff.) ausweist. Wurde dieses Wahlrecht von einem Gesellschafterunternehmen einmal ausgeübt, ist eine Änderung nach dem Stetigkeitsgebot des § 297 Abs. 3 S. 2 HGB nur noch in Ausnahmefällen zulässig und im An-

hang zu begründen. Die Gesellschafterunternehmen dürfen hingegen das Wahlrecht unabhängig voneinander ausüben. Ist ein Gesellschafterunternehmen an mehreren Gemeinschaftsunternehmen beteiligt, kann es das Wahlrecht auch hinsichtlich jedes Gemeinschaftsunternehmens selbstständig ausüben.

4. Durchführung der Quotenkonsolidierung

Gem. § 310 Abs. 2 HGB sind für die anteilige Konsolidierung die §§ 297 bis 301, 303 bis 306, 308, 308a, 309 HGB entsprechend anzuwenden. Die Durchführung der Quotenkonsolidierung entspricht daher weitgehend dem Verfahren zur Vollkonsolidierung. 845

In einem ersten Schritt ist eine nach **konzerneinheitlichen Ansatz- und Bewertungsmethoden** aufzustellende **HB II** des Gemeinschaftsunternehmens zu erstellen. Ist das Gemeinschaftsunternehmen zugleich Mutterunternehmen, ist der Konzernabschluss der quotalen Konsolidierung zugrunde zu legen. 846

In einem nächsten Schritt wird der **Summenabschluss** des Konzerns gebildet. Hierfür sind in der **HB III** zunächst die **stillen Lasten und Reserven** des Gemeinschaftsunternehmens aufzudecken. Ebenso wie bei den Vermögensgegenständen und Schulden des Gemeinschaftsunternehmens erfolgt eine Übernahme in die HB III nur anteilig entsprechend einer bestimmten **Konsolidierungsquote**. Diese ergibt sich aus der **Addition der Kapitalanteile** (nicht Stimmanteile, aA wohl *Baetge/Kirsch/Thiele* Konzernbilanzen Kap. VI. 3.), die **von allen vollkonsolidierten Konzernunternehmen des Gesellschafterunternehmens an dem Gemeinschaftsunternehmen gehalten werden**. Anteile von gem. § 296 HGB nicht konsolidierten Tochterunternehmen bleiben außer Betracht (zT aA *Baetge/Kirsch/Thiele* Konzernbilanzen Kap. VI. 3). 847

Beispiel: Das **Gemeinschaftsunternehmen** wird in den Konzernabschluss der M mit einer **Konsolidierungsquote von 50 %** einbezogen. 848

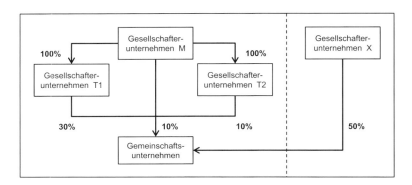

849 Die so ermittelte **Konsolidierungsquote** ist bei der **Konsolidierung sämtlicher interner Maßnahmen** zwischen Konzernunternehmen und Gemeinschaftsunternehmen **anzuwenden**, unabhängig davon welches Konzernunternehmen tätig war.

850 Nach Aufstellung der HB III ist ebenso wie bei der Vollkonsolidierung die **Kapitalkonsolidierung, Schuldenkonsolidierung, Zwischenergebniseliminierung und Aufwands- und Ertragskonsolidierung** vorzunehmen.

851 **Beispiel:** Die **A-GmbH** ist gem. § 290 HGB verpflichtet, einen **Konzernabschluss** aufzustellen. Sie ist zudem zu **40 % an der B-GmbH** beteiligt. Weitere **40 %** werden von der **konzernaußenstehenden X-GmbH** gehalten. Die **übrigen Anteile** hält der ebenfalls **konzernaußenstehende Y**. Die A-GmbH möchte die B-GmbH **quotal** in ihrem Konzernabschluss aufführen. Der B-GmbH gehört ein **Grundstück**, das mit 150 in den Büchern geführt wird, aber **einen tatsächlichen Wert** von 200 hat. (Aus Vereinfachungsgründen werden lediglich die Erstkonsolidierung der Bilanzen der A-GmbH und des Gemeinschaftsunternehmens dargestellt, die Tochterunternehmen bleiben unberücksichtigt.)

	Bilanzposten	A-GmbH	B-GmbH (HB II)	B-GmbH (HB III)	Summen-bilanz	konsolidierte Bilanz
Aktiva	Geschäfts- oder Firmenwert					260
	sonstiges Vermögen	600	450	(450 × 40 % =) 180	780	780
	Beteiligungen	400			400	0
	Grundstücke		150	(200 × 40 % =) 80	80	80
	Summe Aktiva	1.000	600	260	1.260	1.120
Passiva	EK	650	300	140	790	650
	Schulden	350	300	(300 × 40 % =) 120	470	470
	Summe Passiva	1.000	600	260	1.260	1.120

Die **Schuldenkonsolidierung** hat gem. § 310 Abs. 2 HGB iVm 852
§ 303 HGB zwischen dem Gemeinschaftsunternehmen und den einbezogenen Konzernunternehmen zu erfolgen. Die Eliminierung erfolgt nur **quotal**. Der weiterhin im Konzernabschluss auszuweisende Teil der Forderung oder Verbindlichkeit entspricht dem auf die außenstehenden Gesellschafter entfallenden Teil. Etwaige **Aufrechnungsdifferenzen** sind ebenfalls nur **quotal** zu eliminieren.

Beispiel: Im vorherigen Fall nehmen wir an, die B-GmbH hat eine Verbind- 853
lichkeit gegenüber der A-GmbH iHv 500. Diese Verbindlichkeit wird bei Bildung der HB III nur quotal übernommen (500 × 40 % = 200). Bei der Eliminierung verbleibt eine Forderung der A-GmbH gegen die anderen Gesellschafter iHv 300 (500 – 200). Dies entspricht dem Anteil der außenstehenden Gesellschafter (500 × 60 % = 300).

Ebenfalls sind bei der Quotenkonsolidierung **Zwischenergebnisse** 854
zu eliminieren. Hierbei sind zwei Fälle zu unterscheiden:
(1) Liefert ein **Konzernunternehmen** einen Vermögensgegenstand **an das Gemeinschaftsunternehmen** (**downstream-Fall**), geht der gelieferte Vermögensgegenstand von vornherein nur quotal in die Konzernbilanz ein.
(2) Liefert dagegen das **Gemeinschaftsunternehmen an ein vollkonsolidiertes Konzernunternehmen** (**upstream-Fall**), geht der Vermögensgegenstand voll in den Konzernabschluss ein.

Beispiel 1: Downstream
Liefert das Konzernunternehmen M an das Gemeinschaftsunternehmen G (Beteiligung 50 %) zum Preis von 100 bei Konzernherstellungskosten von lediglich 60, so erfolgt zunächst eine anteilige Bilanzierung iHv 50, die sodann

auf die Konzernherstellungskosten von anteilig 30 gekürzt wird. Der **Konzernerfolg verringert** sich entsprechend insgesamt um **20**.

Beispiel 2: Upstream
Das Gemeinschaftsunternehmen G (Beteiligung 50 %) liefert an das Konzernunternehmen M zu einem Preis von 100 bei Konzernherstellungskosten von lediglich 80. Bei Vollkonsolidierung dürfte der Vermögensgegenstand lediglich mit 80 in der Konzernbilanz ausgewiesen werden. Bei der Quotenkonsolidierung ist aber der Anteil der außenstehenden Gesellschafter an dem Erfolg des Gemeinschaftsunternehmens zu beachten. Dieser beläuft sich auf 10 (20 × 50 %). Der Ansatz des Vermögensgegenstandes im Konzern ist daher im Vergleich zum Ansatz in der Einzelbilanz um den Anteil der Konzernunternehmen (ebenfalls 10) zu kürzen und daher mit 90 (100 − 10) in der Konzernbilanz zu führen.

855 Entsprechend der gerade dargestellten Zwischenergebniseliminierung erfolgt auch die **Aufwands- und Ertragskonsolidierung** nur **quotal**. Etwas anderes gilt allerdings für Beteiligungserträge von Gemeinschaftsunternehmen. Da der Konzern diese nur entsprechend der Beteiligungsquote erhalten hat, sind die Beteiligungserträge in voller Höhe mit dem anteiligen Jahresergebnis des Gemeinschaftsunternehmens zu verrechnen.

Literatur: *Baetge/Kirsch/Thiele* Konzernbilanzen Kap. VI.
Heymann/*Henssler* HGB § 310
BeBiKo/*Winkeljohann/Lewe* HGB § 310

VI. Equitybewertung

856 Während auf gemeinsam geführte Unternehmen gem. § 310 HGB wahlweise die Quotenkonsolidierung oder die Equity-Methode Anwendung findet, erfolgt die Konsolidierung von sog. **assoziierten Unternehmen** gem. § 311 HGB ausschließlich nach der **Equity-Methode**. Der wesentliche Unterschied im Vergleich zur Voll- und Quotenkonsolidierung liegt in der **fehlenden Übernahme der einzelnen Vermögensgegenstände und Schulden** des assoziierten Unternehmens in die Konzernbilanz. Stattdessen wird ausschließlich die **Beteiligung** an dem assoziierten Unternehmen in der Konzernbilanz aufgeführt **und neu bewertet**. Man spricht daher auch von einer einzeiligen Konsolidierung.

1. Anwendungsvoraussetzungen

Kennzeichnend für den Begriff des **assoziierten Unternehmens** 857
gem. § 311 Abs. 1 S. 1 HGB sind zwei Merkmale:
(1) **Beteiligung** eines in den Konzernabschluss einbezogenen Unternehmens,
(2) **maßgeblicher Einfluss** des beteiligten Unternehmens auf die **Geschäfts- oder Finanzpolitik** des assoziierten Unternehmens.

Hinsichtlich des Begriffs der **Beteiligung** verweist das Gesetz auf 858
die Legaldefinition in § 271 Abs. 1 HGB. Erforderlich ist mithin
eine Verbindung von einiger Dauer. Insbesondere reicht eine **reine
Kapitalanlage** zum Zwecke der Verzinsung eigener Mittel **nicht**
aus. Gem. § 271 Abs. 1 S. 3 HGB wird eine **Beteiligung** an einer Kapitalgesellschaft bei einem Anteil des beteiligten Unternehmens am
Nennkapital des assoziierten Unternehmens von **mehr als 20 % widerleglich vermutet.**

Für die Bestimmung eines **maßgeblichen Einflusses** des beteiligten 859
Unternehmens auf die Geschäfts- oder Finanzpolitik ist eine **einzelfallbezogene Gesamtwürdigung** vorzunehmen. Ausreichend ist ein
maßgeblicher Einfluss auf die Geschäfts- **oder** Finanzpolitik; erforderlich ist aber – anders als im Falle des beherrschenden Einflusses
gem. § 290 HGB – dessen **tatsächliche Ausübung**. Als mögliche
Kriterien kommen in Betracht:
- die Mitwirkung im Vorstand oder Aufsichtsrat des assoziierten Unternehmens,
- die Beteiligung an Entscheidungsfindungsprozessen,
- bedeutende geschäftliche Beziehungen,
- der Austausch von Führungspersonal oder
- ein Know-how-Transfer von erheblichem Umfang.

Ab einem **Stimmrechtsanteil von 20 %** wird gem. § 311 Abs. 1 860
S. 2 HGB eine **maßgebliche Einflussnahme widerleglich vermutet.**
Im Einzelfall kann ein maßgeblicher Einfluss also sowohl schon bei
einem niedrigeren Stimmrechtsanteil anzunehmen, als auch bei einem
Stimmrechtsanteil von über 20 % abzulehnen sein. § 271 Abs. 1 S. 3
HGB und § 311 Abs. 1 S. 2 HGB wählen somit **unterschiedliche Anknüpfungspunkte**, wobei § 311 Abs. 1 HGB entsprechend der
Funktion der Konzernbilanz stärker auf den tatsächlichen Einfluss
auf die Unternehmenspolitik abstellt.

861 Neben den assoziierten Unternehmen findet die Equity-Methode Anwendung auf gem. § 296 HGB **nicht vollkonsolidierte Tochterunternehmen**, sowie auf **Gemeinschaftsunternehmen**, die **nicht** gem. § 310 HGB **quotal** konsolidiert werden. Voraussetzung ist auch in diesen Fällen die **tatsächliche Ausübung des maßgeblichen Einflusses.**

2. Erstkonsolidierung nach der Equity-Methode

862 Bei der erstmaligen Anwendung der Equity-Methode wird der **Buchwert**, mit dem das assoziierte Unternehmen in der Einzelbilanz des beteiligten Unternehmens geführt wird, in die **Konzernbilanz übernommen** und unter dem Titel „Beteiligungen an assoziierten Unternehmen" ausgewiesen.

863 Maßgeblich für den Wertansatz der Beteiligung ist gem. § 312 Abs. 3 S. 1 HGB der **Zeitpunkt**, zu dem das **Unternehmen assoziiertes Unternehmen geworden** ist.

864 Im Unterschied zur Voll- und Quotenkonsolidierung **unterbleibt** in der **Konzernbilanz** neben einer (anteiligen) **Übernahme der Vermögensgegenstände und Schulden** des assoziierten Unternehmens auch ein Ausweis des Unterschiedsbetrags zwischen dem Buchwert und dem anteiligen Eigenkapital des assoziierten Unternehmens.

865 Gem. § 312 Abs. 1 S. 2 HGB ist dieser jedoch sowie ein darin enthaltener **Geschäfts- oder Firmenwert oder passiver Unterschiedsbetrag** im **Konzernanhang** anzugeben. Die gem. § 312 Abs. 2 S. 1 HGB erforderliche Zuordnung des Unterschiedsbetrags zu den **stillen Reserven und stillen Lasten** erfolgt bei der Erstkonsolidierung lediglich im Rahmen einer **Nebenrechnung**, ist aber für die später zu erfolgende Folgekonsolidierung erforderlich.

866 **Beispiel:** Das **beteiligte Unternehmen** (BU) hält **25 %** der Anteile an dem **assoziierten Unternehmen** (AU). Aus Vereinfachungsgründen wird auf die Darstellung weiterer Konzernunternehmen verzichtet. Diese müssen aber zwingend vorhanden sein, da Voraussetzung für ein assoziiertes Unternehmen ist, dass an ihm ein in den Konzernabschluss einbezogenes Unternehmen beteiligt ist!

	Bilanzposten	beteiligtes Unternehmen	assoziiertes Unternehmen (HB II)	stille Reserven /Lasten	konsolidierte Bilanz
Aktiva	Beteiligungen	200	–		
	Beteiligungen an assoziierten Unternehmen	–	–		200
	Sonstiges Anlagevermögen	600	500	80	600
	Umlaufvermögen	500	200		500
	Summe Aktiva	**1.300**	**700**		**1.300**
Passiva	EK	800	440		800
	Sonstige Passiva	500	260	16	500
	Summe Passiva	**1.300**	**700**		**1.300**

- Der Unterschiedsbetrag von 90 berechnet sich im Beispiel durch Verrechnung des Beteiligungsbuchwerts (200) mit dem anteiligen Eigenkapital (440 × 25 % = 110).
- Der Geschäfts- oder Firmenwert iHv 74 ergibt sich, indem von dem Unterschiedsbetrag die anteiligen stillen Reserven des assoziierten Unternehmens (80 × 25 % = 20) subtrahiert und die anteiligen stillen Lasten (16 × 25 % = 4) addiert werden.
- Diese Werte sind in eine Nebenrechnung aufzunehmen, erscheinen aber nicht in der konsolidierten Bilanz bei Erstkonsolidierung.

3. Folgekonsolidierung nach der Equity-Methode

Der im Rahmen der **Erstkonsolidierung** ausgewiesene **Wert der Beteiligung** an assoziierten Unternehmen ist gem. § 312 Abs. 4 HGB in der Konzernbilanz **um den anteiligen Betrag der Eigenkapitalveränderungen zu erhöhen oder zu vermindern**. Der Beteiligungswertansatz ist daher **um anteilige Gewinne, Verluste und Gewinnausschüttungen erfolgswirksam zu verändern**. Erwirtschaftet das assoziierte Unternehmen einen **Jahresüberschuss** lässt dieser den Beteiligungswert anteilig steigen. Ein **Jahresfehlbetrag** dagegen verringert den Beteiligungswert anteilig. Die Equity-Methode wird, weil der Beteiligungswert das Eigenkapital des assoziierten Unternehmens widerspiegelt, auch Spiegelbildmethode genannt.

Beispiel: Erzielt das assoziierte Unternehmen im obigen Beispiel einen Jahresüberschuss von 100, steigt der Beteiligungswert am assoziierten Unternehmen um 100 × 25 % = 25.

869 Eine solche **Berücksichtigung der Eigenkapitalveränderungen** ist im **Einzelabschluss** des die Beteiligung haltenden Konzernunternehmens **nicht möglich**. Sie würde **gegen das Anschaffungskosten- und das Realisationsprinzip verstoßen**.
Gleichwohl bestand in der 4. EG-Richtlinie (Art. 59) ein **Mitgliedstaatenwahlrecht** zur Übernahmen der Equity-Bewertung **auch für den Einzelabschluss**, von dem Dänemark, Italien und die Niederlande Gebrauch gemacht hatten (vgl. *Kloos* Transformation S. 255–267). Im Übrigen könnte – ähnlich wie beim Ansatz immaterieller Vermögensgegenstände des Anlagevermögens oder einem Aktivposten für latente Steuern – durch eine **Ausschüttungssperre** für den über den Anschaffungskosten liegenden Bewertungsanteil für assoziierte Unternehmen ein Abfluss der nicht realisierten Beträge vermieden werden.
Durch die Berücksichtigung von Eigenkapitalveränderungen des assoziierten Unternehmens im Konzernabschluss entwickeln sich die **Beteiligungsansätze im Einzel- und im Konzernabschluss damit auseinander**. Dabei ist der in der **Konzernbilanz** erfolgende Ausweis **realitätsnäher**. Das im Einzelabschluss geltende Anschaffungskostenprinzip führt bei Beteiligungen an erfolgreichen Unternehmen zu einem **wenig sachgerechten Zwang zur Bildung von stillen Reserven**, wenn die Gewinne bei der Tochtergesellschaft nicht ausgeschüttet, sondern thesauriert werden.

870 Die **Berücksichtigung des Jahresüberschusses** führt jedoch zu einer **doppelten Erfassung**, wenn daneben in der Konzernbilanz auch **Gewinnausschüttungen** des assoziierten Unternehmens an Konzernunternehmen erfasst werden. Gem. § 312 Abs. 4 S. 1 2. HS HGB sind daher auf die Beteiligung entfallende **Gewinnausschüttungen** vom Beteiligungswert **abzuziehen**.

871 Der Ansatz des **Beteiligungswertes** an assoziierten Unternehmen ändert sich in **Folgejahren** durch die in § 312 Abs. 2 S. 2 HGB vorgesehene **Fortschreibung des Unterschiedsbetrags**.

872 Die in dem Unterschiedsbetrag enthaltenen **stillen Reserven und stillen Lasten** sind **fortzuschreiben**, dh entsprechend den ihnen zugeordneten Vermögensgegenständen oder Schulden **abzuschreiben oder aufzulösen**. Dies geschieht in der **Nebenrechnung**, in die sie schon im Jahr der Erstkonsolidierung aufgenommen wurden. Der **Wert der Beteiligung** an assoziierten Unternehmen ändert sich folglich entsprechend der Abschreibung auf die anteiligen stillen Reserven bzw. der Zuschreibung auf die anteilig realisierten stillen Lasten.

A. Konzernabschluss nach HGB

Beispiel: Nehmen wir im obigen Beispielsfall an, die **stillen Reserven** beziehen sich auf Vermögensgegenstände, die über **fünf Jahre planmäßig abgeschrieben** werden. Die **anteiligen stillen Reserven** verringern sich im **Folgejahr** um ein Fünftel, d. h. 20 × 0,2 = 4. Folglich muss auch der **Wert der Beteiligung** an assoziierten Unternehmen um 4 **verringert** werden. 873

Hinsichtlich der Behandlung des **Geschäfts- oder Firmenwertes** verweist § 312 Abs. 2 S. 3 HGB auf § 309 HGB. Er ist demnach über seine **Nutzungsdauer planmäßig abzuschreiben**. Daraus resultierende **Verringerungen** des Geschäfts- oder Firmenwertes müssen ebenfalls von dem **Wert der Beteiligung an assoziierten Unternehmen abgezogen** werden. 874

Beispiel: Der **Geschäfts- oder Firmenwert** wird im obigen Beispiel ebenfalls über **fünf Jahre** abgeschrieben. Er **verringert** sich daher um 74 × 0,2 = 14,8. Auch dieser Betrag ist von dem Beteiligungswert abzuziehen. 875

4. Zwischenergebniseliminierung

Schließlich sind gem. § 312 Abs. 5 S. 3, 4 HGB auch die **Zwischenergebnisse** in entsprechender Anwendung des § 304 HGB **zu eliminieren**, „soweit die für die Beurteilung maßgeblichen **Sachverhalte bekannt oder zugänglich** sind." Letzteres ist bei assoziierten Unternehmen **nicht immer der Fall**, da sie zwar einem maßgeblichen, aber keinem beherrschenden Einfluss des Konzernunternehmens unterliegen. Ebenso kann in entsprechender Anwendung des § 304 Abs. 2 HGB dann auf die Eliminierung verzichtet werden, wenn die Zwischenergebnisse nur von untergeordneter Bedeutung sind. 876

Gem. **§ 312 Abs. 5 S. 4 HGB** darf die **Eliminierung voll oder anteilig** entsprechend den dem Mutterunternehmen gehörenden Anteilen erfolgen. **DRS 8.30** erlaubt hingegen **weder** eine **vollständige Eliminierung** noch einen **Verzicht bei unzureichender Information**. 877

Bei der Zwischenergebniseliminierung soll der Wertansatz von Vermögensgegenständen in der Bilanz um Zwischenerfolge, die aus der Lieferung und Leistung zwischen den Konzernunternehmen entstanden sind, berichtigt werden. Bei Anwendung der Equity-Methode werden **Vermögensgegenstände und Schulden** des assoziierten Unternehmens jedoch **nicht in die Konzernbilanz übernommen**, sondern lediglich der Beteiligungswert. 878

Die Eliminierung von Zwischenerfolgen ist daher nach dem Wortlaut **lediglich dann möglich**, wenn sich ein Zwischenerfolg in einem

Vermögensgegenstand eines Konzernunternehmens zeigt, mithin bei **Lieferung und Leistung vom assoziierten Unternehmen an ein Konzernunternehmen (upstream-Lieferung)**. Bei einer **downstream-Lieferung** werden **Zwischenerfolge** dagegen **nicht gezeigt**, da die Vermögensgegenstände gerade nicht in die Konzernbilanz übertragen werden. Dennoch sieht **DRS 8.3** sowie eine weit verbreitete Ansicht in der Literatur (so insbesondere *Baetge/Kirsch/Thiele* Konzernbilanzen Kap. VII. 42; BeBiKo/*Winkeljohann/Lewe* HGB § 312 Rn. 80 f.) eine **Zwischenergebniseliminierung auch bei downstream-Geschäften** vor.

Literatur: *Baetge/Kirsch/Thiele* Konzernbilanzen Kap. VII
Heymann/*Henssler* HGB § 311
BeBiKo/*Winkeljohann/Lewe* HGB § 311

B. Konzernabschluss nach IAS/IFRS

I. Notwendigkeit einer internationalen Rechnungslegung

Die **Internationalisierung der Wirtschaft und der Unternehmen** bringt die Notwendigkeit einer internationalen Rechnungslegung mit sich. Diese Internationalisierung hat dabei verschiedene **Facetten** und betrifft verschiedene **Leistungsbereiche** der Unternehmen:

(1) **Aktien** und **Anleihen** von großen Unternehmen werden regelmäßig nicht nur an deutschen, sondern auch an **internationalen Börsen** notiert und gehandelt. Zudem sind auch die **Inhaber** von Aktien und Anleihen vielfach **international verteilt**. Dies gilt schließlich auch für **finanzierende Banken,** die sich zudem häufig zu internationalen **Konsortien** zusammenschließen. Alle an der **Finanzierung** der Unternehmen Beteiligten, seien es Eigen- oder Fremdkapitalgeber, haben naturgemäß ein besonders ausgeprägtes **Interesse** an der Aussagekraft der ihrer Analyse zugrundeliegenden **Konzernabschlüsse.**

(2) Bereits mittelständische Unternehmen sehen sich im internationalen **Lieferungs- und Leistungsverkehr** zunehmend **Geschäftspartnern** gegenüber, die ihnen eine **internationale Rechnungslegung** in den Vertragsbedingungen auferlegen. Nicht nur finanziell, sondern auch betriebswirtschaftlich ist die einzuschätzende **Stabilität von Partnerunternehmen** durch die zunehmend **enge Verzahnung** in integrierten Logistikketten über den gesamten Wertschöpfungsprozess (Supply Chain Management) von hoher Bedeutung.

(3) **Unternehmenskonglomerate** verteilen sich häufig auf eine Vielzahl von Ländern. Ihre **Mitarbeiter** werden nicht nur **weltweit eingestellt** und **beschäftigt**, sondern auch **ausgebildet**. Die **Studiengänge** für (künftige) Rechnungslegungsexperten an den internationalen **Universitäten** und **business schools** müssen deshalb **internationales Bilanzrecht** in ihren Lehrprogrammen aufweisen, wollen sie konkurrenzfähig sein.

(4) Schließlich werden nicht nur entsprechend ausgebildete **Mitarbeiter** im Rechnungswesen der Unternehmen benötigt, sondern auch

bei den **Wirtschaftsprüfungsgesellschaften**, die sich in mehreren Fusionswellen auf die inzwischen als **Big-Four** bezeichneten, weltweit agierenden vier Unternehmen (pwc, KPMG, Deloitte, Ernst & Young) konzentriert haben. Alle 30 DAX-Unternehmen werden von diesen vier Gesellschaften geprüft.

880 Mit den **EG-Richtlinien** Nr. 4 (Einzelabschluss), Nr. 7 (Konzernabschluss) und Nr. 8 (Abschlussprüfung) sollte ab 1978 das **europäische Bilanzrecht** der damals 12 EG-Mitgliedstaaten **harmonisiert** werden. Die **Chance** zur Schaffung eines wettbewerbsfähigen, auch **international** über die Grenzen der EU **anerkannten Bilanzrechts**, wurde allerdings nicht genutzt. Dies lag nicht nur an den **langen Prozessen für die Transformation** der Richtlinien in nationales Recht, so wurde die 4. EG-Richtlinie von Dänemark bereits 1981, aber von Italien erst 1991 transformiert, sondern auch an den vielen **Mitgliedstaatenwahlrechten**. Allein die 4. EG-Richtlinie enthielt 41 nationale Wahlrechte (vgl. *Kloos* Transformation S. 99).

Im **Ergebnis** waren die **Unterschiede zwischen den einzelnen Ländern enorm**. Die Spannweite reichte vom **deutschen** fortführungsstatischen und vorsichtsgeprägten Bilanzrecht bis bspw. zum **spanischen Bilanzrecht**, das nahezu ausschließlich auf die Informationsbedürfnisse Dritter zugeschnitten war und die damaligen IAS dahingehend übertraf (vgl. *Dicken* Spanisches Bilanzrecht S. V). Hintergrund für die deutsche Sonderstellung war die **lange Tradition** des **deutschen Bilanzrechts**, dessen **Veränderung** national mit großer **Skepsis** begegnet wurde und die in der anhaltenden Weigerung des deutschen Gesetzgebers zum Ausdruck kommt, die Generalnorm (True and Fair View) als „overriding-principle" umzusetzen. Im Gegensatz hierzu hatte das spanische Bilanzrecht das Glück der völligen Neukonzeption.

881 Aus zumindest **deutscher Perspektive** sah es in den 1990iger Jahre lange so aus, dass die **US-amerikanischen Bilanzierungsregeln** (sogenannte US-GAAP) die **führende Rolle** einnehmen würden. Hintergrund war, dass sich bis 2002 beginnend mit Daimler (1993) 16 deutsche Konzerne an der Börse in New York (NYSE) zur Notierung aufnehmen ließen, darunter Allianz, Deutsche Bank, Eon, Siemens, SAP, Bayer und BASF, und die US-Börsenaufsicht (SEC) zur damaligen Zeit die US-GAAP (und Zusatzregeln) verbindlich vorschrieb.

882 Vor dem Hintergrund der **enormen Kosten** für die Aufstellung des Konzernabschlusses (20-F) und der Quartalsberichte sowie für die

Wirtschaftsprüfung und rechtliche Beratung, sowie dem Umstand, dass vielfach **keine nennenswerten Börsenumsätze** an der NYSE erfolgten, zogen sich die Unternehmen zunehmend wieder von der NYSE zurück (vgl. *Hage*, Flucht von der Wall Street, Manager Magazin 6.9.2007, http://www.manager-magazin.de/unternehmen/ar tikel/a-504028.html). Hierzu wird auch der **Renommée-Verlust** beigetragen haben, den die US-GAAP im Anschluss an den ENRON-Skandal 2001 erlitten haben. ENRON war der weltweit größte Energiekonzern mit einem Geflecht von mehr als 2.000 Firmen, die zur Umsetzung einer völlig intransparenten Rechnungslegung genutzt wurden (oV, der ENRON-Skandal, Capital 24.3.2014, www.capital/de./themen/der-enron-skandal.html).

Da die Notwendigkeit für internationale Rechnungslegungsregeln unverändert bestand, die Bedeutung der US-GAAP zurückging und die nationalen Abschlüsse (obschon auf der Basis der EG-Richtlinien) vielfach nicht anerkannt wurden, sah sich die **Europäische Kommission** zu einer **neuen Strategie** veranlasst, in deren Folge stärker europäisch geprägte Regeln, nämlich die **International Accounting Standards** wieder verstärkt in den Blickpunkt gerieten:

„Die **Hauptziele** der neuen **Kommissionsstrategie** sind ein leichterer **Zugang** der europäischen Unternehmen zu den **internationalen Kapitalmärkten** und eine **bessere Vergleichbarkeit** der konsolidierten Abschlüsse dieser Unternehmen, die wichtige Akteure auf dem Binnenmarkt sind. Das Problem für Unternehmen, die eine Börsennotierung außerhalb der Europäischen Union anstreben, besteht darin, dass die gemäß den nationalen Vorschriften erstellten **Abschlüsse**, die wiederum die Anforderungen der EU-Rechnungslegungsrichtlinien berücksichtigen (...), auf den **wichtigsten außereuropäischen Wertpapiermärkten nicht anerkannt** werden. Stattdessen kann von in der EU ansässigen Unternehmen, die Kapital auf einem Drittlandmarkt aufnehmen wollen, verlangt werden, einen **zweiten Abschluss** gemäß den **internationalen Rechnungslegungsgrundsätzen** aufzustellen. Anstatt eine europäische Rechnungslegungsbehörde einzurichten oder eine neue Reihe europäischer Rechnungslegungsgrundsätze zusätzlich zu den bereits bestehenden nationalen und internationalen Grundsätzen einzuführen, schlägt die Kommission vor, die **EU** solle die vom IASC (...) und von der IOSCO (...) unternommenen Anstrengungen in Richtung auf eine weitere **internationale Harmonisierung der Rechnungslegungsgrundsätze unterstützen**. Vorrangig wird die Kommission deshalb zusammen mit den Mitgliedstaaten im Rahmen des für die Rechnungslegungsrichtlinien zuständigen Kontaktausschusses prüfen, inwiefern die **vorhandenen** „International Accounting Standards" **(IAS)** mit den **EU-Rechnungslegungsrichtlinien** übereinstimmen. Diese „Konformitätsüberprüfung" ist ein erster wichtiger Schritt für die Mitgliedstaaten, um ihren Unternehmen die Erstellung von Abschlüssen auf dieser Grundlage zu gestatten." (Vgl. European Commission – IP/95/1234, 14/11/1995 im Original ohne Fettdruck).

884 Diese Strategie mündete schließlich in die **IAS-Verordnung** (IAS-VO) von 2002, die für **kapitalmarktorientierte Unternehmen** die Aufstellung eines **Konzernabschlusses** nach **IAS/IFRS** verpflichtend vorschreibt.

II. Einführung und Grundlagen der IAS/IFRS

885 Der deutsche Gesetzgeber hat sich lange gegen die Tendenzen zur Internationalisierung des Bilanzrechts gesträubt. Selbst das BilMoG 2009 lässt sich als Versuch verstehen, weiterhin eine gewisse Eigenständigkeit des deutschen Bilanzrechts zu bewahren, zugleich aber den mittelständischen Unternehmen die international üblichen Erleichterungen zu gewähren. Für kapitalmarktorientierte deutsche Unternehmen sind die internationalen Rechnungslegungsstandards **IAS/IFRS** heute allerdings fester Bestandteil ihrer Rechnungslegung. Bei ihnen handelt es sich nicht um staatliches Recht, sondern um von einer **privaten Organisation geschaffene Regeln**, die sich auf eine breite Akzeptanz insbesondere in Europa stützen können.

Das für die Entwicklung zunächst zuständige **International Accounting Standards Committee (IASC)** wurde 1973 als private **Vereinigung von Abschlussprüferverbänden** aus einer Vielzahl von Staaten mit dem Ziel der Verbesserung und Harmonisierung einer kapitalmarktorientierten Rechnungslegung gegründet. Um die Unabhängigkeit insbesondere von den Berufsverbänden der Wirtschaftsprüfer und die Kooperation mit den nationalen Standardsettern zu stärken, erfolgte 2002 eine Neuorganisation als **International Accounting Standards Board (IASB)**.

886 Die geänderte Organisationsstruktur hat sich auch auf die **Bezeichnung der Standards** ausgewirkt. Die Abkürzung „IAS" steht für „International Accounting Standards" und bezeichnet jene Standards, die noch vom IASC veröffentlicht wurden. Die neueren vom IASB ausgearbeiteten Standards tragen dagegen die Bezeichnung IFRS für „International Financial Reporting Standards". Die IFRS erfassen als Oberbegriff neben den neu veröffentlichten IFRS auch die zuvor schon in Kraft gesetzten IAS, denen man ihre ursprüngliche Bezeichnung belassen hat. Um Missverständnisse zu vermeiden wird nachfolgend von den IAS/IFRS gesprochen.

1. Entstehungsgeschichte

Der IASB hat sich das Ziel gesetzt, im öffentlichen Interesse **hochwertige, verständliche und durchsetzbare globale Rechnungslegungsstandards** zu entwickeln und so ein kapitalmarktorientiertes Rechnungslegungssystem zur Verfügung zu stellen, das Kapitalmarktteilnehmern und anderen Informationsadressaten entscheidungsrelevante Informationen bereitstellt. Zugleich soll die **weltweite Anerkennung und Anwendung** der IAS/IFRS aktiv gefördert und die **internationale Harmonisierung der Rechnungslegung** vorangetrieben werden. Ihre Herkunft bringt es mit sich, dass die IAS/IFRS **keinem nationalen Rechnungslegungskonzept** verhaftet sind. Die verschiedenen nationalen Rechnungslegungstraditionen sollen im Gegenteil auf einen gemeinsamen Nenner gebracht werden. Die zu beobachtende Nähe zu den US-amerikanischen Rechnungslegungsvorschriften, den Generally Accepted Accounting Principles (kurz: US-GAAP), ist im Interesse einer weltweiten Vergleichbarkeit der Jahresabschlüsse durchaus gewünscht. 887

Die IAS/IFRS werden in einem formalisierten mehrstufigen **Normsetzungsverfahren** erarbeitet, dem so genannten **due process**, der zugleich die bei staatlichen Normen häufig vermisste breite Akzeptanz der Vorschriften sicherstellt. Sein Kennzeichen besteht in einer möglichst breiten **Beteiligung** der unterschiedlichen **an der Rechnungslegung interessierten Gruppierungen** (wie bspw. der nationalen Standardsetter) am Normsetzungsprozess. Für Deutschland wirkt das Deutsche Rechnungslegungs Standards Commitee (kurz DRSC) bei der Standardentwicklung mit. 888

Zur Vorbereitung eines neuen Rechnungslegungsstandards erarbeitet der IASB in einem ersten Schritt ein **Diskussionspapier**, für dessen **Kommentierung** durch die Öffentlichkeit in der Regel ein Zeitraum von drei Monaten zur Verfügung steht. In einem nächsten 889

Schritt entwickelt der IASB aus den eingegangenen Stellungnahmen einen favorisierten **Lösungsansatz**, den **Exposure Draft**, über den erneut öffentlich diskutiert wird. Unter Auswertung der erfolgten Kommentierungen erarbeitet und veröffentlicht der IASB schließlich den endgültigen **Standard**.

2. Systematik und Anwendungsfragen

a) Bestandteile und Normenhierarchie

890 Für den in der deutschen Rechtstradition geschulten Bilanzrechtler sind die IAS/IFRS ein recht ungewöhnliches Gebilde. Das IASB gibt jährlich in englischer Sprache als **Basisdokument** der IAS/IFRS ein *Bound Volume* heraus, das den vollen Text aller Standards, das **Rahmenkonzept (framework)** und außerdem die Interpretationen des International Financial Reporting Interpretations Committee (**IFRIC**) enthält. Diese drei Elemente kennzeichnen zugleich die dem Regelwerk zugrunde liegende Ordnungsstruktur. Hinzugezählt werden gelegentlich als weitere Elemente das Vorwort (Preface) und die Anwendungsleitlinien (Implementation Guidances), deren Verbindlichkeit allerdings hinter derjenigen von Standards und Interpretationen zurückbleibt. In diesem Fall gelangt man zu bis zu fünf Komponenten (vgl. HdJ/*Baetge/Zülch* I/2 Rn. 179).

Die **Zitierweise** der einzelnen Regelungen folgt einem festen Schema: Zunächst wird der Standard benannt und an diesen, durch einen Punkt getrennt, der konkrete Paragraph angehängt, zB IAS 39.4. Entsprechend wird beim Rahmenkonzept vorgegangen, wobei hier das „F" als Abkürzung für Framework steht, zB F.2.

891 Das Kernstück bilden die **Rechnungslegungsstandards.** Ähnlich den Vorschriften des deutschen HGB regeln sie einzelne Sachverhalte der Rechnungslegung. Allerdings liegt ihnen **kein systematisches Konzept** zugrunde, wie es etwa hinter der deutschen handelsrechtlichen Einteilung in Ansatz-, Bewertungs- und Ausweisvorschriften steht. Stattdessen werden ganz unterschiedliche **Bilanzierungsfragen** geregelt, neben Vorschriften zu einzelnen Bilanzposten (zB IAS 2 für Vorräte) und Berichtselementen (zB IAS 7 Kapitalflussrechnungen) finden sich Vorgaben für einzelne Branchen (zB IAS 30: Angaben im Abschluss von Banken und ähnlichen Finanzinstitutionen).

B. Konzernabschluss nach IAS/IFRS

Die **Interpretationen** geben verbindliche Antworten auf **Auslegungsfragen**, lassen sich also als eine Art Kommentierung der Standards umschreiben.

Als drittes Element beschreibt das **Rahmenkonzept** (framework) für die Aufstellung und Darstellung von Abschlüssen schließlich die **Grundkonzeption** der IAS/IFRS-Rechnungslegung. Das Rahmenkonzept nimmt in der Normenhierarchie allerdings selbst nicht den Rang eines Standards ein; vielmehr gehen nach F.2 und 3 die Standards dem Rahmenkonzept immer vor.

Trotz ihres untergeordneten Rangs kommt den Bestimmungen des Rahmenkonzepts für den IAS/IFRS-Abschluss eine wichtige Rolle zu. Das **Framework** bietet die konzeptionelle Grundlage für die **Entwicklung** neuer und die **Überarbeitung** bestehender Standards. Außerdem erlaubt es eine deduktive Ableitung von Bilanzierungslösungen für Fälle, die von den Standards nicht ausdrücklich geregelt werden.

Das Rahmenkonzept enthält demzufolge im Sinne eines „Allgemeinen Teils" die **Zielsetzungen** der IAS/IFRS-Rechnungslegung, die **qualitativen Anforderungen** an den Abschluss (qualitative characteristics), **allgemeine Ansatz- und Bewertungsvorschriften** sowie Regelungen zur **Gewinnrealisierung** und zu **Kapitalerhaltungskonzepten**.

Der kontinuierliche Bedarf nach angemessener Regelung aktueller Phänomene bringt es mit sich, dass das Rahmenkonzept mit der Entwicklung neuer Standards nicht immer Schritt hält. Einige der **aktuellsten Standards** brechen daher **aus dem Rahmenkonzept** aus. So kennt etwa das Rahmenkonzept die Bewertungsmethode des **fair value** nicht, obwohl diese in vielen neueren Standards angesprochen wird. IASB und der US-amerikanische Standardsetter FASB arbeiten derzeit an einem gemeinsamen, neuen „conceptual framework" als Grundlage für beide Rechnungslegungskonzepte, das die existierenden Widersprüchlichkeiten ausräumen soll (aktuelle Informationen dazu finden sich auf der Homepage des IASB unter www.iasb.org).

Ähnlich wie die deutschen GoB (Eiffelturmprinzip: Jede GoB hat die gleiche Bedeutung für das bilanzrechtliche Gesamtkonzept wie eine Strebe des Eiffelturms für die Stabilität des Turms) kennen auch die **Standards** untereinander **keine Rangordnung**. Sie behandeln konzeptionell abgegrenzte Bereiche der Rechnungslegung, stehen daher gleichberechtigt nebeneinander. Anders als in kontinentaleuropäischen Kodifikationen kommt der **Reihenfolge** der Standards **keine** systematische Bedeutung zu. Sie erklärt sich allein aus dem Zeitpunkt ihrer Veröffentlichung, der in der Vergangenheit durch die Dringlichkeit der regelungsbedürftigen Bilanzierungsfrage sowie durch Konsensfindung und Durchsetzbarkeit bestimmt wurde. Zur Auflösung von Konkurrenzen gelten die auch aus der Gesetzgebungslehre bekannten Regeln: **Grundsätzlich** ist der **speziellere** (lex specialis), bei gleichermaßen einschlägigen der **aktuellere** Standard (lex posterior) anzuwenden. Der überarbeitete **IAS 1** „Darstellung des Abschlusses" lässt sich als **Grundlagenstandard** begreifen. In ihm sind ergänzend zum Rahmenkonzept nunmehr in verbindlicher Form bestimmte Grundlagen der IAS/IFRS-Rechnungslegungskonzeption zusammengefasst.

b) Praktische Anwendung der Standards

898   Bei der Rechnungslegung stellen sich ähnlich wie bei der Anwendung staatlicher Normen im konkreten Fall die Fragen, welche Standards einschlägig sind, wie sie angewandt, **insbesondere** wie in ihnen enthaltene, **unbestimmte Begriffe ausgelegt** werden und wie im Falle von **Regelungslücken** vorzugehen ist.

899   Die **einzelnen Schritte** der **Normanwendung** werden von IAS 8.7 ff. vorgegeben. Dort werden vor allem die **Kriterien für die Auswahl und Anwendung der Bilanzierungs- und Bewertungsmethoden** erläutert, dh die besonderen Prinzipien, grundlegenden Überlegungen, Konventionen, Regeln und Praktiken, die bei der Aufstellung und Darstellung des Abschlusses anzuwenden sind.

900   Als **ersten Schritt** verlangt IAS 8.7 die Prüfung, inwiefern ein **Geschäftsvorfall** oder sonstiges Ereignis **von einem Standard oder einer Interpretation erfasst** wird. Anschließend sind die entsprechenden **Bilanzierungs- und Bewertungsmethoden** für den jeweiligen Posten unter Berücksichtigung des einschlägigen Standards, eventuell vorhandener Interpretationen und aller relevanten Umsetzungsleitlinien (implementation guidance) zu ermitteln.

Gemäß IAS 1.14 ist ein Abschluss nur dann IAS/IFRS-konform, wenn **sämtliche Standards und Interpretationen vollständig und ausnahmslos** angewendet wurden. Nur dann liefert der Abschluss nämlich gemäß IAS 1.13 ein den tatsächlichen Verhältnissen entsprechendes Bild der Vermögens-, Ertrags- und Finanzlage des Unternehmens und entspricht dem Grundsatz der **fair presentation** als Kernstück der IAS/IFRS-Rechnungslegung. Führt die Anwendung

B. Konzernabschluss nach IAS/IFRS 313

eines Standards oder einer Interpretation ausnahmsweise zu einer irreführenden Darstellung, ist es dem Management unter sehr engen Voraussetzungen und unter Erläuterung im Anhang gestattet, von der **betroffenen Regelung abzuweichen** (sog. overriding principle).

Anders als das deutsche Bilanzrecht des HGB beruhen die IFRS auf der Idee, jeder **einzelne Standard** solle **aus sich heraus verständlich** sein. Mangels eines Allgemeinen Teils muss damit jeder Standard neben dem eigentlichen Normgehalt **Definitionen** der verwendeten Begriffe enthalten. Außerdem müssen für jeden Standard die **verschiedenen Methoden** erläutert und weitere Erklärungen in den Text aufgenommen werden, mit der **Folge** vieler unnötiger Wiederholungen und eines insgesamt geradezu **ausufernden Regelwerks**. 901

Der dogmatische Ansatz der Standards unterscheidet sich damit grundlegend von den handelsrechtlichen Rechnungslegungsvorschriften, die entsprechend der deutschen Kodifikationsidee als abstrakt formulierte, möglichst präzise gefasste Normen (Ge- und Verbote) ausgestaltet sind. In der Regulierungstheorie spricht man von einer „**rule-based regulation**", die klare Vorteile im Bereich der Rechtssicherheit und der geringeren Missbrauchsanfälligkeit hat. Darunter lässt sich ein in sich geschlossenes Normengefüge verstehen, welches für eine Vielzahl von Einzelfällen, auf der Grundlage konkret gefasster Tatbestandsmerkmale, klar definierte Rechtsfolgen anordnet. Das HGB steht auf der Grundlage dieses für kontinentaleuropäische Rechtsordnungen typischen Konzepts, setzt dieses Modell freilich nicht strikt um, sondern begnügt sich vielfach damit, gewisse Grundprinzipien vorzugeben. Die IAS/IFRS stehen in der Rückführung auf Grundprinzipien noch stärker in der Tradition der angloamerikanischen, kasuistischen Rechtsordnung. Dementsprechend beschreibt das IASB seine Standards als prinzipienorientiert (**principle-based regulation**). Bei diesem Ansatz werden auf der Ebene des Gesetzes lediglich abstrakte Grundsätze formuliert, die dann im Einzelfall konkretisiert werden müssen. Die zur Bilanzierung verpflichteten Personen müssen sich von diesen Grundsätzen leiten lassen und darauf bedacht sein, die formulierten Zielvorgaben zu erreichen (**outcomes-based regulation** oder zielbasierte Regulierung). Im Gegensatz zur rule-based regulation hat der Normunterworfene einen gewissen Spielraum, auf welchem Weg er die gesetzlich vorgegebenen Ziele erreicht. (vgl. zum Ganzen: *Graeme/Sethi* The European Journal of Risk Regulation, Heft 2013/1, 43 (45); *Schlag* UCLA Law Review, Bd. 33, Heft 2, 1985, 379 (382 f.); *Schneider*, in: Baums/Hutter, Gedächtnisschrift für Michael Gruson, 2009, 369 (372)). Beide Regulierungsansätze finden sich in nationalen Rechtsordnungen bzw. Rechtsgebieten meist nicht in Reinkultur, sondern nur in Mischformen mit unterschiedlicher Gewichtung. Das gilt auch für das Bilanzrecht, einem der wenigen Rechtsgebiete, in dem in Deutschland überhaupt über die Unterschiede zwischen der rule-based und der principle-based regulation diskutiert wird, während im Ausland diese wissenschaftliche Diskussion weit intensiver geführt wird (vgl. hierzu auch *Kilian* AnwBl. 2010, 544 (545)).

902 Vom gedanklichen Ansatz her ist die regelbasierte (rule based) Rechnungslegungskonzeption bestrebt, der Praxis für **jeden Einzelfall** eine **konkrete Lösung** in Form einer detaillierten „Gebrauchsanweisung" zu bieten. **Auslegungsspielräume** sollen **gering** gehalten werden. Dem damit verbundenen Vorteil der Rechtssicherheit steht als **gravierender Nachteil** die mangelnde Flexibilität gegenüber, da es ausgeschlossen ist, alle künftig auftretenden Problemkonstellationen vorauszusehen und zu regeln. Das bewusste Auffinden und Ausnutzen von Regelungslücken wird geradezu zur Kunst und lässt sich nur schwer eindämmen. Eine **prinzipienorientierte Rechnungslegung** zwingt den Normunterworfenen demgegenüber, die einzelnen Regeln entsprechend den **vorgegebenen Prinzipien auszulegen** und anzuwenden und so ein **professional judgement** zur Geltung zu bringen. Das deutsche Rechnungslegungsmodell ist durch eine umfangreiche Kommentarliteratur gekennzeichnet, die allerdings dem Anwender der Rechnungslegungsnormen die eigenverantwortliche Auslegung der Vorschriften ebenfalls nicht abnehmen kann. Sie bleibt unverbindlich und wirkt allein durch die Überzeugungskraft ihrer Argumentation.

903 Die **Auslegungshoheit** für die IAS/IFRS liegt demgegenüber ausschließlich beim **IASB** sowie dem **IFRIC**. Für einen IAS/IFRS-konformen Abschluss ist erforderlich, dass **sämtliche Erläuterungen und Interpretationen** des IASB und des IFRIC **verbindlich** angewendet werden. Auslegungsspielräume verbleiben bei Regelungslücken, bei deren Ausfüllung die Anwender allerdings nicht frei, sondern an das in IAS 8.10–12 beschriebene Verfahren gebunden sind.

904 Festzustellen ist, dass die IAS/IFRS **Elemente** sowohl einer **prinzipienbasierten**, als auch einer **regelbasierten Rechnungslegungskonzeption** enthalten. Die hohe Regelungsdichte der Standards und die große Zahl detaillierter Einzelfallregelungen offenbaren eine enge Verwandtschaft zu den US-GAAP. Freilich sind die IAS/IFRS weni-

ger komplex und umfangreich als die US-GAAP, zudem gilt das **overriding principle**, wonach in extremen Ausnahmefällen von einem Standard verpflichtend abgewichen werden muss, wenn anderenfalls kein den tatsächlichen Verhältnissen entsprechendes Bild der Vermögens-, Finanz- und Ertragslage des Unternehmens geboten, der Grundsatz des **true and fair view** also verletzt würde. Vor diesem Hintergrund ist es aus angelsächsischer Sicht folgerichtig, auch die IAS/IFRS als prinzipienorientiert zu qualifizieren.

Ungeachtet der Detailtreue der Bilanzierungs- und Bewertungsleitlinien und der zusätzlichen Auslegungshilfen durch die Interpretationen des IFRIC verbleibt gleichwohl ein **erheblicher Spielraum bei der Auslegung** der unvermeidlichen **unbestimmten Rechtsbegriffe** in den Standards. Insoweit erweist es sich als nachteilig, dass die IAS/IFRS nicht in einem historischen Kontext gewachsen sind, sondern vielmehr einen Kompromiss aus unterschiedlichen Rechnungslegungsphilosophien bilden. „Grundsätze ordnungsmäßiger internationaler Rechnungslegung" in Parallele zu den deutschen GoB, die dieses Manko überwinden könnten, haben sich mangels Anwendungspraxis bislang nicht entwickelt. 905

Die **fehlende Systematik** der als Stückwerk erlassenen Standards erschwert ihre **Auslegung** und **Anwendung**. Die dynamische und kontinuierliche Fortentwicklung der Standards durch den IASB verlangt die Fähigkeit und Bereitschaft der Normadressaten, sich fortlaufend über aktuelle Entwicklungen zu informieren und die Rechnungslegung entsprechend anzupassen. Für deutsche Anwender bietet die ungewohnte Regelungstechnik der IAS/IFRS, die Rechtsnorm und Interpretation „lehrbuchartig" miteinander vermengt, eine besondere Herausforderung. 906

3. Die IAS/IFRS als verbindliche Rechtsnormen in der EU

a) Die Anerkennung der IAS/IFRS durch die EU

Der **IASB** hat als **privatrechtliche Organisation** naturgemäß keine Kompetenz, rechtsverbindliche Normen zu verabschieden. Die **IAS/IFRS** enthalten folglich bloße **unverbindliche internationale Rechnungslegungsgrundsätze**. Sie haben **keine Rechtsnormqualität** im Sinne der Grundsätze ordnungsmäßiger Buchführung (GoB), sondern lediglich den Status von **Fachnormen mit Empfehlungscharakter**. Mangels einer auch nur vertraglichen Bindung der 907

Normadressaten an den IASB hat dieser selbst überhaupt keine Möglichkeit, die Anwendung der Standards durchzusetzen oder die Nichtbefolgung einzelner Standards zu sanktionieren. Er ist also darauf angewiesen, dass entweder **Kapitalmarktaufsichtsbehörden** oder **Börsen** diese Standards akzeptieren und als **Zulassungsvoraussetzung** aufgreifen oder dass einzelne Staaten diese Regeln sogar für verbindlich erklären.

908 Die **EU** verfolgte zunächst den Weg einer europaweiten Harmonisierung der Rechnungslegungsvorschriften durch zahlreiche Richtlinien, die allerdings wegen der **erheblichen Ausgestaltungsspielräume** und **Wahlrechte** ihr primäres Ziel der Rechtsangleichung weitgehend verfehlten. Den IAS/IFRS wurde dementsprechend zunächst wenig Beachtung geschenkt. Erst nachdem von Seiten der international ausgerichteten europäischen Unternehmen immer deutlicher der Wunsch nach einem international anerkannten Abschluss artikuliert wurde, kam es 1995 zu einem grundlegenden Strategiewandel. Die Anbindung an die IAS/IFRS wurde bewusst gewählt, um einen gewissen Einfluss auf die Gestaltung der IAS/IFRS zu sichern und zugleich ein **Gegenmodell zu den national geprägten US-GAAP** zu fördern. Um entsprechend der Vorgabe des Rates bis zum Jahr 2005 den vollständig integrierten Binnenmarkt für Finanzdienstleistungen zu schaffen, schlug die EU-Kommission im Jahr 2000 in einem ersten Schritt vor, die IAS/IFRS als verbindliches Regelwerk für den Konzernabschluss kapitalmarktorientierter Unternehmen vorzuschreiben. Mit Verabschiedung der Verordnung (EG) Nr. 1606/2002 des Europäischen Parlaments und des Rates vom 19.7.2002 betreffend die Anwendung internationaler Rechnungslegungsstandards (**IAS-VO**) (ABlEG Nr. L 243 v. 11.9.2002, S. 1) haben die IAS/IFRS **verbindlichen Einzug** in das europäische Rechnungslegungsrecht gehalten.

b) Die Reichweite der IAS-VO

909 Die IAS-VO verpflichtet alle **kapitalmarktorientierten Unternehmen** innerhalb der **EU**, ihre **konsolidierten Abschlüsse** für die Geschäftsjahre ab 2005 nach den **IAS/IFRS** aufzustellen. Für den Konzernabschluss nicht kapitalmarktorientierter Unternehmen sowie für die **Einzelabschlüsse** sämtlicher Unternehmen gewährt Art. 5 IAS-VO den **Mitgliedstaaten ein Wahlrecht**, ob sie die internationalen Standards vorschreiben wollen. Die **Bundesrepublik Deutsch-**

land hat mit dem Bilanzrechtsreformgesetz vom 4.12.2004 (BGBl I 2004, S. 3166) das Wahlrecht nur partiell ausgeübt, nämlich lediglich für die **Konzernabschlüsse von nicht kapitalmarktorientierten** (vgl. § 315a Abs. 3 HGB) und solchen **Unternehmen, die einen Antrag auf Zulassung ihrer Wertpapiere zum Handel an einem organisierten Markt gestellt haben** (vgl. § 315a Abs. 2 HGB). Für den **Einzelabschluss** wird ein Wahlrecht zur Aufstellung nach den IAS/IFRS gemäß § 325 Abs. 2a HGB nur für die **Offenlegungspflicht** des § 325 HGB eröffnet. Im Übrigen bleiben **sämtliche Unternehmen verpflichtet**, einen (Einzel-)**Jahresabschluss** nach den **Vorschriften des HGB** aufzustellen. Allein er ist weiterhin die Grundlage für die Gewinnansprüche der Gesellschafter etwa nach § 29 GmbHG.

Auf die IAS/IFRS umstellen müssen sich somit nur jene Unternehmen, die verpflichtet sind, einen Konzernabschluss aufzustellen und deren Wertpapiere an einem geregelten Markt innerhalb der EU zum Handel zugelassen sind. Davon sind allein die **börsennotierten oder kapitalmarktorientierten Aktiengesellschaften** betroffen. Für den **Großteil** der deutschen Kapitalgesellschaften, die weder börsennotiert noch kapitalmarktorientiert sind, gelten weiter **allein die Vorschriften des HGB**. Davon unabhängig haben sich jedoch für den Konzernabschluss generell die internationalen Regeln aus Gründen der besseren Vergleichbarkeit der Abschlüsse durchgesetzt. 910

c) Das Anerkennungsverfahren der EU

Nach Art. 2 IAS-VO gelten als **internationale Rechnungslegungsstandards** im Sinne der Verordnung nur diejenigen, die vom **IASB veröffentlicht oder angenommen** wurden. Die originäre Normsetzungskompetenz für die neuen Rechnungslegungsvorschriften liegt somit ausschließlich beim IASB. Der EU bleibt lediglich die Möglichkeit im Standardsetzungsprozess mitzuwirken. Eine eigenständige materielle Normsetzungsbefugnis hat sie dagegen weitgehend aufgegeben. 911

Ein solches Verfahren erweckt den Verdacht einer **unzulässigen Delegation der Normsetzungskompetenz** und einer mangelnden Legitimation des IASB. Um entsprechenden Vorwürfen entgegenzuwirken, sieht Art. 6 Abs. 2 IAS-VO ein **spezielles Anerkennungsverfahren**, das sog. **Komitologie- oder auch Endorsement-Verfahren** vor. Danach entscheidet die EU-Kommission im **Einzelfall**, ob die 912 vom IASB verabschiedeten IAS/IFRS sowie die Interpretationen tatsächlich übernommen werden.

913 Im bilanzrechtlichen Schrifttum wird überwiegend die demokratische Legitimation des Anerkennungsverfahrens bejaht. **Kritik** richtet sich aber gegen die **Regelung des IAS 1.14**. Danach darf ein Unternehmen seinen Abschluss **nur dann** als mit den **IAS/IFRS konform** bezeichnen, wenn **sämtliche vom IASB verabschiedeten Standards ausnahmslos angewendet** wurden. Faktisch ergibt sich daraus ein Zwang für die EU-Kommission und den diese unterstützenden Regelungsausschuss zur Rechnungslegung, sämtliche IAS/IFRS vollständig zu übernehmen. Die Ablehnung eines Standards durch die EU hätte „EU-spezifische" IAS/IFRS zur Folge. Da damit aber die Grundidee weltweit einheitlicher Rechnungslegungsstandards aufgegeben würde, lässt sich die **Gefahr eines Anerkennungsautomatismus** nicht von der Hand weisen. Man wird daher künftig sorgfältig beobachten müssen, ob das Komitologieverfahren tatsächlich im Sinne eines Filters solche Standards eliminiert, die den Anforderungen des Art. 3 Abs. 2 IAS-VO nicht genügen. Prognostizieren lässt sich bei sachgerechter Handhabung eine **gegenseitige Beeinflussung**: Das IASB wird seinerseits bereits während des Standardsetzungsprozesses Wert darauf legen, neue IFRS so auszugestalten, dass sich aus dem europäischen Regelwerk keine Übernahmehindernisse ergeben.

914 Hinsichtlich der Geltung der IAS/IFRS in Europa ist zu unterscheiden: Werden die **Standards** und **Interpretationen** mittels des Komitologieverfahrens direkt in europäisches Recht transformiert, so kommt ihnen die bindende Kraft geltenden europäischen (Sekundär-) Rechts zu. Die Ausgestaltung als EU-Verordnung stellt sicher, dass die übernommenen IAS/IFRS als europäisches Gemeinschaftsrecht in jedem Mitgliedstaat unmittelbar gelten. Das **Rahmenkonzept** (Framework), das **nicht den Rang eines Standards** besitzt, wurde dagegen von der EU-Kommission **nicht nach dem Komitologieverfahren übernommen**. Es wurde lediglich als Anlage zu den ersten Kommentaren der Kommission zur IAS-VO – und damit auch in der deutschen Fassung – publiziert und soll als „Grundlage für die Urteilsbildung bei der Lösung von Rechnungslegungsproblemen" dienen. Kernelemente des Rahmenkonzeptes sowie die wesentlichen im Rahmenkonzept aufgeführten Positionen des Jahresabschlusses finden sich außerdem in einzelnen Standards, so insbesondere in IAS 1, wieder.

d) Die Anwendung der IAS/IFRS als Teil des EU-Rechts

Nach ihrer **Transformation** in europäisches Gemeinschaftsrecht werden die IAS/IFRS zu **unmittelbar geltenden Rechtsnormen**. Sie unterliegen damit den **europarechtlich gesicherten Anwendungs- und Auslegungsgrundsätzen**. Weder dürfen rein nationale Bilanzierungsprinzipien zugrunde gelegt werden noch darf sich die Auslegung allein an der englischen Originalfassung des IASB orientieren. **Auslegungsmaxime** ist der **Grundsatz der europarechtsfördernden Auslegung** (vgl. *Großfeld/Luttermann* BilanzR Rn. 244). Beachtung verdienen insbesondere die Grundsätze des Art. 3 Abs. 2 IAS-VO, namentlich das Prinzip des **true and fair view** und das der Achtung des europäischen öffentlichen Interesses sowie die Kriterien der Verständlichkeit, Erheblichkeit, Verlässlichkeit und Vergleichbarkeit. 915

Regelungslücken im Gefüge der IAS/IFRS sind gemäß den **anerkannten Grundsätzen der juristischen Methodenlehre** zu schließen, insbesondere durch Analogie, einen „Erst-Recht-Schluss" oder einen Umkehrschluss. Als prinzipienorientiertes Konzept sind die einzelnen Elemente der IAS-VO zu einem widerspruchsfreien Gesamtsystem zusammenzuführen (vgl. *Hauck/Prinz* Der Konzern 2005, 635 (640)); das kann im Einzelfall eine teleologische Reduktion eines Standards nach sich ziehen. 916

e) IAS/IFRS als Gegenstand von Rechtsstreitigkeiten

Als unmittelbar geltende Rechtsnormen unterliegen die IAS/IFRS nach ihrer Transformation der **Kontrolle durch die nationalen Gerichte** sowie der **Letztentscheidungsbefugnis** des EuGH (vgl. Art. 234 EG). Bilanzrechtliche Streitigkeiten sind in dem hier in erster Linie relevanten Bereich der Konzernrechnungslegung allerdings sehr selten. Die im Folgenden aufgezählten **Rechtsstreitigkeiten** sind daher eher **theoretischer Natur**: 917
(1) Als Folge der Prüfungspflicht können sich **Streitigkeiten** mit dem **Abschlussprüfer** über die **Erteilung eines uneingeschränkten Testats** ergeben. Sie sind auf dem Zivilrechtsweg zu klären.
(2) Wird der IAS/IFRS-**Einzelabschlusses** zu **Offenlegungszwecken** nach § 325 Abs. 2a HGB eingesetzt, muss er ebenso wie der offenzulegende IAS/IFRS-Konzernabschluss mit den **gesetzlichen Vorschriften im Einklang** stehen. Verstöße sind straf- und bußgeldbewehrt, so dass die IAS/IFRS auch Gegenstand **strafgerichtlicher Verfahren** werden können (vgl. § 331 Nr. 1a, 2 HGB).

(3) **Verwaltungsgerichte** können mit der Kontrolle eines IAS/IFRS-Abschluss befasst werden, wenn die BaFin in Zusammenarbeit mit der „Prüfstelle für Rechnungslegung" (vgl. § 342b HGB) die **Richtigkeit des Abschlusses** überprüft und entsprechende **Sanktionen** erlassen hat (dazu *Schön* BB 2004, 763 (764); *Hauck/Prinz* Der Konzern 2005, 635 (637)). Grundsätzlich kann das betroffene Unternehmen gegen Verfügungen der BaFin **Widerspruch** einlegen und anschließend seine Rechte im **Beschwerdeverfahren** beim OLG Frankfurt a. M. weiterverfolgen.

918 Im Schrifttum wird teilweise vertreten, die Gerichte könnten die Auslegung der Standards nur geringfügig beeinflussen, da sich der IASB die alleinige Interpretation der Standards vorbehält. Soweit vom IASB veröffentlichte Interpretationen existierten, scheide eine Auslegungskompetenz der Gerichte aus (vgl. *Buck* JZ 2004, 883 (888)). Mit der wohl hM ist dieser Argumentation entgegenzuhalten, dass die **übernommenen IAS/IFRS und Interpretationen Bestandteile des europäischen Rechts** sind und damit der **Auslegung** durch die **nationalen Gerichte** und den **EuGH** unterliegen. Die EU-Kommission hat diese Auslegungskompetenz ausdrücklich anerkannt (zu Einzelheiten *Schulze-Osterloh* BB 2004, 2567 (2570); *Hauck/Prinz* Der Konzern 2005, 635 (637); *Schön* BB 2004, 763; *Küting/Ranker* BB 2004, 2510 (2511)). Die übernommenen IAS/IFRS sind damit als voll justiziabel zu qualifizieren.

III. Die Bilanzierungsprinzipien der IAS/IFRS

1. Die Zielsetzung von IAS/IFRS-Abschlüssen

a) Die Informationsvermittlung als oberstes Ziel

919 Die **Ziele** der IAS/IFRS-Rechnungslegung fassen F.12 sowie IAS 1.7 zusammen. Danach stellen die IAS/IFRS-**Abschlüsse Informationen über die Vermögens-, Finanz- und Ertragslage** sowie die **Cashflows** des Unternehmens bereit, um einem breiten Adressatenkreis eine nützliche **Grundlage für wirtschaftliche Entscheidungen** zu bieten (sog. **decision usefulness**). Die Jahresabschlussadressaten sollen die Fähigkeit des Unternehmens zur Erwirtschaftung von Zahlungsmitteln und Zahlungsmitteläquivalenten sowie die Zeitpunkte und Wahrscheinlichkeiten ihrer Entstehung beurteilen können (vgl.

F.15). Zentrales Anliegen ist somit die **Information zum Zwecke der ökonomischen Entscheidungsfindung**. Anders als das deutsche Handelsbilanzrecht (für den Einzelabschluss) ist der IAS/IFRS-Abschluss als reiner Informationsabschluss konzipiert. Die handelsrechtlichen Jahresabschlusszwecke des Gläubigerschutzes durch Kapitalschutz sowie der Ausschüttungsbemessung werden im Regelwerk der IAS/IFRS dagegen nicht berücksichtigt.

Maßstäbe für die Entscheidungsnützlichkeit der Informationen bieten die **Informationsbedürfnisse** der **aktuellen und potentiellen Investoren**, denen es primär darum geht, ihre Investitionsrisiken gegen die Ertragschancen abzuwägen (F.10 und 9(a)). Die Investoren, die dem Unternehmen **Risikokapital** zur Verfügung stellen, haben – so die zugrunde liegende Erwägung – die am **weitesten reichenden Informationsbedürfnisse**, die die Informationsinteressen der anderen Abschlussadressaten mit umfassen (F.10). Dieses Grundverständnis erklärt auch die eindimensional informationsbezogene Ausrichtung der IAS/IFRS-Rechnungslegungskonzeption. Die Maxime einer weit reichenden Informationsvermittlung deckt nach der Konzeption der IAS/IFRS die anderen Jahresabschlusszwecke entweder mit ab oder liefert den Betroffenen jedenfalls die notwendigen Informationen, um eigenständige Regelungen treffen zu können.

b) Kein Gläubigerschutz und keine Ausschüttungsbemessungsfunktion

Die Belange der Unternehmensgläubiger werden nach diesem Konzept als Schnittmenge des umfassenden Informationsbedarfs der Investoren aufgefasst. Statt spezielle, gläubigerschützende Ausschüttungsbegrenzungsregeln zu installieren, verwirklichen die IAS/IFRS den Gläubigerschutz allein mittelbar auf informationeller Grundlage, so dass von einem **informationellen Gläubigerschutz** durch die IAS/IFRS gesprochen werden kann. Eine **Ausschüttungsbemessungswirkung** kommt dem IAS/IFRS-Abschluss dagegen **nicht** zu. Handelsrechtliche und IAS/IFRS-Rechnungslegung sind insoweit nicht kongruent.

2. Die wesentlichen Bilanzierungsgrundsätze der IAS/IFRS

Das Ziel der Vermittlung entscheidungsrelevanter Informationen setzt das Rahmenkonzept für den IAS/IFRS-Abschluss durch zwei zentrale Grundannahmen (underlying assumptions) um, die durch vier qualitative Anforderungen (qualitative characteristics of financial statements) ergänzt werden. Weitere Bilanzierungsgrundsätze sehen die verschiedenen Standards vor.

a) Die zugrunde liegenden Annahmen

923   Als zentrale Annahmen werden die **Grundsätze der Periodenabgrenzung** (accrual basis) und der **Unternehmensfortführung** (going concern) in den Vordergrund gestellt. Nach dem Grundsatz der Periodenabgrenzung (F.22 und IAS 1.25) sind die **Auswirkungen von Geschäftsvorfällen** den **Perioden** zuzurechnen, in denen sie **tatsächlich aufgetreten** sind, und zwar unabhängig von den tatsächlich erfolgten Zahlungen. Periodenübergreifende Sachverhalte sind abzugrenzen und den entsprechenden Zeiträumen zuzuordnen, dh Aufwendungen und Erträge sind den Perioden zuzurechnen, denen sie wirtschaftlich zugehören und nicht den Perioden, in denen die Ein- und Auszahlungen tatsächlich erfolgen. Auch das HGB kennt in § 252 Abs. 1 Nr. 5 (→ Rn. 3) einen vergleichbaren Grundsatz, ohne dass freilich die Rechnungslegungskonzepte der IAS/IFRS und des HGB insoweit deckungsgleich sind.

924   So kommt dem Grundsatz der Periodenabgrenzung in den beiden Konzepten ein unterschiedliches Gewicht zu. Seine Stellung als „zugrunde liegende Annahme" weist dem Grundsatz der periodengerechten Erfolgsermittlung in den IAS/IFRS eine **übergeordnete Bedeutung** gegenüber anderen Grundsätzen, wie dem Vorsichtsprinzip, zu. Im Handelsrecht stehen dagegen beide Grundsätze gleichrangig nebeneinander.

925   Zur Konkretisierung des Grundsatzes der Periodenabgrenzung enthält das **Rahmenkonzept** im Hinblick auf die **Erfassung von Erträgen** explizit **keine Regelungen**, sondern diese finden sich in den einzelnen Standards (so insbesondere in IAS 18 – Erträge). Ein wesentlicher Unterschied zur deutschen Rechnungslegung besteht darin, dass die IAS/IFRS kein der deutschen Rechnungslegung entsprechendes „strenges" Realisationsprinzip verfolgen, sondern teilweise auch den **Ausweis von unrealisierten Erträgen** zulassen.

926   Weitere Ausprägung des Konzepts der Periodenabgrenzung nach IAS/IFRS ist das so genannte **matching principle** (Grundsatz der sachlichen Abgrenzung), das bestimmt, dass **Aufwendungen** in der **Periode** anzusetzen sind, in der die ihnen **zuzuordnenden Erträge**

vereinnahmt werden (F.95). Bei **konsequenter Anwendung** des matching principles käme es zu einem **umfangreichen Ansatz von Bilanzposten**, die ihrem Wesen nach bilanzielle Abgrenzungsposten darstellen würden, da bspw. Forschungskosten oder Kosten für eine Werbekampagne, die im nächsten Jahr Gewinne erzielen sollen, zu aktivieren wären.

Um dem zu begegnen, schränken die IAS/IFRS das **matching** 927 **principle** dadurch wesentlich ein, dass nach F.95 der Ansatz eines bilanziellen „Abgrenzungspostens" **nur erfolgen** darf, soweit die **Ansatzkriterien** der IAS/IFRS für einen **Vermögenswert** oder eine **Schuld** erfüllt sind. An dieser Stelle gilt es zu beachten, dass die IAS/IFRS gemäß F.47 nur drei Arten von Bilanzposten kennen, nämlich Vermögenswerte, Schulden und Eigenkapitalpositionen, und den Begriff der Abgrenzungsposten gar nicht verwenden.

Im Ergebnis scheidet in einer Vielzahl von Fällen ein Bilanzansatz 928 aus und der Aufwand bspw. für eine Werbekampagne ist sofort erfolgswirksam in der GuV zu erfassen (F.97).

Dies entspricht der zunehmenden Fokussierung des IASB auf ei- 929 nen **bilanzorientierten Ansatz (asset-liability-approach)**, der **allein** auf den **Ausweis** von **Vermögensgegenständen und Schulden** in der Bilanz abstellt. Im Vergleich zur deutschen Rechnungslegung führt das matching principle iVm der **weiteren Definition von Vermögenswerten** und der **engeren von Schulden** trotz der Einschränkungen in einigen Fällen zu einem **weiter gehenden Bilanzansatz**.

Hinsichtlich des **Grundsatzes der Unternehmensfortführung** 930 (F.23 und IAS 1.23), der fordert, dass bei der Aufstellung des Abschlusses von der Fortführung des Unternehmens auszugehen ist, sofern keine entgegenstehenden Absichten oder Anhaltspunkte bestehen, ergeben sich **keine wesentlichen Unterschiede** zur handelsrechtlichen Rechnungslegung (§ 252 Abs. 1 Nr. 2 HGB sowie → Rn. 551).

b) Die qualitativen Anforderungen an den Abschluss

Damit die im Abschluss bereitgestellten Informationen für die 931 Adressaten entscheidungsnützlich sind, müssen sie ergänzend zu den Grundannahmen **bestimmten qualitativen Anforderungen** genügen (F.24). Als die vier wichtigsten qualitativen Anforderungen an den Abschluss (qualitative characteristics) nennen F.24 ff. **Verständlichkeit** (understandability), **Relevanz** (relevance), **Verlässlichkeit** (reliability) und **Vergleichbarkeit** (comparability), die teilweise durch weitere Nebenbedingungen ergänzt werden.

932 Nach dem **Grundsatz der Verständlichkeit** müssen die Informationen so aufbereitet sein, dass ein sachkundiger Bilanzleser in die Lage versetzt wird, sich in vertretbarer Zeit ein Bild von dem Unternehmen zu verschaffen (F.25).

933 Nach F.26 gelten Informationen dann als relevant, wenn sie die wirtschaftlichen Entscheidungen der Adressaten beeinflussen. F.29 präzisiert weiter, dass sich die **Relevanz** einer Information durch ihre **Art** (qualitative Komponente) und **Wesentlichkeit** (materiality, quantitative Komponente) bestimmt. Die Wesentlichkeit einer Information wird danach beurteilt, ob ihr Weglassen oder ihre fehlerhafte Darstellung die auf der Basis des Abschlusses getroffenen wirtschaftlichen Entscheidungen der Adressaten beeinflussen könnte (F.30).

934 Entscheidendes Merkmal für die Nützlichkeit von Informationen ist, dass sie verlässlich iSv **Fehlerfreiheit** und **frei von verzerrenden Einflüssen** sind (F.31). Der **Grundsatz der Verlässlichkeit** wird weiter in **fünf Sekundärgrundsätze** aufgefächert, namentlich den **Grundsatz der glaubwürdigen Darstellung** (faithful presentation), den **Grundsatz der wirtschaftlichen Betrachtungsweise** (substance over form), den **Grundsatz der Willkürfreiheit** (neutrality), das **Vorsichtsprinzip** (prudence) sowie den **Grundsatz der Vollständigkeit** (completeness).

935 Aus deutscher Perspektive zu beachten ist, dass das **Vorsichtsprinzip** im Rahmen der IAS/IFRS grundsätzlich einen **anderen Stellenwert** einnimmt als im HGB. Nach F.37 fungiert das Vorsichtsprinzip als **Sorgfaltsmaßstab** bei der **Ausfüllung von Ermessensspielräumen**, die sich infolge unsicherer Umstände ergeben. Danach dürfen Vermögenswerte oder Erträge nicht zu hoch und Schulden oder Aufwendungen nicht zu niedrig angesetzt werden. Explizit dürfen **keine stillen Reserven** durch eine **bewusste Über- oder Unterbewertung** gelegt werden (F.37). Dem Vorsichtsprinzip kommt im Gegensatz zur handelsrechtlichen Rechnungslegung ein **geringerer Stellenwert** zu.

936 Der **Grundsatz der Vergleichbarkeit** zielt darauf ab, die Abschlussinformationen sowohl in **zeitlicher** als auch in **zwischenbetrieblicher Hinsicht** vergleichbar zu machen (F.39). Zudem sind die Unternehmen gehalten, ihre Bilanzierungs- und Bewertungsmethoden stetig anzuwenden und darüber zu informieren (F.40 und IAS 8.13). Änderungen von Bilanzierungs- und Bewertungsmethoden

dürfen nur nach Maßgabe der IAS 8.14 ff. vorgenommen werden und ziehen detaillierte Informationspflichten nach sich.

Das Rahmenkonzept beinhaltet zur Auflösung möglicher Zielkonflikte zwischen den qualitativen Anforderungen **weitergehende Prinzipien** (F.43–45). Nach F.45 wird grundsätzlich eine **Abwägung aller qualitativen Anforderungen** verlangt, um mittels der **Ausgewogenheit** die Zielsetzung der IAS/IFRS, die **Darstellung des den tatsächlichen Verhältnissen entsprechenden Bildes der Vermögens-, Finanz- und Ertragslage**, zu erreichen. Im Wege **fachkundiger Beurteilung** (professional judgement) muss der Bilanzierende im Einzelfall entscheiden, wie die Anforderungen zu gewichten sind. 937

Ein besonderes **Spannungsverhältnis** besteht zwischen den Anforderungen der **Relevanz** und der **Verlässlichkeit**, das F.32 andeutet. Häufig sind (entscheidungs-)relevante Informationen mit **nicht unerheblichen Unsicherheiten** behaftet, so bspw. bei stark zukunftsorientierten Informationen. In diesem Falle ist seitens der Bilanzierenden zu entscheiden, wann die zwar relevanten Informationen so unzuverlässig sind, dass ihr **Ansatz irreführend** sein kann und zu unterbleiben hat. 938

Ein weiterer besonderer **Zielkonflikt** erwächst aus dem Bedürfnis nach der **schnellen Verfügbarkeit von Informationen** und ihrer **verlässlichen Ermittlung**. Die genaue Berichterstattung erfordert grundsätzlich einen gewissen Zeitaufwand, wodurch die Gefahr besteht, dass die Informationen ihre Relevanz verlieren (F.43). Es obliegt dem Management, eine **Abwägung zwischen zeitnaher Berichterstattung** und **verlässlicher Informationsermittlung** zu treffen, wobei im Grundsatz eine gewisse Zeitnähe der Informationen (timeliness) gefordert wird. In der Folge sind in größerem Umfang Annahmen durch Schätzungen zu bestimmen, was zu Lasten der Verlässlichkeit geht. 939

Zusätzlich postuliert F.44 eine **Abwägung von Nutzen und Kosten der Informationsbereitstellung** (balance between benefit and cost). Der Aufwand einer sorgfältigen Informationsvermittlung darf den Nutzen bei den Informationsempfängern nicht überschreiten. Die Problematik der Anwendung dieses Wirtschaftlichkeitsprinzips folgt daraus, dass die einzelnen Kosten-/Nutzen-Faktoren nur äußerst schwer zu bestimmen sind, so dass auch hier ein weiter Ermessensspielraum besteht. 940

Im Kern setzen die IAS/IFRS darauf, dass die Bilanzersteller die Standards stets iSe **professional judgement** sachgerecht und neutral 941 anwenden. Aus diesem Verständnis heraus werden **wesentliche Bilanzierungsentscheidungen den Bilanzerstellern überlassen.** Während das HGB dazu tendiert, auf die in der Natur der Sache liegenden Sachverhaltsunsicherheiten dergestalt zu reagieren, dass im Zweifel im Einklang mit einem **strengen Vorsichtsprinzip** auf eine Bilanzierung zu verzichten ist, übertragen die IAS/IFRS diese Bilanzierungsentscheidung tendenziell auf den Bilanzierenden selbst, der im Sinne des professional judgements zu einer sachgerechten Lösung kommen soll. Insofern lautet teilweise ein Vorwurf in Richtung IAS/IFRS, dass sie zu einer „Entobjektivierung" der Rechnungslegung führen (siehe etwa *Euler* BB 2002, 875 (877 ff.); *Küting* DB 2006, 1441 (1449)).

942   F.46 geht jedoch davon aus, dass die **Anwendung** der im Rahmenkonzept aufgezählten **Prinzipien** und der einschlägigen **Standards** grundsätzlich zur **Vermittlung eines den tatsächlichen Verhältnissen entsprechenden Bildes der Vermögens-, Finanz- und Ertragslage** des Unternehmens führt. Dieser Grundsatz des *true and fair view* respektive der **fair presentation** ist mittlerweile als Generalnorm in IAS 1.13 verankert und entsprechend IAS 1.17 als **overriding principle** ausgestaltet, so dass in eng begrenzten Ausnahmefällen von einzelnen Standards abgewichen werden darf, um dem Konzept des true and fair view respektive fair presentation zur uneingeschränkten Geltung zu verhelfen.

943   Neben diesen Kerngrundsätzen existieren im Rahmenkonzept und den verschiedenen Standards noch weitere Rechnungslegungsprinzipien, auf die im Rahmen dieses Grundrisses nicht näher eingegangen werden kann.

IV. Die Ansatzkonzeption der IAS/IFRS

1. Die Aktivierungskonzeption

944   Im Hinblick auf die **Aktivierungskonzeption** der IAS/IFRS ist zu beachten, dass die Bilanzierung der Vermögenswerte grundsätzlich in den einzelnen **Standards** geregelt ist, so dass nur subsidiär auf die Kriterien des Rahmenkonzepts zurückzugreifen ist. Im Grundsatz liegt der Erfassung sämtlicher Abschlussposten jedoch das im Rahmenkonzept niedergelegte zweistufige Konzept zugrunde.

Erste Voraussetzung ist, dass ein konkreter Sachverhalt die Definition eines Abschlusspostens erfüllt (**abstrakte Bilanzierungsfähigkeit**), der im Rahmenkonzept niedergelegt ist (F.47–68). In einem zweiten Schritt ist anhand **konkreter Ansatzkriterien** (recognition criteria) zu prüfen, inwiefern tatsächlich ein Ansatz in der Bilanz respektive der GuV zu erfolgen hat (F.82–91; **konkrete Bilanzierungsfähigkeit**).

Die allgemeine Definition für die Abschlussposten Vermögenswerte (**assets**) findet sich in F.49(a): „An asset is a resource controlled by the entity as a result of past events and from which future economic benefits are expected to flow to the entity". Danach ist ein Vermögensgegenstand „eine in der Verfügungsmacht des Unternehmens stehende Ressource, die ein Ergebnis von Ereignissen der Vergangenheit darstellt, und von der erwartet wird, dass dem Unternehmen aus ihr künftiger wirtschaftlicher Nutzen zufließt".

Mit dem zentralen Element des **künftigen wirtschaftlichen Nutzens** wird deutlich zum Ausdruck gebracht, dass die IAS/IFRS im Gegensatz zur eher statischen Konzeption des HGB im Hinblick auf den Vermögensbegriff eine mehr dynamische, zukunftsbezogene Konzeption verfolgen. Entsprechend der Zielrichtung der IAS/IFRS, entscheidungsrelevante Informationen zur Verfügung zu stellen, wird nicht in erster Linie auf die derzeitigen Eigenschaften eines Gegenstandes abgestellt, sondern vornehmlich auf die **zukünftigen Vermögensvorteile** im Zusammenhang mit der Nutzung, also das Potenzial, das im Vermögenswert verkörpert ist (vgl. F.53). Die statische HGB-Bilanzierung, die maßgeblich durch das Vorsichtsprinzip geprägt wird, ist hingegen weniger zukunfts-, sondern stärker substanzorientiert.

Die weiteren **Ansatzkriterien** (recognition criteria) zur Bejahung der konkreten Bilanzierungsfähigkeit spezifiziert F.83. Danach ist ein Posten in der Bilanz anzusetzen, wenn es (1) wahrscheinlich ist, dass ein mit dem Sachverhalt verknüpfter künftiger wirtschaftlicher Nutzen dem Unternehmen zu- oder von diesem abfließen wird (**wahrscheinlicher Nutzenzufluss**), und (2) die **Anschaffungs- oder Herstellungskosten** oder der Wert des Sachverhalts **verlässlich ermittelt** werden können (verlässliche Wertermittlung). Daneben enthalten einzelne Standards teilweise ergänzende Ansatzkriterien.

In einer **Vielzahl der Fälle** entsprechen sich der Begriff des handelsrechtlichen Vermögensgegenstandes und der des Vermögenswerts nach IAS/IFRS. Als wesentlicher Unterschied zur Aktivierungskonzeption nach den IAS/IFRS ist das im Rahmen des handelsrechtlichen Aktivierungsgrundsatzes von der Literatur geforderte Kriterium der **selbstständigen Verwertbarkeit** auszumachen, das den Kreis der aktivierungsfähigen Positionen einschränkt (vgl. *Baetge/Kirsch/Thiele* Bilanzen Kap. III. 52). In der Folge ergibt sich nach den IAS/IFRS grundsätzlich ein „großzügiger" Ansatz von Vermögensgegenständen, wobei im Hinblick auf den Großteil der Aktivposten trotz dieser Differenzen **keine gravierenden Unterschiede** bestehen (vgl. BeBiKo/*Förschle/Ries* HGB § 246 Rn. 202; BeckIFRSHdB/*Wawrzinek* Rn. 131). Infolge der Einführung des Aktivierungswahlrechts für selbst erschaffene immaterielle Vermögensgegenstände des Anlagevermögens (§ 248 Abs. 2 S. 1 HGB nF) durch das BilMoG hat sich die handelsrechtliche Rechnungslegung hier weiter an die IAS/IFRS angenähert.

2. Die Passivierungskonzeption

950   In Parallele zur Aktivierungskonzeption bestimmt sich die Passivierung nach den IAS/IFRS in erster Linie nach den Regelungen der speziellen Standards, wobei der **Passivierungskonzeption** gleichfalls die zweistufige Konzeption der abstrakten und konkreten Bilanzierungsfähigkeit zugrunde liegt.

951   F.49(b) definiert eine Schuld (*liability*): „A liability is a present obligation of the entity arising from past events, the settlement of which is expected to result in an outflow from the entity of resources embodying economic benefits". Danach ist eine Schuld eine gegenwärtige **Verpflichtung** des Unternehmens, die aus **Ereignissen der Vergangenheit** entstanden und deren **Erfüllung** für das Unternehmen erwartungsgemäß mit einem **Abfluss von Ressourcen** mit **wirtschaftlichem Nutzen** verbunden ist.

952   Im Hinblick auf das Merkmal der gegenwärtigen Verpflichtung des Unternehmens wird gleichfalls auf eine **wirtschaftliche Betrachtungsweise** abgestellt, so dass bspw. auch Kulanzrückstellungen erfasst werden (F.60). Darüber hinaus werden nur **Verpflichtungen gegenüber Dritten** und nicht gegenüber dem Unternehmen selbst erfasst mit der Folge, dass Aufwandsrückstellungen keine Schuld iSd IAS/IFRS darstellen. Durch die weitgehende Streichung der Aufwandsrückstellungen im HGB durch das BilMoG ist auch hier eine Annäherung an die internationalen Rechnungslegungsstandards er-

folgt. Für die Frage, inwiefern überhaupt eine Verpflichtung besteht, kommt es nach IAS 37.15 darauf an, dass mehr dafür als dagegen spricht, also eine mehr als 50 %ige Wahrscheinlichkeit für das Bestehen vorliegt.

Parallel zum Ansatz von Vermögensgegenständen müssen für die Erfassung von Schulden neben der Definition auch die beiden Ansatzkriterien nach F.83 erfüllt sein, dh der Abfluss wirtschaftlichen Nutzens ist wahrscheinlich und der Wert des Sachverhalts kann verlässlich ermittelt werden. Das Kriterium der **Wahrscheinlichkeit des Nutzenabflusses** wird im Rahmenkonzept **nicht näher präzisiert.** Für den Ansatz von **Rückstellungen** erfährt das Ansatzkriterium der Wahrscheinlichkeit des Nutzenabflusses durch IAS 37.23 eine Konkretisierung dahingehend, dass eine **mehr als 50 %ige Wahrscheinlichkeit** gegeben sein muss (*more likely than not*). Rückstellungen werden nach IAS 37.10 als Schulden definiert, die bezüglich ihrer Fälligkeit oder Höhe ungewiss sind. In diesem Zusammenhang dient das Kriterium der Wahrscheinlichkeit des Nutzenabflusses der Unterscheidung von sonstigen Schulden und Rückstellungen. So ist im Falle einer hohen Eintrittswahrscheinlichkeit des Ressourcenabflusses von einer sonstigen Schuld auszugehen und bei niedrigerer Eintrittswahrscheinlichkeit, etwa durch bestehende Unsicherheiten hinsichtlich des Zeitpunkts oder der Höhe der künftig erforderlichen Ausgaben, von einer Rückstellung. 953

In formaler Hinsicht ähneln sich die Passivierungskriterien von HGB und IAS/IFRS. Ein Unterschied zum HGB besteht jedoch darin, dass der Begriff der **Schuld** nach **IAS/IFRS** sowohl Verbindlichkeiten als auch Rückstellungen und **passivische Rechnungsabgrenzungsposten** umfasst. Eine weitere Abweichung lässt sich aus dem handelsrechtlichen Kriterium der **Quantifizierbarkeit der wirtschaftlichen Belastung** herleiten (vgl. BeckIFRSHdB/*Wawrzinek* Rn. 141 ff.; *Streim/Esser* StuB 2003, 736 (741)). In Ansehung des **deutschen Vorsichtsprinzips** wird dieses Kriterium eher großzügig ausgelegt und die **Quantifizierbarkeit** bejaht, wenn die Verpflichtung **im Rahmen einer Bandbreite** angegeben werden kann. In der Folge werden **auch solche Verpflichtungen** angesetzt, die **nicht sicher schätzbar** sind, was **nach IAS/IFRS grundsätzlich nicht möglich** ist, sondern lediglich zu Anhangangaben führt. 954

Im Ergebnis kommt es somit **bei Unsicherheiten** nach dem **HGB eher** zu einer **Passivierung** als nach IAS/IFRS. In gleicher Weise führt das handelsrechtliche Vorsichtsprinzip bei Unsicherheiten 955 grundsätzlich zu einem höheren Wertansatz. Weiter ist zu beachten, dass die IAS/IFRS lediglich den Ansatz von Außenverpflichtungen gestatten und sogenannte Aufwandsrückstellungen iSv § 249 Abs. 1 S. 2 Nr. 1 HGB nicht zulassen. Durch das BilMoG wurden die weitergehenden Möglichkeiten zur Bildung von sonstigen Aufwandsrückstellungen im HGB gestrichen, wodurch der HGB-Abschluss auch insoweit an die IAS/IFRS angenähert wurde. Mit Blick auf den **Großteil der Passivposten** ergeben sich trotz der aufgezeigten Differenzen **keine gravierenden Unterschiede**. Tendenziell wird es jedoch nach dem HGB zu einem höheren Ausweis von Schulden kommen als nach den IAS/IFRS.

3. Überblick über die Bewertungskonzeption der IAS/IFRS

956   Das **Rahmenkonzept** nennt in F.100 **vier allgemeine Bewertungsmaßstäbe** (historische Anschaffungs- oder Herstellungskosten, Tageswert, Veräußerungswert/Erfüllungsbetrag und Barwert), die in den **Einzelstandards präzisiert** und teilweise durch **speziellere Wertmaßstäbe** ergänzt werden, wie bspw. der beizulegende Zeitwert (**fair value**) in IAS 16.6 oder 32.11 oder der **Nutzungswert** in IAS 36.6. Zu beachten ist, dass die **IAS/IFRS** im Gegensatz zur handelsrechtlichen Rechnungslegung **keine in sich geschlossene Bewertungskonzeption** aufweisen, sondern vielmehr als **mixed model** bezeichnet werden können (vgl. *Baetge/Kirsch/Thiele* Bilanzen Kap. IV. 51).

957   Konzeptionell unterscheiden die IAS/IFRS ebenfalls zwischen der **Zugangsbewertung** und der **Folgebewertung** und gehen bei der Zugangsbewertung grundsätzlich von den **Anschaffungs- oder Herstellungskosten** (historical cost) aus, wobei sich im Hinblick auf die Anschaffungskosten **keine wesentlichen Unterschiede** zur handelsrechtlichen Rechnungslegung ergeben. Bei der Folgebewertung bilden vom Grundsatz her entweder die **fortgeführten Anschaffungskosten** (amortised cost) oder die Bewertung zum **beizulegenden Zeitwert** den Ausgangspunkt, wobei hinsichtlich der **fair value-Bewertung** weiter zwischen der **erfolgswirksamen** und der **erfolgsneutralen Bewertung** unterschieden wird.

4. Überblick über die Regelungen der Erfolgsberücksichtigung

Die Regelungen über die **Realisation** von Erträgen bzw. Aufwendungen werden in entscheidender Weise durch die Ansatz- und Bewertungskonzeption bestimmt. Erträge bedeuten eine Zunahme von Vermögenswerten bzw. Abnahme von Schulden, wohingegen Aufwendungen mit der Zunahme von Schulden bzw. der Abnahme von Vermögenswerten korrespondieren. Dabei bildet die Periodenabgrenzung den wesentlichen Grundsatz, der insbesondere im Hinblick auf die **Erfassung von Erträgen durch das Realisationsprinzip** sowie hinsichtlich der diesen Erträgen zuzuordnenden Aufwendungen durch den Grundsatz der sachlichen Abgrenzung (matching principle) konkretisiert wird. Die zentrale Regelung für die Ertragsrealisierung enthält IAS 18 (Erträge), wobei bspw. die im Zusammenhang mit Finanzinstrumenten relevanten Erträge in IAS 39 gesondert geregelt sind. 958

Der wesentliche Unterschied zwischen der handelsrechtlichen Rechnungslegung und den IAS/IFRS besteht darin, dass das **Realisationsprinzip** nach den IAS/IFRS eine **weniger vorsichtsorientierte Ausprägung** erfährt, so dass teilweise anstelle eines „sicheren" Realisationsaktes bereits die **Realisierbarkeit als hinreichendes Kriterium** angesehen wird (vgl. BeBiKo/*Winkeljohann*/*Büssow* HGB § 252 Rn. 84). In der Folge kommt es zum Ausweis von (nach handelsrechtlichem Verständnis) unrealisierten Gewinnen. 959

Eine weitere Besonderheit der IAS/IFRS-Rechnungslegung besteht darin, dass **nicht alle ausgewiesenen Erträge** auch **erfolgswirksam** in der GuV erfasst werden, sondern teilweise ergebnisneutral direkt im **Eigenkapital** in einer speziellen **Neubewertungsrücklage** gebucht werden (siehe IAS 1.96(b)) sowie bspw. IAS 16.39 (Sachanlagen) oder IAS 39.55(b) (Finanzinstrumente); zum Ganzen BeckIFRSHdB/*Wawrzinek* Rn. 145 f.). 960

5. Beispiele zu den Unterschieden zwischen HGB und IAS/IFRS

Zur Verdeutlichung der Unterschiede zwischen der Rechnungslegung nach HGB und IAS/IFRS dienen die nachfolgenden Beispiele. 961

Beispiel 1: Bilanzierung eines Betriebsgrundstücks Die B-AG hat im Jahr 1990 ein **Betriebsgrundstück** im damals brach liegenden Rheinauhafen in Köln zu einem **Preis** von 100.000 EUR gekauft. Aufgrund von aufwendigen Modernisierungsmaßnahmen im Hafenbereich und der Ansiedlung von modernen Bürokomplexen und Luxuswohneinheiten ist der **Wert des Grundstücks mittlerweile auf 300.000 EUR gestiegen.** Die B-AG fragt sich, wie das Grundstück in ihrer Bilanz für das Geschäftsjahr 2014 anzusetzen ist.

Lösung:

(1) Nach den **handelsrechtlichen Rechnungslegungsvorschriften** ist das Grundstück entsprechend dem Anschaffungskostenprinzip (§ 253 Abs. 1 S. 1 HGB) mit den **Anschaffungskosten** iHv 100.000 EUR in der Bilanz anzusetzen. In den Folgejahren darf das Grundstück nur mit den fortgeführten Anschaffungs- und Herstellungskosten bilanziert werden. Entsprechend dem handelsrechtlichen Vorsichts- und Realisationsprinzip (§ 252 Abs. 1 Nr. 4 HGB) darf die **Wertsteigerung** des Grundstücks um 200.000 EUR **nicht** in der Bilanz ausgewiesen werden. In dieser Höhe hat sich eine sogenannte „stille Reserve" gebildet, die in der Bilanz nicht erscheint. Erst wenn die Wertsteigerung bspw. durch einen Verkauf des Grundstücks realisiert wird, darf der entsprechende (tatsächliche) Wert bilanziert werden.

(2) Auch nach den **IAS/IFRS** ist das Grundstück zunächst mit seinen **Anschaffungskosten** iHv 100.000 EUR zu aktivieren (IAS 16.15). Im Hinblick auf die Folgebewertung sieht IAS 16.29 allerdings ein **echtes Wahlrecht** zwischen der Bewertung mit den **fortgeführten Anschaffungskosten** und der **Neubewertungsmethode** vor. Das Anschaffungskostenmodell entspricht weitgehend der Vorgehensweise nach HGB. Die Neubewertungsmethode sieht hingegen vor, dass die Grundstücke in der Bilanz mit jenem Wert anzusetzen sind, der dem beizulegenden Zeitwert (fair value) abzüglich planmäßiger Abschreibungen und Wertminderungen entspricht (Neubewertungsmodell, IAS 16.31). Ergibt sich infolge der Neubewertung ein Betrag, der über den Anschaffungs- oder Herstellungskosten liegt, so wird dieser **Unterschiedsbetrag erfolgsneutral** in einer gesonderten Neubewertungsrücklage ausgewiesen. Auf diese Weise haben die Werterhöhungen, die über die Anschaffungskosten hinausgehen, **keine Auswirkungen auf das Ergebnis**, da sie nicht erfolgswirksam in der GuV erfasst werden. Im Ergebnis führt die Neubewertungsmethode somit zur **Aufdeckung stiller Reserven**, ohne die Interessen der Gläubiger zu vernachlässigen.

Im vorliegenden Fall bedeutet das, dass das Grundstück mit einem Wert von 300.000 EUR in der Bilanz anzusetzen ist. Die zusätzlichen 200.000 EUR werden jedoch nicht als Ertrag in der GuV erfasst, sondern zunächst erfolgsneutral in einer gesonderten Neubewertungsrücklage ausgewiesen.

962 **Beispiel 2:** Bilanzierung von zu Handelszwecken erworbenen Finanzinstrumenten

Die Looping-AG (L-AG) ist herrschendes Unternehmen eines internationalen Spielwarenkonzerns. Der für die Unternehmensfinanzen zuständigen

Abteilung ist es in begrenztem Umfang gestattet, auch rein spekulative Termingeschäfte zu tätigen, um aus kurzfristigen Kursschwankungen zusätzliche Erträge zu erwirtschaften. Im Frühjahr 2014 kauft die L-AG spekulative **Zertifikate** zu einem **Preis** von 20.000 EUR. Aufgrund guter Entwicklungen haben diese börsennotierten Papiere zum Bilanzstichtag 31.12.2014 einen **Börsenwert** von 50.000 EUR. Mit welchem Wert ist die Finanzanlage in die Bilanz der L-AG aufzunehmen?

Lösung:

(1) Entsprechend dem **Anschaffungskostenprinzip** dürfen die Papiere in der **Handelsbilanz** maximal mit ihren Anschaffungskosten iHv 20.000 EUR bilanziert werden. Die Wertsteigerung um 30.000 EUR hat bis **zu einer tatsächlichen Realisierung** durch einen Verkauf außer Ansatz zu bleiben. Die zunächst geplante Einführung der allgemeinen Pflicht zur Zeitwertbewertung von zu Handelszwecken erworbenen Finanzinstrumenten wurde durch das BilMoG letztlich nicht verwirklicht. Eine Zeitwertbewertung wurde nunmehr allein für den Handelsbestand von Kreditinstituten eingeführt (siehe § 340e Abs. 3 HGB).

(2) Die Bilanzierung von Finanzinstrumenten nach **IAS/IFRS** regelt aktuell der zum 1.1.2018 durch den neuen IFRS 9 abgelöst wird. **IAS 39**. Ein maßgeblicher Unterschied zwischen der Bilanzierung der Finanzanlagen nach HGB und den IAS/IFRS besteht darin, dass die einzelnen Kapitalanlagen im IAS/-IFRS-Abschluss nicht gesondert nach ihrer Kapitalanlageart ausgewiesen, sondern in bestimmte **Bilanzierungskategorien** eingeordnet werden, die sich nach dem Charakter und dem Zweck des jeweiligen Finanzinstruments innerhalb des Unternehmens bestimmen. Die Einteilung der Finanzinstrumente erfolgt entsprechend IAS 39.9 in **vier** verschiedene **Kategorien**, für die unterschiedliche Bewertungskonzeptionen gelten. **Unterschieden** werden:

1. die Gruppe der finanziellen Vermögenswerte, die **erfolgswirksam** zum **beizulegenden Zeitwert** bewertet werden (financial assets at fair value through profit or loss);
2. die Kategorie der Finanzinstrumente, die bis zur **Endfälligkeit gehalten** werden (held-to-maturity investments);
3. die Gruppe der **Kredite und Forderungen** (loans and receivables); sowie
4. die Kategorie der **zur Veräußerung verfügbaren finanziellen Vermögenswerte** (available-for-sale financial assets).

Für die Einordnung der Finanzinstrumente ist sowohl die **Absicht des Unternehmens**, das Finanzinstrument für einen bestimmten Zweck zu halten, als auch die **Fähigkeit des Unternehmens**, das Finanzinstrument in der entsprechenden Gruppe halten zu können, entscheidend. Umklassifizierungen von Finanzinstrumenten sind nur unter besonderen Voraussetzungen möglich und teilweise mit Sanktionen bedacht.

Vorliegend hält die K-AG die Zertifikate in der **Absicht und für Zwecke des kurzfristigen Verkaufs**, dh zur kurzfristigen Gewinngenerierung aus Preisschwankungen. Diese in erster Linie zu **Handelszwecken** gehaltenen

Finanzanlagen (financial assets held for trading) sind gemäß IAS 39.9 in der Klassifizierungsgruppe (1) der finanziellen Vermögenswerte, die **erfolgswirksam zum beizulegenden Zeitwert** bewertet werden (financial assets at fair value through profit or loss), zu erfassen. Wie die Bezeichnung dieser Kategorie verrät, sind die Papiere mit dem beizulegenden Zeitwert, dem fair value, zu bewerten und sämtliche Änderungen sofort **erfolgswirksam in der GuV zu erfassen**. Entsprechend sind die Papiere mit **50.000 EUR** in der **Bilanz zu bewerten**, wodurch ein Gewinn von **30.000 EUR entsteht**, der in der Folge auch an die Anteilseigner ausgeschüttet werden kann.

Sachverzeichnis

Die Zahlen verweisen auf die Randnummern des Buches.

Abgabenordnung 110
Abschreibungen 14; 149; 306; 642 ff.; 780 ff.
– Planmäßige 161; 506; 586; 612; 635 f.; 642 ff.
– Außerplanmäßige 563; 629; 635 f.; 642 ff.; 652 ff.
– Degressive 648 ff.
– Lineare 612; 644; 648 ff.
– Methode 644 ff.
– Betriebliche Nutzungsdauer 14; 647 ff.
– Zuschreibungen 550; 872
Aktiengesellschaft 22; 43; 68; 77; 112; 463; 910
Aktivierungsgrundsatz 175 ff.
Aktivierungsverbot 26; 28 f.; 224 ff.; 238; 308; 310 f.
Aktivierungswahlrecht 29; 246; 303; 829; 949
Altersvorsorgeverpflichtungen 498 ff.; 526; 561
(Konzern-) Anhang 58; 71; 84; 712 ff.
Anhang
– Aufbau 5; 8; 463; 529; 712 ff.; 755; 865
– IAS/IFRS-Jahresabschluss 900; 954
Anlagevermögen 135; 545; 552; 635 ff.; 949
Anschaffungskosten 11; 41; 409 ff.; 537 ff.; 579 ff.; 597 ff.; 661 ff.; 779; 798; 801 f.; 957
Anzahlungen 201 ff.; 221 ff.; 326 f.
Aufwand 97 f.; 145; 148; 161; 316 ff.; 355 ff.; 490 ff.; 512; 584; 657; 683; 702; 808 f.; 813 ff.; 829; 952
Aufwandsrückstellungen 355 ff.

Aufwendungen 13 ff.; 48; 145 ff.; 308 ff.; 563 ff.; 574; 958
Ausgaben 9 ff.; 48; 111; 125; 129; 276; 296; 343; 482 f.; 537 ff.; 564; 602; 802
Ausschüttungssperre 229; 440; 494; 500; 869
Außerplanmäßige Abschreibungen 562; 644; 652 ff.

Beizulegender Zeitwert 532; 631 f.
Betriebseinnahmen 111
Betriebsvermögen 173; 295 ff.
Bewertung 26 ff.; 47; 83 ff.; 160 ff.; 167 ff.; 183; 318; 691 ff.; 758 ff.; 856 ff.; 956 ff.
– Bilanzierung der Höhe 163; 502 ff.
– Durchschnittsmethode 599; 661; 664
– LIFO – Methode 522; 557 ff.; 598
Bewertungseinheiten 83; 522; 562
Bewertungsmaßstäbe 521; 578; 579 ff.; 956
Bilanz
– Aufstellung 13; 97; 163; 390; 425; 434; 453; 465 f.
– Arten 163 ff.; 502 ff.
– Aufgaben 9 ff.
– Begriff 13 f.; 16
– Eigene Anteile 404
– Forderungen 205 ff.; 290 ff.; 596; 638; 667 f.
– Gezeichnetes Kapital 368; 375; 392 ff.; 458; 461; 474
– IAS/IFRS-Jahresabschluss 922 ff.
– Kapitalrücklage 413 ff.; 417 ff.; 430; 436 f.

- Rechnungsabgrenzungsposten
  Vgl. Rechnungsabgrenzungsposten
- Rücklagen 356; 370 ff.; 405 ff.; 456; 463 ff.; 550
- Rückstellungen 83; 101; 315 ff.; 330 ff.; 346 ff.; 355 ff.; 359 ff.; 541; 545; 561 ff.; 572; 633 f.; 668 ff.
- Steuerbilanzrecht 11; 83
- Verbindlichkeiten 91; 288; 293; 314 ff.; 321 ff.; 330 ff.; 482 ff.; 584 ff.; 633 ff.; 671 ff.; 682 ff.
- Vermögensgegenstände 26 ff.; 86 ff.; 166; 170 ff.; 200 ff.; 571; 580 ff.; 601 ff.; 637 ff.

Bilanzanalyse 376
Bilanzgewinn 218 f.; 411; 459 ff.
Bilanzidentität 548 ff.
Bilanzierung dem Grunde nach 163 ff.
Bilanzpolitik 105
Bilanzstichtag 584; 677
Bilanzverlängerung 167; 348
Bruttomethode 737
Buchführung 12; 57 ff.; 70; 90; 100; 106 ff.; 114 ff.; 134 ff.; 319 ff.; 521; 703; 907
- Doppelte Buchführung 12 ff.; 19 ff.; 97; 130; 510; 548
- Steuerrecht 110 f.; 114
- Warenausgang 101 ff.; 156

Buchwert 588 ff; 648; 773 ff; 862 ff
Bundesfinanzhof 7; 50; 337; 668
Bundesgerichtshof 7; 50; 186; 212 ff.; 263

Eigene Anteile 404 ff.
Eigenkapitalquote 376
Einlagen 48; 93; 99; 267; 365; 394 f.; 596
- Ausstehende 400 f.
- Eingeforderte 402 f.

Einzahlungen 394; 476; 482
Elektronischer Bundesanzeiger 336; 695
Erfolg 1 ff.; 32; 547; 574

Ergebnis 453 ff.; 795 ff.; 813 ff.; 854 f.; 876 ff.
Erträge 13 ff.; 37; 98 f.; 537 ff.; 563 ff.; 574; 813 ff.; 923 ff.
Europarecht 65; 79 ff.; 530; 880; 907 ff.
- Richtlinien 68 f.; 74; 78; 530; 564; 613; 654; 869; 880 ff.; 908
- Endorsement 912

Forderungen 123; 205 ff.; 290 ff.; 667 ff.; 785 ff.

Gesamtkostenverfahren 147; 817 ff.; 820 ff.; 826
Geschäfts- oder Firmenwert 255 ff.; 594 f; 636; 643; 773; 781 ff.; 865 f.; 874 f.
Gesellschafter 46; 78; 206 ff.; 296; 379 ff.; 394 ff.; 400 ff.; 411; 418 ff.; 449 ff.; 475 ff.; 778 ff.; 819; 838 ff.
Gesellschafterversammlung 207; 215; 456
Gewinn- und Verlustrechnung 1 ff.; 45 ff.; 95 ff.; 145 ff.; 701 f.; 710 ff.
Gewinnausschüttung 267; 494; 827; 867; 870
Gewinnverwendungsbeschluss 206 ff.; 218; 576
Gläubigerschutz 38; 186; 229; 262; 409; 921
GmbH 371; 394 ff.; 433; 439; 473; 497; 658
Going-concern-Prinzip 551 f.
Grundkapital 371; 392; 396; 430 ff.; 449
Grundkonzeptionen 82
- Rechnungslegung 893

Handelsbilanz 7; 47 f.; 83; 186; 284; 305; 337; 490; 510 ff.; 651; 698 ff.; 756 ff.; 829 ff.
Herstellungskosten 31; 38; 83; 537 ff.; 601 ff.; 642 ff.; 800 ff.; 956 ff.
Höchstwertprinzip 545; 584; 790
- Anwendbarkeit 586

Sachverzeichnis

IAS/IFRS-Abschluss 8; 894; 919 ff.
- Bilanz 922 ff.
- Finanzielle Vermögensgegenstände 962
- Kapitalflussrechnung 891
- Passivierung 950 ff.
- Rücklagen
- Sachanlagen 960

Imparitätsprinzip 38; 318 ff.; 350, 525; 536; 544 ff.; 584; 586; 674
Informationsfunktion 40; 526; 566
Internationalisierung 879; 885
Internetauftritt 242 ff.

Jahresabschluss 1 ff.; 448 ff.; 524 ff.; 696 ff.; 919 f.
- Elemente 73; 77; 210 f.; 215; 295; 480; 745
- Feststellung 111; 208
- Nichtigkeit 208 f.; 446
- Anfechtbarkeit 208 f.

Jahresüberschuss 96; 109; 146; 207; 430; 433 ff.; 447 ff.; 453 ff.; 462 ff.; 813; 867 ff.

Kapitalerhaltung 38; 350; 395; 525; 895
Kapitalerhöhung 16; 93; 396 ff.
- Kapitalerhöhung aus Gesellschaftsmittel 396 ff.; 437 ff.
- Kapitalerhöhung gegen Einlagen 396 ff.; 596

Kapitalflussrechnung 5 ff.; 61; 75; 82; 710; 718
Kapitalgesellschaften 5 ff.; 67; 68 ff.; 96; 296; 390 ff.; 591; 596; 693; 696
Kapitalkonsolidierung 761 ff.
Kapitalmarktorientierte Kapitalgesellschaften 8; 82
- Konzernabschluss 693

Kapitalschutz 363; 919
- Kapitalaufbringung 363; 596
- Kapitalerhaltung 363

Komitologieverfahren 65; 912 ff.
Konsolidierung des Kapitals

Konsolidierungskreis 696 f.; 714; 727; 748 ff.; 752 ff.; 762; 839; 842
Konsolidierungswahlrechte 754
Konzernabschluss 685 ff.; 879 ff.
- Aufgaben 8; 685 ff.; 879 ff.
- Einheitstheorie 8; 524; 692; 815
- Größenabhängigkeit 737 ff.
- Kapitalmarktrecht 908 ff.
- Konsolidierungskreis 714; 727; 748 ff.; 752 ff.; 762; 839; 842
- Konsolidierungswahlrechte 754
- Publizität der Rechnungslegung 736 ff.; 747
- Teilkonzernabschluss 741 ff.

Konzernanhang 80; 696; 710; 712 ff.; 755; 865
Kapitalflussrechnung 5 ff.; 61; 75; 82; 710; 718
Konzernrechnungslegung 44; 69; 72; 75; 725; 813

Lagebericht 71; 80; 722 ff.; 743 ff.
- Aufgaben 5; 723
- Inhalt 77; 695; 722 ff.

Latente Steuer 83; 314; 509; 693 f.; 696; 831
- Aktive latente Steuern 303; 489 ff.; 509; 829 f.
- Passive latente Steuern 489 ff.; 509; 511-512; 829 f.

Markt- und Börsenpreis 149; 629; 635 ff.

Nettomethode 402; 737

Offenlegung 71 ff.; 909
- Publizität der Rechnungslegung 44; 390
- IAS/IFRS-Jahresabschluss 917

Passivierungsgrundsatz 315; 320; 357
Passivkonten 92; 138 ff.; 144; 154

Personenhandelsgesellschaft 46; 70; 78; 366; 471 ff.; 591; 596;
Phasengleiche Bilanzierung 205 ff.
Privatvermögen 173; 295 ff.; 298 ff.
Prüfung 43 f.; 62; 71 f.; 80; 115 f.; 214 f.
Publizität der Rechnungslegung 45; 390
Publizitätsgesetz 44 f.

Rangordnung 897
Realisationsprinzip 38; 177; 318 f.; 322; 348; 525; 536; 537 ff.; 574; 675; 796; 869; 925; 958 f.
Rechnungsabgrenzungsposten 135; 165; 314; 480 ff.; 505 ff.
– Aktive RAP 305; 483 ff.; 505 ff.; 683
– Passive RAP 483 ff.; 505 ff.; 954
Rechnungslegung 1 ff.; 44; 56 ff.; 62 ff.; 69; 75 f.; 79 ff.; 480; 697; 725; 750; 879 ff.; 907 ff.
Rechtsstreit 346; 917 f.
Regelungstechnik 906
Rücklagen 356; 369 ff.; 405 ff.; 435; 441 ff.; 772
– Gewinnrücklagen 229; 366; 413 ff.; 423; 428 ff.; 442 ff.; 447 ff.; 458; 463 f.; 550 f.; 811
– Kapitalrücklagen 395; 413 ff.; 417 ff.; 463 f.
– Pflichtrücklagen 442
– Einstellung in Rücklage 422; 426; 442; 449 ff.
Rückstellungen 55; 671; 953 f.
– Bilanz siehe dort
– Handelsrechtlicher Rückstellungsbegriff 83; 101; 315
– Steuerrechtlicher Rückstellungsbegriff 41; 340; 651; 668 ff.

Schuld 324; 577; 668; 951 ff.
Schulden 2; 16; 26; 86 ff.; 134 f.; 160; 162; 163 ff.; 314 ff.; 364; 380; 409; 489; 495; 504; 554 ff.; 571; 591 ff.; 633 f.; 635 f.; 668 ff.; 758 f.; 762; 768 ff.; 850 ff.; 856; 864; 878; 927; 929; 951 ff.; 958
Selbst erstellte immaterielle Vermögensgegenstände 230; 616
Sonstige betriebliche Erträge 149
Stammkapital 371; 392 ff.; 433
Stetigkeitsprinzip 565 ff.; 641; 758; 844
Steuerbilanz 7; 18; 46 ff.; 83; 327; 353; 355; 489 ff.; 510; 643; 651; 672; 829
Steuerrecht 46 ff.; 110; 114; 119; 124; 178 ff.; 509 ff.; 588 ff.; 648 ff.; 674
– Maßgeblichkeitsprinzip 18; 46 ff.; 83; 693
– Unterschiede zum Handelsbilanzrecht 18; 35; 176; 186 ff.; 315; 524 ff.; 596; 613; 649 ff.
Stichtagsprinzip 177; 571; 634
Stille Reserven 408 ff.; 772; 779 ff.; 0

Teilwert 35; 152
Thesaurierung 365; 414; 833
True-and-fair-view 657; 680

Umlaufvermögen 135; 230; 247; 350; 545; 623; 629 f.; 635; 637 ff.; 652; 659; 822 ff.
Umsatzkostenverfahren 147; 818; 826
Umsatzsteuer 48; 129; 144 f.; 323; 327; 581; 600
Unternehmensfortführung 198; 923; 930
US-GAAP 736; 881 ff.; 887; 904; 908

Verbindlichkeiten 315 ff.; 321 ff.; 328 ff.; 330 ff.; 345; 346; 633; 635 f.; 668; 671 f.; 681; 682; 699; 785; 787 ff.; 954
Verbrauchsfolgeverfahren 557
Vermögensgegenstand 2; 26 f.; 30; 41; 86 f.; 158 f.; 161 f.; 170 ff.; 315; 341; 364; 408 f.; 498; 504; 545; 554 ff.; 571; 580 ff.; 592 ff.; 601; 605; 629 ff.; 635 ff.; 659; 693 f.;

758 f.; 768 ff.; 780 ff.; 795 ff.; 800 ff.;
805; 808 ff.; 821; 826; 854; 878;
929; 946; 949
- Immaterieller 28 f.; 41; 83; 101;
181; 194; 199; 221 ff.; 303; 511-512;
526; 616; 625 ff.; 642 ff.; 655 ff.;
772 ff.
- Materieller 194; 200 ff.; 645 ff.
Verrechnungsverbot 498 ff.
Vollständigkeit 127; 166 ff.; 302;
307; 480; 934
Vorsichtsprinzip 38; 177; 185; 263;
307; 318; 346; 525; 532; 536;
546 ff.; 589; 655; 671; 934 ff.; 941;
954 f.

Wahlrechte
Wareneingang 153
Wertaufhellung 575 ff.; 667
Wirtschaftliches Eigentum 260 ff;
269 ff.; 276
Wirtschaftsgut 176 ff.; 206; 241; 315;
410; 649

Zuschreibungen 550